KB218027

노년의 의미

노년의 의미

폴 투르니에

강주헌 옮김

포이에마
POIEMA

노년의 의미

폴 투르니에 지음 | 강주헌 옮김

1판 1쇄 발행 2015. 6. 25. | **1판 9쇄 발행** 2023. 10. 1. | **발행처** 포이에마 | **발행인** 고세규 | **편집** 강영특 | **디자인** 정지현 | **등록번호** 제300-2006-190호 | **등록일자** 2006. 10. 16. | 서울특별시 종로구 북촌로 63-3 우편번호03052 | 마케팅부 02)3668-3260, 편집부 02)730-8648, 팩스 02)745-4827

값은 뒤표지에 있습니다. ISBN 979-11-5809-012-8 03230 | 독자의견 전화 02)730-8648 | 이메일 masterpiece@poiema.co.kr | 좋은 독자가 좋은 책을 만듭니다. | 포이에마는 독자 여러분의 의견에 항상 귀를 기울이고 있습니다.

차례

1 _____

일
과
여
가

Apprendre à Vieillir

여가활동과 노동은 개인의 성장, 다시 말하면 우리가 개인적으로 더 원숙하게 발전하는 데 도움을 준다. 노동이 없는 여가는 여가가 없는 노동만큼이나 영혼을 파괴한다. 노동과 여가는 상호보완적이어서 우리를 한층 균형적인 삶으로 인도할 수 있다.

사회학자들은 어떻게 말하고 있나

나는 두 명의 출판 관계자에게 부탁을 받아 이 글을 쓰고 있다. 런던 SCM출판사의 존 보든 편집장과 뉴욕 하퍼앤로 출판사의 부사장 타다시 아카이시 박사가 입을 맞춘 듯 나에게 은퇴를 주제로 글을 써보라고 제안했다. 이 제안을 받았을 때, 대중이 불안하게 생각하는 게 무엇이고, 많은 사람이 쉽게 이겨내지 못하는 문제가 무엇이며, 그들을 도울 수 있는 책이란 무엇인지 출판 관계자들이 제대로 알아야 한다는 생각이 곧바로 들었다.

하지만 망설이지 않을 수 없었다. 지난 수년 동안 거의 나도 의식하지 못하는 사이에 머릿속에 떠올랐던 주제들에 관해 꾸준히 글을 쓰고 있었고, 그 주제들은 임신 기간을 다 채우고 곧 세상에 태어날 아기처럼 나에게 압박을 가할 정도였다. 게다가 청탁을 받아 글을 쓰는 게 학교 숙제와 비슷하게 여겨져, 더 잘 쓰려고 노력하면 할수록 오히려 억지스럽게 보일 것만 같았다. 또한 은퇴를 앞둔 사람들을 위한 조언을 모아놓는 수준을 뛰어넘는 책을 내가 써낼 수 있을지도 의문이었다. 나는 조언과 충고를 늘어놓는 걸 썩 좋아하지 않는다. 그런 방법은 효과적이지도 않고 독자에게 굴욕감을 주며, 심지어 독자를 짜증나게도 한다. 능동적인 사람에게는 영리하게 은퇴를 활용하는 데 조언이 필요하지도 않고, 소극적인 사람은 조언을 받더라도 크게 달라지지 않는다. 게다가 자신을 혹사시키며 무리할 정도로 많은 일을 하는 사람은 책임감을 저버릴 수 없어 일을 줄일 수 없다고 말한다.

나이 드는 현상을 받아들이고, 은퇴를 당연하게 받아들여야 한다. 또 많은 것을 포기하고 죽음을 평온하게 인정해야 하지만, 그래도 가능하면 능동적으로 활동하며 사람들과 어울리고 상냥하게 행동해야 한다. 약간의 외로움을 피할 수는 없겠지만 여유로운 시간을 활용하여 새로운 분야와 젊은이 및 세상의 변화에 관심을 가져야 한다. 또 기도하고 묵상하며 지혜를 얻고 매사에 감사할 수 있어야 한다. 물론 사회도 노인에게 인간으로 가치를 인정받으며 진정으로 환영받는다는 의식을 되살려주고, 경제적으로 충분히 지원하고 개별적으로 관심을 쏟음으로써 노인의 권위를 회복하는 데 힘써야 한다. 허나 이 모든 것을 모르는 사람은 어디에도 없을 것이다.

더욱이 나는 노인학의 전문가가 아니다. 그럼에도 많은 사람들이 나에게 속내를 털어놓았다. 멋지게 은퇴해서 은퇴 후의 삶을 즐기는 사람들이 있는 반면에, 은퇴가 그야말로 재앙이었던 사람들도 있다. 은퇴를 즐겁게 기대하는 사람이 있는 반면에 은퇴를 두려워하는 사람이 있다. 또 행복하게 늙어가는 사람이 있는 반면에 늙어가는 걸 불만스레 생각하는 사람도 있다. 하지만 거대한 강물 같은 사회학적인 증거에 비하자면 하나의 물방울에 불과한 개개인의 증언이 얼마나 중요하겠는가?

그래서 나는 노년에 대해서, 은퇴자의 상황에 대해서, 여가에 대해서, 가까워진 죽음이 인간의 정신에 미치는 영향에 대해서 사회학자들의 연구를 읽기 시작했다. 제목들이 한결같이 음산하고 우울한 기분을 자아낸 까닭에 하루는 아내가 나에게 책을 엎어놓지 말아달라고 부탁할 정도였다. 하지만 나는 책의 내용에 점점 빠져들었다.

내가 읽은 자료들을 그대로 독자에게 전달할 수는 없지만, 적어도 그 자료들에서 내가 받은 인상과 감동 및 노년과 은퇴가 오늘 중요한 문제가 되었다는 내 확신은 전달할 수 있을 듯하다. 어떤 사회학자가 '새로운 프롤레타리아nouveau prolétariat'라고도 부른 노인들의 운명을 개선하는 것만 문제가 아니다. 최근 들어 축적된 연구 자료들을 진지하게 되짚어보는 것은 전문가이든 아니든 간에 우리 모두의 책임이다. 우리 문명이 나아갈 방향에 대해서, 또 삶의 의미에 대해서 그 자료들이 중대한 문제를 제기하고 있기 때문이다.

물론 나는 사회학자들의 글을 읽으면서 많은 것을 배웠다. 일단 통계자료에 대해서는 언급하지 않을 생각이다. 독자들도 사회학자들의 연구 결과에서 얼마든지 찾아낼 수 있으리라 믿기 때문이다. 하지만 일반적으로 사회학자들은 세계 인구가 점차 노령화되고 있다는 우리의 직감을 확인해준다. 현재 서구 세계에서는 대략 여섯 명 중 한 명이 60세 이상이며,[1] 그 비율이 끊임없이 증가하는 추세이다. 스웨덴의 평균 수명이 가장 길다.[2] 노인들에게 한 가지 반가운 소식이 있다면, 나이가 들어갈수록 장수할 확률이 더 높아진다는 것이다.

과거에 나는 순진하게도 이처럼 많은 노령 인구가 의학의 발전을 돋보이게 하는 증거라고 생각했다. 수년 전이었다면 어쩔 수 없이 죽었을 많은 환자들을 현대 의학은 살려내고 있지 않은가. 그런데 그게 아니었다! 프랑스의 인구학자 알프레드 소비의 주장에 따르면, "지금까지 인구가 노령화되는 특이한 이유는 출산율의 하락이었다."[3] 사회학자 폴 파이야는 훨씬 더 단정적이다.[4] 파이야는 인구학자 장 부르주아 피샤의 논문을 인용하며, 부르주아 피샤를 "우리 사회가 노령화되는 유일한 이유가 출산율의 하락이란 걸 입증한 최초의 학자"라고 평가한다. 일본의 사례를 보면 이런 논지가 뒷받침된다. 일본의 경우, 가족계획이 시행된 이후로 출산율이 50퍼센트가량 떨어졌지만, 같은 기간에 노인의 비율은 3퍼센트에서 13퍼센트로 증가했다. 의사로서 내 자만심이 무참히 짓밟힌 셈이다!

한편 내가 생각하던 것보다 사회학자가 심리학자에 상당히 가깝다는 것도 깨닫게 됐다. 그전까지 나는 잘못된 편견을 갖고 있었다. 말하자면, 사회학자의 눈에는 사람이 그저 익명의 통계 집단에 포함되는 하나의 숫자에 불과할 것이라 짐작했다. 하지만 그렇지 않았다! 사회학자가 노인들을 일일이 만나 인터뷰하며 시간을 보낼 때, 그들에게 신뢰를 얻기 위해서 친근하게 얘기를 나누며 제시하는 질문들이, 노인 자신의 생각을 명확히 정리하는 데 도움을 줄 거라고 조심스레 설명한다는 것도 알게 되었다.

한 사회학자의 주장에 따르면,[5] 그의 연구에서 얻은 가장 중요한 결과 중 하나는 속내를 전혀 털어놓지 않는 노인들에게 속마음을 시원하게 드러내는 기회를 준 것이었다. 물론 이런 주장은 충분히 이해된다. 사회에서 버림받고 누구도 자신에게 관심을 보이지 않을 거라고 생각하던 노인이, 자신의 말을 중요하게 받아들이며 귀담아들어주는 이를 뜻밖에 만나면, 당연히 명예를 되찾고 인간적 권위가 회복되는 기분이 들 것이다. 텔레비전 방송국 기자가 카메라로 촬영하며 마이크를 갖다 댈 때도 외로운 노인은 똑같은 기분을 느낀다. 노인은 갑자기 중요한 사람으로 되돌아간 듯한 기분이다. 평소에는 부끄럽게 생각하던 주름진 얼굴이 카메라의 조그만 화면을 가득 채운다. 결국 노인 문제는 어떻게 노인을 사회에 통합시키느냐가 관건이다.

내가 사회학적으로 노인을 다룬 글을 읽으며 안심한 또 하나의 이유는, 사회학이 겸손한 학문이란 걸 확인했기 때문이다. 물론 여론조사 결과에 대한 대중의 관심이 대단하지만, 사회학은 사회학의 한계를 잘 알고 있다. 조프르 뒤마제디에와 알린 리페르가 지적하듯이,[6] 은퇴자들의 여가활동에 대한 통계는 그런 활동이 얼마나 많은 만족감을 주는지에 대해서는 아무것도 말해주지 않는다. 뒤마제디에와 리페르는 "노인들이 지금 무엇을 하고 있는지에 대한 통계자료를 수집한다고, 그것만으로는 노인들이 무엇을 할 수 있는지"를 알아낼 수 없다고 말한 맥스 캐플런을 인용하며, "창의적 상상력과 과학적 엄격성이 결합된 연구"가 필요하다고 결론짓는다.[7]

여가, 무시무시한 전조일까?

어떻게 해야 상상력과 과학을 결합할 수 있을까? 나는 둘의 완벽한 결합을 꿈꾸지만, 쉬운 문제가 아니다. 내 생각을 솔직히 말하면, 과학자가 시인을 죽이지나 않을까 두렵다. 반면에 시인이 나의 과학적 객관성을 위협하지 않을까 무섭다. 조프르 뒤마제디에는 "수필가와 시인은 … 황금시대, 즉 모든 사회적 문제가 마법처럼 사라지는 시대를 상상하고 싶을 것이다"라고 말했다.[8]

뒤마제디에는 십중팔구 유럽문화센터의 창립자 겸 사무총장인 드니 드 루즈몽을 염두에 두고 이렇게 말한 게 틀림없다. 루즈몽이 "일부 전문가의 판단에 따르면, 앞으로 20-30년 내에 지구에서 살아가는 인구가 크게 증가하겠지만, 3분의 1이 주당 네 시간만 일하더라도 우리에게 필요한 물질적 욕구를 지금보다 훨씬 적절하게 만족시킬 수 있을 것이다"라고 했기 때문이다.[9]

나도 마찬가지이지만, 드니 드 루즈몽도 권위를 인정받는 출처를 근거로 그렇게 주장했던 게 분명하다. 따라서 그의 예측에 작은 오류라도 있다면 그의 잘못이라기보다는 '전문가'의 잘못이 된다. 사회학은 '공상과학'에도 의존할 수 있다. 공상과학은 시기의 선택에서는 오류가 있기는 해도 진실한 면이 있다. 누구나 직감적으로 느끼고 있듯이, 여가시간의 점진적 증가로 중대한 문제가 제기될 것은 뻔하다. 노동조합이 주당 노동시간을 줄이고 연간 휴가일수를 늘리며 은퇴 연령을 앞당기라고 꾸준히 요구하고 있지 않은가.

이런 관점에서 이미 이루어낸 성과는 쉽게 찾아낼 수 있다. "1890년부터 1954년까지 섬유회사의 주당 노동시간이 65시간에서 40시간으로 줄어들었고, 철도종사원의 연간 총노동시간은 3,900시간에서 2,000시간으로 줄어들었다."[10] 미국의 경우에 "1870년에 주당 평균 노동시간은 66시간이었지만 1956년에는 41시간으로 감소했다."[11] 스위스의 경우, 20년 전부터 모든 노동자가 연간 3주일의 유급 휴가를 누릴 권리가 인정되었고, 연방정부가 노령연금제도를 운영하고 있다. 이런 변화는 앞으로도 꾸준히 계속될 것이고, 테크놀로지의 발달과 자동화의 급속한 진전으로 변화의 속도가 더 빨라질 거라는 데 의문을 제기하는 사람은 없다.

따라서 드 루즈몽은 여가를 '무시무시한 전조promesse effarante'라고 칭하며, "테크놀로지가 정말 그런 수준까지 우리를 해방시킨다면 우리는 무엇을 해야 할까? 나는 모르겠다"라고 말한다. 하지만 드 루즈몽은 "육체노동에서 해방되면 서구인들은 곧바로 여행과 스포츠, 도박과 에로티시즘에 눈을 돌릴 것"이라고 조심스레 예측한다.[12] 이런 변화가 이따금씩 짧게 누리는 여가활동에는 좋을 수 있다. 하지만 여가시간이 꾸준히 증가한다면 어떻게 될까? 은퇴자들을 상대로 한 여러 조사에서 밝혀졌듯이, 여가시간의 증가는 퇴행적이고 따분한 삶, 더 나아가 불안신경증을 유발할 수 있다.

우리 모두가 흔히 경험하고 있지만, 사회학 연구에서도 은퇴 후의 삶은 당사자의 문화 수준에 크게 좌우된다는 게 밝혀졌다. 여가시간을 지속적으로 만족스럽고 유익하게 활용하게

끔 해주는 것은 오로지 문화이다. 드니 드 루즈몽은 "과거에는 문화가 소수에게만 허락된 사치품에 불과했지만, 이제 우리는 문화가 각자의 삶에서 중대한 위치를 차지하게 될 시대에 들어서고 있다"라고 말했다.[13]

그러니, 이 책에서 관심을 기울일 수밖에 없는 주제가 대두된다. 이제 우리 각자에게 당면한 과제는 생계를 위한 돈벌이에서 문화적 활동으로의 '전환'이다. 여가를 어떻게 활용할 것인가에 대해 얘기하는 것으로 그친다면, 지루하지 않게 시간을 죽이는 방법을 찾아내는 게 중요하다는 한계를 벗어날 수 없다. 하지만 문화적 활동은 그런 게 아니다. 완전히 다른 것이다. 달리 말하면, 자신을 계발해서 꾸준히 진보하고, 인류의 발전에 기여하며, 직업 활동을 끝낸 후에도 지속될 수 있는 삶의 의미를 찾아내는 것이다.

나에게는 노령의 외국인 동료가 있다. 그는 이탈리아어권 스위스 지역, 그의 표현에 따르면 미국의 플로리다나 캘리포니아처럼 부유한 노인들이 노후를 보내는 널찍한 쉼터로 삼는 구역에 멋진 별장을 지었다. 그 구역은 내가 지난겨울 사회학 관련 서적을 읽으며 시간을 보낸 마데이라 섬(모로코 서쪽 대서양 위에 있는 섬으로 포르투갈령이며, 휴양지로 유명하다—옮긴이)과도 비슷하다. 그 섬에서는 내 또래의 많은 사람이 한결같이 빈둥대며 침울하게 시간을 보냈고, 마음에 맞는 흥미로운 일을 계속하는 사람은 내가 유일했다.

지난여름에 열린 국제인격의학학회에서, 내 오랜 동료 한 명이 나이 많은 의사들의 모임을 따로 주선해서 노년과 은퇴에 대한 각자의 경험에 대해 얘기를 나누었다. 그는 우리에게 이렇게 말했다. "순전히 시간을 보낼 목적에서 할 일을 찾는 사람들이 내 주변에는 많아. 이런 면에서 나는 무척 운이 좋은 사람이지. 어릴 때부터 나는 스스로에게 철학적인 질문을 던지는 습관이 있었어. 과거에 나는 인간의 본성과 삶의 의미에 대해 생각하곤 했지. 또 우리가 대학에서 배운 학문이 이런 의문들에 어떤 답을 줄 수 있는지에 대해서도 자주 생각하곤 했네. 의사로 활동할 때는 철학책을 읽을 시간이 거의 없었지만, 이제 나는 철학책을 느긋하게 읽을 수 있어 한없이 행복하다네."

이 노의사의 말을 잘못 이해하지 않기를 바란다. 모두가 철학책을 읽을 필요는 없다. 카드놀이나 골프도 철학적 사색만큼이나 가치 있는 활동일 수 있다. 진정한 문제는, 특정한 뭔가를 하는 게 아니라, 우리가 하는 행위가 우리 자신에게 어떤 의미를 갖느냐는 것이다. 단순히 시간을 보내기 위한 활동인지, 아니면 죽는 날까지 자신의 능력을 키우고 계발하려는 근본적인 욕구의 표현인지 생각해봐야 한다. 하지만 많은 사람이 이런 질문을 자신에게 제기하는 걸 꺼린다.

따라서 좁은 지적知的인 관점에서만 문화를 생각해서는 안 된다. 문화는 예술이지만, 타인과의 관계이고 자연과의 교감이며 삶에 대한 이해이기도 하다. 여기서 다시 드니 드 루즈몽에게로 돌아가보자. 드 루즈몽은 1936년에 《손으로 생각하라》라는 책을 썼다.[14] 물론 그는 이 책에서 음향과 영상을 재생하는 현대 과학의 발달로 가능해진 문화의 눈부신 확산에 대해 언급하며, 그 결과로 "우리 삶을 더 깊이 이해할 수 있는 기회는 늘어났지만, 반대로 미술과 문학의 걸작들을 잘못 이해할 가능성도 아울러 커졌다. 문화의 이런 무차별적 확산이 삶의 질과 창의성에 미칠 영향이나, 그런 현상의 상대적 유해성에 대해서는 누구도 아직 판단할 위치에 있지 않다. 좋든 싫든 간에 그런 현상이 우리 곁에 있다는 걸 지적해두고 싶을 뿐이다"라고 훗날 덧붙였다.[15]

하지만 내 생각에 드 루즈몽은 앞의 책에서 문화의 엄청난 확산이 갖는 영향을 과소평가한 듯하다. 지적 소양이 뛰어난 학자답게, 그는 라디오와 텔레비전 프로그램이 상대적으로 높은 수준의 내용을 보여주기를 당연히 기대한다. 그러나 라디오와 텔레비전 프로그램은 존재하는 순간부터, 존재한다는 사실 자체만으로도 미래에 대한 약속으로 가득한 새로운 사고방식을 우리 사회에 이미 더해주고 있다.

얼마 전, 은퇴준비를 위한 제네바 위원회의 모임에서 적십자 소속의 젊은 간호사 콩트 양이 이런 견해를 적절하게 제시했다. 그녀의 주장이 맞다면, 20년 후의 은퇴자는 지금 우리가 만나는 은퇴자와 완전히 다를 것이다. 미래의 은퇴자들은 지금 가장 활발하게 활동하는 사람들이다. 그런데 여행 수단의 발달, 여가시간의 증가, 매일 텔레비전 앞에서 보내는 시간, 성인교육 등 많은 혁신적 변화로 인해 그들은 이미 온갖 것에 관심과 흥미를 갖고 있기 때문에 요즘의 은퇴자처럼 소극적이고 수동적인 삶을 살지 않을 것이다.

우리는 이런 변화가 실제로 깊숙이 진행되고 있다는 걸 깨달아야 한다. 이런 점에서 문화의 근본적인 의미에 대한 세심한 분석이 뒤따라야 한다고 한 드니 드 루즈몽의 의견에 나는 전적으로 동의한다. 드 루즈몽은 "다시 말하면, 모든 것이 우리를 종교의 시대로 끌어가고 있다. 결국 순수한 수학부터 도예까지, 형이상학부터 가구의 조각까지 우리의 이른바 창조적 행위에서 종교적 감정을 회복시키는 것이 문화이기 때문이다. 따라서 과학과 마찬가지로 테크놀로지도 결국에는 우리를 종교적 선택으로 유도하게 될 것이다"라고 결론지었다.[16] 노년을 보람차게 보내기 위해서 문화 수준을 끌어올려야 하는 건 사실이다. 늙기 전에 문화 수준을 끌어올려야 한다. 그러나 여기에는 필연적으로 문화, 문화의 의미, 궁극적으로 우리 삶의 의미에 대한 가치 판단이 뒤따라야 한다. 이는 전형적인 종교의 문제가 아닐 수 없다.

지금은 친구처럼 지내는 옛 환자가 나를 만나러 왔다. 놀랍게도 그는 걸어서 나에게 왔다며 이렇게 말했다. "자동차가 고장난 데다 산책하기에 좋은 기회였거든요. 당신이 은퇴한 이곳 제네바 시골 지역은 정말 아름답지 않습니까? 수려한 나무도 많고, 멋진 저택들, 오래됐지만 매력적인 농가들도 많습니다. 주변 잔디밭이 잘 관리된 현대식 별장도 간혹 눈에 띄고요. 여기까지 걸어오면서, 언젠가 나도 은퇴하면 이처럼 평온한 곳에서 살 수 있을 거라고, 그럼 진정한 삶의 본질을 회복할 수 있을 거라고 생각했습니다. 그런데 뭐랄까, 지금도 간혹 생각합니다. 내가 아팠을 때 지금보다 삶의 본질에 훨씬 더 가까웠다고 말입니다. 지금은 할 일이 태산이어서 잠시도 멈추고 생각할 시간이 전혀 없거든요."

그가 말한 '삶의 본질'은 엄격히 말하자면 삶의 의미와 관련된 문제이다. 그는 과거에도 삶의 의미라는 문제를 끊임없이 떠올리며, 나와 그 문제를 두고 무척 자주 얘기를 나누었지만 어떤 해결책을 찾으려고 서둘지는 않았다. 그는 그 시절을 그리워하며 되돌아보았다. 이제 그는 완전히 치료되었고 눈부신 성공을 거두었지만, 탈진할 때까지 일해야 했다. 따라서 직업적인 삶과 깊은 사색은 결코 양립할 수 없다고 생각하는 게 분명했다. 과거에 내가 그에게 가장 놀랐던 것은 그의 미적 감각이었다. 내가 보기에 그는 문화적 심성을 억누르고 살아가는 현대인의 전형이었다. 하지만 그가 걸어서 나를 찾아왔고, 그 과정에서 깊은 사색에 몰입했다는 말에, 우리는 다시 '삶의 본질'에 대해 얘기를 나누게 되었다.

내가 그에게 말했다. "당신도 잘 알겠지만, 당신이 은퇴한 후에야 옛날에 관심을 가졌던 문제에 되돌아가려 한다면 너무 늦은 게 아닐까요?" 그는 깜짝 놀란 표정으로 나를 물끄러미 쳐다보았다. 내친김에 나는 덧붙여 말했다. "내 생각엔 그렇습니다. 사회라는 거대한 기계에 당신의 삶이 수십 년 동안 길들여진 후에는 삶의 진정한 본질에 돌아가고 싶지도 않고, 돌아갈 수도 없을지 모릅니다." 나는 바젤 대학교의 아돌프 포르트만 교수가 "평소에 삶의 의미를 찾는 법을 배우지 못한 사람은 노년에 이르러서도 삶의 의미를 찾지 못할 수 있다"라고 했던 말을 인용하고 싶었다.[17]

우리 대화의 주제는 히피의 삶으로 넘어갔다. 우리는 그들의 삶에서 시대의 징후, 즉 사회가 모든 구성원에게 강요하는 표준화에 대한 본능적인 반항을 읽어냈다. 하지만 히피가 사회의 주변부에서 살아가기 때문에 사회에 큰 영향을 미치지 못한다는 데도 우리 의견은 일치했다. 히피는 사회와 뒤섞이지도 않고 사회와 교류하지도 않는다. 하기야, 활동적이면서도 사색적인 삶을 살아가기란 쉽지 않다. 과학과 시학을 하나로 결합하기도 쉽지 않다. 은퇴하는 순간, 활동적이고 과학적인 삶에서 사색적이고 시적인 삶으로 단숨에 넘어가기는 더더욱 어렵다. 따라서 우리는 활동적인 삶과 단절되지만 다른 유형의 삶을 맞이할 만한 준비가 전혀 돼 있지 않은 셈이다.

몇몇 사람은 능력과 사회적 상황이 허락하는 범위 내에서 그때까지 살아왔던 방식과 무척 유사한 삶을 영위함으로써 그런 전환기를 이겨낸다. 언젠가 한 카페에서 나는 군에 복무할 때부터 알고 지낸 오랜 동료를 만났다. 우리는 제대한 이후에도 사이좋게 지내며 만날 때마다 항상 즐거운 시간을 보냈다. 함께 공유하는 좋은 추억거리가 많았으니까!

"어떻게 지내나?" 내가 물었다.

그가 대답했다. "정말 힘들어. 석 달 전에 은퇴했는데 은퇴 후의 삶이 이렇게 힘들 거라곤 생각하지도 못했어." 그러고는, 당시 내가 이 책을 쓰고 있던 상황이라 특히 충격적으로 받아들일 수밖에 없었던 말을 덧붙였다. "당당함을 상실하는 것보다 남자에게 더 치명적인 것은 없어!" 그리고 우리는 인간 조건에 대해 잠시 얘기를 나눈 후에 헤어졌다.

수주일이 지난 후, 나는 그를 같은 카페에서 다시 만났다. 내가 "그래, 요즘엔 좀 괜찮게 지내나?"라고 물었다. 그는 눈을 반짝거리며 환한 목소리로 대답했다. "모든 게 좋아! 내가 전에 일하던 은행에서 서류를 정리할 사람이 필요하다며 나한테 매일 하루에 서너 시간만 도와달라고 부탁하더라고. 얼마나 좋은지 몰라!"

물론 나는 그에게 축하의 말을 건넸고, 그가 일을 다시 시작한 걸 진심으로 함께 기뻐했다. 또한 남자가 그처럼 쉽게 삶의 열정을 회복할 수 있다는 게 놀랍기도 했다. 그에게 맡겨진 서류 정리는 따분하고 재미없는 일이어서, 수개월 전이었다면 그도 그 일을 더 젊은 사람에게 떠넘겼을 게 분명했다. 하지만 이제 그는 지극히 평범한 일에도 만족하고 있었다. 그를 다시 활기찬 사람으로 되돌리는 데 대단한 것이 필요한 것은 아니었다. 하지만 그런 상황이 얼마나 오랫동안 지속될 수 있을까? 결국 은퇴 후의 문제가 뒤로 미루어진 것이지 해결된 것은 아니었다.

　어느 사교장에서 또 다른 사람을 만났다. 기업인인데, 앞의 친구와 달리 직원이 아니라 경영자로 일하다 은퇴한 사람이었다. 나는 지금 쓰고 있는 이 책에 대해 그와 이런저런 얘기를 나누었다. 그는 "은퇴요? 난 지금 은퇴했지만 지금처럼 바쁘게 지낸 적이 없었습니다"라고 말하고는, 교훈이 될 만한 말을 덧붙였다. "중요한 것은 회사를 다닐 때와 똑같은 시간에 일어나는 겁니다." 귀담아들을 만한 교훈이었다. 그러나 상대적으로 타당한 교훈이지만, 이 또한 궁극적인 문제를 뒤로 미룬 것에 불과하다. 엄격한 의미에서, 이 활동적이고 행복한 남자는 서류상으로만 은퇴한 것일 뿐이었다. 실제로 은퇴한 것이 아니었다. 사장실을 떠났지만 다른 책임을 떠맡고 있었다. 언젠가 정말로 은퇴하는 시기가 그에게도 닥칠 것이다.

여하튼 내 생각에는 그가 내 군대 친구보다 은퇴 이후의 삶을 더 적절하게 준비할 듯하다. 그는 현명하고 문화생활을 즐기는 사람이어서, 자신에게 허락된 유예의 시간 동안 현재의 삶을 예전과는 약간 다른 식으로 조금씩 바꿔갈 수 있으리라 생각한다. 다시 말하면, 내가 앞에서 말한 '전환reconversion'을 시작할 수 있으리라 생각한다. 더 구체적으로 말하면, 직업적인 업무에 할애하던 시간을 조금씩 줄이고, 내가 문화라고 칭하는 것, 예컨대 시와 명상 등 은퇴 후에도 꾸준히 계발할 수 있는 모든 것에 더 많은 시간을 할애하는 것이다. 이런 전환이 은퇴와 동시에 성공적으로 이루어지려면, 은퇴 시기보다 훨씬 빨리, 50대, 심지어 40대에라도 시작되어야 한다. 몽테뉴가 말했듯이, "잘 은퇴하는 게 쉬운 문제는 아니다."[18]

삶에서 맞이하는 두 번의 전환점

실제로 우리는 살아가는 과정에서 두 번의 큰 전환점을 맞는다. 하나는 어린 시절을 끝내고 성인이 되는 순간이며, 다른 하나는 성년에서 노년으로 들어서는 시기이다. 프로이트는 첫 전환점을 지배하는 심리학적 법칙들에 대해 말한 적이 있다. 사회적 성공에 필요한 성본능과 공격본능을 치밀하게 관찰해 낸 프로이트는, 아동기에서 성년기로 발달하는 과정이 정상적으로 진행되는 경우뿐 아니라 실패하는 경우까지도 면밀하게 그려냈다. 어린아이가 오이디푸스 콤플렉스를 극복하고 유아기의 잘못된 죄의식을 떨쳐내며 삶과 사랑과 사회에 맞부딪치는 능력과 독립심을 구축한 인간으로 완벽하게 성장하는 데 프로이트 심리학자들이 탁월한 도움을 주는 건 사실이다. 그러나 노인 문제에 부딪히면 프로이트 심리학자들은 큰 어려움에 봉착한다. 따라서 40세 이후에는 정신분석이 필요하지 않다는 식으로 말하며 그런 어려움을 피해 간다.

프로이트 자신은 두 번째 전환점을 실감나게 넘겼다. 늙어가던 프로이트가 자신의 이론을 넘어서려는 욕망에 시달리며 문화에 더욱 몰두하고, 《쾌락원리를 넘어서》를 쓰며[19] 죽음의 본능에 대해 말하고 인간을 에로스와 타나토스의 중간쯤에 두는 모습을 보면 정말 가슴이 뭉클하다. 그러나 말년에 쓴 이런 글들은 신화적이고 철학적인 성향을 띠지만, 초기에 쓴 글만큼 프로이트의 제자들에게 많은 영향을 끼치지 못했다. 프로이트 심리학자들의 입에서, 말년의 글들은 불확실한 가치를 지닌 흥미로운 가정쯤으로 가끔 언급되기는 한다. 하지만 삶에서 두 번째 전환점을 맞은 사람들에게 도움을 주려는 효과적인 치료법의 근거로 심리학자들이 말년의 글을 활용했다고는 생각되지 않는다.

롤랑 카엥 살라벨이 지적하듯이,[20] 두 번째 전환점의 법칙들을 정립한 사람은 카를 구스타프 융이었다. 융이 프로이트 이론을 인정하지 않은 것은 사실이지만, 두 번째 전환점에 관련해서는 프로이트를 반박하기보다는 프로이트의 생각을 보완했다. 드니 드 루즈몽과 마찬가지로 융도 문화에 대해 말한다. "인간은 삶에서 두 가지 목표를 갖는다. 하나는 후손을 낳아 올바로 보살피고, 재물을 축적하고 사회적 지위를 얻겠다는 자연적 목표이다. 이 목표가 성취되면 다음 단계가 시작된다. 이 단계의 목표는 문화적 소양을 쌓는 것이다."[21] 융은 "생존을 위한 자연적 단계에서 문화의 단계로 전환하는 게 많은 사람에게 어렵고 혹독한 과정으로 여겨지는 이유"에 대해 생각한 끝에 "그들이 젊은 시절 혹은 어린 시절의 환상에 매달리며, 젊은 시절의 일부가 보존되기를 바라기 때문"이란 진단을 내렸다.[22]

따라서 이 두 번째 전환은 결코 후퇴가 아니다. 첫 번째 전환과 마찬가지로, 두 번째 전환도 더 나은 미래를 향한 전진이다. 첫 번째 전환이 원숙함을 향한 전진이라면, 두 번째 전환은 새로운 성취를 향한 전진이다. 삶의 법칙은 항상 미래를 향해 전진해야 한다. 융이 말했듯이, 삶의 법칙이 앞으로 끌어가지 않는다면 "늙어가는 걸 거부하는 것은 어린 시절을 떨쳐내기를 거부하는 것만큼이나 어리석은 짓"이란 사실을 깨닫지 못한 것이며,[23] "아침에 적합한 프로그램에 맞추어 황혼의 삶을 살아가는 건 불가능하다. 아침에 중요했던 것이 이제는 중요하지 않고, 아침에 옳았던 것이 저녁에는 오류가 될 수 있기

때문"이다.[24]

　그런데 융은 무슨 뜻에서 삶의 문화적 단계를 말했으며, 그 문화적 단계는 어떤 면에서 첫 번째 단계와 구분되는 것일까? 우리는 학교에서 젊은 시절의 대부분을 보내며 문화를 습득하지 않았던가? 융이 말하는 문화적 단계의 의미는 그의 글에서 짐작할 수 있다. "우리 시대의 성인은 어린 시절은 물론이고 대학에서도 오로지 집단적으로 교육을 받아 집단적 정신구조에 길들여져 있기 때문에, 자기만의 개인적인 문화를 조금이라도 깊이 있게 누리려는 욕구를 절실하게 느끼는 듯하다."[25] 따라서 융은 문화를 두 가지 유형으로 구분했다. 하나는 사회와 전통 및 학교에서 배우는 문화, 즉 규격화된 지식이고, 다른 하나는 한층 개인적이고 독창적이며 정교하게 다듬어진 문화이다. 첫 번째 유형의 문화가 생산 지향적이라면 두 번째 문화는 상대적으로 사색적인 특징을 띤다.

　융이 자연적 삶이라고 칭한 첫 번째 단계를 성공적으로 끌어가려면 전문지식을 습득해야 한다. 요컨대 제한된 분야에서 높은 수준에 도달해야 하기 때문에 폭넓은 시야로 문화를 보는 걸 포기해야 한다. 적극적인 사람도 직업과 사회에서 성공하는 데 반드시 필요한 일부의 재능을 계발하려면 그 밖의 많은 재능을 썩히는 수밖에 없다. 하지만 삶의 후반부에 완벽하게 통합되려면, 즉 인간으로서 한층 완전한 성취를 향해 새롭게 전진하려면, 사회생활을 하는 동안 오랫동안 희생시킬 수밖에 없었던 모든 것을 다시 일깨워내야 한다. 물론 적극적인 삶에도 일정한 정도의 순응이 요구된다. 다시 말해, 사회에서 배척받지 않으려면 사회를 지배하는 게임의 규칙을 준수해야 한다. 사회가 우리에게 강요하는 전통적인 역할을 수행해야 하는 것이다. 그러나 나이가 먹으면, 이런 사회적 조건으로부터 해방되는 때가 온다. 그때 우리는 본래의 자율성과 독창성을 되찾으며 다시 우리 자신이 될 수 있다.

융의 주장에 따르면, "개성의 가치들을 찾아내고"[26] "개개인의 삶이 지닌 의미를 지적으로 이해하는 것"[27]이 중요하다. 따라서 문화적 단계는 우리에게 개성을 살리고 본래의 자신이 되어, 각자가 지닌 모든 능력을 다해서 노년을 맞이하라고 촉구하는 단계이다. 우리는 성인이 되는 첫 번째 전환점, 즉 프로이트 전환점의 성공 여부를 판단할 때 사랑과 직업에서 얼마나 성공했느냐를 기준으로 삼는다. 반면에 은퇴의 성공 여부는 본래의 자아를 되찾는 두 번째 전환점, 즉 융의 전환점을 얼마나 잘 넘겼는지 판단하는 기준이 될 것이다.

문화적 단계에서는 내면화도 중요하다. 융은 "젊은 시절에는 밖에서 찾아야 했던 것을, 삶의 황혼기를 맞이한 사람은 내면에서 찾아야 한다"고 말했다.[28] 은퇴하면 시간이 넉넉하기 때문에 내면의 창고를 더욱 풍요롭게 만들어갈 수 있다. 그렇게 할 때 우리는 지루하고 따분한 삶에서 벗어나 은퇴에 진정한 의미를 부여할 수 있다. 다시 말하면, 은퇴는 후퇴가 아니라 개인적 성취를 향한 전진이다.

그렇지만 이런 전환은 더 일찍 시작되어야 한다. 융은 두 번째 전환점을 은퇴의 순간, 즉 삶의 황혼기가 아니라 장년기에 두었다. "장년기는 우리가 모든 능력과 모든 의지력을 동원해서 일에 열중하는 때로, 삶의 절정기이다. 하지만 장년기는 황혼이 시작되는 때이기도 하다. 삶의 후반기가 시작된다. … 정오부터 해가 기울기 시작하지 않는가. 아침을 지배하던 모든 가치와 이상이 뒤집어지기 시작한다."[29]

따라서 이 책은 은퇴자만을 위한 책이 아니다. 지금 삶의 절정기에 있는 사람들을 위한 책이기도 하다. 출판사들이 나에게 이 책을 써달라고 요청했을 때 이런 의도도 들어 있었을 것이라 생각한다. 노년을 성공적으로 보내기 위해서는 노년의 준비를 차일피일 미루지 말고 가능하면 일찍 시작해야 한다. 중년에 이르러서는 직업과 사회의 소용돌이에 완전히 휩쓸리지 말고, 먼 미래를 바라보는 눈으로 우리 삶 자체를 생각하고 재조직해야 한다. 요컨대 중년에 이르면, 외적인 활동과 전문적인 활동을 조금씩 줄여가는 대신에 은퇴 후에도 계속할 수 있는 문화적 활동에 조금씩이라도 시간을 더 할애하는 것이 중요하다는 뜻이다.

은퇴를 준비하라

남녀를 불문하고 이 책을 읽는 40대와 50대 독자에게 애정을 듬뿍 담아 솔직하게 말해주고 싶다. 당신은 삶의 황금기를 맞은 게 분명하고, 그런 황금기가 영원히 지속될 것처럼 살아간다. 하지만 그렇지 않다는 건 당신도 잘 알고 있다. 현 시대의 법칙대로 한다면 당신이 은퇴하는 날도 정확히 알 수 있다. 그러나 당신은 은퇴 후에 의지할 수 있는 자원들을 따져보는 경우가 아니라면, 은퇴에 대해 깊이 생각하는 걸 별로 좋아하지 않는다.

언젠가 당신 또래의 한 남자는 나에게 퉁명스레 "은퇴요? 내 앞에서 '은퇴'라는 말은 꺼내지도 마십시오! 나중에 생각할 시간이 충분하니까!"라고 말하기도 했다. 이 말은 노년에 대해 질문하는 사회학자에게 한 소녀가 건넨 대답을 떠올려준다. "노년이요? 아, 나는 늙기 전에 죽고 싶어요!" 이런 대답은 성년의 삶을 준비하며 그 시기만을 생각하고 있을 청소년의 입에서는 충분히 나올 수 있는 자연스러운 감정의 표현이다. 그런데 당신은 이미 성년의 삶을 살고 있다. 따라서 "나는 늙기 전에 죽고 싶어요!"라고 말하지는 않을 것이다. 당신이 은퇴라는 잔인한 기습을 받고 싶지 않다면 눈을 크게 뜨고 현실을 직시해야 한다.

우리는 사회학자가 '평균여명'이라 칭하는 게 무엇인지 알고 있다. 평균여명은, 어떤 임의의 연령대에 있는 사람들이 앞으로 살아남을 수 있는 평균 햇수를 뜻한다. 수년 전에는 은퇴자의 평균여명이 남자의 경우에는 거의 13년, 여자의 경우에는 16년이었다. 당신이 은퇴 연령에 이르게 되는 15년 후, 혹은 20년이나 25년 후에는 이런 평균여명이 훨씬 길어질 것이 분명하다. 15년 이상이면 상당히 긴 시간이다. 당신이 이 땅에서 보내는 마지막 시간들, 그 시간은 마땅히 행복한 시간, 가급적 행복한 시간이어야 한다. 결코 유토피아는 아니다! 당신도 알겠지만, 시련과 가족의 죽음이 있을 것이다. 게다가 병약해져서 그 시간이 더욱 암울하게 느껴질 수도 있다. 하지만 피할수 있는 불행은 피하는 게 상책이지 않겠는가!

　당신이 지금 삶을 살아가는 방식이 노년과 은퇴 후에 맞을 삶의 방식을 결정한다. 그런데도 당신은 그런 사실을 알지 못할 뿐 아니라 충분히 생각조차 않으려 한다. 지금부터라도 당장 은퇴를 준비해야 한다. 하지만 어떻게? 은퇴를 준비하는 강의는 미국에서 가장 먼저 시도되었다. 유럽에서 시도된 가장 성공적인 강의는 의사인 로베르 위고노 교수[30]와 철학자 미셸 필리베르[31]의 추진력에 힘입어 그르노블에서 행해지는 강의이다.[32] 6주간의 강의로 연간 서너 번씩 행해지며, 약 20명이 매번 참가한다. 은퇴 후에 겪는 의학과 법률, 경제와 사회 및 영적인 문제들을 놓고 전문가들이 강연하는 식으로 운영된다.

　지금까지의 결과는 무척 고무적이다. 어떤 면에서 보자면,

이런 강의는 앞으로 시도해야 할 거대한 작업에 비교하면 아직까지 매우 제한된 실험실 실험 정도에 불과하다. 은퇴 연령을 앞둔 수많은 사람 중에서 고작 수백 명이 강의 주최자들의 초대에 응하고 있을 뿐이다. 더구나 그런 초대에 응하는 사람들은 은퇴 후의 문제들을 이미 고민하고 있다는 점에서 외부의 도움이 상대적으로 덜 필요한 사람들일 수 있다. 물론 '강의'라는 제목이 별로 매력적이지 않다는 건 인정한다. 하지만 이런 강의는 세미나나 집단토의에 가까운 성격을 띠기 때문에, 강의에 참석하는 사람들은 누구나 자신의 의견을 개진하는 기회가 있고, 참여자들과 관계를 맺을 기회까지 덤으로 얻을 수 있다. 따라서 은퇴한 사람들을 외로움으로부터 지켜주는 유대감 형성이 이런 강의의 가장 중요한 효과 중 하나이다.

그르노블 강의에서는 특히 이런 점이 중요하다. 참여자의 거의 절반이 이미 은퇴한 사람들이기 때문이다. 이런 강의를 통해 사회 통합의 기회를 다시 얻는다는 것만으로도 그들에게는 커다란 이점이다. 하지만 이런 기회가 은퇴보다 수년 전에 훨씬 더 많은 사람에게 주어져야 한다는 건 분명하다. 특히, 은퇴 후에 닥칠 문제에 대해 충분히 생각하는 것을 시작하지도 않은 사람들에게 주어져야 한다. 그래서 우리는 제네바에서 몇몇 대기업과 은행 및 관공서의 협조를 얻어 세미나를 준비하고 있다. 대기업의 인사부장은 향후 5년 내에 은퇴하는 직원이 누구인지를 알기 때문에 그런 직원들에게 세미나에 참석하라고 독려할 수 있다. 특히 세미나가 근무시간에 진행되는 경우에는 기업 측의 협조가 무엇보다 필요하다.

하지만 아직 역동적인 삶을 살고 있는 장년층에 속한 당신도 은퇴 후에 맞닥뜨릴 문제들에 대해 더 많이 아는 것만으로는 충분하지 않다. 당신이 지금 어떤 식으로 살아가고 있는지 면밀히 살펴봐야 한다. 물론 쉬운 일은 아니다. 직장에서, 가정에서, 사회생활에서 당장 화급하게 처리할 일들에 시달린다. 융의 표현을 빌리면, 그런 일들이 당신 또래의 사람들에게 존재감을 느끼게 해주는 '천연 엔진'이다. 그러나 당신은 정말 당신의 삶을 통제하고 있다고 생각하는가? 예컨대 의사 부인들이 가끔 내게 털어놓는 비밀에 따르면, 의사들은 일에 짓눌려 부인들과 조용히 한담을 나눌 시간조차 없다고 한다.

철학자 장 라크루아는 실패를 다룬 책에서,[33] "50세쯤 되면 관련됐던 일에 모든 관심을 잃고, '대체 뭐가 중요한 것이지?'라는 의문에 사로잡히지만 어떤 대답도 얻지 못하는 활동가들"에 대해 얘기한다. 실제로 적잖은 사람이 때때로 나에게 이런 무력감을 털어놓았다. 은퇴하려면 한참 멀었고 성공가도를 달리고 있었지만 이상한 불안증에 시달렸던 한 남성 환자가 있었다. 다른 사람들은 그를 부러워하고 동경했지만, 어느 날 갑자기 그는 그런 분주한 삶이 무의미하게 느껴졌다. 그는 자신이 통제할 수 없고 탈출할 수도 없는 기계의 포로가 됐다는 기분에 사로잡혔다. 책임져야 할 일이 늘어날수록 개인적인 시간과 자유가 줄어들었던 것이다. 조직의 리더들이 한결같이 겪는 문제이다. 바퀴는 끊임없이 돌아간다. 우리는 태어나서 일하고 사랑하고, 고통에 맞서 싸우다가 죽는다. 그 후에는 다른 사람들이 뒤를 잇는다. 이런 과정이 끝없이 반복된다. 인류가 진보할 때마다 새로운 문제가 제기되고, 우리는 그 문제를 해결하려고 애쓰지만, 그 과정에서 더 많은 문제가 야기될 뿐이다.

당신은 여전히 사회 활동을 하며 노년의 삶을 편안하게 해줄 돈을 충분히 모을 수 있고, 열정적인 관심을 쏟을 만한 일이 있다는 점에서 또래들보다 유리한 위치에 있을지 모르겠다. 하지만 바로 이런 이유로 당신은 두 번째 전환점을 놓칠 수 있다. 융은 이런 점을 염려했다. 가령, 당신이 점점 고갈되는 삶이란 직선을 한없이 연장하는 위험을 무릅쓴다면, 은퇴의 순간이 급격히 굽어지는 위험한 모퉁이처럼 닥칠 것이기 때문이다. 은퇴는 가난한 사람들이나 걱정할 문제라고 생각해서는 안 된다. 가난한 사람들이 지금 따분한 삶을 살지만, 바로 그런 이유에서 훗날 은퇴의 공허감을 당신보다 더 무난하게 이겨낼 수 있다.

내가 가난한 사람들의 체념에 대해 그렇게 착각하고 있는 것은 아니다. 가난하고 병들고 외로움에 시달리는 노인을 무수히 치료했는데 그들이 현실을 수긍하는 겉모습 뒤에 감춘 고통을 파악하지 못했겠는가. 나는 그런 노인들이 속내를 털어놓는 친구였다. 하지만 그들은 자신의 운명을 스스로 결정할 위치에 있지 않다. 은퇴자 중에서도 가장 혜택을 누리지 못하는 사람들의 삶을 개선하기 위해 어떤 개혁적 조치가 도입되느냐에 따라 앞으로 그들의 운명이 달라질 것이다. 이런 개혁을 추진할 의무가 있고, 이 문제에 대해 나만큼이나 많이 알고 있는 정치권과 사회 당국에 압력을 가하고 싶은 생각은 없다. 더구나 당국의 보호를 받는 대상자들은 이 책을 읽지도 않을 것이다. 사회학의 조사에서도 그들의 대부분은 신문이나 읽을 뿐, 책을 읽지 않는다는 게 밝혀지지 않았는가.

또 다른 은퇴들

나는 사회경제적으로 혜택을 누리는 사람들을 대상으로 이 글을 쓰고 있다. 은퇴하면 여러 문제에 직면하지만, 그중에는 법이나 퇴직연금과 아무런 관계가 없는 문제도 적지 않다. 그 문제들은 당신 자신, 더 구체적으로 말하면 당신이 현재 어떻게 살고 있느냐와 관계가 있다. 이런 표현이 용납된다면, 당신이 누리는 특권 중 특권은 다른 사람들보다 경제적으로 약간 더 자유로운 덕분에 먹고사는 데 급급하지 않고 그런대로 여유 있게 삶을 꾸려가고 있다는 것이다. 또한 죽는 날까지 가능하면 아름답고 행복하며 보람 있게 지내기 위해서 당신의 삶을 영리하게 계획할 여유도 있다는 것이다.

따라서 당장에는 당신의 삶에 의미를 부여하는 것으로 충분하다. 그러나 이 방법이 영원히 지속될 수는 없다. 또한 나는 여기에서 당신의 직업 활동에 대해서만 말하고 있는 게 아니다. 방금 나는 아침 신문에 실린 한 인터뷰 기사를 읽었다. 작가 자클린 바롱이 유명인사의 아내를 찾아다니며 남편을 어떻게 내조하는지 인터뷰한 연재물로, 오늘의 인터뷰 상대는 프랑스 라디오와 텔레비전에서 활약하는 유명한 언론인, 레옹 지트론의 부인이었다.[34]

지트론 부인은 남편이 밖에서 정력적으로 일하지만 집에서는 어수선하기 그지없다며 남편의 장점과 단점에 대해서 숨김없이 털어놓았다. "남편이 집에 있을 때는 내가 잠시도 한눈을 팔 수 없어요. 항상 뭔가를 원하니까요. 정말 아기가 따로 없어요." 그렇디! 유명한 남편을 도와주고, 남편에게 부족한 부분을 채워주며, 남편이 원하는 것을 언제라도 제공해주는 행위는 한 여인의 삶에 의미를 부여하는 행위일 수 있다. 요구가 많은 까다로운 남편을 열성적으로 도운 덕에 남편이 자신에게 의존할 수밖에 없다면, 부인은 자신의 행위에 더더욱 큰 의미를 부여하기 마련이다.

여하튼 지트론 부인은 행복해하며 "남편이 있어 우리는 정말 활기차게 살아요. 남편이 내 삶에서 사라진다면 나는 무너지고 말 거예요"라고 덧붙였다. 실제로 나는 여자가 그렇게 무너지는 경우를 많이 보았다. 남편을 잃고 혼자가 된다는 것은 일종의 은퇴라 할 수 있다. 다시 말하면, 아내라는 직업에서의 은퇴이다. 많은 부인이 남편의 투정과 변덕에 개인적인 삶을 기꺼이 희생한다. 남편이 음악을 좋아하지 않으면 부인도 음악을 포기한다. 남편이 부인의 친구들을 달갑게 생각하지 않으면 부인은 그 친구들을 버린다. 그러다가 갑자기 남편이 죽으면 부인은 그야말로 사막에 혼자 남겨진 신세가 되고, 삶의 의미를 상실한다. 오래전부터 자신을 계발하길 중단한 탓에 앞으로 어떻게 살아가야 할지를 모른다. 남편이 아내의 투정을 무작정 너그럽게 받아주는 정반대의 경우도 크게 다르지 않다. 상대가 성장하도록 서로 돕지 않고, 상대의 변덕스러운 투정을 무작정 너그럽게 받아주는 데 삶의 의미를 두는 부부의 경우도 다를 바가 없다.

그렇다고 배우자와 이별한 남자나 여자에게 닥치는 이런 위기가 과거 결혼생활의 심리적 오류에서 항상 기인한다는 뜻은 아니다. 물론 배우자를 잃은 후의 삶은 언제나 혹독한 시련이다. 이별이라는 심리적 충격을 받는 것 말고도, 살아남은 사람은 사회적이고 개인적인 삶에서도 큰 혼란을 겪는다.

나는 이런 사람들에게서 가슴이 먹먹해지는 이야기를 많이 들었다. 예컨대 남편과 모든 것을 공유한 여자가 있었다. 사회적으로 거둔 모든 성공에서 남편의 역할만큼이나 그녀의 역할도 컸다. 그런데 남편이 세상을 떠나자 그녀에게는 갑작스레 공허감이 닥쳐 견딜 수 없었다. 그런 공허감을 견뎌내기 위한 준비가 전혀 돼 있지 않았기 때문이다. 남편이 살아 있을 때 함께 만났던 좋은 친구들이 특히 처음에는 동정심을 아낌없이 보여주었지만, 시간이 지나자 예전처럼 그녀를 집으로 초대하지 않았고 그녀 집으로까지 찾아오지도 않았다. 삶의 흐름이 전반적으로 팍팍해졌다. 게다가 남편이 살아 있을 때는 상당한 관심을 가졌던 정치계와 사회계 및 문화계의 소식에도 관심이 멀어졌다. 한마디로, 혼자가 된 삶은 그녀에게 고통스러운 은퇴였다.

많은 여성이 힘겹게 견뎌야 하는 다른 형태의 은퇴가 있다. 자식이 성년이 될 때 겪는 은퇴로, 시기는 명확하지 않지만 일로부터의 은퇴보다 훨씬 빠른 연령대에서 맞는다. 따라서 이런 여성들은 성년이 된 자식을 계속 보살핌으로써 모성적 본능을 채우려고 하는 경향이 적지 않다. 특히 외아들을 둔 경우에 이런 경향이 두드러지게 나타난다. 외아들을 행복하게 해주고, 삶에서 겪게 마련인 역경과 장애로부터 아들을 보호하는 게 그런 어머니에게는 삶의 의미 전부가 된다. 따라서 아들은 어머니의 반응을 걱정하거나, 모든 젊은 여성이 헌신적인 어머니에 비해 이기적으로 보이기 십상이기 때문에 차일피일 결혼을 미룬다.

결혼으로 인한 자식의 출가, 특히 막내 자식의 출가에서 어머니는 거의 언제나 예상보다 훨씬 심각한 정서적 위기를 겪는다. 아들이 출가하기 전에 어머니는 당연히 아들의 결혼에 초연할 것이라 생각했을 것이고 진심으로 즐겁게 아들의 결혼을 기다렸을 것이다. 하지만 정작 아들이 출가한 후에 어머니는 공허감을 극복하기가 어렵다는 걸 깨닫고 놀라게 마련이다. 이와 마찬가지로 많은 남자가 직장에 다닐 때는 자신의 일에 대해 끊임없이 불평하고, 만족감보다는 어려움과 걱정거리가 더 많다고 투덜거린다. 또한 혹사당하고 있다고 말하면서 하루빨리 은퇴하기를 기다린다. 그러나 그런 남자들도 정작 은퇴한 후에는 불행하다는 걸 깨닫고 상당히 놀란다.

이런 종류의 은퇴가 결코 우연히 일어난 결과가 아님을 알아야 한다. 이런 은퇴는 오랜 기간을 두고 삶의 과정에서 시행착오를 겪으며 준비되지만, 일찍부터 인정하고 수정한다면 더 나을 것이다. 폴 리쾨르의 표현을 빌리면,[35] 분석심리학은 고고학이다. 다시 말하면, 분석심리학은 현재 어려움을 겪는 원인을 과거에서 찾는다. 프로이트가 한 인간이 성인의 문턱에서 경험하는 위기의 근원을 밝혀내려고 어린 시절, 더 나아가유아기로까지 되돌아가서 마음의 심연을 파헤쳤듯이, 융은 은퇴 이후에야 폭발하고 노령의 박탈감이 더해감에 따라 더욱악화되는 위기의 원인을 장년기의 실수에서 찾아야 한다고 우리에게 가르쳐주었다.

지금 이 책을 읽는 40세부터 55세까지의 독자는 현재 영위하는 보람 있는 삶을 구축하기 위해서 좁은 범위에서 전문지식을 쌓아야만 했을 것이다. 따라서 관심을 두었던 많은 것을 포기해야 했을 것이다. 그렇다, 당신은 열심히 일했다. 즐거움을 추구하고 휴식을 취하며 스트레스를 해소하는 시간은 지극히 부족했다. 요컨대 당신은 그런 일에 많은 시간을 보내지 않도록 길들여져 있다. 성공하려면 끊임없이 자신을 계발하고 발전시켜야만 했지만, 그 방향은 무척 협소할 수밖에 없었다. 성공할수록 당신은 일의 노예가 되었다. 이제 와서, 다른 것에는 신경을 쏟을 시간조차 없다고 불평하는 것만으로는 충분하지 않다. 그럼 중요한 것은 무엇일까? 당신의 삶이 다시 한 번 활짝 꽃피울 수 있다고 확신하는 것이다. 또한 전문화에서 벗어나 반대 방향으로 걸음을 옮기어 더 큰 세계를 향해 당신의 마음을 다시 열어야 할 시간이 이미 도래했다는 걸 깨닫는 것이다.

자유라는 두려움?

우리 삶은 필연적으로 어떤 연속성을 갖는다. 은퇴한 사람들을 대상으로 한 사회학 연구에서도 이미 확인된 사실이다. 예전부터 목공과 낚시, 원예와 독서 등 개인적인 활동을 즐겼던 사람들은 은퇴 후에도 그 일을 계속하며 즐겁게 살아간다. 반면에 직업적인 일 이외에 다른 취미가 없던 사람들은 은퇴 후에 새로운 활동을 시작하는 경우가 극히 드물다. 친구들에게 새로운 활동을 해보라고 권유받지만 곧 낙담하고 포기하는 경우가 다반사이다. 그르노블에서 열린 연구발표회에서, 어느 학자는 "은퇴한 뒤에는 서적 제본을 시작해보겠어!"라고 입버릇처럼 말했지만 실제로 은퇴 후에 시작조차 못한 한 은퇴자의 사례를 인용했다. 그와 같은 사람이 얼마나 많겠는가?

어떤 일이든 성공하기 위해서는 약간의 훈련, 반사적 행동과 습관, 정식으로 배우지는 않았더라도 약간의 요령 등이 필요하다. 조금이라도 젊은 나이에 시작하지 않으면, 즉 나이가 들어서는 이런 조건들을 채우기가 쉽지 않다. 따라서 성공적으로 은퇴하는 것은 은퇴 이전에 어떻게 살았느냐에 크게 좌우된다는 뜻이며, 앞으로 이 책에서 거듭해서 언급할 것이다. 이런 이유에서 취미나 여가활동의 중요성이 강조될 수밖에 없다. 그러나 내 생각에는 융과 드 루즈몽의 주장에 비추어 이 문제를 한층 진지하게 생각해봐야 할 때가 된 듯하다.

목공이나 원예로는 행복한 은퇴를 꾸려가기에 충분하지 않은 게 분명하다. 실제로 목공이나 원예는 사회활동을 할 때 기분전환을 위한 취미나 즐거운 여가활동 정도로만 여겨졌다. 이런 취미가 몇몇 사람에게는 융과 드 루즈몽이 언급한 내면의 소양을 쌓는 것, 즉 개인적인 자기실현의 특징을 띠는 건 사실이다. 그러나 그들에게 목공이나 원예는 단순한 취미나 시간을 보내기 위한 오락거리가 아니라, 업무를 끝낸 후에 또 다른 의미를 삶에 부여하기 위해 선택한 것이고 깊은 애정을 쏟은 것이었다.

그래서 우리는 자유시간의 활용이란 문제를 전체적인 관점에서, 더 구체적으로 말하면 사회활동을 하던 때 간헐적으로 얻는 한가한 시간부터 은퇴 이후의 완전한 자유시간까지 전체적인 관점에서 접근해야 한다. 이 둘을 분리해서 생각할 수는 없다. 경제와 사회가 발전해서 노동자의 자유시간이 증가하면, 노동자의 자유시간과 은퇴자의 자유시간에서 양적인 차이가 줄어들기 마련이다. 따라서 노동자는 단순한 취미나 무의미한 오락거리로 여가시간을 보내는 데 만족하지 않고, 삶에 더 깊은 의미를 부여하는 활동으로 자유로운 시간을 보낼 것이다.

우리가 직업적인 노동에서 벗어나 기분전환으로 서너 시간 정도 취미 활동에 몰두할 때, 취미는 우리에게 큰 즐거움을 줄 수 있다. 그러나 은퇴 후에 취미가 우리 삶의 전부를 채워주는 유일한 것이 되면, 원래의 즐거움은 크게 상실된다. 이런 현상은 은퇴자들에게서 흔히 확인되지만, 노동시간이 충분히 줄어든 이후로 은퇴를 앞둔 사람들에게서도 어렵지 않게 관찰된다는 사실에 주목해야 한다. 예를 들어 설명해보자. 오하이오 주의 북동부에 위치한 공업 도시, 애크런의 주된 수입원은 고무 산업이다. 나는 이곳에서 강연한 적이 있고 좋은 친구들도 있어 이 도시를 잘 안다. 누구나 자동차에 타이어를 장착하고, 자동화가 눈부시게 진전된 덕분에 고무산업이 크게 번창해서 거의 10년 전부터 임금이 삭감되지 않고도 "이 도시의 모든 기업체에서 주당 노동시간이 … 32시간으로 줄었다."[36]

미국 사회학자 데이비드 리스먼이 시카고 여가활동연구소를 대신해서 실시한 연구 조사에 따르면, "애크런에서 고무산업에 종사하는 다섯 명 중 한 명은 두 기업체에서 정직원으로 일하며, 주민의 40퍼센트가 시간제로 다른 직업을 갖고 있다." 무척 흥미로운 결과가 아닐 수 없다. 자세히 분석하면 더욱더 흥미롭다. 미국 전문가들의 판단이 맞다면, 남편이 경제적으로나 시간적으로 여유가 있어 딴짓을 할까 두려워하며 부인들이 남편에게 또 하나의 직업을 가지라고 재촉한다. 남편이 집에서 빈둥대는 걸 부인들이 좋아하지 않기 때문이기도 하다. 은퇴한 남편의 부인들에게서도 똑같은 반응이 종종 확인된다. 규칙적인 삶을 살던 여자들이, 은퇴해서 집에서 빈둥대는 남편에게 방해받는 걸 좋아하지 않기 때문이다.

노동자들을 상대로 조사한 결과이든 그 부인들을 상대로 조사한 결과이든 간에 나는 애크런에 관련된 조사 결과를 읽으며, '그렇다면 사람들이 자유를 두려워하는 걸까?'라는 의문이 문득 들었다. 이런 의문을 제기하는 것은 상당히 잔인한 일일 수 있다. 특히 빌헬름 텔의 전설로 상징화되었듯이 무엇보다 자유를 중시하는 문화에서 성장한 스위스인의 귀에는 불쾌하게 들릴 수도 있다.

하지만 곰곰 생각해보면, 이런 의문을 제기하는 게 전혀 근거 없는 것은 아닌 듯하다. 나는 일상에서 관찰되는 많은 현상을 새삼스레 생각해보았다. 어머니는 바닥을 청소하고 가족을 부양하며 하루 종일 힘들게 일한다. 또 아침에 가장 먼저 일어나, 혼자서도 아침식사를 얼마든지 준비할 수 있는 다 큰 딸을 위해 커피를 끓인다. 저녁에는 남편의 슬리퍼를 꺼내놓는다. 남편이 혼자서는 신발장에서 슬리퍼조차 꺼낼 수 없는 것처럼! 어머니는 잠시도 쉴 틈이 없다며 한숨을 내쉬고 한탄한다. 자식들은 거의 언제나 밖에서 맴돌고, 남편은 친구들과 카드놀이를 한다. 하지만 어머니는 할 일이 태산이다!

맞는 말이다. 내가 가정의로 일했을 때 가정주부들에게 잠시라도 휴식을 취하라고 얼마나 권고했던가? 남편들에게 부인의 휴식에 대해 말하면 남편들은 이구동성으로 이렇게 대답했다. "선생님이 그렇게만 해준다면 정말 고맙겠습니다. 우리가 아내의 일을 덜어주려고 뭔가를 하면 아내는 오히려 화를 냅니다. 아내가 시골에 사는 여동생에게 가서 며칠이라도 지냈으면 좋겠습니다. 아내가 없어도 우리가 그럭저럭 살아갈 수 있거든요." 반면에 가정주부들은 내게 이렇게 대답했다. "의사 선생님, 내가 여동생의 집에서 하루 종일 무엇을 할 수 있을까요? 따분하게 시간만 죽일 거예요."

그렇다! 많은 은퇴자가 이렇게 강요된 자유를 어떻게 해결해야 할지 모르기 때문에 따분하고 지루해한다. 상상력의 부족으로, 훈련의 부족으로 습관화되지 않아 많은 은퇴자가 되는대로 살아가며 어떤 것에도 관심을 갖지 못한다. 그들은 점점 권태의 덫에 빠져들어, 결국에는 새로운 삶 자체가 불가능해진다. 주변 사람들까지 따분하게 만들고, 다른 사람의 짐이 되기도 한다. 그러나 이런 무력한 삶은 오래전부터 그들의 마음 상태로부터 비롯된 것이다. 그 당시에 깨닫지 못한 이유는, 매일 반복되던 노동과 사회생활이 개인적인 삶의 공허감을 채워주었기 때문이다. 젊은이를 비롯해 많은 사람이 자유를 원하지만, 막상 자유가 주어지면 어떻게 해야 할지 모른다. 그 이유는 그런 자유를 맞이할 준비가 되어 있지 않기 때문이다.

우리는 일에 관련해서는 훈련받지만 여가를 어떻게 보내야 하는지에 대해서는 훈련받지 않았다. 우리가 업무에 적응하기 위해서 받았던 집중교육 과정을 생각해보라. 직업과 관련되지 않은 삶과 자유로운 시간을 보람 있게 보내기 위해서는 그런 교육을 받지 않았다. 함부르크 대학교 의대 교수, 아르투르 요레스와 H. G. 푸흐타는 "놀랍게도 여가를 즐겁게 보낼 수 있는 사람은 극소수에 불과하다"라고 말했다.[37] 개인적으로 여가 시간을 체계적으로 관리하는 능력도 마찬가지다. 여가의 상업화와 유행의 흐름을 따라가려는 인간의 본성까지 더해져서 오늘날에는 여가마저 대중적인 소비재가 되어, 여가활동이 공장의 컨베이어벨트에서 일할 때만큼이나 단조롭다.

여기에서 따지고 넘어가야 할 미묘한 문제가 있다. 앞에서 은퇴 준비에는 부분적으로 여가 교육이 필요하다고 말했다. 그러나 일하는 방법을 가르치듯이 여가활동을 사람들에게 가르칠 수는 없다. 지나치게 열심히 준비하면 그 준비는 더 이상 여가활동이 아니라 일이 된다. 이런 이유에서 극소수의 사람만이 은퇴 준비를 위해 마련된 강의에 참석한다. '강의cours'라는 단어에는 '공부'와 '일'이란 뜻이 담겨 있다. 많은 사람이 레크리에이션 클럽을 멀리하는 이유는 강사의 엄격한 감시를 받으며 어떤 기술을 익혀야 한다는 강박감 때문이다.

이쯤에서 내 친구가 생각난다. 그는 엄격한 청교도 가정에 자랐기 때문에 무척 양심적이고 꼼꼼하다. 그는 어떤 일을 하더라도 신중하게 접근하고 완벽을 지향한다. 언젠가 우리는 그 점에 대해 얘기를 나눈 적이 있었고, 그제야 그는 재미로 행하는 활동마저 의무로 둔갑시킨다는 걸 깨달았다. 그는 아이들과 함께할 시간을 가지려고 뒤늦게야 스키를 타기 시작했다. 스키장에는 뛰어난 스키 강사들이 있었고 그는 가장 착실한 학생이었다. 단 한 번의 실수도 범하지 않겠다는 욕심에 그는 잠시도 쉬지 않았고, 그날 배운 것을 머릿속으로 되새기기에 바빴다. 아이들은 순전히 즐기려고 스키를 탔던 반면에 그는 스키 타는 것마저 모범을 보여야 할 의무로 생각했던 것이다.

많은 사람에게 스포츠는 직업이 된다. 직업이 되려면 끊임없는 훈련이 필요하다. 올림픽 경기에는 아마추어만이 참석하지만, 그 경기를 보면 아마추어와 프로를 경계 짓기 힘들다. 대부분의 운동선수는 다른 직업인에 비해 훨씬 일찍 은퇴한다. 그래도 체스 선수의 경우에는 은퇴한 후에도 괜찮은 상대를 찾아내면 체스를 두며 종종 즐거운 시간을 보낼 가능성이 크다. 그러나 축구 선수나 육상 선수는 일찌감치 그 운동을 포기할 수밖에 없을 것이다. 스웨덴 왕은 늙어서도 테니스를 즐긴 게 사실이지만, 그의 경우에는 왕이라는 직업에서 은퇴하지 않았다.

은퇴 준비를 지나치게 단순한 관점에서 접근하지 않도록 주의해야 한다. 예컨대 당신이 곧 사이클링이나 조정漕艇을 포기해야 한다고 해보자. 그렇다고 그 활동들이 은퇴 후에는 적합하지 않다는 뜻은 아니다. 사이클링이나 조정을 통해서 당신이 건강과 활력을 유지하고, 무엇이든 배우려는 열의와 진취성을 얻는다면, 은퇴 후에도 도움이 된다. 일반적으로, 은퇴의 성공 여부는 은퇴하기 전에 자신의 개성을 얼마나 잘 계발했느냐에 달려 있다. 따라서 중요한 것은 우리가 자유롭게 행하는 것, 우리의 사회적 관계를 넓혀주는 것, 지나치게 전문화된 직업 세계와 균형을 맞추며 우리 삶을 다양하게 해주는 것이다. 여가활동에서 중요한 것은 진정한 의미에서 여가활동이어야 한다는 것이다. 우리 마음을 밝고 유쾌하게 해주며, 흥미를 자극하는 즐거움을 주는 것이어야 한다.

　귀족 가문에서 태어났다는 이유로 새장 안의 새처럼 성에
갇혀 살았던 한 여성도 생각난다. 이런 삶이 요즘에도 가능한
줄은 정말 몰랐다. 어렸을 때 그녀는 정원 문을 통해서도 마을
아이들과 이야기를 나누는 게 허락되지 않았다. 그녀는 학교
에도 다니지 않았고, 대신 여자 가정교사에게 배웠다. 그러나
가정교사는 학과목을 가르치는 데 그치지 않고 시간을 짜놓고
여가활동까지 간섭하고 통제했다. 그녀도 당연히 혼자만의 시
간을 갖고 싶었겠지만, 혼자 노는 것도 허용되지 않았다. 따라
서 그녀에게 공부와 여가는 다를 바가 없었다. 모든 것이 가정
교사에 의해 똑같은 정도로 통제되었다. 훗날 그녀에게 자유
가 주어졌을 때, 그녀가 그 자유를 얼마나 두려워했을지 충분
히 짐작할 수 있을 것이다.

　언젠가 나는 커다란 공장 하나가 있는 작은 산업도시에서
강연한 적이 있다. 그 도시에서는 노동자들이 살아가는 깔끔
하고 아담한 주택들부터 노동자들이 가꾸는 채마밭, 축구 경
기장, 아이스하키용 스케이트장, 영화관, 내가 초대받아 강연
했던 문화단체까지 모든 것이 그 공장의 소유이거나 그 공장
의 지원에 의존했다. 모든 것이 원만하게 운영됐지만 어디에
서도 진정한 자유의 향내는 느껴지지 않았다. 프랑스 사상가
장 마리 도므나크는 잡지 〈에스프리〉에 기고한 글에서, "우리
사회에서 여가활동은 반드시 '신성한' 면을 띠어야 한다. 여가

활동은 우리 삶에서 노동으로 인해 훼손되지 않아야 할 부분이다. 여가활동을 통해 우리는 실용주의적 자세보다 우호적이고 시적으로 자연과 접촉할 수 있어야 한다"고 말했다.[38]

시詩가 다시 언급되었다. 물론 실용주의와 대립되는 의미에서 사용된 것이다. 여가활동과 노동은 분명히 다르다. 여가활동이 자유를 상징한다면 노동은 제약을 상징한다. 이런 차이 때문에, 여가활동과 노동은 개인의 성장, 다시 말하면 우리가 개인적으로 더 원숙하게 발전하는 데 도움을 준다. 노동이 없는 여가는 여가가 없는 노동만큼이나 영혼을 파괴한다. 노동과 여가는 상호보완적이어서 우리를 한층 균형 잡힌 삶으로 인도할 수 있다. 우리는 노동이 여가활동보다 훨씬 중요하다고 줄곧 배워왔지만, 개개인의 성장을 위해서는 노동과 여가활동이 똑같이 중요하다는 사실을 인식해야 한다.

어렸을 때 나는 학교에서 집으로 곧장 돌아가지 않았다. 습관처럼 트루아넥스 마을의 대장간에 들렀다. 그랬다, 시가 바로 거기에 있었다. 나는 한마디도 하지 않았고 대장장이도 마찬가지였다. 하지만 우리 둘 사이에는 불가사의한 공감대가 있었다. 망치질을 할 때마다 튕겨 오르는 불꽃을 지켜보는 게 나는 조금도 지겹지 않았다. 하지만 집에 가면 언제나 꾸지람을 들었다. "왜 이렇게 늦었니? 곧장 집으로 와서 숙제부터 해야지. 노는 건 나중에 놀고 말이야!" 그 후로 대장장이는 마력을 조금씩 잃어갔다.

그렇지 않을 때는 몰리에르와 라신을 읽으며 시간을 보냈다. 값싼 종이에 엉망으로 인쇄된 싸구려 보급판이었다. 물론 외삼촌의 책꽂이에는 몰리에르와 라신의 멋진 양장본 전집이 있었다. 하지만 내가 빵을 사 먹으라고 받았던 용돈으로 구입한 싸구려 보급판에는 독서를 진정한 여가활동으로 바꿔주는 비밀스러운 뭔가가 있었다. 게다가 보급판은 내 라틴어 문법책 위에 올려놓고, 누군가가 내 방에 들어오면 재빨리 밑에 감출 수 있을 정도로 얄팍했다. 덕분에 앞에서 언급한 "숙제 먼저 하고 나중에 놀아라!"라는 꾸중을 면할 수 있었다.

이런 훈계를 듣지 않고 자란 사람이 있을까? 이런 훈계가 서구 세계를 지금처럼 발전시키기는 했다. 일이 무엇보다 우선한다. 시는 사치품이다! 이런 생각이 우리 문명의 근간이다. 서구 세계만이 아니라 공산주의 세계와 일본에서도, 모두가 이처럼 일을 숭배하며 가치척도에서 가장 위에 놓는 사고방식에 철저하게 길들여져 있다. 내가 대장간에서 빈둥거리다가 집에 돌아갔을 때 쏟아졌던 꾸중처럼, 그 격언이 언어적 훈계에 불과하다면 그다지 심각한 영향을 미치지 않을 것이다. 실제로 그런 꾸중은 나에게 별다른 영향을 주지 않았다. 그러나 우리는 이 격언에 훨씬 더 철저하게 길들여졌고, 그 격언은 하나의 사회적 명제가 되어 우리 무의식까지 파고들었다.

서구 세계에서는 말로만이 아니라 이론적으로도 거의 모두가 인간이 최고의 가치라는 주장에 동의한다. 모든 곳에서 우리는 인간을 옹호하려 한다. 특히 서구 세계에서는 '인간'은 개인, 개인의 자유, 사상의 자유를 뜻한다. 공산주의 세계에서 '인간'은 모든 착취와 소외로부터 해방되어야 하는 프롤레타리아를 뜻한다. 달리 말하면, 새로운 유형의 인간이 도래했다는 뜻이다. 옛 현인들의 가르침을 빌리자면, "인간은 만물의 척도이다." 그러니까 인간이 일에 가치를 부여하지, 일이 인간에게 가치를 부여하는 게 아니다.

그러나 현실세계에서는 완전히 다르다. 우리가 어린 시절부터 함께하고, 우리가 의식할 틈도 주지 않고 영향을 미치는 전반적인 사회 분위기는 일이 월등하게 중요하다고 우리에게 가르친다. 또 사회 분위기는 우리에게 일을 의무로 생각하라고 가르쳤다. 요컨대 일은 재미있는 여가활동과 다른 것이라고 가르쳤다. 일은 의무이기 때문에, 따분하고 인간미가 없더라도 가치 있는 것으로 여겨진다. 오히려 그런 일이 더욱 칭찬받을 만한 일로 여겨진다. 여가활동은 재미있으면서도 개인적인 발전을 유도할 수 있지만 과소평가되고 경시되는 편이다. 여가활동은 인간에게 내재된 죄를 범하려는 성향, 쾌락을 추구하고 게으름을 피우려는 욕망에 굴복한 행위에 불과한 것으로 여겨진다. 인간은 자신에게 주어진 의무를 다할 때, 예컨대 자신에게 주어진 일, 자신에게 기대하는 생산성, 사회에서의 역할 및 직업 등을 충실히 수행할 때 가치와 권위가 부여된다. 재미있는 일을 하는 사람은 운이 좋은 사람이다. 하지만 일의 진정한 가치는 재미있는 데 있지 않고 의무라는 데 있다.

막스 베버는 현대 자본주의의 발달에서 청교도적 비법의 역할이 컸다는 걸 입증해냈다.[39] 현대 자본주의는 '검약과 절제, 금욕과 절약'으로 정의되는 '프로테스탄트 윤리'의 산물이다. 나는 제네바에서 자란 까닭에 프로테스탄트 금욕주의적 이상이 무엇인지 잘 안다. 또 프로테스탄트 윤리를 가슴에 깊이 새긴 환자들을 줄곧 치료해왔다. 그리스도인과 교회에 열심히 출석하는 사람에게만 국한된 현상이 아니다. 오히려 교회를 멀리하는 사람들이 프로테스탄트 윤리에 훨씬 더 충실한 게 사실이다. 교회를 떠난 후로도 프로테스탄트 윤리는 그들을 짓누르는 도덕률로 남기 때문이다. 그 도덕률이 중요하다고 가르치던 영적인 기원과는 인연을 끊었지만, "즐거움을 주는 것은 금지되고, 즐거움은 주는 것은 죄악이다"라는 원칙만은 잊지 않은 것이다.

'프로테스탄트 윤리'에서 모든 즐거움이 수상쩍게 여겨지는 것은 사실이다. 오직 두 가지 즐거움만이 허용된다. 하나는 돈을 벌고 저축하는 즐거움이고, 다른 하나는 부부의 성관계에서 얻는 즐거움이다. 여기에서 자본주의와 대가족이 탄생했다. 그러나 즐거움의 추구는 눈살을 찌푸리게 하는 행위이기 때문에 앞의 두 즐거움은 무의식적인 즐거움에 불과하다. 돈을 벌고 저축하는 즐거움과 그렇게 절약해 모든 돈을 주식시장에 투자해서 수익을 내는 즐거움은 의무로 여겨진다. 부부의 성생활도 당연히 부부간의 의무로 여겨진다. 따라서 프로이트가 즐거움의 추구를 인간 행동의 원동력으로 해석하며 '쾌락원칙'이라 명명했을 때, 오로지 의무의 부름만을 좇아야 한다고 배웠던 사람들의 분노는 하늘을 찔렀다.

스파르타의 이상을 재현한 프로테스탄트의 이런 엄격한 도덕성 덕분에, 존경받아 마땅한 뛰어난 인물들이 탄생했다. 자본주의를 설계한 그들은 자본주의의 혜택을 누리지 못했다. 연금을 받으며 한가한 삶을 살아가는 혜택을 받지 못했다. 후손들에게 편안한 미래를 보장해주기 위해서 열심히 일하고, 남들에게만이 아니라 자신에게도 엄격한 삶을 요구하며, 자신들의 유일한 즐거움이던 하나님으로부터도 멀어질지 모른다는 생각에 세속적인 즐거움을 외면했던 사람들이었다. 그러나 시간이 흐르면서 가족의 삶은 풍요로워진 반면 종교적 믿음이 약해지자, 모든 것이 일을 찬양하며 절대적인 가치로 추앙하는 방향으로 변해갔다는 걸 어렵지 않게 확인할 수 있다. 어쩌면 하나님의 계시에 굳게 뿌리 박은 종교적 전통에서 이와는 다른 가치척도, 즉 인간보다 일을 우선시하는 게 아니라 일보다 인간을 우선시하는 가치척도를 끌어낼 수도 있었으리라.

공산주의는 많은 점에서 자본주의나 종교와 대립되지만, 한 가지 점에서는 일치한다. 이탈리아 사회학자 알레산드로 피초르노는 "마르크스는 노동을 부의 원천으로 생각한다"면서 "공산주의도 미래 세대를 위한 희생을 요구한다"고 결론지었다.[40] 그러니까 이 시대를 지배해온 상반된 두 이데올로기는 '존재'보다 '행위'를 우선시한다는 점에서 일치한다. 요즘 철학자들은 존재의 문제와 씨름하면서, 의식과 독립된 존재로서 '즉자존재être-en-soi'를 거부하며 이를 오직 행동과 행위라는 표현 속에서만 보려 한다. 따라서 생산과 소비라는 거대한 기계에서 자신이 맡은 역할이 아니라 독립된 개체로서 인정받고 싶어 하는 젊은이들의 동요를 충분히 이해할 수 있다.

앙드레 그로 박사가 우리 사회에서 노인의 위상과 관련해서 가장 중요한 것은 "양도할 수 없는 인간의 존엄이란 개념을 회복하는 것"이라 말했던 것도 이해된다.[41] 내 생각에는 이 말이 은퇴 문제의 핵심이다. 은퇴는 누가 뭐라 해도 직업 활동의 종결을 뜻하기 때문이다. 게다가 현대인은 누구나 자신이 독립된 인격체로 존중받는다고 생각하지 않는다. 생산의 도구로만 인식된다고 생각한다. 이 문제는 2장에 다시 다루기로 하고, 여기에서는 이 문제와 밀접하게 관련된 개념으로 이미 상당한 위험을 내포하고 있는 의무의 윤리를 우리 사회가 어떤 식으로 요구하는지 집중적으로 살펴보기로 하자.

하여 내가 여기에서 제시하는 주장에 오해 없기를 바란다.

나는 노동을 못마땅하게 생각하는 게 아니다. 과학의 발전과, 지금 내가 살아가는 개선된 사회를 못마땅하게 생각하는 것은 더더욱 아니다. 우리가 인간을 위해 사회를 운영하는 것인지, 아니면 사물을 위해 사회를 꾸려가는 것인지 정확히 판단하는 게 중요하다. 또한 나는 게으름을 찬양하는 것도 아니고, 사회의 요구에 전면적으로 반발을 부추기려고 이 글을 쓰는 것도 아니다. 우리가 조상에게 물려받은 가치척도, 노동을 삶에서 가장 중요한 것이라 미화하는 가치척도에 의문을 제기해야 한다. 그러나 사회적 명제에서 누구도 벗어날 수 없다. 의무를 다하라는 사회적 명제는 내 마음에 여전히 깊이 새겨져 있다. 의무에 반발하고 거역할 수 있지만, 의무가 무엇보다 우선한다는 명제를 부인할 수 있지만, 그 명제는 우리 마음에 깊이 새겨져 있다.

의무와 즐거움은 상호보완적이다

미래 세대는 우리 세대보다 훨씬 자연스럽게 일의 숭배로부터 해방될 것이다. 일에 절대적으로 전념하는 삶은 비인간적이란 걸 이미 많은 젊은이가 우리에게 깨닫게 해주었다. 실제로 대중의 사고방식이 크게 달라졌다. 내가 자랄 때 배웠던 노동과 의무의 원칙을 다룬 이 부분을 젊은이들이 읽으며, 쓴웃음을 짓는 모습을 쉽게 그려볼 수 있다. 그들은 의무만큼이나 권리를 생각한다. 그들은 나보다 더 떳떳하게 즐거움을 생각하고 즐거움을 누린다. 이런 말이 젊은이들에게 사회와 사회의 요구에 대한 반발심을 키워줄까 두렵다고 아버지 세대는 눈살을 찌푸릴지도 모르겠다. 그러나 현역에서 일하던 내내 나는 노동의 미화에 희생된 사람들을 치료했다. 지금도 마찬가지이다. 내 환자 중에는 젊은이도 적지 않았다. 청년이란 종족은 결코 사라지지 않는다. 가장 기억에 남는 젊은 환자들은 부모가 지나치게 권위적이어서 맹목적 순종을 제1의 의무로 자식들에게 요구하는 가정에서 자란 경우였다.

  물론 내가 젊은이들을 위해 이 글을 쓰는 것은 아니다. 솔직히 말해서, 젊은이들은 내 도움을 받지 않아도 얼마든지 삶을 즐길 수 있다. 장년에 이른 사람들, 다시 말해 10년이나 20년 후에 자신들에게 닥칠 현상을 의도적으로 외면하는 사람들을 위해 이 글을 쓰는 것이다. 지금 사회에서 그들의 위치를 보장해주는 일을, 은퇴는 순식간에 앗아갈 것이다. 그렇지만 그들은 우리 소비사회를 비판하면서도, 생각보다 훨씬 철저하게 소비사회에 길들여져 있다. 소비사회의 신조, 즉 생산성이 그의 마음에 깊이 새겨져 있다. 생산성이 삶에서 모든 것을 뜻하는 것인 양 그들은 생산성 향상에 몰두한다. 게다가 현대 사회라는 거대한 기계에서 어떤 위치를 차지하고 있느냐에 따라 주변 사람들을 평가하고 판단한다. 나와 마찬가지로 그들은

'노동과 생산 및 생산성에 기반을 둔 가치 시스템'의 상속자들이다.[42]

대장장이의 망치질에서 느꼈던 나의 환희와 은밀한 독서는, 실리적인 노동, 즉 공부에 지나치게 가치를 부여하는 것에 대한 본능적인 반발이었다. 대부분의 어린 소년들은 공부를 강요받을 때 은밀히 반발한다. 정상적인 아이들도 마찬가지이다. 오히려 지나치게 온순하게 공부에 전념하는 아이들은 신경증의 징후가 있는 것으로 의심할 수 있다. 다행히 나는 재미있는 일을 찾아내면 관습적인 의무보다 그 일을 더 중요하게 생각하며 지금까지 살아왔다.

우리 사회는 의무가 아니라 개인적인 성향에 따라 선택한 행위보다 실용적인 노동을 더 중요하게 생각한다. 우리 세계관도 이런 생각에 지배를 받는다. 내가 이런 현상을 뜻하기 위해 사용했던 표현, 즉 '가치척도'라는 말은 자유롭고 신중한 선택을 암시하기 때문에 바람직한 표현이 아니다. 그 가치척도가 사회로부터 강요되고, 우리는 그 가치척도를 저항 없이 받아들이는 게 사실이지 않은가.

인간에게 행동하지 말라고 요구하는 건 불가능하다. 행동은 인간의 본질적 속성이다. 하지만 어떤 행동을 해야 할까? 사회가 권위적으로 강요한 실용적인 노동에 충실해야 할까? 아니면 즐거움을 얻기 위해 자유의지로 선택한 행동을 더 중요하게 생각해야 할까? 여기에 사회적 편견이 끼어든다. 뒤마제디에는 "삶에 중요한 것은 행위이지 일이 아니다"라고 말한 바 있다.[43] 다양한 형태로 표현되지만 '일이 먼저이고 노는 것은 나중에'라는 유명한 격언에서는, 일과 관련된 행위와 여가와 관련된 행위가 구분된다. 특히, 이 격언에는 일이 여가활동보다 더 중요하다는 뜻이 담겨 있다.

여가, 나태함과 게으름, 즐거움과 타락, 죄악은 개념적으로 어떤 관련성이 있다. '즐거움 금지défense de jouir' 콤플렉스에 시달리는 환자들의 심리에서 이런 관련성이 무척 뚜렷하게 나타나는데, 정상적인 많은 사람들의 마음속에도 이런 관련성이 막연히 자리 잡고 있다. 이런 이유에서 장 마리 도므나크는 '여가활동을 짓누르는 죄의식'을 언급하며, "여가활동은 혼자서 몰래 하는 행위이며 부끄러운 짓이란 생각이 팽배하다"고 말했다.[44] 여가활동에 투자하는 시간은 유약한 정신력과 이기심 및 즐거움을 얻으려는 불경한 욕심으로 일해야 하는 시간을 도둑질한 시간이다. 은퇴한 사람은 더 이상 일해야 할 의무가 없는데도 여가활동에 대한 이런 죄악감을 떨쳐내지 못한다.

그렇다고 일을 폄하하고 여가활동에 더 높은 가치를 부여한다면 역시 정반대의 오류를 범하게 된다. 엄격히 말해서, 가치는 인간에 있는 것이지 행위에 있는 게 아니다. 삶의 과정에서 한 인간의 균형 잡힌 발전에 기여하는 모든 것은 저마다의 기능을 얼마나 잘해냈느냐에 따라 가치가 결정된다. 이런 관점에서 볼 때, 일과 여가는 상호보완적인 요소이다. 일은 전문화를 통해 깊이 있는 발전을 추구하는 반면에, 여가활동은 다양한 분야에 관심을 쏟아 폭넓은 발전을 이루게 함으로써 일의 단점을 상쇄한다.

하지만 앞에서도 보았듯이, 일과 여가활동이란 두 요소 간의 비율은 삶의 시기에 따라 달라져야 한다. 성장기에는 두 요소가 똑같은 정도로 중요한 듯하다. 내가 당시 공부 이외에 했던 모든 것이 공부만큼이나 사회적 삶을 준비하는 데 유익했다. 그 후, 사회생활의 전반기에는 융의 표현대로 '생물학적' 본능에 따라 먹고살기 위해 하는 일에 더 큰 중요성이 부여된다. 그렇다고 더 큰 가치를 부여하는 건 아니다! 후반기에는 그 비중이 점진적으로 변해서 여가활동이 더 큰 몫을 차지해야 한다. 은퇴자가 모든 의무에서 면제되는 것은 아니지만 여가활동이 중요한 위치를 차지하는 은퇴 후의 삶을 준비하기 위해서는 개인적으로 문화적 지평을 넓혀야 하기 때문이다.

숙제를 끝내지 못하고 놀러 나가는 아이는 게으르다고 책망받지만, 그 아이가 여가활동에 보이는 관심과 열의는 결코 게으른 모습이 아니다. 결국 그 아이는 생산적인 노동을 중요시하는 어른들의 법칙에 따라 평가받는 셈이다. 다행히 20세기 초에 비하면 요즘에는 '게으른 아이'를 비판하는 소리가 덜 들리는 편이다. 당시에는 잠언 6장 6-11절을 근거로 게으름을 호되게 비판했다. 잠언을 두고 전설적으로 부유했던 솔로몬 왕이 쓴 것이라 생각되는 이유도 우연은 아니다. 사회적 성공은 의무의 도덕성에 감추인 목표이다. 심리학자들은 이른바 '게으른 아이'를 연구했고, 그런 아이의 행동이 대체로 정서적 요인에서 비롯된다는 걸 밝혀냈다. 의무를 강요하는 사람과 아이의 관계가 원만하지 않을 때 아이는 의무에 반발하는 경향을 띤다.

어떤 아이가 어른들이 시간 낭비라고 생각하는 놀이를 하려고 의무를 내팽개친다면, 그 놀이가 아이를 자극하는 강한 매력을 지니고 있다고도 생각해볼 수 있다. 따라서 훗날 그 놀이가 그의 삶을 빛나게 해줄지도 모른다. 위베르 리오테 원수는 어렸을 때 널찍한 대로가 있는 도시의 설계도들을 모래밭에 그리고 놀았지만, 이 놀이가 훗날 리오테가 모로코의 초대 총독이 되어 그곳에서 행한 도시계획을 예고했다는 건 널리 알려진 사실이다.[45] 지금 천문학 교수로 일하고 있는 내 조카는 어렸을 때 모든 부모가 자식의 의무라 생각하는 바와 달리 얌전히 잠자리에 누워 잠자지 않고 몰래 침대를 빠져나와 창문을 통해 밤하늘을 넋 놓고 바라보기 일쑤였다. 또 아인슈타인은 수학 점수가 형편없어 취리히 공과대학 입학을 거절당했다.[46] 하지만 그의 머리는 이미 창조적인 생각에 완전히 사로잡혀 있었기에 수학 공부에 전념할 수 없었을지도 모른다.

의무와 노동에 대한 교육은 행동주의activisme에 대한 교육이기도 하다. 우리는 늘상 뭔가를 해야 한다. 그것도 성인의 눈에 유익하고 가치 있는 것으로 보이는 행위를 해야 한다. 얼마 전, 나는 이 문제를 두고 옛 환자와 얘기를 나눈 적이 있다. 그녀는 "아, 물론이에요. 아무것도 하지 않고 있는 건 용납되지 않았어요. 난 항상 옆에 뜨개질감을 두고 있었죠. 그래야 내가 뭔가를 하고 있다는 걸 보여줄 수 있었으니까요"라고 말했다. 내 경우도 다를 바가 없었다. 일요일에도 의무적으로 산책을 나가야 했다. 꿈나라를 즐기며 조금이라도 잠자리에서 뒹굴면 "일어나라!"라는 꾸중을 들어야 했다.

　게다가 나를 키워준 외삼촌은 말과 행동이 일치하는 모범적인 분이었다. 외삼촌은 그야말로 "일이 곧 삶"이란 말에 완벽하게 맞아떨어지는 분이었다. 외삼촌의 여가활동은 사냥과 정원 가꾸기, 카드놀이와 당구 그리고 계절별로 꽃을 꺾는 것이었다. 그러나 이 모든 취미가 종교적 의무처럼 정확하게 행해졌다. 즐거움을 얻기 위한 것이라도 진지하고 지적이며 합리적인 것만을 해야 했다. 하찮은 것에 시간을 낭비하는 건 스스로 용납하지 않았다. 이런 훈육의 흔적이 아직도 내 내면에 고스란히 남아 있다. 이 때문에 내 정신분석가 친구들은 내가 지나치게 엄격한 초자아를 지녔다고 평가한다. 정말 그런지도 모르겠다. 하지만 게으르고 나태하다고 평가받는 것보다는 그렇게 평가받는 게 더 좋다. 나는 지금도 걸핏하면 엉뚱한 일에 시간을 낭비하지만, 그때마다 양심의 가책을 느낀다.

오래전, 인격의학을 위한 국제 주간을 앞두고 나는 친구인 테오 보베 박사와 함께 행사를 준비하며 이틀을 보냈다. 보베 박사는 훗날 결혼생활에 대한 저서를 펴내 유명해졌다. 당시 우리는 쥐라 산맥의 기슭에 위치한 베넹에 있었다. 아침부터 저녁까지 우리는 오솔길을 따라 들판과 숲을 걸어다녔다. 풀밭이나 나지막한 담에 앉아 흉금을 터놓고 얘기도 나누었다. 특히 의학과 심리학, 사회와 종교의 발달에서 비롯된 문제들에 대해 얘기를 나누었다. 진지하게 얘기를 나누었지만, 무슨 내용인지는 거의 기억나지 않는다.

우리는 일을 하는 동안 겪었던 경험과 개인적인 삶에 대해서도 솔직하게 얘기를 주고받았다. 이에 대해서도 자세하게는 기억나지 않는다. 하지만 한 가지는 어제 들은 것처럼 지금도 생생하게 기억한다. 지극히 사소한 고백이었지만, 몇 시간이고 속으로 생각하고 또 생각한 끝에 보베에게 털어놓았다. 내가 카드로 점을 치는 패떼기에 할애하는 시간과 거기에서 얻는 즐거움에 관련된 것이었다. 테오 보베가 나를 비웃었을까? 체스나 테니스 혹은 브리지 게임이었다면 괜찮았을까? 그런 활동은 지적인 사람들이 할 만한 진지한 행위지만, 운을 점치는 패떼기는 어린아이 혹은 제정신이 아닌 노인에게나 어울리지 않는가!

나는 그런 고백을 하기 전에 한참 동안 망설였다는 것까지 털어놓았고, 우리는 기분 좋게 웃었다. 행사가 끝난 후, 보베 박사는 카드로 패떼기를 해보았고 무척 재미있었다는 편지를 내게 보냈다. 얼마 후, 나는 한 잡지에서 프랑스의 위대한 시인 폴 클로델의 사진을 보았다. 론 강변에 위치한 그의 아름다운 집에서 찍은 사진이었다. 그런데 널찍한 공원이 내려다보이는 퇴창 옆의 탁자에는 패떼기한 카드가 펼쳐져 있었다. 그 사진을 보고 나는 크게 안심했다.

그러나 이렇게 물어볼 사람도 있을 것이다. 여가시간에는 어리석은 짓이라도 우리가 원하는 것, 우리가 좋아하는 것을 할 권리가 있지 않을까? 다른 사람들이 철없는 짓이라 생각하더라도 우리가 원하는 것을 할 권리가 있지 않을까? 또 아무것도 하지 않고 어떤 생각도 하지 않으면서 시간을 보낼 권리도 있지 않을까?

하지만 우리는 취미까지도 다른 사람들이 어떻게 생각할까 눈치를 본다. 많은 사람이 유별난 취미를 갖고 있지만, 그 취미에 대해 말하는 걸 거북하게 생각하면서도 집착하는 경향이 있다. 또 많은 사람이 남들의 무의미한 취미를 점잖게 혹은 짓궂게 조롱한다. 어떤 부인은 우표를 수집하는 남편을 비웃으며, 남편이 우표 수집에 쏟는 시간과 관심을 조롱한다. 다른 사람들이 열심히 일하는 동안 자신은 아무것도 하지 않는 걸 부끄럽게 생각하지 않을 사람이 있을까? 장 마리 도므나크는 아무것도 하지 않으며 여유롭게 산책하는 사람들에게 쏟아지는 비난과 조롱을 수집했다.[47]

한 여자가 책을 읽고 있다고 해보자. 그런데 파출부가 옆방에서 시끄럽게 청소하고 있어 집중할 수 없다. 하지만 그녀를 방해하는 것은 소음이 아니라, 다른 여자는 일을 하는데 자신은 한가롭게 책을 읽고 있다는 잘못된 죄책감이다. 더구나 파출부는 때때로 그녀를 질책하듯 방에 들어온다. 그녀가 읽고 있는 책은 순전히 즐거움을 얻기 위한 하찮은 책일 수 있다. 집안일만큼 구체적이지는 않지만 그녀에게는 진정한 일이라 할 수 있는 진지한 책을 읽는 경우에도 죄책감이 들 수 있다. 결국 유익하지 않은 일, 유익해 보이지 않는 일은 생산성 원칙을 위배하는 것이다.

지금까지 여가활동을 다룬 연구가 손을 꼽을 정도라는 것에 놀라움을 표명한 학자들이 적지 않았다.[48] 앞에서 인용한 도므나크도 여가활동이 인간을 이해하는 데 아무런 도움이 되지 않는 것처럼 사상계가 여가활동을 무시하거나 경시한다고 지적했다.[49] 여가가 우리 모두의 삶에서 차지하는 위치를 고려하면 정말 기이한 현상이 아닐 수 없다. 나는 환자들에게 들은 속내를 통해 여가활동의 중요성에 대해 적잖게 알고 있다. 예컨대 한 사업가는 눈부신 성공을 거두고 그에 관련된 얘기를 하는 걸 좋아한다. 그의 삶에서 외부적으로 드러난 모습은 그렇다. 하지만 내 진료실에서 그는 일요일이면 낚시를 다니는 걸 좋아하고, 무척 중요한 협상을 하는 도중에도 멍하니 낚시를 생각하곤 한다고 했다. 결국 여가활동이 거의 연구되지 않은 이유는 여가활동이 진지한 행위로 여겨지지 않고, 이기적인 행동이란 냄새를 풍기기 때문이다. 다른 사람의 행위를 이기적이라 지적하는 것은 어느 정도 우리 자신의 행위가 이기적인 것이라 고백하는 것이다.

이 글을 쓰고 있을 때 한 환자에게서 편지를 받았다. 그녀는 유익하고 헌신적인 행위를 요구받는 가정에서 자랐다. 그녀는 이제 그런 분위기에서 상당히 해방된 덕분인지 "이제야 제대로 살기 시작한 듯하다"고 말했다. 그러나 어린 시절의 흔적이 여전히 그녀의 삶에 깊이 각인돼 있다. 따라서 아직도 그녀는 악착같이 일하며, 일만이 그녀에게 진정으로 살아 있다는 느낌을 준다고 말한다. 그래도 일을 벗어난 자신의 삶이 초라하기 이를 데 없다는 걸 깨달아가고 있으며, 휴식과 생각할 시간이 필요하다는 걸 절감하고 있다고도 말한다. 하지만 한숨을 돌릴 시간이 주어져도 이상한 죄책감이 밀려와서 제대로 휴식을 취할 수 없다고 하소연한다. 이 착하고 합리적인 여인은 "게으름은 모든 악의 어머니라고 귀에 딱지가 앉도록 들었어요"라며 편지를 끝맺었다.

알레산드로 피초르노는 의무의 윤리를 이야기하면서 여가는 근면의 보상으로 주어진다고 말했다.[50] 안타깝게도 이런 보상은 결코 주어지지 않는다. 이행해야 할 의무는 항상 남아 있게 마련이어서 비난을 피할 길이 없기 때문이다. 은퇴도 노역勞役의 삶에 대한 보상이라고 흔히 말하곤 한다. 그런데 사회학자가 은퇴자를 인터뷰하며 이제라도 직접 선택한 일에 열중하지 않는 이유가 뭐냐고 물으면, 은퇴자는 "싫습니다. 평생 죽도록 일했습니다!"라고 대답하는 일이 흔하다. 이렇게 대답하는 은퇴자가 노역의 보상을 즐기지 못하는 이유는, 거의 절대적으로 책무에 헌신하는 삶을 살아오는 과정에서 여가활동의 즐거움을 잊었기 때문이다.

판에 박힌 습관을 깨야 한다

이것도 은퇴로부터 제기되는 여러 문제 중 하나이다. 특히, 직업인으로 일할 때 의무감에 철저했던 사람, 다시 말해서 자신의 일에 헌신적이어서 일하는 동안에 어떤 여가활동에도 감히 뛰어들지 못한 사람들이 은퇴 후의 삶에 적응하지 못한다. 물론 틈틈이 휴가를 얻었지만, 토막 난 시간인 데다 일할 시간에서 도둑질한 것처럼 죄책감을 느끼며 은밀히 휴가를 즐겼다. 게다가 잘못된 방향으로 타락할까 두려워하며 휴가를 마음껏 즐기지 못했다. 요컨대 그들은 제한된 세계에서 일정한 틀에 갇혀 오랜 시간을 지낸 까닭에, 은퇴로 인해 그 세계에서 강제로 끌려나오면 당황하며 어쩔 줄을 모른다.

책을 읽으며 시간을 보낸 적이 없다고 말하는 사람이 있다고 해보자. 그는 매우 활동적인 사람이어서 건성으로 신문을 읽고 잡지에 실린 기사를 슬쩍 훑어보는 것으로 그친다. 한 친구에게 읽을 만한 책을 추천받지만 한두 페이지를 허둥지둥 읽을 뿐, 재미를 느끼지 못한다. 얼마 후에는 할 일에 쫓겨 독서를 포기하고, 결국 맥락을 파악할 수 없어 다시는 그 책을 읽으려고 시도하지 않을 것이다. 훗날 은퇴해서 지루한 시간이 계속되면, 그에게 재미있는 책을 읽어보라는 권유가 여기저기에서 들어올 것이다. 좋은 책, 좋아하는 작가, 조용히 자기만의 시간을 즐기기에 얼마나 좋은 보물인가! 하지만 은퇴할 즈음이면 책을 읽는 습관을 상실한 지 오래일 것이다. 따라서 시큰둥한 마음으로 처음 서너 페이지를 읽은 후에는 책을 덮고, 과거에 일로 돌아갔던 것처럼 다시 따분한 시간으로 되돌아가며 "이게 무슨 소용이야? 나는 지식인도 아닌데"라고 투덜거릴 것이다.

습관이라? 이 단어는 무척 한정적인 의미로 쓰이며, 수동적으로 환경에 맞춰지는 걸 의미하게 되었다. 습관에서 비롯되는 문제는 훨씬 더 심각하다. 습관은 당사자가 삶과 세상에 대해 갖는 마음가짐과 관계가 있다. 위에서 예로 든 사람이 생각하는 것처럼, 독서는 지식인에게나 어울리는 여가활동이 아니다. 여가활동은 세상을 바라보는 창문이며, 무척 다양해서 마르지 않는 보물창고라 할 수 있다. 일이 무척 재미있었더라도, 일이라는 좁은 세계에 몰두한 까닭에 그는 더 넓은 세상과 접촉할 기회를 잃어버렸고, 인간이 성장하는 데 무엇보다 중요한 다른 사람들의 생각과 느낌을 공유할 기회조차 스스로 차단해버리고 다른 분야에 관심을 두지 못했다. 게다가 프랑수아 모리아크가 말했듯이, 나이가 들면 옛날에 읽었던 책들을 다시 읽는 데서 특별한 즐거움을 찾을 수 있다.

이런 예는 얼마든지 더 많다. 독서처럼, 모든 여가활동은 새로운 삶에 들어서는 출발점이다. 이런 출발이 은퇴 전에 이루어지지 않으면, 나이가 든 후에는 우리 삶을 풍요롭게 해주는 많은 보물이 우리에게 낯설고 모호하며 아무런 재미도 없는 것으로 여겨질 것이다. 은퇴를 앞둔 한 여자의 경우를 예로 들어보자. 안타깝게도 구조조정으로 인해 그녀는 조기 은퇴를 택하든지, 아니면 봉급 삭감을 받아들여야 한다. 더구나 그녀는 현재의 직업을 자유의지로 선택한 게 아니어서 좋아한 것도 아니었다.

하지만 은퇴를 전혀 생각해본 적이 없었던 까닭에 그녀는 깊은 고뇌에 빠진다. 자신이 지금까지 일 이외에 다른 모든 활동을 도외시하고 경시하며 살았다는 걸 깨닫는다. 유일한 탈출구는 등산이었지만, 나이가 들면서 등산을 포기한 지도 꽤되었다. 그녀는 나에게 "선생님, 은퇴한 후에 내가 할 수 있는 것을 좀 찾아주세요."라고 부탁한다. 하지만 진정으로 좋아하던 것들이 오랫동안 억눌렸던 까닭에 그녀는 자신이 무엇을 좋아하는지도 이미 잊었다.

며칠 전, 나는 절친한 친구 부부를 만나러 갔다. 그 동료는 커다란 병원을 운영하는 원장으로, 은퇴하려면 아직 수년이 남은 행복한 사람이었다. 자연스레 우리는 내가 지금 쓰고 있는 이 책에 대해 얘기를 나누었다. 그가 내게 말했다. "혹시 은퇴를 단계별로 서서히 접근하는 방법을 생각해보았나?" 그가 수년 전부터 시도하고 있는 방법이었다. 휴일의 횟수와 기간을 늘려가는 방법이라며, 실제로 부인과 함께 캠핑카로 수개월씩 여행을 한다고 덧붙였다. 은퇴 후를 보람 있게 보내기 위한 일종의 훈련이었다!

그는 그렇게 자리를 비우는 동안, 유능한 동료들에게 더 많은 책임을 떠넘긴다. 이런 점에서, 그는 은퇴라는 견디기 힘든 순간까지는 자신의 능력을 누구도 대체할 수 없다는 식으로 행동하는 다른 병원장들과는 다르다. 그는 쳇바퀴처럼 돌아가는 일상의 틀을 과감히 깨뜨렸다. 하지만 많은 사람이 습관적인 틀에 자신을 가두고 모험심을 억누르고 개인적 성장을 가로막는다.

규칙적으로 반복되는 습관적인 틀이란 표현만큼, 우리가 여기에서 다루는 문제를 정확하게 나타내는 표현은 없는 듯하다. 다른 직종도 크게 다르지 않겠지만, 특히 관리직에서 일하는 사람들의 삶은 무척 단조롭다. 따라서 관리직에서 일하던 사람들이 은퇴하면 쉽게 극복하기 힘든 위기를 맞기 십상이다. 삶은 창조와 반복, 혁신과 관례가 뒤섞인 혼합체이다. 양극단은 상호보완적인 관계에 있다.

나는 지난 책에서 이처럼 상반되지만 상호보완적인 두 움직임을 설명하기 위해서 서커스의 공중 곡예사를 예로 들었다.[51] 먼저 확실한 지지대 역할을 하는 발판에 올라서고, 그 후에는 새로운 지지대를 향해 몸을 날린다. 그런데 이런저런 잡다한 시도에 힘을 분산해서 어떤 것에도 확실한 성공을 거두지 못한 까닭에 실패자라는 고통스러운 감정에 사로잡혀 노령에 접어드는 모험가들이 있는 반면에, 따분하기 이를 데 없는 일상의 틀에서 벗어나거나 해방되지 못한 까닭에 실패한 삶이란 생각을 떨쳐내지 못하는 사람들도 있다. 은퇴는 이런 사람들에게 해방의 기회를 제공해야 마땅하건만, 그들은 새로운 상황에 적응하는 능력을 오래전에 상실하여 그 기회를 붙잡지 못한다. 한마디로, 회복탄력성이 없기 때문에 그들은 은퇴 이후의 삶을 보람 있게 보내지 못한다.

병원장인 그 친구는 이런 의견에 대한 뒷받침으로, 필자 또한 천만다행으로 삶의 방향을 서너 번 재조정했다며, 그런 재조정이 단계적 은퇴 준비였다고 지적해주었다. 실제로 1937년, 내가 환자들의 심리적이고 영적인 삶과, 그런 삶이 환자들의 건강에 어떤 영향을 미치는지 관심을 갖기 시작한 것이, 나에게는 새로운 분야에 도전한 것이었다. 당시에는 깨닫지 못했지만, 이런 도전은 가정의라는 자리에서 은퇴하는 것을 뜻했다. 그 후에는 인격의학자라는 새로운 신분에 강연자로서, 다음에는 작가로서 새로운 이력을 더해갔다.

이처럼 거듭해서 나는 틀에 박힌 삶에서 변화를 시도했고, 이런 시도는 나 자신의 성장에 도움을 주었다. 이런 개인적인 성장은 노령의 문턱에 들어선 사람에게 무척 중요하다. 나는 모두가 삶의 방향을 때때로 전환해서 새롭게 출발하는 도전을 해보기를 바란다. 물론 모두가 자신의 의무를 충실하게 해내기를 바라지만, 의무의 포로가 되지 않기 위해서라도 때로는 의무에서 옆길로 일탈도 해보기를 권한다.

2

더
인간적인 사회를
위하여

나이가 들면, 멋진 이론이란 신기루는 흩어지며 희미해지고, 실제로 경험한 것만이 뚜렷하게 남는다. 그럴듯하게 꾸며진 이론을 더는 원하지 않는다고, 너희가 찾는 것은 진심에서 우러나는 삶의 이야기라고 말하지 않았던가? 그렇다면, 삶을 온전하게 살아온 사람들의 입을 통해 삶이 무엇인지 배우고 싶다면, 노인의 말에 귀를 기울여라.

노인에 대한 경멸

삶의 과정에서 우리가 얼마나 성장하느냐에 따라 은퇴의 성패
가 크게 좌우된다고 앞에서 말했다. 또한 어린 시절에서 벗어
나 사회생활을 시작할 때의 전환점과, 사회생활을 끝내고 노
년의 시기로 들어갈 때의 전환점에서도 특히 영향을 받는다.
이런 개인적인 요인 이외에, 성공적인 은퇴를 결정하는 변수
로는 외적인 요인, 즉 사회적 요인이 있다. 이제부터는 사회적
요인에 대해 집중적으로 살펴보려 한다. 2장에서는 대중의 사
고방식, 즉 우리 사회의 비인간적인 면과 관련된 요인들을 살
펴보고, 3장에서는 우리 존재의 구체적인 상황과 관련된 요인
들을 짚어보기로 하자.

노인 문제는 단순히 노인에게만 국한된 문제가 아니다. 노인 문제는 우리 사회 전체에 의문을 제기하며 우리 사회의 문제점을 드러낸다. 우리 사회가 비인간적이란 사실은 어느 연령대에서나 확인된다. 그런데 특히 어린 시절에 유난히 뚜렷하게 느껴진다. 그러니까, 우리가 세상을 알기 시작하며 세상의 부당함을 깨닫기 시작할 때이고, 우리나 약해서 자신을 지킬 수 없을 때이다. 훗날 그런대로 힘이 생겨 능동적으로 살아갈 때가 되면 적어도 불의에 맞서 싸울 수 있고, 운명에 저항할 수 있다. 그러나 나이가 들면 우리는 다시 무력한 존재가 되며, 우리 문명의 단점에서 비롯되는 아픔을 다시 절감하게 된다.

따라서 약한 사람이 사회의 문제점을 더욱 절실하게 느낀다. 의사들의 도움이 필요한 약한 사람도 여기에 포함된다. 다시 말하면, 넓은 의미에서의 약한 사람이다. 어린아이와 노인만이 아니라, 환자와 박해받는 사람, 가난한 사람, 굶주림에 시달리는 사람들과 저개발국가 국민도 약한 사람에 속한다. 따라서 의학에서 항상 지적하듯이, 지엽적으로 눈에 띄는 징후를 처방하는 데 그치지 않고 한층 일반화된 감추인 질병까지 치유하려고 애써야 한다. 더 구체적으로 말하면, 많은 은퇴자와 노인을 괴롭히는 고통이라는 징후를 파악해 적절한 진단을 내릴 수 있는 단서를 찾아내야 한다.

우리 사회의 질병은 심리적 문제로 인한 질병이다. 다시 말하면, 근원적인 이유가 심리적 상태에 있는 물리적 증상(물질적이고 경제적인 문제)과 도덕적 증상(갑갑증과 우울증)으로 나타나는 질병이다. 따라서 많은 사람이 절규하는 것은 물질적 부정의에 대한 항의이기도 하지만, 도덕적 부정의에 대한 항의이기도 하다. 특히, 은퇴자와 노령자가 사회의 다른 구성원들에게 동등한 가치를 지닌 존재, 샤를 드골이 다른 상황에서 언급한 표현을 빌리자면 '완전한 권리를 지닌' 평등한 구성원으로 대우받지 못한다고 생각한다는 사실이 가장 심각한 문제이다.

노인을 폄하하는 이런 문제는 무척 중요하기 때문에 앞으로도 심도 있게 다루어져야 할 것이다. 적어도 서구 세계에서는 그렇다. 독일 심리치료사 카를프리트 그라프 뒤르크하임 교수는 언젠가 몇몇 일본인에게 일본에서는 무엇을 최고선最高善이라고 생각하느냐고 물었다.[1] 일본인들은 한결같이 "우리 노인들!"이라 대답했다. 안타깝지만, 서구인의 사고방식은 정반대이다. 서구 사회에서는 노인들이 시달리는 정신적이고 물리적인 고통만이 문제는 아니다. 사회의 경멸이 노인들의 행동에 미치는 영향도 크나큰 문제이다. 사회에서 배척받고 실패자라고 손가락질받는다고 생각하는 사람은 자포자기하는 경향이 있다. 앙리 부르는 "노인의 심리는 주변 사람들의 마음가짐에 따라 적잖게 달라진다"라고 했다.[2] 노인을 돌보는 사람이라면, 내향적으로 변한 노인의 마음을 열기가 무척 어렵다는 걸 모르는 사람이 없을 것이다. 노인이 자발적으로 반응을 보이는 경우, 또 그런 반응에 건설적으로 협력하려는 욕구가 있을 때에야 우리는 노인을 위해 효과적으로 무언가를 할 수 있다.

그러나 노인들이 우호적인 공동체에서 소중한 구성원으로 인정받고 존중받는다고 느끼게 되면, 놀라운 변화가 일어난다는 많은 증거가 있다. 예컨대 폴 미레예 박사는 "우호적인 사회적 환경에 늦지 않게 재편입되면 노인들은 심리적으로 회복되는 탁월한 능력"을 보여준다고 말했다.[3] 정신적으로나 신체적으로 심각한 장애를 지닌 노인의 경우에도 마찬가지일 수 있다. 스위스 로잔에서 장 루이 빌라 박사가 시도한 실험으로 증명된 것이기도 하다.[4] 정신병원에 입원해야 할 정도로 상태가 심각한 환자들을 대상으로 한 실험이었다. 체조와 놀이 등무척 단순한 방법이나 집단심리요법을 통해 환자들에게 자신의 의견을 표명하고, 때때로 똑같은 얘기가 반복되더라도 살아온 과정을 얘기할 기회를 주며 관심을 갖고 주의 깊게 경청한다는 느낌을 주자, 정신과 신체의 상태 및 행동이 크게 개선되며 뜻밖에도 본래의 모습이 회복되는 효과를 거두었다.

노인에 대한 경멸은 우리 사회에 엄청난 영향을 미치고 결국에는 커다란 부담거리가 된다. 노인이 경멸의 대상이 된 이유가 무엇일까? 노인의 수가 급증했기 때문이란 주장이 적지 않다. 과거 사회에서는 노인이 희소했기 때문에 무척 공경받았다. G. 가이야르는 "노인이 생존자라는 권위를 지니기 때문에" 존경받는다고 했다.[5] 요즘에도 초고령자, 예컨대 언론인들과 인터뷰하는 영광을 누리는 100세 노인은 이런 권위를 누린다. 하지만 우리가 여기에서 다루는 일반적인 노인의 경우에는 키케로가 《노년에 관하여》에서 언급한 찬사를 상실한 지 오래이다.[6] 키케로는 아무런 정치적 동기도 지니지 않고 "가장 위대한 국가는 젊은이들로 인해 흔들리고, 노인들로 인해 유지되고 다시 세워진다"고 말했다.

노인에 대한 경멸은 급속한 발전과 관계가 있다는 주장도 있다. 수세기 동안 지속된 정체된 사회에서는 노인이 젊은 세대에게 전달할 검증된 실험의 관리자 역할을 했다. 오늘날에는 테크놀로지가 무서운 속도로 발달하고 있다. 젊은 세대는 최신 테크놀로지를 신속하게 배우기 때문에, 새로운 테크놀로지를 모르는 노인의 조언이 필요 없다. 특히 과학 분야와 산업 분야에서는 한 사람이 자신의 전공 분야에서 진행되는 발달 과정을 쫓아가기가 쉽지 않다. 미셸 오몽은 "한 세대의 폭이 점점 줄어들고 있다"며 "한 세대의 폭이 15년이나 20년에서 10년, 다시 5년으로 짧아지고 있다. 요즘에는 4-5년이면 세대 간의 차이와 거리를 만들어내기에 충분하다. 젊은 연구자나 젊은 공학자는 자신의 경력에서 정점에 이른 후에 4-5년 만에 주류에서 밀려날 수 있다"고 지적했다.[7]

이 모든 것이 부인할 수 없는 사실이다. 하지만 이런 진단에서 끌어낼 수 있는 올바른 처방이 과연 무엇인지를 단언하기는 어렵다. 노인의 수는 앞으로도 끊임없이 증가할 것이다. 테크놀로지의 발전 속도는 한층 더 빨라지지 둔화되지는 않을 것이다. 그럼 어떻게 해야 할까? 의사들은 갈피를 잡을 수 없는 증상을 맞닥뜨릴 때 이렇게 자문한다. 그렇다, 사회에서 더 이상 중요한 존재로 여겨지지 않아 지루함과 싸우며 몸을 웅크린 채 과거를 후회하며 삶의 마지막 단계를 보람 없이 보내는 노인들을 경고 신호로 보아야 한다.

비인간적인 사회

우리 사회는 병들었다. 증상은 국부적이지만, 사회 전체에 퍼진 질병을 고스란히 보여주고 있다. 이런 심각한 증상은 간과할 수 없기 때문에 우리 사회의 근간을 한층 적극적으로 다시 생각해봐야 한다. 생산성이 높은 일을 가장 중요하게 판단하는 서구 사회의 가치척도를 내가 집요하게 비판해온 이유가 바로 이런 까닭에서인 걸 많은 독자들이 이미 눈치챘을 것이다. 한편 궁극적으로는 경제적인 문제이기 때문에 노인과 관련된 사회복지를 개선하고 노령연금을 증액하는 게 필요하다고 생각하는 사람도 있을 것이다.

물론 이런 조치도 당연히 필요하다. 그러나 이런 조치는 응급조치, 그러니까 원인을 치료하는 게 아니라 대증요법에 불과하다. 노인이 경멸받고 있다는 느낌을 해소하기 위해 어떤 조치도 취하지 않고 돈을 좀 더 주는 데 그친다면, 노인들은 그 돈으로 카페에서 술을 마시며 자신들을 짓누르는 경멸감을 달래려 할 것이다. 또 휴가를 즐기는 사람처럼 꾸밀 수 있도록 풍족한 돈을 주는 방법도 노인에게는 일시적이고 피상적인 대책에 불과할 것이다. 그런 대책으로는 노인이 남은 생애 동안 인간으로서 품위를 지키며 살아가기 힘들다. 돈은 악순환을 낳을 뿐이다. 노인이 돈에 의존해서 자신의 가치를 되찾는다면, 그들을 평생 짓눌렀던 잘못된 가치척도를 재확인하는 것에 불과하다.

물론 사회개혁도 필요하고 연금도 넉넉해야 한다. 그러나 이런 대책이 효과를 거두려면, 대중들이 근본적으로 사고방식을 개혁하는 일도 동시에 따라와야 한다. 3장에서 어떤 사회개혁이 필요한지에 대해 살펴보겠지만, 내 또래의 노인들에게 제도 개혁을 위해 정치판에 뛰어들자고 제안하는 것은 아니다. 나에게 이 책을 써달라고 의뢰한 이유가 무엇이겠는가? 우리 사회의 질병에 대해 한층 깊은 생각을 요구한 것이 아니겠는가.

내가 보기에, 우리 사회의 질병은 주로 현대 세계의 비인간화에서 비롯된 듯하다. 모든 문제가 테크놀로지의 문제로만 접근된다. 테크놀로지가 본질적으로 비인격적이기는 하다. 예컨대 우주, 원자의 구조, 집적회로 혹은 수술법에 대해 논의한다면 연구에 필요한 중요한 질문을 다루기 마련이다. 하지만 그 질문에 연구 당사자의 인격은 전혀 개입되지 않는다. 연구자는 자신의 주장을 명확히 표현할 수 있기를 바라며, 항상 학문적인 문제에 깊은 관심을 쏟는다. 학문적인 문제는 하나의 단면, 비인격적인 단면에 불과한 것이다. 따라서 테크놀로지의 관점에서만 우주와 인간 및 사회의 잡다한 문제를 연구한다면 그런 접근법은 잘못된 것일 수 있다.

어느새 심리학도 하나의 기법이 되었다. 의학과 사회학, 정치학과 경제학, 예술도 다를 바가 없다. 우리는 높은 기술 수준에 이르면 어떤 문제라도 해결할 수 있다고 생각한다. 예컨대 젊은이들은 두툼한 책을 통해 섹스에 관련된 기법을 배우지만, 정작 사랑하는 법은 그런 책을 통해 배울 수 없다는 걸 깨닫지 못한다. 사랑은 기법이 아니라 인간적인 문제인데도 말이다.

직장에서 성공하려면 숙련된 기술이 필수적이다. 어떤 직업에나 고유한 기술적인 문제가 있다. 직장 생활을 하는 동안에는 기술에 관련된 대화가 당사자들의 유대감을 높여주기 때문에 개인적인 인간관계에도 영향을 미친다는 착각을 불러일으킨다. 하지만 은퇴하게 되면, 다시 말해서 더 이상 팀의 일원이 아니고 거대한 기계의 부속품처럼 일하지 않게 되면, 무엇을 대화의 주제로 삼아야 할지 막막해지고, 직장이라는 사회에 속한 사람들과 어떤 관계도 없으며 그들과의 개인적인 인간관계마저 끊어졌다는 걸 그제야 깨닫는다. 우리가 비인간화된 문명에 얼마나 길들여져 있었던가를 비로소 깨닫는다. 폴 리쾨르의 표현을 빌리면, 영혼을 상실한 이 삭막한 세상이 자아내는 권태는 우리를 불안에 시달리게 한다.[8] 젊은 세대는 이런 사실을 조금이나마 눈치채고 있다. 한창 일할 때는 일이 즐거운 소일거리가 되지만, 은퇴 후에는 권태가 되살아나며 강박적으로 일에 집착하게 된다.

우리는 인간보다 사물을 우선시해왔고, 인간보다 사물에 기반해서 문명을 건설했다. 노인은 그야말로 인간에 불과하고, 노인은 더 이상 생산자가 아니라 인간이란 점에서만 가치를 지니는 존재이기 때문에 무시되고 폄하된다. 노인을 위한 대책이 취해지기 시작했다는 건 그나마 다행이지만, 전반적인 사고가 대책을 뒤따라가지 못하는 듯하다. 대책만으로는 충분하지 않다. 사회는 행동과 생각으로 유지되는 법이다. 우리가 두 다리로 걷듯이, 생각과 행동이 함께 사회를 앞으로 끌어가야 한다. 한쪽 다리로만 계속 걷는다면 앞으로 나가지 못하고 한자리에서 맴돌기 마련이다.

지난 세기부터 우리는 경제적으로도 큰 발전을 이루어냈다. 그런 경제 발전이 이제는 도덕성의 함양으로 이어져야 한다. "먼저 먹고살 수 있어야 철학적 사색도 가능하다"라는 옛말이 있듯이, 경제가 먼저 발전해야 한다. 의무와 일이 강조되어야 마땅하지만, 필요성 때문에 강조되는 것이지 절대적인 원칙은 아니다. 끊임없이 지치도록 일해야 겨우 먹고살 수 있었던 오랜 역사의 터널에서 우리는 이제야 벗어나기 시작했다. 인간이 굶주림으로 죽어간다면 문명이 어떻게 세워질 수 있겠는가? 얼마 전만 해도 은퇴자에 관련된 문제는 거론조차 되지 않았다. 은퇴가 아예 없었기 때문이다. 어린 시절부터 죽을 때까지 뼈가 휘도록 일하는 게 대다수 인간의 운명이었다.

젊은 히피들은 소비사회를 거부하지만, 실제로는 소비사회에 의존해 살아가고 있다. 그들의 조상이 힘들게 일해 세상을 부유하게 만들지 않았더라면, 그들과 같은 시대를 살아가는 사람들이 땀 흘려 일하며 세상의 풍요를 유지하지 않는다면, 그들이 한가롭게 저항하는 소비사회도 존재하지 않을 것이다. 현 사회를 비판하며 저항하는 대학생들도 마찬가지이다. 물론 나는 그런 대학생들의 마음을 충분히 이해한다. 그들이 우리 사회를 비판하는 이유도 이해한다. 하지만 나는 우리 사회에 무엇이 부족한지 더 명확히 보고 싶을 뿐이다. 대학생들의 성명서를 읽을 때마다 그들이 대체 무엇을 옹호하는 것인지 아쉽게도 명확하게 와 닿지 않는다.

그러한 까닭에서 나는 허버트 마르쿠제 교수의 책을 읽었다.[9] 마르쿠제도 시詩를 통해 '일차원적 인간'에게 또 다른 차원을 되돌려주기를 바랐다. 많은 점에서 나는 마르쿠제의 견해에 공감한다. 그가 데카르트 철학과 테크놀로지 사회의 배타적 합리주의, 테크놀로지의 노예로 전락해버린 인간의 새로운 소외를 맹렬히 비판하고 있다는 점에서 그렇다. 하지만 마르쿠제는 대안으로 무엇을 제시하고 있는가? 그는 우리 문명의 장점을 인정하면서도 "우리는 테러 사회와 싸우고 있는 게 아니다. 지금 붕괴 과정에 있는 사회와 싸우고 있는 것도 아니다. 극단적으로 잘 운영되는 사회, 더 나아가 … 자본주의의 이전 단계에서는 해결하지 못한 정도까지 빈곤과 가난을 해소한 사회와 싸우고 있는 것이다"라고 말한다.

그런데 왜 마르쿠제는 자본주의를 그처럼 고집스럽게 공격하는 걸까? 실제로 마르쿠제는 자본주의의 진화를 역설하지 않고, 자본주의의 전복을 주장한다. 마르쿠제를 권위자로 인정하는 젊은이들의 사고방식도 다르지 않다. 이런 사고방식은 내가 앞에서 말한 것을 다른 식으로 말한 것에 불과할까? 내 생각에는 그렇지 않다. 산업문명이 커다란 축복이되 해결해야 할 새로운 과제를 제기했다고 생각하느냐, 아니면 산업문명이 우리에게 지금까지 안겨준 모든 것을 백지화하기를 원하느냐에 따라 우리 삶의 방식이 근본적으로 달라질 것이다.

노인의 사명

이런 개념적 차이는 의학을 예로 들어 설명할 수 있다. 오랫동안 나는 전인적인 관점에서 의학에 접근해야 한다고 싸워왔다. 다시 말해, 지나치게 과학적이고 합리적인 발전은 환자를

'소외'시킬 위험이 크다. 그러한 발전은 무척 효율적이지만 비인간적인 거대한 치료 기계에 환자를 몰아넣은 방법이므로, 이런 방식을 지양하고 '다차원'의 의학을 모색해보자는 것이다. 다양한 견해를 지닌 동료들이 나에게 용기를 북돋워주었다. 안타깝게도 인격의학을 열렬하게 지지한 동료들 중에는 '공식' 의학을 부당하게 비판하는 학자들도 적지 않다. 의학이 지금까지 많은 부분에서 이루어낸 발전이 공식 의학의 덕분이지 않았던가! 동종요법, 중국 침술, 자연주의, 심리분석, 영적 치유, 척추지압요법 등 비정통요법을 신봉하는 사람들이 의과대학에서 행해지는 교육을 조직적으로 비판하고 있다.

나는 이런 오해를 피하고 싶다. 내 의도는 이런 동료들을 비판하려는 게 아니다. 그들이 정통의학에서는 제대로 평가받지 못하지만 무척 효과적인 방법으로 의학을 한층 풍요롭게 해준 것은 사실이다. 예컨대 나 자신도 두 번이나 침술로만 좌골신경통을 치료받은 적이 있었다. 하지만 이런 동료들이 때때로 열정이 지나쳐 정통의학을 폄하하는 당파성은 마음에 들지 않는다. 그들이 병에 걸렸을 때 나에게 치료받고, 가장 정통적인 방법으로 치료받고 고통에서 벗어나 고마워하지 않았는가.

과학적 의학을 비방함으로써 의학의 기술적 발전을 저지할 수 있을 거라는 생각은 순진하고 비현실적인 데다 잘못된 생각이다. 내가 의과대학생일 때부터 두 눈으로 지켜본, 정통의학이 질병과의 싸움에서 우리에게 제공해왔던 효과적인 무기들을 생각하면, 과학적인 정통의학이 더더욱 신속한 속도로 발전하기를 바랄 뿐이다. 문제는 그런 것에 있는 것이 아니다. 문제는 과학을 표방하는 의학에서도 인간의 의미를 보전하며, 과학적 지식의 발전에 걸맞게 인간을 이해하고 더 나아가 인간의 영적인 욕구까지 폭넓게 이해하는 것이다.

내 생각에는 두 분야, 예컨대 의학이라는 특정한 분야와 테크놀로지 문명이란 다소 보편적인 분야가 상당히 비슷한 듯하다. 나는 마르쿠제 교수의 생각을 바탕으로 테크놀로지 문명에 대한 생각을 앞에서 개략적으로 제시했다. 테크놀로지라는 산업문명도 눈부시게 발전했기 때문에, 그런 발전을 활용하지 않겠다는 생각은 어리석은 짓이다. 그러나 테크놀로지의 발전과 더불어, 마땅히 조심해야 할 위험도 생겨났다. 인간성을 상실하고, 인간을 사물에 종속시키는 위험이다.

그러므로 내가 바라는 것은 인간에 기반을 둔 문명이다. 우리 사회의 이점을 거부할 필요는 전혀 없다. 인간관계를 현 사회의 중심에 두기만 하면 된다. 실제로 생산성 증가가 인간을 빈곤으로부터 해방시켰기 때문에 우리는 이런 방향의 발전을 얼마든지 시도할 수 있다. 루이 아르망이 주장했듯이, 2차 산업혁명이 우리에게 안겨준 번영으로 새로운 휴머니즘이 활기차게 시작되기를 기대할 수 있다.[10]

그래도 그런 목적의 달성을 위해 헌신하는 사람이 필요하다. 구체적으로 말하면, 테크놀로지의 발전으로 풍요로워진 반면에 인간관계는 삭막하게 변한 현실을 직시하고, 인간관계를 복원하기 위해 노력하는 사람이 필요하다. 그렇다, 내 생각에는 노인에게 주어진 원대한 사명이 바로 여기에 있다. 인간성을 상실한 사회에 따뜻한 인간미와 이타적인 감정을 더해주는 중요한 역할을 노인들이 맡을 수 있다. 젊은 시절에는 경력을 쌓아가며, 사회에서 자기 자리를 마련해가야 한다. 시간이 지나면, 우리는 경력과 관련된 직업에 매몰되며 시간과 에너지를 빼앗긴다. 다른 사람에 관심을 가질 여유조차 없다. 그저 형식적인 관계망에 사로잡혀 지낸다.

주변에는 동업자, 상관과 부하 직원, 경쟁자와 고객, 직장 동료와 적이 있을 뿐이다. 그들의 행동이나 우리 행동은 업무가 우리에게 요구하는 조건과 우리가 사회에서 맡은 역할에 의해 결정된다. 그들과 우리의 페르소나(여기에 말하는 페르소나는 융의 '외적 인격'이란 개념과는 달리 기독교적 개념으로, 지혜와 자유의사를 갖는 독립된 인격적 실체를 뜻한다—옮긴이), 그들의 감추인 고통과 비밀스러운 비극, 그들을 억누르는 고독은 여기에서 어떤 역할도 못한다. 자신에게 주어진 역할을 잘해내기 위해서는 그런 것들을 무시하는 게 더 낫다. 나이가 들어 부분적으로나 완전히 은퇴하면 의무적인 일에 옛날만큼 얽매이지 않고 삶에 대한 경험과 이해가 넓어지고 깊어지기 때문에 우리는 인간관계의 진정한 관리자가 되는 데 필요한 시간과 자격을 갖추게 된다.

다시 의학을 예로 들어보자. 앙리 망타 박사는 세상을 떠나기 직전 인격의학학회에 참석해서, 노령에 이른 의사가 취할 수 있는 행동 방향에 대해 강연했다.[11] 당시에도 여전히 젊었던 망타는, 의사라면 질병에만 관심을 가져서는 안 된다고 생각했다. 환자가 자신의 삶을 재고해서 개선하도록 도와주고, 자신의 삶과 그에 관련된 법칙들을 받아들이는 동시에 한층 지속적이고 가치 있는 의미를 찾아내도록 지원해야 한다는 걸 깨달았다. 하지만 과도한 일에 시달리고 이런저런 책임에 짓눌리다 보니, 망타는 환자와 개인적이고 유의미한 대화를 폭넓게 나눌 시간이 없는 걸 안타까워했다.

시간이 흐르고, 환자들이 첨단의학을 배운 젊은 의사들에게 더 효과적인 도움을 받게 되면, 자신을 찾는 환자의 수가 줄어드는 날이 올 거라고 망타 박사는 말했다. 나이가 먹은 의사들은 이런 현상을 야속하게 생각하며, 은혜를 모르는 환자들이라고 투덜대고 의사라는 직업까지 한탄한다. 하지만 환자가 줄어 생긴 여유로운 시간을 활용해서 환자의 말을 오랫동안 들어주며 환자를 전인격으로 이해하려 노력한다면, 의사라는 직업에 새로운 성격을 부여함으로써 한층 인간적이고 흥미로운 직업으로 발전시켜나갈 기회가 될 수 있다. 이렇게 할 때 노의사는 젊은 시절에 자신에게 강요되었던 전문성에서 벗어날 수 있을 것이다.

그 결과로 의사 자신도 자신의 삶이 풍요로워진다는 걸 깨닫게 된다. 직업의 틀에서 벗어남으로써 새롭게 다시 태어난다. 우리는 나이가 들어갈수록 인간적인 대화에 더 큰 가치를 부여한다.[12] 나이가 들면, 환자와 마찬가지로 의사도 과거에는 조금도 중요하게 보이지 않았던 온갖 것들에 의문을 품기 시작한다. 결국 삶이 어떤 기술적인 성취보다 더 큰 의미를 갖는 것일까? 죽음은 그야말로 미스터리하게 다가온다. 직업인으로 성공한 사람이라고 삶에서 성공한 사람일까? 이런 의문들을 혼자서 반추하는 것은 좋은 생각이 아니다. 노의사는 대화를 통해, 인간미가 상실된 세상에 인간미를 조금이나마 더할 수 있다. 노의사와 대화를 나누는 사람은 마음속의 생각을 솔직하고 진지하게 열린 마음으로 나눌 수 있는 기회를 얻을 수 있을 것이다.

인격의학

많은 의사가 과학중심적인 사고방식에서 인간중심적인 사고방식으로 자기도 모르게 조금씩 변해간다. 물론 그런 변화를 급작스레 겪는 의사들도 있다. 내 절친한 친구를 예로 들어보자. 그는 대형 종합병원의 외과과장으로 오랫동안 일하며 눈부신 경력을 쌓았고, 얼마 전에 은퇴했다. 외과의사가 메스를 놓는다는 건 결코 사소한 일이 아니다. 물론 외과는 기계적인 절차를 완벽하게 고수해야 하는 직업이다. 이런 현상은 수술실에서 쉽게 확인할 수 있다. 수술팀 전원이 정확하게 움직이며 시계의 부품처럼 각자의 역할을 해낼 수 있어야 한다. 수술 도중에 응급 상황이 닥치더라도 팀장의 한마디에 새로운 행동 계획을 빈틈없이 수행할 수 있도록 치밀하게 훈련돼 있어야 한다.

그러나 내 친구에게는 시인 같은 기질도 있다. 그는 인간의 신비함에 매료되어 인간이란 존재를 이해하려고 애썼다. 예컨대 그는 모든 사람의 삶에는 은밀한 비극이 공연되고 있다고 생각했다. 심지어 자신에 대해 아무 말도 하지 않는 환자의 경우에도 마찬가지라고 생각했다. 또 누구에게나 누구도 도와줄 수 없고 대신 짊어질 수도 없는 개인적인 문제, 환자 자신도 그 존재를 전혀 의식하지 못하지만 결국에는 환자의 건강을 해치고 병에 걸리게 하는 개인적인 문제가 있다고도 생각했다. 하지만 외과의사가 짊어지는 책임은 너무도 무겁다. 게다가 환자가 안심하고 자신의 내밀한 문제에 대해 허심탄회하게 털어놓으려면 시간이 필요하다.

내 친구에게 은퇴는 외과의사로서는 끝이었지만, 인격의학의 의사로서 새로운 경력의 시작이기도 하다. 따라서 자신의 생각을 한 번도 자유롭게 표현한 적이 없었던 사람들, 자신에게는 외과 수술만큼이나 중요했던 환영과 관심과 사랑을 누구에게도 받지 못했던 사람들의 말을 여유있게 들어줄 시간이 이제 그에게는 허락되었다.

앞에서도 말했듯이, 은퇴 준비는 한창 활동하는 때부터, 즉 은퇴하기 훨씬 전에 시작되어야 한다. 내 친구의 경우도 바로 그랬다. 은퇴하기 오래전부터 그는 착실하게 새로운 경력을 위한 준비를 해왔다. 외과의사로 바쁘게 일한 탓에 여유로운 시간이 거의 없었지만, 그는 틈틈이 심리학을 공부했다. 그 결과로, 종교적 신앙에 영향을 받으면 누구나 삶이 크게 변할 수 있다는 걸 깨달았고, 그런 신앙은 공부나 설교로 전달되는 것만이 아니고 개인적인 체험의 증언으로도 전달된다는 것도 알게 되었다.

나는 그가 은퇴하기 훨씬 전에 어떤 얘기를 했는지 다른 곳에서 이미 소개했다.[13] 그의 병원에는 늙고 병약한 한 여자 환자가 있었다. 하지만 처음에 내려졌던 진단은 오진이었던 것으로 확인되어, 수술할 필요도 없었다. 임상적 관찰과 이런저런 검사 결과도 양호했다. 그래서 그 친구가 그녀를 안심시키며 퇴원해도 괜찮다고 말했지만, 그녀는 낙담한 채 의사의 말을 듣는 척도 하지 않았다. 그래서 그는 그녀에게 언제부터 그런 기분이었느냐고 물었다. 그녀는 "딸이 죽은 후로부터요. 3년 전이었어요. 그때부터 내 삶은 아무런 의미도 없었어요"라고 대답했다. 요컨대 딸이 죽은 순간부터 그녀는 멈춰버린 시계와 같았다. 이처럼 은퇴하는 순간부터 멈춰버린 시계가 되는 은퇴자가 많다.

공교롭게도 내 친구도 그 여환자와 똑같이 사별의 아픔을 경험한 적이 있었다. 한창 꽃다운 나이의 아들을 잃고 그로 인한 상실감에 시달렸었다. 따라서 아들이 숨을 거둔 바로 그 병실을 여환자가 차지한 때부터 그는 당시의 기억을 떠올릴 수밖에 없었다. 내 친구가 여환자에게 자신의 그런 경험을 얘기해야 했을까? 그렇게 하는 건 외과의사의 역할은 아니었다. 하지만 그의 마음은 그에게 그런 속내를 환자에게 전하라고 독촉했고, 결국 그는 마음의 명령을 따랐다. 흔치 않은 상담이었다. 다시 말하면, 의사가 환자에게 일방적으로 묻는 형식의 상담이 아니라, 의사가 자신의 개인적인 경험을 증언하며 고통을 교감하는 대화였다. 이튿날 여환자는 화장까지 하고 퇴원하기로 결심했다. 시계가 다시 돌아가기 시작한 것이다!

내 생각에, 여기에 인격의학의 가장 결정적인 요소가 있다. 환자와 진정으로 인간적인 관계를 맺어, 절연체를 깨끗이 없앤 두 전극 사이에서 전기 불꽃이 튀면서 하나로 합해지듯이 생명의 불꽃이 번뜩이게 하자는 것이다. 취리히 대학교의 알퐁스 메데(정신분석학을 공부한 스위스 물리학자―옮긴이) 박사는 고전적인 정신분석기법을 오랫동안 시험한 끝에 최근에 발표한 책에서, 의사가 환자에게 개인적인 경험을 털어놓으면 훨씬 짧은 시간에 똑같은 결과를 기대할 수 있는 경우가 적지 않다는 걸 입증해냈다.[14]

많은 질병이 특정한 기관의 국부적인 병변이나, 특정한 병리적이거나 심리적인 기능 장애로 인해 발생한다. 이런 경우에는 의사의 전문적인 치료가 우선적으로 진행돼야 한다. 그러나 앞에서 예로 제시한 여환자의 경우처럼 질병이 특정한 기능 장애나 국부적인 병변과 아무런 관계도 없이, 인격의학의 분야에 속하는 경우도 적지 않다. 인간은 신체기관과 기능의 단순한 결합체가 아니다. 인간은 그 자체로서 우리에게 생명을 부여하는 의미와 운명을 지닌 전일적 통합체이다. 우리는 삶을 그런 운명과 의미를 지닌 통합체로 생각하지 않기 때문에 연령을 불문하고 언제라도 병에 걸릴 수 있다. 그러나 노령에 이르면, 과거에 대해 곱씹으며 실패했다는 실망감으로 힘겨워하는 사람들이 훨씬 많다. 그들은 자기 생각에 파묻혀 점점 수동적으로 변하고 급기야 우울증에 빠지기도 한다. 그들이 겪었던 부당한 세상, 그들의 성장을 부당하게 저해했던 장애물들을 지겹도록 생각하고 또 생각한다. 명석한 사람일수록 과거에 집착했던 잘못들을 반복해서 되씹는다.

따라서 인격의학은 노령층의 질병 예상과 치료에서 중요한 역할을 한다. 물론 내가 여기에서 이러쿵저러쿵 말하는 것보다 노인의학 교과서가 노령층에 대해 의학적으로 무엇을 해야 하는지 훨씬 정확하게 가르쳐준다. 시력과 청력을 보존하도록 돌보고, 심신의 질병을 치료하며, 올바른 식사법과 피부가 건조해지는 현상을 예방하는 법을 알려주고, 연령에 적합한 운동법을 처방해주며, 이런저런 활동과 사회문화적인 삶을 활발하게 유지하는 법을 알려주는 것도 무척 중요하다.

인격의학에서 중요하게 생각하는 것은 개인적인 접촉, 개인적인 대화이다. 환자에게는 자신의 생각과 감정을 자유롭고 솔직하게 표현할 수 있는 기회, 또 마음속에 담아둔 원망과 회한 및 마음속으로 은밀히 품었던 의문을 허심탄회하게 털어놓는 기회가 주어져야 한다. 더 자세히 말하자면, 환자 자신의 삶을 관통하고 있던 그 자신만의 뿌리 깊은 원칙, 특정한 행동을 하게끔 만드는 행동양식을 찾도록 도와주어야 한다. 그가 삶과 주변 세계를 대하던 사고방식이 일련의 상황에 대한 반응을 불러온 것이며, 그리고 바로 그러한 패턴이 미처 인식하거나 인정하지 않았어도 무서울 정도로 되풀이된다는 것도 깨닫게끔 해주어야 한다.

시야를 넓혀라

노인은 이런 모든 것에 대해서 의사에게 솔직하게 털어놓을 수 있어야 한다. 나는 항상 노인들과 원만하게 지냈고 노인들을 치료하는 걸 무척 좋아했다. 의사 노릇을 시작하고 처음 15년 동안, 나는 병든 여성 노인 환자를 돌보는 한 가톨릭 기관에서 일했다. 나는 그곳에서 정말 헌신적으로 일했다. 수녀들과 함께 얘기를 나누는 것도 즐거웠지만, 수녀들이 돌보는 환자들과 대화하는 것도 좋았다. 특히 수녀들은 그런 헌신적인 삶을 통해 인간을 폭넓게 이해하는 지혜를 얻은 사람들이었다. 적잖은 동료가 그런 나를 이해하지 못하고, "노인들을 진료하는 데 왜 그렇게 관심을 쏟는가? 노인들에게는 의학이 크게 도움이 되지 않을 텐데. 약의 효능도 노인들에게는 무척 한계가 있잖아. 어떤 수를 써도 결과는 별로 좋지 않은 데다 만날 똑같은 불평을 들어줘야 하잖아"라고 말했다.

만일 정신분석학자라면 노인을 향한 내 친근감을 이렇게 분석할 수도 있으리라. 아버지가 꽤 늙은 나이에 나를 낳았고, 이내 세상을 떠난 때문이라고! 그래서 내가 어린 날 누리지 못한 애정을 찾고 싶은 욕망을 노인들에게 무의식적으로 투영하는 것이라고! 하지만 내 생각에는 다른 이유가 있었다. 인격의학이란 개념을 정립하기 훨씬 전부터 나는 환자의 질병만큼이나 환자라는 '실제 인간personne'에 관심이 있었다. 과학적인 의학이 상대적으로 효과를 발휘하지 못하는 노인의 경우에는 개인적인 접촉이 점점 중요한 위치를 차지하는 게 사실이다. 따라서 그런 노인들과 허심탄회하게 대화하면 인간의 운명이란 문제를 더 절실하게 제기할 수 있다.

그렇다고 내가 과학적인 의학의 가치를 폄하하는 것은 아니다. 또 과학적인 의학의 적절한 개입이 질병을 물리칠 때 우리가 얻는 즐거움에 무관심한 것은 더더욱 아니다. 젊었을 때 나는 치료학 연구소의 조수로 일했다. 그곳에서 나는 학위 논문을 연구했다. 나는 인간에게는 무척 치명적인 중독의 위험에 빠뜨리지 않고 모르핀과 유사한 약물을 주사해서 편하게 잠재웠던 토끼와 기니피그에게 애정을 느꼈다. 그놈들이 잠들어 있는 동안, 나는 약전藥典에 있는 온갖 약을 시험했다. 내 스승이던 비키 교수는 치료학에 대해 상당히 회의적이었던 게 사실이다. 그러나 그때부터 치료학은 크게 발전했고, 나는 그런 발전을 높이 평가한다.

나는 인격의학을 편들기 위해서 과학적 의학을 과소평가할 생각은 조금도 없다. 두 의학은 상호보완적이다. 프랑스 스트라스부르에서 열린 프로테스탄트 사회의료학 학회에서, 테오 보베 박사가 인격의학에 대해 강연하고 있을 때였다.[15] 철학자 조르주 귀스도르프가 갑자기 자리에서 벌떡 일어나더니 "잠깐, 박사님, 내가 지금 급성 맹장염에 걸린 것 같습니다. 빨리 와서 나를 검진해주면 고맙겠습니다. 외과의사를 부르는 대신, 내가 지금까지 살면서 건강을 위태롭게 할 만한 어떤 잘못을 저질렀는지 생각해보라고 하시지 않았습니까?"라고 물었다. 모든 참석자가 웃음을 터뜨렸고, 보베 박사의 대답을 기다렸다. 보베 박사는 "물론 그렇게 말했습니다, 교수님. 하지만 저는 교수님을 먼저 외과의사에게 보낼 겁니다. 외과의사가 교수님을 수술해서 낫게 해줄 겁니다. 하지만 그 후에는 어떻게 해야 할까요? 그 후에는 교수님이 그렇게 회복된 건강을 어떻게 사용해야 하는지 깊이 생각해보시는 게 건강에 좋을 겁니다"라고 대답했다. 그러자 웃던 사람들이 보베 박사에서 조용히 박수를 보냈다.

과학적인 의학은 긴급한 질병을 다루는 데 효과적이다. 이런 이유에서 과학적인 의학을 시간적으로 우선순위에 두어야 한다. 하지만 그 후에는 어떻게 해야 할까? 요컨대 환자의 삶 전체와 관련된 다른 문제가 제기되면 어떻게 해야 할까? 이때 인격의학이 필요하다. 인격의학은 폭과 깊이에서 과학적인 의학보다 한 걸음 더 나아가, 이런 문제들을 다루며 환자에게 더 나은 삶의 방향으로 유도하는 데 목적이 있다.

국민의 삶도 마찬가지이다. 2차대전 후의 독일 국민이 대표적인 예이다. 독일 사회학자, 헬무트 셸스키가 당시 상황을 명쾌하게 말해주었다.[16] 1945년 패전으로 거의 전 국토가 폐허로 변하고, 그로 인한 불안감이 확산되어 독일 국민은 "공적인 삶과 정치적인 삶에 완전히 등을 돌렸다." "개인과 가족이 사회적으로 출세하려면 직장에서 성공하는 수밖에 없다"는 생각이 모두에게 팽배했다. 번영하던 국가가 붕괴되면 어떻게든 붕괴된 국가를 재건해야겠다는 원초적인 본능밖에 남지 않는다. 그런데 번영이 회복되면, 그 후에는 무엇을 해야 할까? 이것이 문제이다.

셸스키가 언급한 단어들, 즉 가족과 일, 직장과 사회에서의 성공이란 단어들을 독자들은 어디에서인가 본 듯한 기분이 들 것이다. 그렇다, 내가 앞부분에서 언급한, 카를 융이 '자연적'

단계로 규정했던 개인적인 삶의 첫 단계를 설명하며 사용한 단어들과 완벽하게 일치한다.[17] 융이 개별적인 인간의 차원에서 제시했던 단계들이 집단의 역사에서도 그대로 확인된다. 융은 인간의 삶에서 개인적인 면과 집단적인 면이 모순된다거나 양립되지 않는다고 말한 적이 없다. 오히려 그 둘은 상호보완적이고 연속적인 성격을 띤다. 인간은 성性과 일의 영역에서 자연적 의무를 끝낸 후에야 그런 의무를 성공적으로 완수한 대가로 주어지는 자유로운 시간을 어떻게 사용할 것인가에 대해 생각하게 된다.

물론 개인과 집단의 비교에는 한계가 있다. 자유로운 시간의 점진적인 증가를 위해서는 경제적 번영이 필수조건이기 때문에 인간은 결코 완전히 은퇴할 수 없을 것이다. 그러나 융의 이론을 언급하며 개인의 삶에 관련해서 앞에서 제기한 의문은, 마르쿠제가 소비지향적인 사회에 대해 비판했듯이 역사적 차원에서도 그대로 제기될 수 있다. 따라서 다시 똑같은 의문이 제기된다. 자유로운 시간이 무척 한정적일 때는 그 시간을 오로지 휴식과 오락거리에만 사용할 수밖에 없었다. 하지만 자유로운 시간이 대폭 증가한다면 어떻게 할 것인가? 그런 경우에는 자유로운 시간을 다른 것을 위해서도 사용할 수 있다. 융의 표현을 빌리면 "개인적인 문화 활동과 개인적인 성장"을 위해서도 사용되어야 한다.

서구 세계에서나 공산주의 세계에서나, 이미 인류는 역사적 진화에서 융이 삶의 장년기라 칭했던 단계에 이르렀다. 인간의 악착스러운 노력으로, 사랑과 일에서 프로이트가 정의한 대로 첫 번째 목표, 즉 자연적 목표를 달성한 단계에 올라섰다. 그러나 이 단계는 성공으로 인해 우리에게 새로운 기회가 부여되는 단계이다. 따라서 우리는 삶의 의미에 대해 다시 생각해볼 필요가 있다. 인간에게 가치를 부여하는 유일한 근거는 일이라는 과거의 생각에 사로잡혀 일에 더욱더 몰두할 것인가, 아니면 다른 가치를 함양하고 개인적인 잠재력을 구현해서 참다운 인간으로서 성장을 꾀할 것인가? 요즘 우리 세계의 곳곳에서 폭발하는 저항의 파도에 담긴 의미가 무엇이겠는가? 인간이란 개념을 더 완전하고 더 활력 있는 방향으로 찾아내야 할 필요가 있지 않은가.

비합리적인 차원

우리 시대에 가장 통찰력 있는 사상가들의 대화를 통해 이런 의문의 답을 구해볼 수 있을 것이다. 실제로 소르본의 폴 리쾨르, 허버트 마르쿠제 교수, 신학자 겸 역사학자 장 다니엘루 추기경 등 다양한 영역에서 활동하는 지식인들이 모인 1969년 제네바의 국제회합Rencontres Internationales에서 이런 시도가 가능할 수 있었다.[18] 안타깝게도 마르쿠제가 강연했을 때는 폴 리쾨르가 이미 자리를 뜬 뒤였고, 추기경의 발표에 대한 토론이 있었을 때는 마르쿠제가 그 자리에 없었다. 물론 세 위인은 무척 바쁜 사람들이었지만, 이런 대화가 쉽지 않다는 걸 증명하는 현상이다!

프랑스에서 소르본과 낭테르의 대학생들이 1968년 5월 연좌농성을 할 때 대학 건물들의 벽에 써놓은 낙서들을 나는 관심 있게 읽고 감동을 받았다. 한 벽에는 "드디어! 2 더하기 2는 이제 4가 아니다!"라는 문구가 격정적으로 쓰여 있었다. 무슨 뜻이었을까? 정확히는 모르겠다. 하지만 그 낙서에서 나는 우리 문명의 과도한 합리주의에 항거하는 마음의 절규를 읽을 수 있었다. 이성, 이성에 근거한 과학과 테크놀로지, 또 과학기술에서 비롯된 번영으로 채울 수 없는 욕구가 인간의 마음에는 있다는 강력한 주장인 듯했다.

나는 이런 비합리적인 욕구에 대해 그런대로 잘 알고 있다. 나에게 상담을 받으려고 찾아오는 사람들에게서 한결같이 그런 비합리적인 요구를 보았기 때문이다. 성별과 연령을 불문하고, 부자나 가난한 사람이나 우리는 사회가 요구하는 합리적인 게임을 그럭저럭 잘 해내고 있다. 일과 의무, 관례적인 절차와 합리적인 행동 등 직장과 사회에서 성공하는 데 필요한 모든 것을 충실히 해낸다. 그러나 이런 대외적인 겉모습의 뒤에는 환상과 사랑과 행복 등 다른 무엇을 향한 자연스러운 욕망이 감추어져 있다. 이처럼 채워지지 않은 거대한 욕망이 우리 모두의 마음속에서 꿈틀댄다. 이런 욕망을 객관적으로 표현해내기는 어렵다. 깊고 친밀한 우정으로 표현되고, 심리치료사의 상담실에서나 은밀하게 표출될 수 있을 뿐이다. 게다가 훨씬 더 고통스럽지만 비밀스럽게 감추어둔 영적인 욕구도 있다. 달리 말하면, 인과관계라는 합리적 법칙에 따라 꼬리를 물고 이어지는 현상들과 그런 현상들의 의미를 이해하고, 현상들의 이런 상호작용이 어떤 결과를 낳고 어떤 의미를 갖는지도 이해하고 싶어 한다.

여기에서 마르쿠제가 제기한 '일차원적 인간'이란 문제로 다시 돌아간다.[19] 두 개의 차원, 즉 두 개의 세계가 있다. 하나는 명확하고 분명하며, 정교하게 다듬어진 완벽한 차원이다. 다른 하나는 인간의 상상력을 채워주고 인간의 꿈을 자극하는 불명확하고 모호하며 주관적인 차원이다. 그 꿈은 억눌린 열망을 겉으로 드러내는 통로이다. 한마디로, 하나는 합리적인 차원이고 다른 하나는 불합리한 차원이다. 따라서 내가 이 책을 시작하며, 한 사회학자의 주장에 관련해서 제기했던 질문, 즉 '창의적 상상력과 과학적 객관성', 다시 말해 어렵지만 시와 테크놀로지를 어떻게 결합할 것인가에 대한 질문으로도 다시 돌아간다.[20]

요즘 젊은이들의 저항 운동이 어디에서나 감성의 회복, 즉 사랑의 회복을 요구하고 있다는 사실에서도 이런 회귀의 증거가 확인된다. 좁은 의미에서는 성의 자유이지만, 넓은 의미에서는 인간에 대한 사랑이다. 내가 그들의 시위 현장에서 자주 듣는 말, "나는 나에게 주어진 일이나 나의 유용성이 아니라 나 자체로서 사랑받고 싶다!"라는 주장은, 일을 인간보다 우위에 두는 현상에 대한 강력한 비판이다. 또한 "우리는 부모 세대처럼 되고 싶지 않다. 노예처럼 끝없이 일하고 싶지 않다. 그래 봤자 무슨 의미가 있는가? 인간의 삶에는 다른 것이 있다"라고 요약할 수 있는 젊은이들의 주장도 마찬가지이다.

놀랍게도 이런 주장은 사회의 요구에 억눌려 지낸 젊은 시위자들이나 노령층의 입에서만 나오는 게 아니다. 직장과 사회에서 성공을 거두며 삶의 절정기를 맞았지만, 성공이 자신들을 일차원적 존재로 억누르고 있다는 사실을 뒤늦게야 깨달은 사람들도 때때로 유사한 주장을 거침없이 내뱉고 있다. 다른 차원, 즉 감성적이고 영적인 차원을 개발하지 못한 것을 나중에야 깨달은 것이다. 그들은 일에 쫓겨 살았고, 그사이에 진정한 사랑과 관심에 굶주린 부인들은 그들과 멀어졌고, 아이들은 아버지와 진정으로 접촉할 틈도 없이 어느새 훌쩍 커버렸다. 그들이 이루어낸 번영의 대가가 그런 것이었다.

이런 이유에서 번영은 자유와 마찬가지로 사람들에게 두려움을 안겨줄 수 있다. 우리가 오로지 일을 생각하며 평생을 보냈고, 인간의 가치를 노동으로 판단하며 게으름을 죄악시함으로써 얻은 자유와 번영을 어떻게 사용해야 할까? 지극히 기본적인 문제이지만, 은퇴라는 당면한 문제와도 연결된다. 이 때문에 은퇴의 문제가 더더욱 악화된다. 은퇴자들은 가능하면 눈에 띄지 않으려고 몸을 사린다. 은퇴자들은 자신들을 사회의 삭정이이고, 좋은 부분을 비싸게 판 후에 남은 자투리 천이라 생각한다.

따라서 은퇴자들은 카페의 한구석에 죽치고 앉아 카드놀이를 하며 시간을 죽이고, 다른 손님들, 예컨대 공장이나 사무실에서 일하다가 나온 활기찬 노동자들의 요란한 대화에 끼어들지 않는다. 그들의 삶은 완전한 삶이 아니다. 사회의 번영을 끌어가는 사람들 덕분에 쓸모없는 삶을 연명하는 사람들처럼 숨을 죽이고 살아간다. 은퇴자들은 사회활동에 적극적으로 참여하지 않으며 죽음만을 기다린다. 그들도 한창 일하던 시기에는 인간보다 일을 더 중요하게 생각했던 것처럼, 지금 일하는 사람들도 똑같이 생각하는 것을 당연하게 받아들인다.

번영? 은퇴자들은 사회의 번영을 위해 적잖게 기여했다. 사회를 조금이라도 풍요롭게 발전시키기 위해서 헌신적으로 일했다. 번영을 수단이 아니라 목적으로 생각했고, 번영이 삶과 사회의 목표라고 생각했다. 번영이 삶과 사회의 의미라고도 생각했다. 이제 나는 노인과 청년 모두에게 다시 생각해보자고 권하고 싶다. 인간이 일에 의미를 부여하는 것이지, 일이 인간에게 의미를 부여하는 것이 아니잖는가! 모든 경제계획이 5-6퍼센트의 성장을 근거로 세워졌기 때문에 번영은 앞으로도 꾸준히 이어질 것이고, 생산은 끊임없이 증가할 것이다. 생산이 정체된다면 모든 시스템이 붕괴될 것이다. 결국 우리는 어디로도 빠져나갈 수 없는 톱니바퀴에 끼여 있는 셈이다. 축복일까 저주일까? 이쯤에서 나는 마르쿠제 교수와 결별을 선언하려 한다.

낡은 편견을 극복하려면

경제의 급속한 발전은 여러 차원에서 인간에게 유익하게 활용될 수 있기 때문이다. 일과 의무와 이성의 차원에서는 물론이고, 사랑과 시와 영적인 삶이란 차원에서 유익한 역할을 해낼 수 있다. 경제학자들은 '풍요로운 사회'가 도래했다고 선언한다. 인류 역사상 처음으로 덜 일하면서도 배불리 먹고살 수 있게 되었다. 주당 2-3일을 쉬고, 더 자주 그리고 길게 휴가를 즐길 수 있게 되었다. 은퇴 연령이 앞당겨지고, 교육받는 기간도 늘어났다. 하지만 그렇게 남는 시간을 어떻게 보낼 것인가? 따분하고 지루하게 보낼 것인가? 무수히 많은 은퇴자의 퇴행적인 정신상태는 안타깝게도 관심사가 아니다.

내가 어렸을 때 처음으로 자동차가 등장했다. 말은 없었지만, 말이 끄는 마차와 비슷한 모양이었다. 상상력은 테크놀로지만큼 신속하게 발달하지 않는다. 과거 빈곤의 사회에서 우리가 생각했던 기준을 그대로 풍요의 사회에 적용할 수 있을까? 문화와 정신과 관련된 일이 주 소득원이 되어주었던 극소수만이 풍요로운 사회에서도 여전히 문화적이고 정신적인 삶을 향유하고, 밥벌이 수단 이외에 다른 것을 배우지 못한 그 외 사람들은 계속 지루하고 따분한 삶을 살아야 하는 것일까? 다른 방향으로 생각하려면, 일이 인간보다 중요하다는 낡은 편견에서 벗어나야 한다.

솔직히 말하면, 나는 미래 세대에게 미래를 준비하라는 뜻에서 이 책을 쓰고 있다. 경제학자들은 풍요로운 사회를 구축함으로써 그들만의 방식으로 이미 미래를 준비하고 있다. 일부 대학교의 경제학과에는 세상을 바꾸려는 바람이 거세게 불고 있다고 말해도 과언이 아니다. 이런 경제학자들의 흥분을 나는 충분히 이해한다. 그들의 판단에, 자유방임주의와 계획경제 간의 오랜 교조적 논쟁은 시대에 뒤처진 것이다. 그들은 현재의 상황을 신중하고 논리적으로 분석한 방정식을 만들어내고 있다. 그리고 그런 방정식에서 찾아낸 답에서 그들은 풍요로운 사회가 태동되고 있다는 객관적인 정보를 읽어내기 시작했다. 현대 천문학이 코페르니쿠스의 방정식에서, 상대성이론이 아인슈타인의 방정식에서, 양자이론이 막스 플랑크의 방정식에서 탄생한 것과 다를 바가 없다.

'풍요로운 사회affluent society'라는 개념이 무엇을 뜻하는지 생각해보자. 옛사람들은 황금시대를 꿈꾸었다. 연금술사들이 소망하던 황금시대보다 더 나은 세계, 소수만의 풍요가 아니라 인류 전체가 풍요로운 세계를 뜻한다. 수천 년 동안 계속되던 강압적이고 힘겨운 노동, 즉 대다수가 가난을 벗어나기 위해 한가로운 시간은 꿈도 꾸지 못하고 쉬지 않고 일해야 했던 노동으로부터의 해방을 뜻한다. 경제학자들의 계산이 맞다면, 그래서 미래가 그들의 계산대로 펼쳐진다면 그 결과는 그야말로 하나님의 자비롭고 경이로운 선물일 것이기 때문에, 나는 경제학자들이 자신들이나 연구자들에게 힘을 북돋워주는 그런 신비로운 생각을 품는 걸 조금도 비난하고 싶지 않다. 하나님이 인간을 창조하신 후에 인간에게 자연을 지배하며 자연을 총명하게 개발할 권리를 주셨을 때 '풍요로운 사회'를 이미 예측하셨을 것이기 때문이다.

풍요로운 사회의 도래는 철저하게 인간에 대한 개념을 바꿔놓을 것이므로, 우리는 그런 변화에 미리 대비해야 하지 않겠는가? 따라서 경제학자들의 노력에 발맞추어, 심리학자와 사회학자, 철학자와 성직자가 공동으로 준비하고 있는 작업에 나도 이 책을 통해 한몫을 하는 셈이다. 경제적 성공으로 노동량이 언젠가 적정한 수준으로 떨어진다면, 노동이 삶에서 유일하게 가치 있는 것이고 삶에 의미를 부여하는 유일한 것이란 편견도 사라질 것이다. 그런 때가 오면, 문화적인 삶에 더 많이 주목하며 인간의 성장에서 문화가 차지하는 역할에 관심을 가져야 할 것이다.

따라서 일하는 사람과 일하지 않는 사람을 차별하고, 어떤 일을 하느냐에 따라 상대를 높이 평가하거나 폄하하는 차별적인 태도를 지금부터라도 버려야 한다. 일하며 보내는 시간은 삶에서 중요하고, 여가활동을 추구하며 보내는 시간은 무가치하다고 생각하는 것도 일종의 차별이다. 이런 차별에 짓눌려 지내는 노인들에게 진정한 가치를 회복시켜주어야 한다. 노인을 경멸하는 문명은 비인간적이므로 사회 전체의 품격을 회복하기 위해서도 이런 차별의 종식은 필요하다.

물론 노인에 대한 경멸과 폄하는 순전히 편견에서 비롯된다. 또한 여가시간을 활용한 임의적인 활동과 은퇴보다 먹고 살기 위한 노동을 여전히 더 높게 평가하는 사고방식도 편견에 불과하다. 이런 편견에서 벗어나야 한다. 하지만 어떻게 해야 이처럼 오래된 편견을 깨뜨릴 수 있을까? 내가 우리 모두의 마음속에 확고히 뿌리내린 편견과 싸우려 한다며, 나를 공상적 이상주의자로 생각할 독자도 있을 것이다. 여론의 관성과 타성이 얼마나 강력한지는 사회학에서 입증되지 않았는가? 여론조사의 결과가 발표되면, 많은 사람이 그 결과를 과학적 진실, 즉 물이 섭씨 0도에서 언다는 말처럼 객관적이고 불변의 것으로 받아들인다. 예컨대 "바로 그거야!"라며 "그럴 수밖에 없는 거야. 어떤 수를 써도 바뀔 수 없는 거야!"라고 당연한 결과인 양 말한다.

하지만 전혀 그렇지 않다. 사회학은 여론이 무척 변덕스럽고 일시적으로만 영향을 받는다는 것도 우리에게 분명히 보여주었다. 나는 강력한 신념으로 무장한다면 어떤 편견이라도 극복할 수 있다고 확신한다. 편견의 힘은 모두가 무분별하게 인정하는 데 있을 뿐이다. 다른 사람들이 인정한다는 이유만으로 아무런 생각이나 받아들이는 데 편견의 힘이 있을 뿐이다. 따라서 편견은 모두가 공범이 되어 생긴 것이므로 모두에게 책임이 있다. 노인을 공경하지 않는 젊은이들, 자신의 가치에 의심을 품는 노인들, 모두에게 책임이 있다. 여론이 강력하고 확고부동하게 보이는 이유는 막강한 익명성 때문이다. 하지만 여론은 실제로 무척 변덕스럽다.

상업 광고의 효과가 얼마나 일시적인지 생각해보라. 정치의 변덕을 생각해보라. 동맹을 맺었다고 금세 깨지지 않는가. 게다가 서로 경멸하고 증오하던 국가들이 갑자기 돌변해서 서로 존중하는 수준을 넘어 우호적인 모습까지 보이지 않는가.

유행의 변덕스러움도 마찬가지이다. 미니스커트가 만고불역의 본능처럼 여겨지던 정숙한 몸가짐으로부터 여성을 해방시키며, 얼마나 빠른 속도로 전 세계에 확산되었던가를 생각해보라. 또 내가 어린 시절에 보았던 수영복에 비교하면 거의 발가벗은 것처럼 보이는 요즘의 수영복을 생각해보라. 한편 내가 어린 시절에는 할아버지의 구레나룻이 너무도 우스꽝스럽게 보였다. 뺨을 타고 내려와 특별한 이유도 없이 아래턱에서 멈추었으니까. 요즘 그런 구레나룻을 기르지 않았다고 유행을 따르지 않는다고 생각할 젊은이는 한 명도 없을 것이다.

유행에 대한 편견이 바뀔 수 있다면 사회적 편견도 바뀔 수 있다. 사회적 편견은 개인과 사회적 집단 간의 관계를 해치는 중대한 문제이기 때문에 반드시 바뀌어야 한다. 인간은 항상 자신의 판단이 객관적이라고 진심으로 생각한다. 다른 사람들의 의견을 경멸하는 사람은 그런 경멸이 편견에서 비롯된다는 걸 모른다. 하지만 상대방, 즉 자신을 향한 경멸을 강렬하게 느끼는 피해자는 그 경멸이 편견에서 비롯된 것임을 알고 있다. 내가 반세기 동안 그랬듯이, 상대방의 속내 이야기를 들어주는 사람은 남들에게 인정받고 존중받으며 환영받는 것이 인간에게 얼마나 중요한지 명확히 알고 있다. 따라서 가능하면 상대를 진지하게 대해주고 그의 말을 존중하며 친절하게 들어줄 수 있어야 한다.

경멸을 극복하려면

경멸은 어떤 형태를 띠든 상대의 마음에 상처를 준다. 물론 경멸에도 노골적인 무시부터 은밀한 멸시까지 미묘한 차이가 있다. 노골적인 경멸은 상대에게 강력하게 방어적 반발을 불러일으키기 때문에 언제나 가장 해롭다고 볼 수는 없다. 예컨대 유대인이 반유대주의적 환경에서, 흑인들이 인종차별적인 사회에서, 파산한 기업인이 자본주의 시스템에서, 청교도의 부르주아 계급에서 혼외자식으로 태어난 아이가 그처럼 노골적인 경멸에 시달린다.

그러나 당사자를 서서히 괴롭히는, 즉각적으로 반발할 빌미를 주지 않는 눈에 띄지 않는 경멸의 형태도 많다. 예컨대 똑똑하고 예쁘지만 말괄량이인 소녀가 못생기고 모든 면에서 미숙한 누이를 놀리는 경우를 생각해보자. 작은 성자인 척하면서 부모의 칭찬을 독차지하며, 상대적으로 부산스럽고 주의력이 떨어지는 언니를 부끄럽게 만드는 소녀가 있을 수도 있다. 또 덩치가 크고 힘도 센 소년이 반항하지 않고 눈물부터 흘리는 약한 소년을 괴롭히며 못살게 구는 경우도 있다. 남편이 섹스하는 짧은 순간을 제외하고는 한지붕 아래에서 함께 사는 부인을 존재하지도 않는 이처럼 취급한다고 생각해보라. 그런 부인은 자신이 말할 때 남편이 귀담아듣는지 안 듣고 흘려버리는지도 모른다. 게다가 그녀가 뭐라고 주장하더라도 남편은 어깨를 으쓱하며 부인을 어리석은 말밖에 하지 못하는 여자로 취급해버린다. 또 자선을 베푸는 사람들이 불행한 사람들에게 보이는 연민에도 미묘한 경멸이 내재된 경우도 있다. 물론 그들의 자선은 진심이겠지만, 베풂을 받는 사람에게는 굴욕적으로 느껴질 수 있다. 자선가들의 말투가 동료들에게 말할 때와는 다르기 때문이다.

의식이 철저하게 달라지면 이 모든 것이 변할 수 있다. 예컨대 로마 가톨릭이 다른 교파의 그리스도교인들에 대한 태도가 놀랍도록 달라진 경우를 생각해보자. 얼마 전만 해도 우리 개신교인들은 로마 가톨릭교인들로부터 이교도이고 분파주의자로 여겨졌다. 지금과 같은 변화를 끌어내는 데는 교황 요한 23세처럼 성령과 진정한 인간성으로 충만한 한 사람으로 충분했다. 덕분에 우리는 '분리되어 떨어져나간 형제'라는 단계를 넘어 이제 진정한 형제로 받아들여진다. 그야말로 낡은 편견을 떨쳐낸 승리의 전형적인 예이다! 우리 개신교인들도 하루 빨리 낡은 편견을 떨쳐내기를 바란다.

한 가지 점에 주목할 필요가 있는 듯하다. 가톨릭교회의 변화가 전격적이고 급작스러운 것으로 보일 수 있지만 실제로는 그렇지 않다. 개신교에 대한 가톨릭교회의 비타협적인 태도를 못마땅하게 생각하며 우리 개신교도들을 존중하며 형제애를 가감 없이 보여주었던 수많은 가톨릭 신자들이 오랫동안 준비한 결과였다. 요한 23세의 예언자적 목소리에 적극적으로 호응해준 그들에게 나는 감사하고 싶다. 이와 마찬가지로, 많은 의사와 심리학자, 사회학자와 사상가의 노력으로 이제 노인에 대한 여론도 완전히 변할 조짐을 보이고 있다. 이 책을 통해 나는 그들의 노력에 조금이라도 힘을 보태고 싶다.

내가 이런 예를 인용할 수 있었던 이유는, 성 토마스 아퀴나스가 말했듯 "은혜는 자연을 폐기하는 것이 아니라, 자연을 완성하는 것"이기 때문이다. 따라서 심리학적 관점에서 종교적인 사건을 연구하는 게 가능하다. 하지만 이 경우에는 성령이 개입한 게 분명하기 때문에 많은 독자가 인용하기에 적절하지 않은 예라고 생각할지 모르겠다. 따라서 비종교적인 예로 돌아가서, 정신질환자에 대한 사회의 태도가 요즘에 얼마나 급격하게 변했는지 생각해보자. 수세기 동안 정신질환자는 그야말로 경멸의 대상이었다. 정신질환자에게 채워졌던 사슬을 풀어준 프랑스 의사, 필리프 피넬(1745-1826)로부터 시작된 현대 정신의학 덕분에 이런 현상이 사라졌다.

물론 정신질환자에 대한 편견을 완전히 종식시키는 데는 오랜 시간이 걸렸다. 여론은 물론이고 많은 의사가 처음에는 편견을 떨쳐내지 못하고, 정신질환을 인간적인 방법으로 치료하자는 주장을 옹호하는 목소리를 탐탁지 않게 받아들였다. 정신질환자의 말이나 행동에는 어떤 의미도 없다는 편견이 그만큼 뿌리 깊었던 것이다. 하지만 그런 환자들을 이해하지 않으려는 태도가 오히려 잘못된 것이란 깨달음이 조금씩 확산되었다. 그 결과, 요즘에는 정신질환자가 경멸의 대상이란 말 자체가 성립되지 않는다. 전통적인 사회적 역할을 해내지 못하는 정신질환자들과 말을 섞는 걸 꺼리는 사람들이 여전히 존재하는 건 사실이다. 우리는 그들과 어떤 식으로 대화를 시작해야 하는지 모르기 때문에 진정한 대화를 나누지 못하고, 피상적으로 모호하게만 말을 건넨다.

리옹의 폴 발베 박사는 정신의학의 최근 성과에 대해 탁월한 논문을 발표했다.[21] 그가 젊었을 때만 해도 정신의학에 관련된 모든 교과서는 자신이 속한 건강한 집단과 환자 집단 사이에는 엄격한 경계가 있다고 가르쳤으며, 그 자신도 그런 가르침에서 크게 위안을 받았다고 그는 고백한다. 하지만 발베 박사는 많은 정신과의사가 이런 경계가 순전히 편견에 불과하고, 자신들의 정신적으로 감정적인 반응이 환자들의 반응과 크게 다르지 않다는 걸 깨달았을 때 겪은 심리적 위기에 대해서도 숨김없이 언급한다.

정신질환자에 대한 편견이 여전하지만, 그래도 여론의 태도에서는 큰 변화가 있었다고 말할 수 있다. 프로이트 이후로 신경증에 대한 태도의 변화가 특히 두드러진다. 젊은 프로이트가 장 마르탱 샤르코의 학생이었을 때 살페트리에르 정신병원의 강의실에서 걸핏하면 울려 퍼지던 비웃음을 기억해보라. 샤르코가 환자들에 대한 연민이 없었기 때문이 아니라, 과학자로서 자신이 관찰한 결과를 과학적으로 자신의 이론에 맞추어 설명하며, 환자들의 예상되는 행동을 그럭저럭 맞추었기 때문이다.

당시 젊은 의사이던 프로이트는 환자들, 구체적으로 말하면 누구도 진심으로 귀를 기울여주지 않던 환자들의 말을 몇 시간이고 경청하려고 애썼다. 수세기 동안, 영혼의 의사라던 성직자들도 그들의 얘기를 형식적으로만 들어주며, 그들에게 이런저런 충고를 해주는 데 만족하던 터였다. 오늘날 심리치료사가 대체로 성직자를 대신해서 심리장애로 고생하는 사람들을 돕고, 뛰어난 성직자들이 의과대학에 진학해서 강의를 듣는 이유는 과거에 신학이 편견으로 가득했기 때문이다.

　프로이트는 정신질환자들을 진심으로 대했고, 그들의 이상한 꿈과 그들이 겪은 경험과 그들이 드러내는 감정을 이해하려 애썼다. 또한 그때까지 사악하고 못된 생각, 혹은 우스꽝스러운 공상에 불과하다고 묵살되던 그들의 상상까지 이해하려고 노력했다. 지금은 여러 학파로 분열되었지만, 현대 심리학 자체는 프로이트가 환자들의 말과 생각 및 감정을 진지하게 관찰하고 경청하며 보낸 수많은 시간에서 잉태되었다. 환자들은 진지하게 대우받는다고 느꼈다. 무엇보다 그런 느낌이 있을 때 우리는 성장하고 해방될 수 있다. 요즘 환자만이 아니라 건강한 사람도 심리치료사를 찾아가는 이유는, 자신의 말을 진심으로 들어주는 사람에게 속내를 털어놓으려는 것이다.

어린아이의 발달

이번에는 노인 문제와 관련된 다른 예를 들어보자. 모순되게 들리겠지만, 노인 문제는 어린아이에 대한 사회의 태도와도 관련이 있다. 이 둘을 비교하는 게 다소 놀랍겠지만, 모든 독자가 내 생각에 동의하기를 바라지는 않는다. 그러나 개인적인 경험으로 사랑의 의미를 한층 깊이 생각해보며, 감상적인 연민과 성적인 매력만이 중요한 게 아니라 다른 사람을 진정으로 존중하고 받아들이며 자신의 고유한 면과 이타성異他性까지 인정하고 받아들여야 한다는 걸 깨달은 사람이면 이런 비교를 이해할 수 있으리라 믿는다.

장 자크 루소 이후에야 어린아이가 이런 의미에서 진지하게 받아들여졌다. 더 정확히 말하면, 볼테르의 풍자를 낳았고 크리스토프 드 보몽 대주교에게 신성모독이란 비난을 받았던 《에밀》이 발표된 이후였다.[22] 게다가 제네바 정부는 공공광장에서 그 책을 공개적으로 불태웠을 정도로, 이 책에 담긴 내용은 당시의 시대정신과 정면으로 충돌했다. 그렇다고 그전까지 어른들이 어린아이를 사랑하지 않았다는 뜻은 아니다. 다만 지금과는 다른 방식으로 아이들을 사랑했다. 물론 당시 어른들도 아이들의 행복을 바랐지만, 어른들의 생각에 따른 어린아이의 행복이었다. 요컨대 아이들의 말에 귀를 기울이지 않았고, 아이들의 생각과 감정과 상상을 이해하려 하지 않았다. 한마디로, 어린아이는 아무것도 모르는 무지한 존재이자 지식과 예의범절 등 모든 것을 배워야 하는 존재였다. 게다가 어린아이에게는 배울 것이 전혀 없다고 여겨졌다.

루소가 물꼬를 튼 논쟁은 지금까지도 계속되고 있다. 교육은 상당히 발전했지만, 학교는 여전히 어린아이들을 어른의 관점에 맞추어 키워내고, 순응하지 않는 아이들을 불량품으로 처리하는 강력한 기계이다. 이 논쟁은 1968년 낭테르와 소르본의 학생 시위에서도 표면화되었다. 당시 학생들은 세미나를 늘리고 일방적인 강의를 줄여달라고 요구하지 않았던가! 달리 말하면, 학생들은 공동연구를 늘리고, 교수가 혼자 장황하게 강의하고 학생들은 묵묵히 듣기만 하는 권위적인 독백을 줄여 달라고 요구했다. 요즘에도 자신의 무지와 실수를 아이들에게 인정하며, 아이들에게 좋은 것을 아이들보다 더 잘 알고 있다고 주장하지 않는 부모는 극소수에 불과하다.

나는 지난번에 발표한 책에서 동향 선배, 장 자크 루소에 대해 언급했다.[23] 루소는 프랑스대혁명과 미국독립선언을 낳은 정신적 아버지 중 한 명이었다. 그가 폭정에 항거하며 중심으로 쏟아낸 외침이 세상을 뒤집어놓았기 때문이다. 루소는 노동계급과 식민주의에 억압받던 민족들이 시도한 해방운동의 선구자이기도 하다. 내가 여기에서 이 문제를 거론하는 이유는 루소의 경험을 인용해서 타인의 존중─루소의 시대에는 어린아이의 존중, 우리 시대에는 노인의 존중─이란 문제에 대한 이해를 돕기 위한 것이다.

나는 트루아넥스에서 할아버지의 땅에, 정확히 말하면 드리즈라는 작은 강둑에 아내와 함께 노년을 보낼 별장을 짓고, 그 별장에 '밀알Grain de blé'이란 이름을 붙였기 때문에 종종 루소를 머릿속에 떠올린다. 그런데 장 자크 루소는 열한 살에 이미 자연과 식물학에 푹 빠져 종종 이곳을 찾아와, 내가 어렸을 때 꿈에서 보았고 지금은 내 손자들이 꿈에서 보는 드리즈 강둑

117

에 늘어선 작은 나무들 사이를 거닐었다. 루소는 이곳에서 멀지 않은 곳에 살았다. 그가 살던 곳은 당시에 같은 행정구역에 속했지만, 지금은 정치적 변덕 때문에 국경 너머 프랑스에 속하게 된 보세이라는 이웃에 위치하고 있다.

루소는 자신의 불행에 대해 어렸을 때부터 깊이 생각했을 것이다. 그가 태어났을 때 어머니가 세상을 떠났고, 하나뿐이던 형도 잃었다. 그는 아버지를 무척 사랑했지만, 아버지가 사소한 분쟁으로 인해 제네바를 떠나야 했기 때문에 아버지와도 헤어져야 했다. 세상에 홀로 남겨진 루소는 보세이의 목사, 랑베르시에 씨의 집에 맡겨졌다.

목사는 친절한 사람이었던 것으로 추측된다. 루소는 목사에 대해 거의 기록을 남기지 않았지만, 목사는 몸이 약했던지 그의 누이였던 랑베르시에 부인이 집안일을 돌보았다. 그런데 그녀는 어린 하숙생인 루소를 좋아하지 않았고, 루소도 그런 그녀에게 호되게 앙갚음할 기회를 노렸다. 어느 날, 그녀는 루소가 빗을 부러뜨렸다고 야단쳤다.[24] 하지만 루소는 그 빗을 건드린 적도 없었다. 그런데도 목사는 누이의 편을 들며, 어린 루소가 결백을 주장하는 목소리를 들을 척도 하지 않으면서 사과하라고 다그쳤다. 이 사건은 무력하던 어린 소년에게 깊은 상처를 남겼다.

불쌍한 녀석! 내가 지금 살고 있는 드리즈 강의 둑에 앉아 어린 루소가 그 사건을 되짚어보는 모습이 눈에 선하다. '정말 살기 힘들구나! 사악하고 부조리하기 그지없는 인간들! 그들은 나를 좋아하지 않아!'라고 생각했을 것이다. 어른들은 자기들의 말이 맞다고 우기며, 어린아이가 하는 말을 믿지 않는다. 어린아이 말이 맞고 그들이 틀린 때에도 아랑곳하지 않는다. 어른들은 어린아이의 말을 귀담아듣지도 않는다. 하지만 어린아이가 어른보다 낫다! 물론 루소도 보세이에서 자기 또래의 소년과 사귀었고, 우정의 경이로움을 경험했다. 그가 모든 것을 숨김없이 말할 수 있는 친구, 또 그의 말을 열심히 들어주며 그를 철석같이 믿는 친구, 그를 영원히 배신하지 않는 친구, 그가 진심으로 믿을 수 있는 친구를 찾아냈다.

랑베르시에 씨가 애지중지하는 호두나무 한 그루가 있었다. 그곳에서 약간 떨어진 곳에 두 친구는 버드나무를 심었다. 그들은 은밀히 원대한 계획을 세웠다. 호두나무로 향한 물길의 일부를 버드나무 쪽으로 돌리기 위해 지하수로를 파겠다는 계획이었다. 결코 쉬운 작업은 아니었지만, 성공을 위해 서로 독려할 만큼 흥미진진한 작업이었다. 마침내 지하수로를 통해 물이 흐르기 시작했을 때 두 소년이 얼마나 좋아했을지 상상해보라. 하지만 그들의 성공은 오래가지 못했다. 랑베르시에 씨가 곧 그 비밀 수로를 찾아내서 곡괭이로 허물어뜨렸고 두 소년을 호되게 나무랐다.

어린 루소는 '어린아이가 어른보다 낫다'고 생각하기 시작했다. 어린아이가 자연에 더 가깝다는 사실만으로도 입증되는 생각이었다. 게다가 어린아이는 문명에 의해 아직 더럽혀지지 않은 존재였다. 자연! 인간에게 정나미가 떨어질 때 자연은 우리에게 커다란 위안을 주는 것이었다. 장 자크 루소는 드리즈 강변을 따라 산책했다. 그리고 삶의 황혼기를 맞았을 때는 '고독한 산책자'로서 몽상에 젖었고 "나는 숲에서 사람의 발길이 닿지 않은 곳을 찾아다니며 조용히 걷곤 했다. 인간의 손길이 닿지 않아 어떤 것에도 예속과 지배의 흔적이 없는 황량한 곳을 찾아서"라고 말했다.[25]

루소의 생각은 어린 시절에 이미 마음속에 정립된 것임을 확인할 수 있다. 루소의 생각은 순전히 경험에서 비롯된 것이었다. 이 책을 꼼꼼히 읽은 독자라면, 심리치료사를 찾아가는 환자들과 관련해서 조금 전에 했던 말을 지금 내가 다시 반복하고 있다는 걸 알아차렸을 것이다. 요컨대 환자들은 자신의 말을 편견 없이 진심으로 들어줄 사람을 찾아간다. 누군가 나를 이해하려 애쓰고, 내 말을 존중하며 귀담아들어주고, 나를 진심으로 대해주기를 바라는 마음은 모든 사람이 지니고 있는 중요한 욕구이다. 이런 사람을 만나기는 생각만큼 쉽지 않다. 루소 이전에도 어린아이들은 분명히 사랑받았지만, 어린아이들의 말은 무시하기 일쑤였다. 어른들이 어린아이에 대해 모든 것을 이미 알고 있다고 주장하지 않고, 어린아이들의 말에 귀를 기울이고 어린아이들을 면밀히 관찰하며 어린아이들을 이해하려고 노력하기 시작한 이후에야 현대 교육학과 아동심리학이 본격적으로 발달할 수 있었다.

금세기 초, 제네바에서 아동심리학자 에두아르 클라파레드 박사와 피에르 보베 씨가 교육학연구소를 설립했다. 이후로 그 연구소는 장 피아제와 그 학파의 연구로 크게 유명해졌지만, 초기에 설립자들은 아동의 말과 감정, 아동의 반응과 경험에 근거해서 아동을 연구하는 게 설립 목적이었기 때문에 그 연구소를 '루소 연구소Institut Rousseau'라 불렀다. 어린아이가 어른들이 기존에 배운 것이나 생각하는 것으로 채워야 할 빈 상자가 아니라, 이미 보물들로 가득 찬 상자라는 걸 설립자들은 알고 있었던 것이다.

그 보물들을 면밀히 관찰해서 연구함으로써 어린아이의 정신이 성인의 정신과 완전히 다른 식으로 움직인다는 걸 깨닫고, 어린아이에게 사물을 어떻게 관찰하고 느끼는지 직접 설명해달라고 요구함으로써 진정한 의미에서 아동학이 시작되었다. 프로이트와 그 이후의 모든 심리학자가 환자를 진심으로 상담함으로써 새로운 과학을 정립했듯이, 아동학도 아동에게 배운 것이었다. 또한 사람들이 환자의 말에 진심으로 귀를 기울일 때 환자가 자신이 이해받는다고 느끼며 치유되듯이, 루소 연구소에서도 어린아이가 사랑받고 존중받는 환경에 있을 때 자연스레 성장하고 발달한다는 게 확인되었다. 그렇다면, 오늘날 우리에게는 노인을 위한 루소 연구소가 필요한 게 아닐까?

그러므로 노인과 어린아이의 비교는 그런대로 타당해 보인다. 어린아이가 작은 어른이 아니라, 어른의 심리와는 다른 고유한 심리가 있으며, 어린아이의 심리를 이해하려면 어린아이와 개인적으로 접촉하고 진정한 대화를 나누어야 한다는 건 이미 밝혀졌다. 이와 마찬가지로, 노인은 쪼그라들고 쭈글쭈글한 주름투성이인 성인이 아니다. 노인에게도 상대적으로 젊은 성인의 심리와 다른 고유한 심리가 있으며, 어린아이와 마찬가지로 더 성장하려면 사랑받고 이해받으며 자신의 의견이 경청된다고 느낄 수 있어야 한다. 과거에 어린아이에게는 발언권이 없었다. 어린아이는 성인의 세계에 무조건 적응해야만 했다. 이처럼 오늘날에는 노인이 한쪽으로 밀려나고 어떤 의견도 구할 필요가 없는 집단으로 전락한 듯하다.

노인이 더 이상 소비사회에 참여하지 않고 생산자가 아니기 때문에 이런 현상이 일어난 것일 수도 있다. 그러나 어린아이도 생산자는 아니다. 물론 어린아이가 아주 어린 나이에 노동에 참여하며 사회에 한몫을 하던 때가 있었다. 다행히 서구 국가에서는 사회적 진보 덕분에 아동 착취가 사라졌다. 또 현대 심리학은 우리에게 어떤 대가도 바라지 말고 어린아이를 그 자체로 사랑하라고 가르쳐주었다. 은퇴한 사람들 중에는 능력이 닿는 범위 내에서 사회적 봉사를 함으로써 작은 사랑을 갈구하는 사람이 적지 않다는 것도 독자들은 알고 있을 것이다. 결국 어린아이나 노인을 사랑한다는 것은, 그들이 뭔가를 하기 때문이 아니라 그들이 존재하기 때문에 사랑한다는 뜻이다.

사랑한다는 것은 상대방의 의견을 경청한다는 것이다. 얼마 전만 해도, 어린아이는 식탁에서 말을 하지 않는 게 원칙이었다. 어른들이 옆에서 대화하더라도 어린아이는 그 대화에 끼어들 수 없었다. 요즘에는 노인에게 그 원칙이 적용되는 듯하다. 적잖은 가족에서 어린아이와 어른이 각자의 의견을 요란하게 표현하며 입씨름을 벌이지만, 노인에게는 말할 기회가 주어지지 않는다. 노인에게도 의견이 있을 거라고 누구도 번거롭게 생각하지 않기 때문이다. 따라서 노인은 자신이 시대에 뒤떨어져서 조금도 중요하지 않은 존재로 전락했다는 좌절감에 빠진다. 게다가 과거에 어린아이에게 그랬듯이, 주변 사람들이 노인에게 건네는 말투까지 달라진다. 짐짓 겸손한 체하며 친절하고 다정하게 말하지만, 그럴듯한 대답은 기대하지 않는다는 말투이다.

얼마 전, 나는 지역 신문에서 이런 현상을 적절하게 지적한 기사를 읽었다.[26] 한 부부가 아내의 어머니를 제과점으로 초대해서 차를 마시고 있었다. 기사를 작성한 기자는 옆 테이블에 앉아 그들을 지켜보았다. 남편과 아내는 둘이서만 열띤 대화를 나누었고, 간혹 다정한 목소리로 "어머니, 차 한잔 더 하실래요? 케이크 하나만 더 드세요"라는 말만 건넬 뿐, 노부인에게 한마디도 건네지 않았다. 그들이 친절하게 행동하고 어머니를 걱정하고 있는 건 분명했다. 또 그들이 어머니를 모시고 함께 외출한 것도 칭찬할 만한 행동이었다. 그들은 어머니가 묵묵히 앉아 고맙다는 말조차 건네지 않는 모습에 놀라는 듯했다. 하지만 진심이 담긴 말 한마디가 맛있는 케이크보다 노부인에게 더 큰 감동을 주었을 것이다.

장 자크 루소가 그랬듯, '이 사람들이 정말 나를 사랑하는 걸까?'라고 생각하는 노인이 많지 않을까? 안타깝지만 실제로 그렇다. 나는 이 책을 준비하면서, 거의 3년 동안 은퇴와 노령의 문제를 연구했다. 그리고 한 가지 근본적이고 근원적인 문제가 모든 문제에 내재되어 있다는 결론을 내렸다. 노인은 사랑받지 못하고 있다는 결론이었다. 노인들은 자신이 사랑받지 못하고 있다고 생각하며, 많은 사람이 노인들을 무관심하게 대하고 노인들과 접촉하지 않으려 한다. 과거에 우리는 어린아이를 더 사랑하고 어린아이에게 더 많은 관심을 쏟는 방법을 배웠다. 이제는 노인을 더 사랑하는 방법을 배워야 한다.

물론 노인을 보살피는 단체나 사회보장제도가 많다고 반발할 사람들도 있을 것이다. 내가 그런 단체들을 까맣게 잊고 그런 단체들의 열정을 폄하하고 있다고 생각할 사람도 있을 것이다. 전혀 그렇지 않다. 그러나 훈련받은 사회복지사의 방문이, 미소 짓는 부모가 어린아이에게 자연스레 일상적으로 보여주는 친절과 존중을 대신할 수는 없다. 훌륭한 사회복지기관이 나무랄 데 없이 역할을 해내지만, 시계視界가 불분명한데도 항공기가 계기의 인도를 받아 멋지게 착륙하는 경우와 다를 바가 없다.

효과적인 의료체제도 노인을 위해 상당한 역할을 할 수 있다. 사람의 목숨을 구하는 의학을 누가 과소평가할 수 있겠는가. 하지만 의학에는 의사와 환자 간의 직접적인 커뮤니케이션이 부족하고 엑스레이 필름과 실험실 검사 결과에 의존해서 중요한 결정이 내려진다. 서로 마주 보고 손을 맞잡은 채 주고받는 표정과 대화에는 개인적인 접촉과 인간적인 사랑이 있다. 환자가 사물이 아니라 인간이기 때문에, 환자에게 남모르는 감정을 표출할 기회를 주고, 그의 행복을 위해 우리가 무엇을 하고 있는지 조심스레 알려주어야 한다.

내 생각에 노인들은 이처럼 따뜻하고 건강을 북돋워주는 사랑을 누리지 못하는 듯하다. 다행히 나는 사랑을 가득 받고 있다. 내 가족에게는 물론이고 환자들과 동료들 및 친구들에게도 넘치도록 사랑을 받고 있다. 그들은 내 말을 주의 깊게 들어주고, 내가 쓴 글을 읽어준다. 게다가 내 의견을 말해주면 글로 써달라는 의뢰까지 받는다. 이처럼 사랑받고 격려받는 환경에서는 젊음을 유지하기가 무척 쉽다. 그러나 나처럼 특혜를 누리는 사람이 거의 없다는 사실도 잘 알고 있다. 내 관심사는 외톨이가 된 수많은 은퇴자이다. 우리가 흔히 말하는 것처럼 그들도 쾌적한 환경에서 살아야 한다고 말하는 사람은 많지만, 정작 그들에게 진심으로 관심을 갖는 사람은 없다는 건 널리 알려진 사실이다. 언젠가 양로원을 상대로 실시된 조사 결과에서, 가족이나 친구의 방문을 거의 받지 못하는 재원 자가 많다는 걸 보고 나는 큰 충격을 받았다.

현대 사회의 흐름을 결정하는 주역은 젊은 세대이다. 그렇다고 젊은이들에게 관심을 끊자는 뜻은 아니다. 나는 젊은이들을 향한 사회의 태도가 바람직한 방향으로 변해왔다고 주장했다. 사회가 젊은이들의 행동에 관심을 보이며 이해하려고 노력하는 것은 사실이다. 나는 노인을 향한 태도에서도 비슷한 변화가 있기를 진심으로 바란다. 노인들이 사랑받는다고 느낄 수 있도록 노인들에게 관심을 보여야 하겠지만, 사회 전체가 사랑으로 더욱더 성장할 수 있도록 사회 전체 차원에서 관심을 쏟아야 한다. 사랑은 베풀수록 더 커진다는 특별한 속성이 있다. 노인이 더 사랑받는다고 젊은이가 덜 사랑받는 건 아니다. 오히려 정반대이다.

젊은이와 노인의 예에 또 하나의 예가 더해져야 할 듯하다. 굳이 여기에서 길게 설명할 필요가 없을 정도로 널리 알려진 예인데, 여성의 지위 향상이란 문제이다. 여성운동은 여성의 투표권과 피선거권, 공부할 권리, 직업을 갖고 공직에 출마할 권리만을 요구한 것이 아니다. 여성도 인간으로서 인정받을 권리, 구체적으로 말하면 부부간의 대화와 사회의 대화에서 동등한 동반자로서 인정받을 권리를 요구했다. 교회에서도 과거에 여성은 남성을 섬기는 존재에 불과했다. 얼마 전 신도대표위원회의 의장으로 선출된 한 여성은 나에게 "여성은 옛날에 항상 무릎을 꿇고 있어야 했다"고 말하기도 했다.

젊은이와 노인

인류 역사를 통틀어 잠깐 동안 모계사회나 장로정치가 지배했던 시기를 제외하고는, 성인 남자만이 중요한 존재로 여겨졌다. 여성의 지위 향상은 비교적 최근에야 일어난 변화이다. 아동의 진정한 가치도 루소 이후에야 재발견되었다. 안타깝게도 노인의 가치는 여전히 제대로 인정받지 못하고 있는 실정이다. 하지만 노인을 새롭게 바라보려는 깨달음이 이미 곳곳에서 눈에 띈다. 내가 앞에서 말했듯이 노인을 위한 사회복지사업에서도 그런 변화가 눈에 띄지만, 노인을 바라보는 대중의 의식도 크게 변했다. 노인의 운명에 대한 의식도 긴 잠에서 깨어났다. 신문에서도 노인 문제를 다룬 기사들이 자주 등장하고, 친절한 친구들이 그런 기사들을 오려내서 나에게 보내준다. 그런 기사들에는 노인을 위한 현명한 조언이 담겨 있지만, 대중의 의식과 관심을 일깨우려는 노력도 엿보인다.

옛날에는 노인이 존중받았지만 요즘에는 무시당한다는 생각이 광범위하게 퍼져 있다. 이런 생각은 근거 없는 전설에 불과하다! 노인에 대한 경멸은 요즘에 시작된 게 아니다. 시몬 드 보부아르의 연구처럼 역사적 사실에 충실히 근거한 연구는 이런 착각을 지워버린다.[27] 보부아르는 옛날에 노인들이 지독히 학대받았다는 사실을 밝혀냈다. 그녀의 주장에 따르면, 노인 학대가 17세기와 18세기에 정점을 찍었고, 특히 농민들의 세계에서 노인 학대가 심했다. 따라서 노인에 대한 경멸은 산업문명과 인구의 도시 집중에 따른 부산물이 아니다. 편견에서 벗어나 정확한 사실에 근거해서 말해야 한다. 비교적 최근에야 우리는 노인의 운명에 관심을 갖기 시작했을 뿐이다.

우리 시대에 중대한 문제는 노인 인구의 증가이다. 프랑스 언론인, 메니 그레구아르의 표현을 빌리면, 노인 인구의 증가로 '일종의 인종 문제'가 대두되었다.[28] 소외된 사람이 일부에 불과하면 그들에게 몰인정할 수 있었다. 하지만 그들이 다수를 차지하게 되면 사회의 기반에 문제가 제기된다. 철학자 미셸 필리베르가 짚어낸 적절한 지적으로 이 문제의 해결 방향을 헤아려볼 수 있다. "노령화가 사회적으로나 경제적으로, 또 정치적으로도 중요한 이유는, 노인 인구가 증가하는 것 자체에 있지 않다. 오히려 노인 폄하를 우리 문화의 한 특징이 아니라 자연법칙으로 치부하는 사회에서 노인 인구가 증가한다는 데 있다."[29]

미셸 필리베르는 노인 문제의 중요성을 절실히 깨닫게 한다. 필리베르는 우리 문명을 심판대에 올린 재판에서 검사 측

증인이라 할 수 있다. 그는 얼마 전에 〈프랑스 노인학 잡지〉의 편집자로 부임하면서 이 잡지를 새롭게 탈바꿈시키고 있다.[30] 게다가 얼마 전에 발표한 책《연령의 단계》에서는, 인간과 인간의 지속적인 성장을 철학적 관점에서 다루며 노인 문제를 제기했다.[31] 그러니까 필리베르는 인간과 현 사회 및 문화에 대한 우리 생각에 한꺼번에 의문을 제기한 셈이다. 내가 앞에서 인용한 구절에서 그가 비판한 '우리 문화의 특징'은 "노인은 아무짝에도 쓸모가 없다"라는 부조리한 사고방식, 즉 내가 편견이라 칭했던 것이다. 필리베르는 프랑스 인구학자 알프레드 소비의 주장을 근거로 우리 상황의 부조리를 입증해냈다.[32] 요컨대 노인 인구는 증가하지만, 노인들은 과거보다 훨씬 건강하고 정신도 초롱초롱하다. 그런데도 우리는 노인의 능력을 적절하게 활용하지 않고 노인을 무력한 상태로 몰아넣는다. 게다가 은퇴 연령까지 낮아져서, 활동하는 인구와 활동하지 않는 인구 간의 불균형이 점점 심화된다. 이처럼 노인은 무력하고 고독한 존재로 밀려날 뿐 아니라 소외와 경멸로 인해 의기소침해진다. 인습에 젖어 노인을 익명의 존재로 전락시키는 이런 사회가 우리 문화의 특징이다. 다시 말하면, 우리 사회는 개인적인 관계가 사라지고 집단의 관계만이 남은 사회이다.

어쩌면 이런 현상을 가장 잘 이해하는 세대는 요즘의 젊은이들일 것이다. 그들은 자신들도 비판받고 있다는 걸 알지만, 손윗세대를 비판하기 때문이다. 젊은이들의 근본적인 불만이 무엇일까? 아직 명확히 밝혀지지는 않았지만, 그들은 손윗세대가 기술적으로는 발전을 해왔지만 인간다운 실질적인 접촉과 유연함이 부족한 문명을 자신들에게 강요한다고 비난하는 듯하다. 젊은 세대를 잘 아는 한 친구가 어제 나에게 "그들은 요즘 현대 세계에 사랑이 결핍돼 있다고 생각한다"고 말해주었다.

젊은이들이 이 책의 제목에 그다지 끌리지는 않겠지만, 어떤 이유로든 이 책을 읽게 된다면, 나는 이런 말을 꼭 해주고 싶다. 노인을 찾아가 대화를 나누고, 노인의 말에 귀를 기울여보라고. 또 노인이 시대에 뒤떨어진 존재라는 편견, 노인은 젊은 세대와 말이 통하지 않는다는 편견을 버리라고도 말해주고 싶다. 마음의 문을 열고 노인과 대화를 나누면 놀라지 않을 수 없을 것이다. 노인의 가치를 새롭게 발견할 것이다. 손윗세대, 즉 지금 우리 사회를 지배하는 세대와 너희 사이에는 갈등이 있을 것이다. 지금 사회가 '그들의 작품'이기 때문에 손윗세대는 현 사회를 적극적으로 변호할 테니까. 하지만 노인은 그런 갈등을 초월한다. 너희처럼 노인도 사랑의 결핍을 절실하게 느끼며 불만스레 생각한다. 또한 젊은 세대인 너희와 마찬가지로 노인도 사랑의 결핍에 따른 피해자이다.

1968년 5월, 소르본에서 시위가 일어난 다음, 나는 파리에서 왔다는 노부인의 방문을 받았다. 그녀는 엄격하게 격식을 따지는 전통적인 가문 출신으로 '늙은 프랑스'의 분위기가 물씬 풍겼다. 그러니 누구라도 그녀가 파리를 완전히 뒤집어놓은 반항적인 대학생들을 신랄하게 비난했을 것이라 생각하겠지만, 전혀 그렇지 않았다. 오히려 그녀는 적극적으로 학생들을 편들었다. 심지어 학생 지도자들이 들었다면 반갑게 웃었을 만한 말까지 내 귀에 대고 나지막이 속삭였다. "내 생각에는 성령의 역사예요!" 노부인은 그런 얘기를 손녀에게 했더니 손녀가 "우와, 우리 할머니는 정말 젊어요!"라고 감탄하더라는 말까지 나에게 전해주었다.

그렇다, 노인을 직접 만나 진정한 대화를 나눌 때 너희가 놀라는 것도 무리는 아니다. 너희가 비판하는 사회를 자신과 동일시하는 손윗세대는 그렇다손 치더라도, 너희와 노인 사이에는 미스터리한 연대감이 형성되어 있다는 걸 어렵지 않게 확인할 수 있을 것이다. 노인은 적절한 간격을 두고, 너희가 제기하는 의문들을 장년층보다 폭넓게 이해할 수 있다. 또한 분주한 삶에 매몰되어 지내는 너희 부모보다 노인이 자신도 젊었을 때 똑같은 의문을 품었다는 사실을 더 잘 기억해낼 수 있을 것이다.

중장년층은 자신에게 주어진 의무를 다하고 생계를 위한 돈벌이에 바쁘기 때문에 사랑할 시간이 거의 없는 게 사실이다. 게다가 그들은 너희를 위해 그렇게 힘들게 일한다고 생각하기 때문에, 너희가 그들의 돈을 거부하며 너희에게 사랑과 시간을 더 많이 할애해주면 좋았겠다고 말하면 놀라기 마련이다. 너희가 어렸을 때는 그들에게도 너희를 흠뻑 사랑해줄 시간이 있었다. 그들이 사회생활을 막 시작한 때이기도 했지만 너희가 예쁜 데다 고분고분해서 사랑하기도 쉬웠기 때문이다. 하지만 이제 너희도 어느새 청년이 되어, 그들이 바라는 방향으로 행동하지 않는다. 따라서 너희에 대한 책임감이 그들을 더욱더 무겁게 짓누르기 때문에 너희를 사랑하기가 더욱 어렵다고 생각한다. 반면에 조부모는 너희를 양육하는 책임에서 벗어나 있는 사람이다.

조부모와 손주

물론 내 말이 모든 조부모에게 해당되는 것은 아니다. 여전히 교육 전문가처럼 행동하며 손주의 옷차림과 행실을 끊임없이 나무라는 조부모도 적지 않다. 그러나 그런 노인도 실제로는 심리적 질병에 시달리고 있다. 자신이 늙어가고 있다는 걸 인정하지 않고, 이제는 전능한 위치에 있지 않다는 걸 받아들이지 않는다는 뜻이기 때문에, 그들의 심리적 질병을 치료하기는 무척 어렵다. 그들은 젊은 세대를 비난하는 데 그치지 않고 모두를 비난한다. 풍습의 변화와 사회구조 전체를 싸잡아 비난한다. 조부모가 손주의 양육이 잘못되었다고 나무란다면, 결국 부모가 아이들을 잘못 키웠다며 비난하는 셈이다.

조부모와 손주 간의 조화로운 유대 관계는 둘 모두에게 비할 데가 없는 보물이다. 은퇴한 사람에게 손주에게 관심을 두는 것만큼 유익한 활동은 거의 없다. 손주와 함께 산책하며 그들에게 자연과 삶에 대해 가르쳐준다고 생각해보라. 또 손주와 함께 연이나 모형 비행기를 만들어 날려보고, 함께 우표를 수집한다고 생각해보라. 자신의 말을 귀담아들어주며 이해하려고 애쓰는 할아버지나 할머니에게 따뜻하게 환영받는다면 손주에게도 더할 나위 없이 좋은 기회가 되지 않겠는가.

이런 관계의 유효성을 뒷받침해주는 증거는 많다. 언젠가 나는 은퇴한 의대 교수에게 은퇴 이후의 삶에 대해 물었다.[33] 그는 오직 경험자만이 줄 수 있는 완벽하게 잘 정리된 현실적인 대답을 했다. 물론 그도 갑자기 일을 그만두면서 겪게 된 어려움, 친구들의 죽음과 약화된 건강으로 인한 문제에 대해 털어놓았다. 그러나 그는 즐거운 면에 대해서도 언급한다. 특히 "손자가 성장하는 모습을 지켜보는 것은 대단한 경험이다. 손자는 특별한 선물이며 일거리이다"라며 대부분의 즐거움을 가족으로부터 얻는다고 말했다. 벨기에 신학자, 자크 르클레르크 신부도 이런 점을 강조하며 "어린아이에게 노인이 필요한 만큼 노인에게도 어린아이가 필요하다"라고 말했다.[34] 리옹에서 열린 학회에서 폴 미례예 박사도 "설문지의 모든 질문이 노령자의 삶에서 손주의 중요성을 여실히 보여주고 있다"라고 말했다.[35] 같은 학회에서 앙드레 베르주 박사는 조부모의 심리적 역할에 대해 강연하며, 간혹 어린아이가 '독자'처럼 대해져야 할 때가 있는데, 조부모가 옆에 있으면 그런 기회가 쉽게 주어질 수 있다고 강조했다.[36] 더 나아가, 베르주 박사는 손주의 부모가 어렸을 때 이미 그들의 역할을 했다는 게 조부모의 큰 이점이라며, 이런 이유에서 "조부모는 손주가 부모를 한층 가까운 사람으로 받아들이도록 부모에 대해 이야기함으로써 부모를 본받기 더 쉬운 본보기로 만들 수 있다"고 덧붙였다.

내가 의사로 일하면서 들었던 삶에 대한 이야기와 어린 시절의 기억 중에는 이 문제에 관련된 가슴 뭉클한 이야기가 많다. 특히 내 아내는 할머니에 대한 기억을 지금까지도 보물처럼 마음에 간직하고 있다. 할머니를 닮는 것, 할머니가 할아버지에게 했던 모습대로 나에게 하는 것이 아내에게는 평생의 바람이었다. 아내는 자연을 사랑했다. 아내는 학교보다 공원을 더 좋아했다. 부모는 아내보다 상상력은 부족했지만 학업 성적이 뛰어난 아내의 누이를 더 자랑스럽게 생각했다. 따라서 할머니는 아내를 정원사에게 데리고 다녔고, 지금도 정원 가꾸기는 아내에게 가장 큰 즐거움을 주는 소일거리이다.

아내 옆에는 자신을 이해해주는 사람이 있었다. 할머니가 아내의 마음을 이해해주었다. 훗날 우리가 결혼을 약속하고 아내가 나를 어머니에게 소개했을 때, 어머니는 다소곳한 목소리로 "자네가 내 딸을 이해해주기를 바라네. 나는 그렇게 못했거든" 하고 말씀하셨다. 장모가 나이가 들고, 그녀의 세계관을 오랫동안 옭아매던 사회적 규범과 의무라는 엄격한 틀에서 벗어난 후에야 그렇게 깨달았던 것만도 다행이었다. 조부모가 부모보다 손주를 더 잘 이해하고, 손주가 성장하는 데 필요한 '수용'의 태도, 즉 행실의 잘잘못을 떠나 인간으로서 개인의 가치를 긍정적으로 인식하는 모습을 보여줄 수 있다는 건 사실이다.

이제 가부장 시대는 지나갔다. 풍습이 변했고, 집의 규모도 작아졌다. 따라서 조부모가 성장 과정에 있는 아이들과 함께 사는 경우가 극히 드물다. 여행은 이런 접촉을 되살리는 소중한 기회가 될 수 있다. 1969년 여름, 우리는 오슬로에서 열린 그리스도교 의료인 국제회의에 장손자 지유를 데리고 갔다. 지유에게도 그 여행이 보람이었겠지만, 우리 부부는 훨씬 더 큰 보람을 얻었다. 지유는 그 여행을 통해 세상을 보는 눈을 한층 더 넓혔다. 많은 나라에서 참석한 의사 부부와 그들의 자식을 만났고, 그들 모두가 지유를 따뜻하게 반겨주었다. 우리 부부는 성장 단계에 있는 지유를 옆에서 지켜보며 그 순간을 함께할 수 있어 좋았다. 그때 생전 처음으로 지유는 내가 강연하는 모습, 내 삶에서 그가 전혀 알지 못하는 사건들에 대해 얘기하는 모습을 지켜보았다.[37]

얼마 전, 우리 부부는 노인 문제를 다루는 토론회에 참석하려고 프랑스 생테티엔에 갔었다. 최근에 미국을 다녀온 필리베르 교수의 주장에 따르면, 지금 미국에는 베이비시터가 필요한 부모들에게 신청을 받는 은퇴자 조직들이 있다고 한다. 기막힌 아이디어가 아닐 수 없다. 그런 조직이 미국에서 크게 발전해서 유럽에도 전해지면 좋겠다. 어린아이들을 홀로 남겨두지 않고 어른들이 확실하게 돌볼 수 있어 보육 문제의 해결책이기도 하지만, 현대 가정에서 조부모의 부재로 인한 문제를 해결하는 동시에 아이들의 성장에 반드시 필요한 노인과의 접촉을 아이들에게 되돌려주는 기회도 될 것이기 때문이다. 노인과의 접촉은 무척 자연스러운 것이며, 아이들이 부모와 교사 및 다른 청소년들과 맺는 접촉과는 완전히 다른 차원이다.

이런 접촉은 은퇴자에게 훨씬 더 중요하다. 어린아이들과의 접촉은 다른 어떤 활동보다 덜 인위적이다. 은퇴자에게 허용되지 않던 자연스러운 역할의 회복이고, 현재와 같은 사회 조직이 은퇴자에게 강요한 점진적인 소외에서 벗어나 사회 재통합을 이룰 수 있는 한 방편이기도 하다. 그렇다! 다양한 연령층은 서로서로 필요하다. 연령층 간의 접촉이 활기차게 유지되지 않으면 모든 연령층의 성장이 저해된다. 노인에게는 어린아이만큼이나 청소년도 필요하다. 노인에게는 둘 모두의 사랑이 필요하다.

노인들이 높이 세운 불신의 벽을 허물어뜨리는 데는 성인보다 십대가 때로는 더 낫다. 어제 나는 제네바 오비브 교구의 여전도회가 주관한 토론회에서 노인 문제에 대해 짤막하게 강연했다. 그 후에 몹스 목사가 설교했다. 목사의 설교에 따르면, 오비브 교구에는 '고독'이란 단어가 완벽하게 들어맞는 외로운 노인 한 분이 있었다. 그는 비사교적이어서 어떤 방문객에게도 문을 열어주지 않았다. 이웃은 물론이고 목사조차 자기 집에 발을 들여놓지 못하게 했다. 그는 사방에 높은 벽을 쌓고 자기만의 세계에 갇혀 살아가는 진정한 은둔자였다. 다행스럽게 요즘 하루하루 늘어나는 동호인 단체에도 이런 사람은 결코 발을 들여놓지 않는다.

크리스마스가 되면 교구에서는 혼자 사는 사람들에게 작은 선물을 나누어준다. 하지만 그 은둔자에게는 문전박대를 받을 게 분명한데 누가 그 역할을 떠맡으려 하겠는가? 그래서 목사는 세 명의 십대 소녀를 보내야겠다는 기발한 생각을 해냈다. 목사의 예상대로 은둔자 노인은 깜짝 놀라며 "이럴 수가! 이처럼 예쁜 아가씨들의 방문을 받을 일을 내가 했던가? 어서 들어와요, 아가씨들!"이라고 소리쳤다. 은둔자는 선물을 받고 고마워했고, 곧이어 은둔자와 십대 소녀들의 대화가 시작되었다. 그가 나폴레옹 3세를 직접 보았다는 말에 소녀들은 입을 다물지 못했다. 또 그는 어떤 역사책에도 쓰이지 않은 자신만의 얘기를 소녀들에게 해주었다. 그 은둔자는 세상을 떠날 때 교구민에게 멋진 영사막을 유산으로 남겨주었고, 목사는 그의 장례식을 집례할 때 선지자 이사야가 남긴 글에서 "광야와 메마른 땅이 그들로 인하여 기뻐하리라"(사 35:1)라는 아름다운 구절을 선택했다.

이런 이유에서 나는 젊은이들에게 이렇게 말하고 싶다. 노인들에게 다가가라! 너희는 지금 노인들에 대해 너무 모른다. 그들을 찾아가 어떤 사람인지 알아보라. 그렇게 할 때, 개인적인 접촉의 의미가 무엇인지 너희 부모보다 더 많이 알게 될 것이다. 관습에 불과한 인간관계라면 과감히 거부하라. "안녕하세요, 할아버지. 류머티즘은 좀 괜찮아지셨나요?"라는 식의 공허한 인삿말에 그치지 마라. 그런 식의 질문에는 노인도 "응, 그저 그래"라며 건성으로 대답할 것이다. 대부분의 사람에게 이런 대화는 아무것도 말하지 않은 것으로 해석되고, 누구도 만족할 수 없는 말장난에 불과한 것이라 여겨진다.

그런데 나는 정신과의사 에릭 번의 책에서, 이런 기계적인 대화가 일반적인 생각보다 중요한 역할을 한다는 걸 깨달았다.[38] 번은 이런 대화를 일종의 '포옹', 다시 말하면 사람들이 충분히 실행하고 있지는 않지만 살아가는 데 필요하고 불편 없이 교환할 수 있는 포옹으로 해석했다. 이런 대화는 완전하지는 않지만 서로 상대를 사회적 동반자로 인정한다는 뜻이고, 이 대화에서도 사회적 상호작용이 그런대로 존재하기 때문이다. 하지만 이런 대화로는 충분하지 않다. 만약 너희가 조금이라도 덜 냉랭하고 덜 메마른 세상, 사랑이 충만한 세상을 요구한다면, 나는 전적으로 너희 편이다. 연령과 환경을 초월해서 모든 사람이 진심으로 서로 만나는 세상, 꼭두각시처럼 인습적인 역할을 해내지 않고 개인적인 관계를 구축하며 진정한 대화를 나누는 세상을 만들어가야 한다.

이런 세상을 원한다면, 젊은 너희가 먼저 노인에게 다가가야 한다. 하지만 세상 사람들처럼 무심한 말투로 말해서는 안 된다. 밝게 꾸미더라도 진심이 담기지 않은 말투는 금세 들통난다. 친구에게 말하듯이, 너희가 정말로 관심 있는 것에 대해 흉금을 터놓고 말해보라. 그럼 처음에는 놀란 듯한 침묵에 부딪칠 것이다. 노인이 그런 말투에 익숙하지 않기 때문이다. 요즘의 노인들은 사회 활동을 하던 때에도 그런 관습을 배우지 못한 세대이다. 노인들은 틀에 박힌 삶을 살았고, 부르주아의 신중함에 철저하게 길들여진 사람들이다. 게다가 나이를 먹은 까닭에 점점 외톨이가 되어간다. 그들이 자기들끼리 어떻게 말하는지 들어보라. 그들의 말에는 인간적인 냄새가 풍기지 않는다. 녹음기를 틀어놓은 것처럼 똑같은 관용구를 반복해서 사용한다.

하지만 그런 무덤덤한 겉모습 뒤에도 영혼이 있다. 분명히 살아 있는 까닭에 고통과 즐거움을 느끼는 영혼이고, 생각하고 느낄 줄 아는 영혼이다. 오랜 삶의 과정에서 성공과 실패, 즐거움과 실망을 무수히 경험하며 형성된 영혼이다. 인위적으로 만들어낼 수 없는 영혼이고, 기계로 찍어낼 수도 없으며, 그 무엇으로도 대체될 수 없는 영혼이다. 한 사람의 삶에서 축적된 경험 자체이기 때문에 세상에서 유일무이한 영혼이다. 노인은 누구도 자신에게 관심을 두지 않는다고 생각하기 때문에, 그들이 삶에 대해 말할 수 있는 교훈에 누구도 관심을 가지지 않을 것이라 생각하기 때문에, 또 그들이 사랑받는다고 생각하지 않기 때문에 그 유일무이한 영혼을 감추고 드러내지 않는다.

그러나 너희가 인내하며 진심으로 노인에게 다가가서 삶에 대한 너희의 내밀한 생각을 털어놓으며 대화를 나눈다면 기적을 일으킬 수 있다. 그렇게 한다면, 삶의 황금기를 맞은 사람보다 노인이 그런 대화를 하기에 더 적합한 사람이란 걸 깨닫게 될 것이다. 삶의 황금기에 있는 장년층은 사회적 시스템에 노인보다 더 얽매인 사람이다. 사회적 시스템은 "삶에 의미를 주는 것은 일"이라는 전통적인 구호를 우리에게 주입하고 있지 않은가. 노인은 너희에게 그렇게 말하지 않을 것이다. 노인은 더 넓은 관점에서 세상을 관찰하며, 젊은 너희가 뜨거운 마음으로 요구하는 가치의 변화를 이루어낼 수 있기 때문이다.

또 하나, 노인의 말을 귀담아들어라. 노인의 말을 주의 깊게 사랑하는 마음으로 들어보아라. 노인이 자신의 삶을 돌이킬 때마다 어리석게 한탄을 일삼는다고 알려져 있지만 실제로는 그렇지 않다. 나이가 들면, 멋진 이론이란 신기루는 흩어지며 희미해지고, 실제로 경험한 것만이 뚜렷하게 남는다. 그럴듯하게 꾸며진 이론을 더는 원하지 않는다고, 너희가 찾는 것은 진심에서 우러나는 삶의 이야기라고 말하지 않았던가? 그렇다면, 삶을 온전하게 살아온 사람들의 입을 통해 삶이 무엇인지 배우고 싶다면, 노인의 말에 귀를 기울여라.

너희가 노인에게 그분의 개인적인 삶에 진정으로 관심이 있다는 걸 보여준다면, 노인에게서 놀라운 변화가 일어나는 걸 눈앞에서 확인할 수 있을 것이다. 흐릿하게 보이던 두 눈이 반짝거리고, 뜻밖의 감동에 얼굴빛이 밝아진다. 쓰레기더미에 내던져졌다고 생각하던 좌절감을 딛고 일어서서, 활력을 되찾고 독립된 인격적 실체, 즉 그리스도교 개념에서의 페르소나로 되돌아간다. 어린아이가 그렇듯이, 노인도 인격적 실체가 되기 위해서 주변 사람들이 말을 걸고 경청하는 모습을 보여줘야 한다. 그래야 노인은 자신의 존재를 의식하며 더 성장할 수 있다. 이처럼 노인에게 다가가 진정한 대화를 나눌 때 너희는 사회적 지원이 해낼 수 없는 역할을 해내며, 노인을 다시 독립된 인격적 실체로 되돌려놓을 수 있을 것이다.

노인이 과거에 너희를 위해 노력했던 만큼, 이제 청춘을 맞이한 너희가 노인에게 보답해야 할 차례이다. 어떤 의미에서 너희는 가장 최근에야 그 위치에 올라선 사람이다. 달리 말하면, 최근에야 너희는 독립된 인격적 실체로 인정받을 권리를 얻었다. 앞에서도 말했듯이, 어린아이에 대한 여론은 루소 이후에야 변하기 시작했다. 하지만 지난 반세기 동안 놀라울 정도의 변화가 일어났다. 덕분에 너희는 사회에서 명예로운 한자리를 인정받았다. 이제 너희는 현대 세계의 왕자들이다!

그렇다고 우리가 너희 또래였을 때 풋내기라고 경멸받았다는 뜻은 아니다. 하지만 우리는 전혀 중요한 존재가 아니었다. 하나의 연령 집단으로 여겨지지도 않았다. 어린아이도 아니고 어른도 아닌 어중간한 위치였다. 어린아이로 취급받을 만큼 어리지는 않았지만, 어른과 똑같이 대우받을 만큼 나이가 있는 것도 아니었다. 우리는 중요한 인터뷰를 위해 대기실에서 초조하게 기다리는 사람과 비슷한 존재였다. 우리는 삶을 준비하고 있는 단계에 서 있을 뿐이었다. 달리 말하면, 우리는 완전한 인격체로 존중받지 못했다.

그러나 너희는 독립된 연령 집단으로 인정받고 있다. 너희를 위한 혁명은 성공했다. 그런 혁명이 이제 노인에게서도 일어나야 한다. 나는 지금까지 발표한 모든 책에서, '실제 인간'

의 문명이란 개념을 줄곧 주장해왔다. 인간이 과거에는 사물로 취급받았지만 이제는 실제 인간, 즉 독립된 인격적 실체로 인정받아야 한다는 주장이었다. 약자와 환자, 신체장애인과 노동자, 어린이와 청소년만이 아니라 이제는 노인도 고려해야 한다. 인격의학을 논의하는 국제회의에서, 우리는 똑같은 문제, 즉 의사와 환자 간의 개인적인 관계를 구축하는 방법에 대해 끊임없이 논의했다. 하지만 이 문제는 인간을 위한 문명을 다루는 한 가지 사례에 불과하다. 이제는 관습에 의한 관계가 아니라, 모든 인류를 하나로 묶는 관계를 지향해야 한다. 흑인과 황인과 백인, 남자와 여자, 교사와 학생, 젊은이와 노인, 육체노동자와 정신노동자를 하나로 묶는 관계여야 한다.

너희 젊은이는 부모에게 돈을 얻어 쓴다. 돈이 없는 사람은 누구도 이 세상에서 대우받지 못한다. 그런데 너희는 돈이란 철옹성에 구멍을 뚫었다. 너희 부모는 돈을 수단으로 삼아 너희에게 어린아이처럼 순종을 강요했다. "돈을 어떻게 쓸 것인지 결정할 권리는 그 돈을 내는 사람에게 있다"라는 원칙을 앞세워 너희 부모는 너희가 돈을 직접 벌기 전에는 각자의 성향에 따라 결혼하는 것조차 막을 수 있었다. 따라서 독립하려면 돈을 벌어야 한다. 이 원칙은 최근까지 우리 사회를 지배했다. 이 원칙을 근거로, 생산 활동에 참여해서 돈을 벌 수 있는 어른에게 결정권이 주어졌다. 그 밖의 사람들, 즉 젊은이와 노인은 순종할 수밖에 없었다. 너희는 부모가 주는 돈을 아무런 생각도 없이 함부로 써대며 자유를 즐긴다. 너희 행실에 대한 부모의 반응을 생각하면, 부모 세대가 요즘의 변화를 받아들이기 어렵다는 걸 누구라도 인정할 것이다.

따라서 돈만이 문제는 아니다. 너희는 독립된 인격적 실체라는 자격을 이미 인정받았다. 또 너희에게 내려진 명령에 무작정 복종하기 전에, 그런 명령을 내린 사람에게 설명을 요구할 권리도 얻었다. 한마디로 너희만의 위치를 확보했다. 그러나 내가 보기에 너희는 세상과 동떨어진 존재인 듯하다. 너희는 너희끼리만 어울리고 너희만의 세상에서 살아간다. 너희는 사회 속에 또 다른 사회를 형성해서 이질적인 존재처럼 보인다. 너희가 점령한 술집에 어른은 감히 발을 들여놓기 힘든 지경이다. 하물며 노인은 어떻겠는가? 새롭게 확보한 자율권을 지키겠다는 명목으로 너희는 부모로부터 멀어졌지만, 너희만의 세상에 갇힌 신세가 되었다. 너희는 독립된 인격적 실체라는 지위를 얻었지만, 여전히 우리 사회를 연령 집단으로 구분하며 서로 이방인처럼 지내게 하는 사회적 차별은 아직 끝나지 않았다.

독립된 인격적 실체, 즉 실제 인간이란 개념에는 동전의 양면처럼 상호의존적인 양면이 있다. 첫째로는 존중받아 마땅한 개인적인 인격의 독창성을 인정하는 것이고, 둘째로는 인간이 인간답게 존재하기 위해서는 소외되어서는 안 되고 타인과 세계 및 하나님과 관계를 맺어야 한다는 확신이다. 너희는 진정한 삶을 원한다. 작은 부분만을 아는 데 만족한다면, 또래의 젊은 친구하고만 관계를 맺는다면 결코 진정한 삶을 만날 수 없을 것이다. 비유해서 말하면, 방 하나만 둘러보고 다른 방들에는 들어가보지도 않은 채 어떤 집을 다 살펴보았다고 주장하는 사람과 다를 바가 없다. 나는 너희가 더 많은 호기심을 갖기를 진심으로 바란다. 삶을 폭넓게 또 깊이 다양한 관점에서 접근하지 않는다면 어떻게 삶의 의미를 깨달을 수 있겠는가? 프랑스 시인이자 소설가인 폴 모랑은 아카데미 프랑세즈 회원이 되었을 때 입회 연설에서 이렇게 말했다. "청소년들을 소중히 아끼고 싶었습니다. 하지만 그들 앞에 서면 약해지는 기분입니다. 그들이 거부하는 사랑을 어떻게 표현해야 할지 모르겠습니다. … 그들은 젊음의 미래가 어떤 것이냐고 우리에게 묻습니다. 젊음의 미래가 노년이라고 어떻게 그들에게 말할 수 있을까요?"[39]

삶은 움직이고 변화하며 발전하는 것이지 정체된 것이 아니다. 삶은 끊임없이 변하는 것으로만 이해되고, 전체적인 연속체로서 파악되어야 한다. 삶을 올바로 이해하려면 역사의식이 필요하다. 지금 너희가 존재하는 이 순간에만 집착하면, 너희가 어디에서 시작했고 어디로 가는지 결코 모를 것이다. 모든 연령 집단과 관계를 맺지 않는다면, 특히 삶을 마무리 짓는 순간을 향해 다가가는 연령 집단을 멀리한다면, 살아 있는 생명체로서 너희의 한 부분을 놓치는 셈이다. 젊은 너희가 노인을

경멸한다면, 너희가 늙었을 때 역시 경멸받겠다고 각오하는
셈이다.

모두와 진정으로 접촉하라

부처는 너희 나이였을 때, 아버지가 그에게 극구 감추고자 애
썼던 인간의 고통을 깨달았다. 시몬 드 보부아르는 최근에 발
표한 책을 다음과 같은 일화로 시작한다. 보부아르가 쓴 책의
패기가 너희 마음에도 들 것이다. 보부아르는 아직도 우리 사
회에서 노년을 도외시하며 노년을 직시하는 걸 방해하는 '침
묵의 음모'를 깨뜨리고 싶어 이 책을 썼다고 말한다.

"부처가 아직 싯다르타 왕자였을 때이다. 부왕에 의해 화려
한 궁궐 안에 갇혀 살던 그는 몇 번이고 궁궐에서 빠져나와 마
차를 타고 주변을 돌아다니곤 했다. 처음으로 궁궐을 빠져나
갔을 때 그는 어떤 남자와 마주치게 되었다. 병들고 이가 몽땅
빠지고 주름살투성이에 백발이 성성하며, 꼬부라진 허리로 지
팡이에 몸을 지탱하고 서 있던 그 사람은 떨리는 손을 내밀며
도무지 알아들을 수 없는 말을 웅얼거렸다. 싯다르타 왕자가
깜짝 놀라자, 마부는 노인이란 워낙에 그런 거라고 왕자에게
설명해주었다. 그러자 싯다르타 왕자가 소리쳤다. '정말 안타
깝도다. 약하고 무지한 인간들이 젊음이란 자만심에 취하여

늙음을 보지 못하는구나. 어서 집으로 돌아가자. 놀이며 즐거움이 다 무슨 소용이란 말인가. 지금 내 안에 이미 미래의 노인이 살고 있도다.'"[40]

너희는 혁명을 꿈꾼다. 젊은 싯다르타가 사람 사이의 모든 차별을 없애겠다며 시작한 혁명은 아직 끝나지 않았다. 나는 너희가 한층 인간적인 사회를 건설하는 위대한 과업에 젊음이란 열정을 다 쏟아 참여하기를 바란다. 내가 노인에 대한 책을 쓰면서 젊은이들에게 이런 말을 한다는 게 모순되게 보일지도 모르겠다. 하지만 나는 젊은 너희가 장년층보다 훨씬 잘 내 말을 이해할 수 있으리라 믿는다. 간디의 노력을 생각해보라. 간디는 빼어난 용기를 발휘해서, 인도를 외세의 지배로부터 해방시키려고 노력했을 뿐 아니라, 신분제도라는 엄격한 장벽이 지배하던 인도의 낡은 편견을 뒤엎으려고도 노력했다. 그 대가로 간디는 목숨까지 잃어야 했다.

약 40년 전, 우리 부부는 어떤 종교 모임 때문에 영국을 방문한 적이 있다. 스위스의 민주적인 전통에 따라, 우리는 대학에서 마련해준 방에 들어온 종업원들과 허물없이 대화를 나누었다. 아뿔싸! 우리는 그 일로 영국인 친구에게 호된 질책을 받았다. 그 친구는 "여기에서는 그렇게 하면 안 돼!"라고 차갑게 말했다. 빅토리아 시대의 잔재이자, 영국이 그 이후로 호되게 대가를 치러야 했던 제국주의의 유물이었다.

먼 옛날 이솝의 시대에 주인과 노예의 관계는 요즘 명령을

147

내리는 사람과 복종하는 사람의 관계보다 훨씬 더 친밀했다. 에이브러햄 링컨 이후로 노예제도가 폐지되었다. 프랑스대혁명과 러시아혁명 이후로는 평등권의 요구가 세계 전역에서 있었지만, 일부 지역에서만 현실화되었다. 우리 시대는 더 원대한 주장을 내세워야 한다. 피부색과 삶의 환경, 문화와 연령을 초월해서 모두가 진정한 관계를 맺어야 한다고!

과거에는 연령대가 다른 사람들의 접촉이 가능했다. 모두가 느긋하게 걸어 다니며 서로 인사를 나누고는 잠시 멈추어 서서 가벼운 얘기를 나누었기 때문이다. 노인은 길에서 만난 아이가 누구인지 알았고, 그 아이에게 부모에 대해 얘기해주곤 했다. 그 아이의 부모가 어렸을 때 어땠는지 잘 알았으니까. 이처럼 노인이 기억을 되살려 이런저런 얘기를 해주면, 아이는 과거와 현재를 실감나게 연결할 수 있었다. 하지만 요즘에는 교통이 발달해서, 노인과 젊은이가 길에서 얼굴을 마주치는 게 거의 불가능하다. 우리는 북적대는 버스나 지하철에 겨우 들어가 짐짝처럼 침묵의 대중이 된다. 몸은 부대끼지만 영혼은 없는 존재인 셈이다. 노인은 그런 교통수단에 끼어들 엄두를 못 내고, 어린아이는 숨이 막혀 죽을 지경이다.

과거에는 장인匠人의 일도 인간적 접촉에 적잖은 역할을 했다. 앞에서 말했듯이, 나는 트루아넥스의 대장간에서 몇 시간이고 보내곤 했다. 그러나 현대 공장은 생각에 잠겨 빈둥거리는 사람을 받아들일 여지가 없다. 그래도 시골에서는 땀 흘려 일하는 장인 주변에 온갖 연령대의 구경꾼들이 모여 있는 걸 요즘에도 볼 수 있다. 노인들은 그 장인과 하나가 되어 자기 생각을 제시하며 끝없이 입씨름을 벌인다. 이런 대화를 통해 노인들은 아직도 삶의 일원이라고 생각한다. 한편 아이들은 학교에서 가르치지 않는 것을 거기에서 배운다. 그리스 비극의 합창단처럼, 구경꾼들의 역할은 배우의 역할 못지않게 중요하다.

과거에는 조부모가 결혼한 아들이나 딸의 집에서 함께 살았기 때문에 세대 간의 접촉도 가족 내에서 자연스레 이루어질 수 있었다. 나의 아버지가 지은 시 한 편이 제네바에서 한때 무척 유명했다.[41] 그 시대의 관습에 따라, 크리스마스가 다가오면 아이들은 그 시를 암송했다. 〈할아버지의 자리〉라는 시였다.

지금도 기억나네, 할아버지께서 낡은 안락의자를 놓고
앉아 있곤 하시던 벽난로 옆의 그 자리.
할아버지는 벽난로 망에 두 발을 올려놓은 채로 낮에는 책을 읽고
저녁에도 여전히 그 자리에 앉아서 꾸벅꾸벅 졸았지.
할아버지가 지금도 그 자리에 계신 것만 같아⋯
할아버지는 누구에게나 마음을 열었지.
누구든 할아버지 이마에선 평온함을, 눈빛에선 친절함을 읽을 수 있었지.
할아버지의 입술에 미소가 떠오르면
하늘을 환히 밝히는 한 줄기 빛처럼 보였지.

아아, 할아버진 내게 얼마나 잘해주셨던가!

또 다른 책에서 아버지는 자신의 할머니와, 할머니가 해주던 이야기들—전설과 동화, 그리고 삶의 위대한 진리인 까닭에 대를 이어 전해진 성경 이야기와 그 의미까지—을 회상했다.[42]

물론 가부장적 가족의 시대로 되돌아가는 건 가능하지도 않고 바람직하지도 않다. 풍습의 변화 과정을 되돌릴 수는 없다. 과거가 아니라 미래를 지향해, 우리에게 필요한 해결책을 찾아야 한다. 어떤 식으로든 노인을 우리 사회에 재통합하고, 우리 사회에서 노인의 역할을 인정하는 게 우리에게 주어진 의무이다. 은퇴 연령이 낮아지고 있는 지금, 이런 의무는 무엇보다 중요하다. 게다가 노인의 건강 상태가 과거보다 양호한 편이기 때문에, 노동의 세계를 떠나고도 20-30년이 지난 후에야 벽난로 앞의 안락의자에 앉아 무력하게 시간을 보낼 정도가 되었고, 이런 경우도 점점 줄어들 게 분명하다.

안타깝게도 우리 사회에서 노인은 아무런 역할도 하지 못하고 있다. 이런 연유로 노인들은 버려졌다는 끔찍한 생각에 사로잡혀 지낸다. 그러나 이런 현상은 젊은 세대에게도 바람직하지 않다. 그들의 성장에 반드시 필요한 긍정적인 영향을 미칠 세대가 없기 때문이다. 이처럼 한 세대가 비워진 현상은 사회 전체에도 좋을 게 없다. 노인이 균형을 잡아주지 못하는 사회는 젊음의 광풍에 휘말릴 수밖에 없다. 모두가 긴박하고 바쁘게 살아가고, 누구도 문제를 종합적으로 생각할 여유를 갖지 못한다. 하지만 그렇게 바쁘게 살아가던 사람이라도 갑자기 할 일이 없어지는 날은 언젠가 오게 마련이다. 그런 까닭에 우리 세계는, 노인에게 적절한 위치를 돌려주어야 한다.

3

노인의 운명

Apprendre à Vieillir

삶을 바꿔놓는 심원한 변화는 당사자의 내면에서 시작되며 자연발생적으로 일어난다. 변화의 시작은 조심스럽고 한정적일 수 있지만 구체적이다. 우리는 그 순간을 놓치지 않기 위해서 세심히 살펴보아야 한다.

내가 누리는 혜택

노인의 운명은, 노령에 들어설 때까지 어떻게 살았는지에 따라 달라진다고 1장에서 말했다. 결국 노인의 운명은 노인 자신에게 달린 셈이다. 한편 2장에서는 노인의 운명이 사회의 도덕적 분위기와도 밀접한 관계가 있다는 걸 살펴보았다. 요컨대 사회가 노인을 사랑하고 노인의 가치를 인정하느냐에 노인의 운명이 크게 좌우된다는 뜻이다. 이제 3장에서는 노인이 살아가는 특정한 환경이 어떤 역할을 하는지에 대해 살펴보려고 한다. 각 노인이 처한 환경이 우호적이냐 아니냐에 따라, 노인의 운명은 극단적으로 다르다. 앙리 부르가 말했듯이 "노령에 이른 인간은 무척 불평등하다."[1]

행복한 노인도 있지만, 죽음을 생각할 정도로 지독히 불행한 노인도 있다. 이런 점에서, 내 또래 중에서 나는 가장 특혜를 누리는 노인에 속한다. 이 책을 준비하려고 나는 지난 3-4년 동안 은퇴자와 노령자의 운명에 관련된 책들과 통계를 읽었다. 대부분의 노인이 호소하는 어려움을 확인하고, 내가 그들에 비해 얼마나 행복한 노인인지 깨닫는 데 그리 많은 시간이 걸리지 않았다.

　　따라서 혜택을 받지 못하는 노인의 고통을 나열한다는 것은 결국 내가 누리는 혜택을 고백하는 셈이다. 일반적으로 보면, 대개는 자신이 누리는 혜택에 대해 말하는 걸 꺼린다. 그런 혜택을 누리지 못하는 사람 앞에서 그런 말을 하는 것은 예의에도 어긋나고 상대를 모욕하는 짓이라 여기기 때문이다. 따라서 부유한 사람은 똑같은 풍요를 누리지 못하는 사람 앞에서 돈의 이점을 언급하지 않으려고 조심한다. 나 자신도 '삶의 응석둥이enfant gâté de la vie'라 일컬어지는 사람이기 때문에 똑같은 거북함을 느낀 때가 한두 번이 아니다. 예컨대 남편을 사별한 아픔을 호소하려고 나를 찾아온 미망인이나, 결혼생활에 한없이 실망한 남자 앞에서 내 행복한 결혼생활을 어떻게 말할 수 있겠는가.

　　그러나 때때로 나는 그런 불편함을 억눌러 감추지 않고 솔직하게 털어놓으면 거북한 마음이 사라질 거라는 생각에 그런 마음을 인정하기도 한다. 그런데 놀랍게도, 그런 고통을 받은 사람들이 나의 솔직한 고백에 모욕감을 느끼기는커녕 오히려 위안을 받는 듯하다. 행복한 사람을 만나고, 행복이 실제로 존재한다는 걸 확인함으로써, 그들은 불행한 기분을 조금이나마 덜어낸다. 그들은 내가 누리는 특혜가 무엇인지 잘 알고 있다. 다만, 특혜를 누리는 사람들이 감사하는 마음을 거의 표현하지 않아 자신들이 누리는 특혜 자체가 무엇인지 모르는 것처럼 행동할 때, 그들은 마음에 상처를 입는다. 내가 누리는 이점을 솔직하게 말한다는 것은 결국 그들을 인정하고 그들에게 감사하는 마음을 표현하는 것이다. 이 책을 통해 나는 그들에게 고맙다는 말을 전하고 싶다. 이런 이유에서 이 책은 그들에게 감사하는 마음을 표현하는 증언이라 할 수 있다.

애초에 출판사 측에선, 내 나이라면 삼인칭 복수, 즉 '은퇴자들'의 관점에서 말하지 않고 내 경험을 바탕으로 일인칭 단수로 풀어나갈 것이라 여겨 이 책을 의뢰했을 것이다. 지금 일흔세 살인 내가 은퇴한 사람들의 연령에 있는 것은 분명하지만, 정확히 말하면 내 환경은 일반적인 은퇴자의 환경과 다르다. 나는 은퇴하지 않았다. 더 좋은 표현이 떠오르지 않아 난 때때로 반¼은퇴라고도 말하지만, 나는 사실 반은퇴 상태도 아니다. 오히려 내 나이가 나에게는 또 다른 이점을 주었다. 예컨대 심한 병치레를 한 이후로는 나에게 진료받고 싶어 하는 환자를 정중히 거절할 권리가 생겼다. 특히 장기간의 치료와 잦은 상담이 필요한 환자는 정중히 거절했다.

나는 예전부터 재촉받거나 과로해가며 일하는 걸 좋아하지 않았다. 이런 이유에서 젊었을 때 나는 여유로운 시간이 넉넉한 야간 진료를 더 좋아했다. 또 이런 이유에서 지금도 여유롭게 살아간다. 하지만 요즘에도 소수의 환자, 특히 내가 오래전부터 진료해서 애착을 갖게 된 사람들을 진료한다. 진료실의 은밀하고 친근하며 따뜻한 분위기에 마음의 문을 활짝 열고 나에게 모든 것을 솔직하게 털어놓는 환자가 한 명이라도 있으면, 내가 지금도 역동적인 삶을 살고 있는 기분을 안겨주기에 충분하다.

의사는 자신의 의지에 따라 직업적 활동을 한정 없이 연장할 수 있고, 활동량을 점진적으로 줄일 수 있다는 점에서 무척 드문 특혜를 누리는 사람이다.[2] 예술가와 작가, 작은 상점을 운영하는 주인, 고용인들이 은퇴하기를 손꼽아 기다리는 큰 기업의 고용주들, 또 나이를 먹어갈수록 사고를 낼 확률이 줄어드는 택시기사도 마찬가지이다. 나는 거의 20년 동안 개인적으로 무척 좋아하는 한 의사 동료를 진료해왔다. 그런데 내가 그에게 준 가장 큰 도움이라면, 몸이 약한 그가 고생스럽더라도 다시 진료 활동에 나서도록 설득한 것이다. 진료 행위가 그에게 가장 효과적인 치료법이기도 했지만, 그의 개인적인 경험을 활용해 환자들에게도 큰 도움을 줄 수 있었기 때문이다. 그는 아흔 살을 넘겨 세상을 떠나기 며칠 전까지도 환자들을 진료했다.

직업적인 활동을 갑자기 중단하지 않고 점진적으로 줄여갈 수 있는 것도 큰 이점이다. 하지만 이런 경우에도 적잖은 어려움이 있다. 무엇보다 동기부여의 문제이다. 일을 놓지 못하고 계속하려는 욕심은 곧, 늙어가는 걸 거부하고, 어깨에 힘을 줄 수 있는 역할을 포기하지 못하며, 미래를 향한 변화를 모색하지 않고 과거에 매달리려는 욕망의 표현이 아닐까? 또 활동량을 줄이는 게 과연 정당한 짓일까? 혹시 나이를 핑계로 게으름을 피우는 것은 아닐까? 이런 의문들은 마치 나를 겨냥하고 있는 것 같아 양심의 가책까지 느껴진다.

젊었을 때 나는 도움 요청을 거부하거나 환자의 진료를 거부하는 게 항상 어려웠다. 물론 강의 요청을 거절하는 것도 힘들었다. 지금은 일의 부담을 상당히 줄였다. 내 나이와 건강이 그럴듯한 거절의 이유가 되기 때문이다. 수년 전, 나는 한창 활동하던 중에 모든 일을 완전히 중단해야 할 정도로 중대한 병에 걸렸다. 그 병에서 회복되자, 의사는 나에게 그 사건에서 교훈을 얻어 다시는 예전처럼 숨 가쁘게 살지 말라고 충고했다. 그 사건이 나에게는 일의 속도를 늦추는 계기가 되었지만, 의사를 비롯해 많은 이들이 제때에 관리하지 못한다.

그러나 의사의 충고에도 불구하고 일의 속도를 늦추기란 힘들었다. 계속 치료하고 싶었지만 집중치료가 필요해서 내 감당의 범위를 벗어나는 환자들에 대한 진료는 포기해야 했다. 내 건강 때문에 그들을 포기했으므로 그들은 나에게 버림받았다는 기분을 떨치지 못했을 것이다. 나는 항상 성실함을 중요하게 생각했고, 그 원칙에 무엇보다 큰 자부심을 갖고 있었기 때문에 그런 상황을 견디기 힘들었다. 요즘에도 여전히 진료를 요청하는 연락이 온다. 거절하는 경우가 더 많지만 거절하기 힘든 경우도 많다. 따라서 무작정 진료를 해달라고 고집을 피우는 환자에게는 굴복하는 수밖에 없다. 내 거절을 받아들이는 환자들은 무슨 생각을 할까? 어떤 환자는 진료하고 어떤 환자는 거절하기 때문에 순전히 독단적인 변덕처럼 보인다. 게다가 강의 요청은 어떤가? 며칠 전, 작은 규모의 부인회에서 내가 무척 바쁘다는 걸 안다며 조심스레 나에게 강연을 요청했다. 나는 그 부인회에서 강연하기로 약속했다.

　사람들이 뭔가를 잘못 알고 있다. 요즘 나는 그다지 바쁘지 않다. 이런 여유도 내 나이의 특권이다. 하지만 자유로운 시간이 많아질수록 시간을 적절하게 관리하기가 더 힘들어진다. 내 친구들도 똑같이 말한다. 테오 보베 박사는 꽤 오래전에 《시간을 알뜰하게 사용하는 법》이란 흥미로운 책을 썼다.[3] 그는 현직에서 있을 때에는 은퇴하면 책을 더 많이 읽고 글을 더 많이 쓸 수 있는 여유로운 시간이 날 것이라 기대했다. 그러나 은퇴하기 전에는 이런저런 핑계를 대며 피할 수 있었던 자질구레한 온갖 일들을, 오히려 은퇴 후에 어쩔 수 없이 받아들여야 하므로 시간이 더 모자라게 되었다며 내게 하소연했다. 어떤 의미에서 보면, 결혼한 누이에게 기대할 수 없는 가족의 일거리를 결혼하지 않은 여자가 떠맡아야 하는 경우와도 비슷하다.

카를프리트 폰 뒤르크하임 교수는 나와 거의 동갑이다.[4] 히틀러에 반대해, 나치가 정권을 잡았을 때 그는 독일을 떠나, 독일의 제3제국 기간을 통째로 일본에서 보냈다. 일본에서 그는 동양의 지혜를 배웠고, 서구 세계의 치열한 행동주의에 적잖은 오류가 있다는 걸 알게 되었다. 따라서 독일에 돌아와서도 번잡한 대학과 도시를 떠나 슈바르츠발트(흑림)에 마련한 산장에서 살았다. 하지만 그 산장도 그에게는 지나치게 큰 곳이라는 생각이 들었다. 은둔한 그를 만나고 싶어 하는 많은 사람이 시도 때도 없이 찾아왔기 때문이다. 결국 그는 아무도 모르는 숲 속에 또 하나의 작은 산장을 손수 지어야 했다.

뒤르크하임도 은퇴 후에 시간을 관리하는 게 무척 어렵다고 내게 말한 적이 있었다. 더구나 그는 아내가 없어 나보다 훨씬 더 어려울 게 뻔하다. 이런 점에서 나는 아내에게 많은 도움을 받는다. 하지만 시시때때로 실수를 저지르고, 그때마다 내가 삶을 지배하는 게 아니라 죽지 못해 살고 있다는 비참한 기분에 빠져든다. 꿈이 간혹 나에게 어떻게든 쉬라고 경고한다. 때로는 묵상하는 동안에 그런 영감을 받는다. 그래서 얼마 전에 나는 일주일에 사흘은 어떤 약속도 잡지 않기로 결심했고, 이제는 격주로 휴식을 취한다. 물론 예외적인 경우가 항상 생기고, 그때마다 어려움이 다시 시작된다. 시간과 이런저런 활동의 적절한 분배는 누구도 해결하지 못한 문제이기는 하다.

여하튼 대부분의 임금 노동자에게 현재 적용되는 규정은 개탄스럽다. 일정한 연령에 이르면 무조건 완전히 은퇴해야 하는 정년이란 규정이 대표적인 예이다. 여기에서는 정년제도를 집중적으로 살펴보자. 스위스 노인학과 예방의학 협회가 로잔에서 개최한 연구발표회에서, 제네바의 에릭 마르탱 교수가 정년의 문제를 다음과 같이 잘 정리해주었다.[5] "삶은 연속적인 것이다. 왕성하게 활동하던 사람을 60세나 65세, 혹은 70세 이후에 활동 정지를 강요하며, 모든 책임에서 곧바로 물러나게 하는 것은 심리적이고 의학적인 차원에서도 큰 잘못이지만, 경제적인 차원에서도 낭비이다." 이처럼 정년의 문제를 지적한 학자들의 주장은 더 이상 인용할 필요가 없을 정도이다. 앙드레 그로,[6] 장 마리 아르니옹,[7] 수잔 G. 메이에르,[8] 로제 멜,[9] 마냉 박사[10] 등, 많은 학자가 정년제도의 야만성을 지적했다. 특히 스톡홀름의 헨센 박사가 1963년 코펜하겐 노인학회에서 역설했듯이, 정년제도가 그 피해자들에 중대한 위기를 초래하며 노화를 가속화하는 현상은 조금도 놀랍지 않다.[11]

그르노블의 미셸 필리베르는 "정년퇴직자는 일 자체를 잃을 뿐 아니라 규칙적이던 일상생활까지 상실한다. 게다가 그의 정체성과 자존심, 다른 사람들(동료와 고객, 상관과 부하, 경쟁자 등)과의 관계를 튼튼하게 유지해준 거의 유일한 토대, 그

의 독립성을 보장해주던 생계수단까지 잃는다. 한꺼번에 너무 많은 것을 잃는다"고 지적했다.[12]

　도로시 웨더번은 일부 국가에서는 은퇴자에게 일하는 걸 금지하는 규정이 있다며 그런 규정의 철폐를 강력하게 촉구했다.[13] 웨더번의 조사에 따르면, 영국에서는 은퇴자의 30퍼센트가 일을 하고 싶어도 일하지 못한다. 독일의 발달심리학자 한스 토메의 주장에 따르면, 65세부터 72세의 남자 중 72.6퍼센트, 여자는 67.5퍼센트가 계속 일하고 있다.[14] 폴 미레예가 인용한 영국 연금관리국의 조사에서도 노동자의 60퍼센트가 은퇴 이후에도 계속 일하기를 원하는 것으로 밝혀졌다.[15] 미레예는 강요된 은퇴가 당사자에게 미치는 심리적 영향과, 그로 인한 가족과의 갈등까지 조사했다. 이 때문에 덴마크는 퇴직 연령을 60세에서 65세로, 다시 67세로 늦추었다.[16] 따라서 '기능적 연령âge fonctionnelle'이란 개념을 정립해야 할 필요가 있다.[17] 장 다릭은 규정을 탄력적으로 운영하자고 제안했다.[18] 퇴직연령의 탄력적 운영은 이미 스웨덴에서 행해지고 있어 불가능한 것이 아니다.[19]

　게다가 "일을 계속하는 고령자의 비율이 일반적인 생각보다 훨씬 크다. 70퍼센트의 남자가 65세에도 여전히 일하고 있으며, 70세에는 60퍼센트, 75세에도 45퍼센트 이상이 꾸준히 일하고 있다."[20] 웨더본의 주장에 따르면, 자유업과 관리직 노동자의 3분의 2는 65세 이후에도 일을 계속한다.[21] 영국과 미국에서 실시된 연구에서도 "고령 노동자의 능력에 대한 의구심은 근거 없는 것으로 밝혀졌다. 고령자는 일하는 속도가 느리지만 상대적으로 더 나은 능력으로 그런 단점을 상쇄한다"[22]고 나타났다.

반면에 은퇴 연령을 앞당겨야 한다는 주장도 만만치 않다. 노동조합의 일반적인 주장이기도 하다.[23] 노동조합이 은퇴 연령을 앞당기기 위해 지금까지 맹목적으로 노력하지 않았나 싶다. 은퇴 연령을 어디까지 앞당겨야 할까? 노동자가 일하는 분야에 따라 달라져야 한다. 프랑스 국영철도는 급여 지급 대상자 명단에 현직에서 일하는 직원보다 은퇴자가 더 많은 실정이다.[24] 한 조사에 따르면, 남자의 82.5퍼센트가 60세에 퇴직하기를 원한다.[25] 모세의 율법에서는 레위 사람들에게 50세에 은퇴하라고 규정하지만, 그들의 역할이 특별히 힘들었다고는 생각되지 않는다(민 8:25).

은퇴 연령을 낮추어야 하는 타당한 이유가 있다면, 나이가 적을수록 변화에 적응하는 능력이 뛰어나고 새로운 것을 시도할 가능성이 커지기 때문이란 주장이 있다. 이런 사실은 여가에 관련된 조사에서도 밝혀졌다. 따라서 정년을 앞당김과 동시에, 일찍 퇴직하는 사람들을 다양한 여가활동이나 덜 힘든 새로운 일자리로 유도하는 광범위한 프로그램을 도입하는 게 중요하다. 은퇴 연령을 늦추려는 생각과 앞당기려는 생각은 표면적으로만 충돌할 뿐이다. 은퇴를 앞둔 수년 동안, 혹은 은퇴 이후의 수년 동안 전환단계를 제도적으로 도입하는 게 더욱더 중요하기 때문이다.

휴일을 더 자주 갖고, 휴일 기간을 늘리는 방식으로 은퇴를 준비하고 있다고 앞서 소개한 정신과의사 내 친구를 기억할 것이다. 제네바 사회과학위원회의 발표회에서, 사회복지사 콩브 양은 은퇴를 2-3년 앞두고는 추가적인 휴가를 얻는 것을 제도화하는 문제를 고용주들과 논의해야 할 거라고 주장했다. 그러나 제도적으로 추가 휴가가 보장되더라도 그 휴가 기간을 노동자가 어떻게 사용해야 하느냐는 문제가 자연스레 대두된다. 그 기간은 일반적인 휴가가 아니라 특별한 휴가, 즉 노동자가 은퇴 준비를 위한 강좌, 예컨대 여가활동이나 재훈련을 위한 강좌를 수강하도록 허용된 휴가라고 인식되어야 한다.

"특정한 직업과 직책에서 노동시간의 감축과 시간제 고용"이 적극적으로 권장되는 이유도 거의 마찬가지이다.[26] 앙드레 그로와 폴 미레예를 비롯한 일부 사회학자도 이런 대책을 제안했다.[27] 실제로 요즘에 시간제 일자리를 취급하는 직업소개소가 증가하고 있으며 상당한 성공을 거두고 있다. 특히 이런 직업소개소는 시간제 일자리를 알선하는 게 주된 목적이지만, 시간제 근무라는 개념을 널리 확산하는 데 큰 역할을 해내고 있다. 게다가 이런 진보적인 기업 덕분에 '정규직 시간제 근무자'라는 개념까지 생겨나고 있다.

하지만 아직 많은 사람이 시간제 근무직에 고용되는 걸 꺼려 한다. 내가 일반의로 일할 때 환자에게 곧장 업무에 복귀하지만 처음에는 최소한의 시간만 일하라고 권하곤 했다. 질병이나 사고 후에 회복 중인 환자가 회복하는 데는 근무 시간을 최소화하는 게 반드시 필요하기 때문이었다. 하지만 나는 곧잘 고용주의 반발에 부딪혔다. "우리 직원을 완전히 치료해주시오. 정식으로 근무할 수 있을 때 복귀시킬 겁니다. 반半환자에게 어떻게 일을 시킬 수 있겠습니까!"

한층 인간적인 사회를 원한다면 이처럼 앞뒤가 막히고 행정 편의적인 단순한 사고방식을 극복해야 한다. 전환기를 두지 않고 규정된 정년을 고지식하게 고집하는 사고방식도 다를 바가 없다. P. B. 슈나이더 교수는 "은퇴는 임의적으로 선택할 수 있어야 한다"고 말했다.[28] 장 피에르 보자 박사도 이런 의견에 동의하며 "누구나 원할 때 은퇴할 수 있어야 한다"고 주장했다.[29] 이렇게 한다면 은퇴가 한층 유연해질 수 있고, 의사가 누리는 특혜가 모두에게 확대될 가능성도 있다. 특히 다른 활동을 제때에 시작할 수 있도록 노동시간을 점진적으로 줄이는 대책과 복합적으로 활용된다면 더더욱 효과가 있을 것이다.

나는 본격적으로 글을 쓰기 시작할 때 이런 방법을 사용했다. 물론 당시에는 글쓰기가 은퇴 후의 직업이 될 거라고는 생각하지 않았다. 이런 점에서 나는 지금 이 책을 쓰고 있기 때문에 아직 은퇴한 게 아니다. 전업작가인 마르셀 주앙도는 노년을 찬미한 멋진 책에서 "네가 노인이면 더 이상 글을 쓰지 않을 것이다"라고 말했는데, 나와 비슷한 생각을 한 듯하다.[30] 과거에 그의 글을 읽으면서 나는 그가 나보다 나이가 많은지 적은지를 알아낼 만한 흔적을 열심히 찾았다. 이처럼 우리는 항상 자신을 다른 사람과 비교하고, 자신의 경험을 다른 사람의 경험과 비교하는 습관이 있다. 하지만 난 요즘 글을 쓸 때 예전만큼 내가 여전히 정신이 초롱초롱하고 생기가 있는지 스스로 점검하기 위해서 나 자신에게도 집중한다.

물론 친절한 관심에서 비롯된 것이겠지만, 독자들이 이 책에서 내가 늙어가고 있다는 증거를 찾아내려는 모습이 눈에 선하다. 따라서 사회는 우리가 자신의 얼굴에 하나둘씩 늘어가는 주름을 확인하기 위해 들여다봐야 하는 거울이다. 그 거울이 주는 대답은 모순된다. 예컨대 한 친구는 나를 만나면 "정말 젊어 보인다! 자네는 조금도 변하지 않은 것 같아!"라고 소리친다. 반면에 다른 친구는 침통한 목소리로 "무슨 일이 있었나? 갑자기 팍 늙어 보이는데!"라고 말한다. 이런 차이가 두 친구의 심리 상태만큼이나 내 실제 모습에서 비롯되는 것은 아니다. 하지만 우리는 그런 말에 상당히 민감하게 반응한다. 따라서 앞의 친구를 만나면 나는 젊어지는 기분이고, 뒤의 친구를 만나면 괜스레 더 늙어버린 기분이 든다. 출판사가 나에게 이런 책을 써달라고 부탁하면 나는 한층 젊어지는 기분이다. 그래서 그 책을 준비하기 위해 관련된 많은 책과 논문을 저절로 읽게 된다.

우리가 나이를 먹어감에 따라 활동을 적절하게 분배하기 어려운 이유도 여기에 있다. 우리는 자신의 기능적 연령이 몇 살인지 제대로 파악하지 못한다. 어떤 때에는 젊은이 못지않게 활달하게 행동하고 어떤 때에는 점잖은 노신사로 행동한다고 해도 소용없다. 그렇다고 균형이 맞추어지는 것은 아니기 때문이다. 게다가 우리 행동에는 언제나 약간의 가식, 약간의 사회적 압박, 약간의 자기암시가 담겨 있기 마련이다. 우리가 건강에 안달복달하는 건 아닌지, 반대로 지나치게 조심하지 않는 것은 아닌지 결코 확신할 수는 없는 노릇이다. 따라서 의사는 환자에게 일찍 은퇴하라고 조언하기가 항상 망설여진다. 한 환자가 완전히 은퇴할 때까지 의사가 어떻게 특별히 신경 써서 도와줄 수 있겠는가? 하지만 환자에게 위험한 환상을 심어준다면 피해를 줄 수도 있지 않을까?

환자에게 예정보다 앞서 은퇴하라는 조언은 모욕적으로 느껴질 수 있다. 게다가 그런 조언은 환자에게 회복하겠다는 희망이 없다는 걸 인정하라는 뜻이기 때문에 큰 충격이 되기도 한다. 따라서 자칫하면 질병에 대한 환자의 저항력이 갑자기 약해지고 늘어버릴 수 있기 때문에 의사는 그런 조언을 망설일 수밖에 없다. 이에 관련해서 나에게는 불행한 기억보다 행복한 기억이 더 많다. 내 경험에 따르면, 조기 은퇴를 못마땅하게 생각하는 사람이 나중에는 조기 은퇴한 덕분에 더 좋아진 사례가 훨씬 더 많다.

조기 은퇴 여부를 결정할 때는 금전적인 문제도 큰 역할을 한다. 적어도 스위스에서 조기 은퇴자는 연금액의 상당한 삭감을 각오해야 한다. 상당히 부당한 처사로, 그 결과는 은퇴 시기 내내 큰 부담이 된다. 나는 미국에서 1957년에 은퇴한 사람의 76퍼센트가 자의로 은퇴했고, 그중 60퍼센트가 건강 문제로 은퇴했다는 걸 알고는 깜짝 놀랐다.[31] 이 수치를 한 스위스 기업가에게 언급하자, 그는 "그렇다면 은퇴에 관련된 연금 규정을 대대적으로 손질해야겠군요"라고 말했다. 은퇴에 탄력성을 더해주기 위해서라도 그런 개혁이 당장에 시행되어야 할 것이다.

계산 전문가 보험계리인이라면 눈 감고도 다음과 같은 연금 지급 방식을 산출할 수 있을 것이다. 65세를 평균 정년이라 할 때 어떤 노동자의 연금을 가장 많이 받던 봉급의 60퍼센트로 확정한다면, 그리고 정년을 60세와 70세 사이로 탄력적으로 적용한다면, 몇 살에 퇴직하더라도 누구나 그 정도의 연금을 받을 수 있을 것이다. 연금 기금에 부과되는 부담액이 65세 이전에 은퇴하는 사람과 그 이후에 은퇴하는 사람 사이에 균형을 이룰 것이기 때문이다.

이번에는 내가 누리는 혜택 중에서 돈이 주는 혜택에 대해 살펴보자. 돈이 많다고 행복한 것은 아니라는 사회적 통념은 틀린 건 아니다. 의사도 많은 사람을 상대하기 때문에 그런 통념을 잘 알고 있다. 돈이 주체할 수 없을 정도로 많지만 조금도 행복하지 않은 사람을 적잖게 만나고, 돈이 많이 드는 오락을 즐기면서도 지루함을 견디지 못하는 사람을 만나기도 한다. 그렇지만, 은퇴자가 그럭저럭 살아갈 수 있는 기준선이 있다. 저소득에 허덕이는 은퇴자의 금전적 상황을 개선하기 위한 급진적 대책이 마련되지 않으면, 은퇴 문제에 대해 언급되는 모든 것이 허공에 울부짖는 절규나 '요란한 꽹과리'(고전 13:1) 소리에 불과할 것이다.

은퇴자가 한푼을 아끼며 필요한 것만 구비하고 근근이 살아가는 처지에서 벗어나, 풍족하지는 않더라도 경제적으로 크게 구속받지 않고 살 수 있다면 삶의 방식이 완전히 달라질 것이다. 사회복지사들의 평가에 따르면, 선진국 경제라 자부하는 스위스와 같은 나라에서도 노인은 사회에 통합되기를 꺼리며, 그들이 지닌 물질적 상황은 부끄러울 지경이다. 시몬 드 보부아르의 말이 맞다면, 지난 세기, 즉 풍요로운 빅토리아 시대에도 부유한 노인과 가난한 노인 사이에는 극명한 차이가 있었다.[32]

은퇴자의 소득은 어디에서나 충분하지 않다. 선진 산업사회도 예외는 아니다. 국제노동기구의 한 연구에 따르면, 은퇴자의 평균 소득은 임금의 50퍼센트에 불과하다.[33] 베버리지 보고서에서 요구한 95퍼센트에 훨씬 못 미치고,[34] 보수적인 전문가들이 최소치로 추정하는 70퍼센트에도 미치지 못한다. 프랑스에서 알프스 지역 업종 간 연합기금이 실시한 조사의 결과를 살펴보면 다음과 같다. 은퇴자의 58퍼센트가 은퇴 후의 소득이 부족하다고 생각하며, 21퍼센트만이 충분하다고 대답했다. 또 미래의 소망이 무엇이냐는 질문에 대다수가 연금 인상이라고 대답했다. 게다가 연금에 부과하는 세금에는 모두가 한목소리로 불만을 제기했다. 또한 대다수가 텔레비전 수신료 면제를 요구했다.[35]

은퇴자가 고령이어서 어떤 일도 할 수 없고 건강마저 악화되면 상황이 더욱 심각해진다. 이런 이유에서 덴마크는 80세부터 연금을 증액하는 현명한 조치를 취하고 있다.[36] 이런 조치는 전반적으로 채택되어야 마땅한 대책이다. 그런데 연금액이 심각할 정도로 불평등한 것이 더 큰 문제이다. 프랑스의 경우, 기업에 따라 연금이 5배나 차이가 난다.[37] 스웨덴과 덴마크와 스위스에서 실시하는 '국민노령연금' 제도는 이런 불평등을 어느 정도 해소하고 있다. G. 가이야르의 연구처럼, 노인의 상황을 비교 연구한 자료를 읽을 때마다 나는 "국적과 돈의 특혜를 누리는 노인은 복 받은 이들이야!"라고 혼잣말로 중얼거린다.[38]

이 모든 것은 의식주와 관련해서 물질적으로도 중요하지만, 정신에 미치는 영향 때문에도 중요하다. 연금 수령자는 소득이 크게 줄어들기 때문에 사회에서 폄하된다.[39] 은퇴자는 독립성을 상실한다. 하지만 독립성은 노인에게 무엇보다 중요하다.[40] 따라서 "노인은 자신의 고유한 권리마저 없고 … 감사해야 할 것도 없다."[41] 사회학적 조사로 나온 대답에서도 이런 사실은 분명하게 확인된다. 예컨대 친구들을 대접하기 위해서 돈이 필요한 은퇴자도 있을 것이고, 자신을 찾아오는 손자에게 과자 값을 쥐여주고 싶은 은퇴자도 있을 것이다.[42]

앞에서도 언급했듯이, 모든 여가활동에는 돈이 필요하다. 은퇴하기 전, 즉 사회활동을 하는 사람의 경우에는 여가활동이 주로 머리를 식히고 긴장을 풀며 즐거움을 찾기 위한 수단이다. 반면에 은퇴 후에는 여가활동이 완전히 새로운 의미, 세 가지 의미를 갖는다. 첫째, 일을 갑자기 중단함으로써 생긴 공허감을 채우는 활동이다. 둘째, 일을 중단으로써 고립된 사람에게 사회적 접촉을 시도할 기회를 제공한다. 셋째, 퇴행의 위협을 받는 사람이 인간다움을 지속적으로 계발하는 수단이 된다.

물론, 여가활동의 이런 면들이 특별히 새로운 것은 아니다. 그러나 은퇴 전에는 여가활동이 보조적인 위치를 차지하는 반면에 은퇴 후에는 여가활동이 무척 중요해진다. 은퇴 전에는 여가활동이 굳이 필요하지 않지만 은퇴 후에는 반드시 필요하다고 말할 수 있다. 그런데 사회적 접촉의 기회를 많이 제공하는 여가활동은 비용이 많이 든다. 휴식을 위한 산책을 예로 들어보자. 산책하는 데는 돈이 크게 들지 않는다. 목표한 지점에서 가볍게 목을 축인 후에 되돌아오면 그만이다. 반면에 여행, 외국어 강습, 진지한 우표 수집, 뭔가를 직접 만드는 공작DIY 등에는 돈이 들고, 때로는 상당한 액수의 돈이 필요하다. 젊은이는 히치하이크나 유스호스텔을 이용해서 저렴하게 여행할 수 있지만 은퇴한 후에는 그런 여행이 가능하지 않다.

내가 특혜를 누리는 사람이란 걸 이 대목에서 확실하게 느낀다. 나는 지금도 재미있고 열정적인 삶을 누린다. 나는 내 돈으로 책을 사지만, 한 사회학자는 설문조사에 응한 은퇴자에게 "독서는 꿈도 못 꿉니다. 책을 살 돈이 없으니까요"라는 답변을 받았다고 한다.[43] 나는 자가용도 있고 여행도 하며 종종 학회에도 참석한다. 내 작업장에는 내가 지치지 않고 멋진 것을 만들 수 있는 아담한 연장들이 있고, 정원 일을 힘들이지 않고 해낼 수 있는 잔디 깎는 기계도 있다. 게다가 내가 좋아하는 부드러운 소리를 내는 작은 전자 오르간도 있다. 돈이 많은 사람은 돈으로 살 수 있는 것에 흔히 의존하는 편이다. 따라서 그런 사람은 여가활동에 자신의 어떤 면도 쏟아붓지 않기 때문에 진정한 여가활동을 즐기는 것도 아니고 거기에서 진정한 즐거움도 얻지 못한다. 어떤 계획도 실행할 수 없을 정도로 창의적 상상력이 고갈되지 않으려면, 적어도 자신의 무언가에 기꺼이 투자해야 한다.

따라서 생존하는 데 필요한 최저생활비, 더 나아가 재미있고 능동적으로 나날이 풍요로워지는 삶, 즉 진정으로 인간다운 삶을 영위하는 데 필요한 최저생활비를 보장해주는 대책을 마련해주기를 입법가들에게 부탁하고 싶다. 과학기술이 발달하고, 에너지 자원과 생산성의 꾸준한 향상으로 이런 대책은 앞으로 얼마든지 가능해지리라 확신한다. 인간의 행복은 근본적으로 생활수준의 향상, 즉 상거래의 총량에 영향을 받는다. 하지만 생활수준이 향상되면, 분배되는 케이크 조각이 지나치게 불평등하지 않도록 어떻게 케이크를 나누어야 하는가의 문제가 곧바로 제기된다.

평등한 분배는 실질적으로 불가능하다. 관료적이고 독단적인 국가의 개입이 있어야만 그런 분배가 가능하다. 칼데아의 우르 사회에서 실제로 그런 일이 있었다. 하나님이 아브라함에게 그곳을 떠나 다시 유목 생활을 시작하며 자연으로 돌아가라고 명령하지 않았던가(창 12:1). 하지만 지난 150년의 역사가 증명하듯이, 적절하게 경제성장의 결실을 활용하면, 부의 평등한 분배까지는 아니어도 모든 구성원에게 상대적으로 덜 불공평한 기회가 보장되도록 조정하는 게 가능하다. 물론 이렇게 조정하더라도 가장 큰 몫은 부유하고 교육을 많이 받은 사람들에게 돌아가기 마련이다. 또 교육이 부와 밀접한 관계가 있다는 것은 자명한 사실이다. 이런 분배는 자본주의 사회에서나 사회주의 사회에서나 똑같이 적용되는 보편적인 법칙이다. 다시 말하면, 어떤 사회에서나 부자는 더 부자가 되고 가난한 사람은 더 가난해진다.

아무런 혜택도 누리지 못한 사람들 중에서 그나마 노동자는 은퇴자에게는 없는 파업이란 강력한 무기를 활용함으로써 그런대로 물질적 조건을 개선해왔다. 번영과 생산성이 밀접한 관계가 있는 사회에서, 노동을 중단함으로써 생산을 마비시키는 파업은 노동자의 입장에서 새로운 특권을 쟁취할 수 있는 강력한 수단이다. 실질적으로 거의 20년 동안 파업이 없었던 스위스와 같은 국가에서도 파업이란 무기는 여전히 노동자의 해방을 위한 결정적인 요인이다. 스위스는 거의 파업이 사라지기는 했지만 여전히 무기고에 잘 보관되어 있다. 그렇다고 내가 과학적인 관점에서 사회적 평화를 구상하고 교섭하는 소수자의 가치를 부인하는 것은 아니지만, 파업에 대한 두려움이 노동자의 생활수준을 향상시키는 데 큰 역할을 해왔음은 부인할 수 없는 사실이다.

국가적 자존심

노동자 계급의 재평가와 맞물려 최근에 청소년에 대한 재평가가 이루어진 것도 주목할 만한 현상이다. 20세기 초에는 중산층에서도 부유한 부모만이 십대 자녀들에게 약간의 용돈을 주었을 뿐이다. 그들은 자녀들을 확실히 믿지 못했고, 재산을 차곡차곡 모은 후에 세상을 떠날 때에야 자녀에게 재산을 물려주었다. 게다가 자녀들이 돈을 조금이라도 더 뜯어갈까 두려워했는지 재산이 어느 정도나 있는지도 자녀들에게 알려주지 않았다. 그들은 돈을 무기로 자녀들을 자신의 그늘 아래 두었다. 자녀들이 돈을 낭비하거나, 돈이 자녀들의 삶을 허영과 악에 물들게 할까 걱정한 때문이었다.

이제 모든 것이 변했다. 요즘의 젊은 세대는 주머니에 돈을 두둑이 채우고 다닌다. 평범한 가정의 아이들도 크게 다르지 않다. 대신 부모는 자녀의 변덕을 만족시켜주려면 부담스러운 희생까지 각오해야 한다. 이런 십대 청소년들은 앞에서 언급한 노동자처럼 생산자가 아니다. 이런 점에서 십대는 은퇴자와 비슷하다. 달리 말하면, 십대가 파업을 무기로 경제적 진보를 이루어낸 게 아니다. 의식적이든 않든 간에 십대가 사용하는 무기는 일종의 공갈과 협박이다. "내가 친구 피에르만큼 좋은 차를 갖고 있지 못하면 사람들이 아버지를 어떻게 생각할까요? 피에르의 아버지는 아버지만큼 부자가 아닌데도 말입니다."

이런 경우에 증가된 소득은 노동자의 경우처럼 기업의 금고에서 나오는 게 아니라, 아버지의 서랍에서 나오는 것이다. 노동자의 임금 상승과 마찬가지로 젊은 세대의 향상된 경제적 상황이 소비사회의 확장에 상당한 역할을 한 것은 사실이다.

젊은 세대는 이런 새로운 사회에서 엄청난 특혜를 누리고 있다. 청소년은 충동적인 구매자이다. 다시 말하면, 깊이 생각하지 않고 많은 물건을 구입하는 소비자, 스포츠카와 시끄러운 오토바이를 구입하는 소비자, 장신구를 주렁주렁 달고 비행기를 타고 여행하며 부모 세대보다 유행에 한층 민감하게 반응하며 추종하는 소비자이다. 게다가 젊은 세대는 광고에 쉽게 영향을 받는다.

월급봉투나 은행 이자, 아버지의 서랍이나 연금기금 등, 돈이 어디에서 나오건 간에 그 결과는 기본적으로 동일하다. 노동에 의한 국민총생산에서 떼어낸 것이다. 따라서 진정한 문제는 케이크가 공평하게 나뉘었느냐는 것이다. 이런 고민은 노인의 물질적 상황을 조금이라도 개선하기 위한 대책에서 반드시 고려해야 할 도덕적이고 인간적인 과제이다.

미셸 오몽이 말했듯이, "노인이나 은퇴자가 자신들의 권리를 내세우며 압력을 가할 수 있는 '노동조합'이 결성된 곳은 아직 어디에도 없다."[44] 그들은 파업을 벌일 수도 없고, 더 나아가 협박할 아버지도 없다. 그런데, 미묘하긴 해도 노인들이 압박을 가하면 그들에게 유리하게 작용할 요인이 요즘 눈에 들어온다. 그것은 바로 국가의 자존심이다. 내 판단이 맞다면, 노인 빈곤율이 조만간 한 사회의 문명화 정도를 판단하는 대외적 지표가 될 것이다. 앞에서 언급한 청년이 자신의 아버지와 친구 피에르의 너그러운 아버지를 비교함으로써 아버지의 자존심을 건드렸듯이, 노인의 생활수준을 기준으로 각국의 문명화 수준을 비교하는 추세가 최근에 시작되었다.

실제로 노인의 운명에 대한 염려가 모든 나라에서 여론화되고 있다. 이런 염려는 상당히 새로운 현상이다. 시몬 드 보부아르는 풍부한 자료를 근거로 제시하며, 지난 수세기 동안 노령층의 끔찍한 생활 조건을 대략적으로 보여주었다.[45] 상당한 부를 축적해서 그 돈을 바탕으로 여전히 강력한 영향을 발휘하며 존경받는 노인은 극소수에 불과하다. 하지만 노인이 지난 세기까지 거의 어느 시대에나 가혹한 대우를 받았다는 사실을 보면 경악할 지경이다. 노인들은 기운이 다할 때까지 일해야 했고, 그 후에는 배척받고 폄하되고 경멸받았다. 서서히 고통스럽게 소외되어 죽음을 맞거나, 항상 은밀하게 감추인 수단을 통해 죽음이 앞당겨지기도 했다. 교회만이 그들에게 유일한 구원자였지만, 때로는 육체적이고 정신적인 고통을 연장하는 역할을 하기도 했다. 이처럼 극악한 야만성은 국민의 대다수가 최근까지도 끔찍한 빈곤에 시달렸다는 사실로만 변명될 뿐이지만, 우리 소비사회의 비도덕성과 비인간성을 비판하는 사람들은 자신들이 무슨 말을 하고 있는지도 모르는 셈이다.

과학과 테크놀로지의 발전 덕분에 전반적으로 풍요로워졌고, 그 결과로 우리는 인간의 고통, 구체적으로 말해서 가난한 사람과 노인의 고통, 그리고 세계 전역에서 굶주림에 시달리는 수많은 사람들의 고통을 새롭게 의식하게 되었다. 노인의 생활수준을 개선해야 한다는 움직임이 특히 두드러지게 눈에 띈다. 내가 지금 살고 있는 스위스에서도 그런 운동이 확인된다. 누구나 알고 있듯이, 스위스의 정치제도는 직접민주주의이다. 달리 말하면, 중요한 정책이든 논란이 많은 정책이든 모든 정책이 국민투표에 맡겨진다는 뜻이다. 또한 법률을 발의할 권리가 국민에게 있다는 뜻이기도 하다. 평범한 시민들이 모여 국민투표에 부칠 법안을 작성하거나 제안할 수 있다. 때로는 동일한 주제에 관련된 여러 제안이 발의되기도 한다.

실제로 현재 스위스에서는 노인의 재정 상태에 관련된 국민발의가 세 가지 제안되어, 노인의 조건을 개선하는 데 더 효과적이라며 서로 경쟁을 벌이고 있다. 하나는 국가 관리에 힘을 실어주는 제안인 반면에, 다른 두 제안은 이른바 '3중 연금체계three-pillar system'에 근거해서 상대적으로 다소 자유주의적인 성향을 띤다. 3중 연금체계에 따르면, 모든 국민에게 적용되는 공적 연금 및 기업 연금과 개인적인 저축을 동시에 활용해서 은퇴자의 재정적 안정을 꾀해야 한다. 각 방법은 나름대로 장점과 단점이 있지만, 세 방법을 결합하면 은퇴 이전 임금의 60퍼센트 이상을 보장할 수 있을 것이다.

내가 대다수의 또래에 비해서 크게 특혜 받았다고 느끼는 또
하나의 영역이 있다. 많은 은퇴자가 고통스럽게 직면해야 하
는 '고독'이다. 나는 외로움과 싸울 필요가 없다. 다행스럽게도
나는 사방에서 사랑받으며 살아가고 있다. 미국 사회학자 탤
컷 파슨스는 "노령층이 사회적 문제로 대두되는 이유는 금전
적 상황의 곤경보다 고립감에 있다"고 지적했다.[46] 다른 많은
학자도 파슨스의 의견에 동의하며,[47] 노인이 가장 흔히 당면하
게 되는 가장 심각한 문제가 고립감이라 주장한다.[48] 남편이나
부인, 심지어 자식과 손주에 이르기까지 가족과 친구의 죽음
이 이어진다. 절친한 친구의 죽음이 남기는 공허감은 결코 채
워지지 않는다. 65세 이후에는 혼자 살아가는 노인의 수가 급
격히 증가한다. 65세 이하에서는 독거노인이 21퍼센트에 불
과하지만, 65세 이후에는 평균 58퍼센트로 급증한다.[49]

나는 지금도 아내와 함께 사는 특혜를 누리고 있다. 사회학
적 조사도 한결같이 확인해주듯이, 나이가 들어서도 함께 살
아가는 사랑하는 노부부와 사별이나 이혼 등 이런저런 이유로
혼자 살아가는 노인은 행복감에서 크게 다르다. 혼자가 된 여
자의 고립감은 예전부터 꾸준히 지적되었다.[50] 때때로 부부는
서로에게 "내가 먼저 갈 거요"라고 말하곤 한다. 이런 말은 혼
자 남겨지는 것에 대한 두려움의 표현이라 할 수 있다.[51] 살아

남은 사람은 양로원에 들어가는 것보다 혼자 독자적으로 살아가는 방향을 선호하는 편이지만, 누구도 혼자 외롭게 죽고 싶어 하지는 않는다.[52] 흔히 '중년의 악마démon de midi'라 일컬어지는 때늦은 사랑의 모험은 성적인 만족감을 채우기 위한 수단이라기보다 외로움을 이겨내려는 욕망이 진정한 동기라할 수 있다.[53]

폴 리쾨르는 "진정으로 소중한 인간관계는 소수의 사이에 존재하는 인간관계, 즉 사랑과 우정이다"라고 말했다.[54] 나이가 들면 들수록 이 말이 더욱 절실하게 와 닿는다. 한 사회학자의 조사에 따르면, 노인들에게 유일하게 중요한 화제는 생존 여부를 떠나 남편이나 부인이었다.[55] 배우자가 세상을 떠난 후에도 살아남은 사람의 마음속에서는 고인이 누구보다 큰 위치를 차지한다는 뜻이다. 이처럼 고인과 이어주는 보이지 않는 끈이 살아남은 사람을 더욱 외롭게 만든다. 살아남은 사람은 과거의 결혼생활을 실제와는 완전히 다르게 생각한다. 이는 어떤 무의식적인 죄책감을 덮어버리기 위한 방편일 수 있다. 죄의식으로 좀처럼 머릿속에서 지워지지 않는 슬픔이 가장 극복하기 어렵기 때문이다.

나이가 들면 누구나, 인간 관계의 범위가 한정적이더라도 깊이가 있기를 더욱 절실히 원하게 된다. 행복하게 함께 살아가는 부부는 이런 욕구를 원만하게 충족할 수 있다. 이런 이유에서도 부부가 함께 늙어가는 것은 그 자체로 무엇과도 비교할 수 없는 축복이다. 이런 행복한 상태에 이르기 위해서는 많은 위기를 이겨내야 한다. 그런 위기들을 이겨낸 노부부들은 한없이 행복하고 편안한 모습을 보여준다. 이 책을 읽는 독자들도 이런 부부, 즉 노년을 행복하게 보내는 부부를 어렵지 않게 머릿속에 떠올릴 수 있을 것이다.

스위스 작가, 샤를 페르디낭 라뮈는 주정부가 결혼하는 모든 젊은 부부에게 배포하는 《가족생활》이란 소책자에도 소개된 멋진 구절에서 다음과 같은 부부를 묘사한다. 어느 화창한 저녁, 늙은 농부와 그의 아내가 평생 그랬듯이 집 앞에 있는 벤치에 나란히 앉아, 오랫동안 함께 일했던 널찍한 들판을 바라본다. 둘 사이에는 많은 말이 필요하지 않다. 그 나이가 되면 몇 마디 말로도 많은 것을 표현할 수 있기 때문이다. 그들 사이에는 침묵조차 유대감을 생생하게 드러낸다. 여기에서 "침묵이 말보다 더욱 웅변적이라 흔히 말하지만, 이런 경지는 전에 어떤 대화가 오갔느냐에 따라 달려 있다"라고 한 철학자 조르주 귀스도르프의 말이 떠오른다.[56]

그렇다, 난 라뮈의 이 구절이 참 좋다. 이 글귀는 내가 어떤 특혜를 받고 있는지 잘 설명해준다. 또한 부부가 함께 늙어가는 축복은 결코 쉽지 않은 상호적응과 관련된 모든 문제를 진실한 대화로 해결하는 용기로 지내왔던 기나긴 결혼생활의 결실이란 것도 이 구절에서 읽힌다. 개인의 노년이 과거에 어떤 삶을 살았느냐에 따라 결정되듯이, 부부의 경우에도 마찬가지이다. 파울 플라트너 박사가 말했듯이,[57] 어떤 부부도 갈등 없이는 성장할 수 없다. 어려운 시기를 이겨내는 과정에서, 또 서로 솔직해질 때, 부부는 상대를 있는 그대로의 모습으로 받아들일 수 있다. 물론 언제나 해결해야 할 문제가 조금씩 있기 마련이지만, 대화가 원만하게 진행되고 그에 따른 보람도 더 커진다.

하지만 부부가 함께 성장해가는 축복이 누구에게나 가능한 것은 아니다. 한쪽이 결혼생활의 평화를 지키고 겉으로라도 화목한 부부의 모습을 유지하기 위해서 상대의 억압에 굴복하고, 갈등을 일으킬 만한 주제를 회피하며 자신의 삶을 희생하는 경우가 적지 않다. 이런 경우에는 부부간의 골이 차츰 넓어지고, 부부는 점점 서로에게 남으로 변해간다. 결혼생활을 유지하지만 독신으로 사는 것과 다를 바가 없다. 사회생활을 하는 동안에는 각자가 자신의 일과 관심사에 열중하기 때문에 이런 삶이 그들에게 큰 고통거리는 아니다. 그러나 은퇴하여 부부 모두가 직장을 떠나고, 특히 남편이 직장 동료들을 잃고 자녀들이 집을 떠나면 사회적 접촉이 줄어들어, 부부만이 얼굴을 맞대고 지내야 할 시간이 많아진다. 그렇지만 막상 부부는 공통된 관심사로 얘기할 주제가 없어, 함께 늙어가는 행복이 함께 지루함을 견뎌야 하는 고통스러운 시간으로 변한다.

상대에게 서로 너그러운 부부도 크게 다르지 않다. 서로 상대를 깊이 존중함으로써 각자가 자기만의 삶, 요컨대 각자의 성향에 충실한 삶을 열정적으로 살아가기 때문에 삶의 황금기에 진정한 대화를 나눌 시간을 갖지 못한 부부 말이다. 이런 부부는 은퇴를 맞으면 위험한 시기가 시작된다. 부인은 한가하게 빈둥대는 남편의 존재가 당혹스럽게 느껴지는 반면에, 남편은 일을 그만둔 데에서 비롯되는 공허감을 부인이 채워주기를 기대한다. 따라서 부인도 과거에 열중했던 활동을 포기해야 한다. 그제야 그들은 한 지붕 아래에서 함께 살았지만 오래전에 동반자 관계가 끝났다는 걸 깨닫는다. 게다가 은퇴가 강요한 둘만의 시간에 상호 비난 이외에 별로 할 얘기가 없다는 것도 뒤늦게야 깨닫는다.

이런 위기의 단계를 이겨내고, 충분한 시간이 허용되는 새로운 환경을 활용해서 그때까지 소홀했던 상호관계를 다시 구축하기 시작할 수 있다면 그나마 다행이다. 또 뒤늦게라도 상대의 진면목을 발견하려 애쓰며, 결혼의 진정한 의미를 발견할 수 있다면 행복한 은퇴 생활을 영위할 수 있다. 결혼의 진정한 의미가 무엇이겠는가? 결혼생활은 끊임없는 교환이며,

상대가 자신의 능력을 발휘하도록 용기를 북돋워주는 삶이다. 이렇게 한다면, 그들은 라뮈가 멋지게 그려낸 아름다운 노년을 맞이하며, 사회생활을 하는 동안에는 생각하지 못한 심원한 성장과 변화를 이루어낼 수 있다. 이런 행복한 노부부의 모습을 감동적으로 그려낸 작가가 적지 않다. 예컨대 르클레르크 신부는 말년에 쓴 글에서 그랬는데, 정작 그의 삶은 종교적 서약으로 독신에 바친 삶이었다.[58] 르네 비오 박사는 "그런 부부는 심리적인 면이나 정신적인 면에서 결국에는 서로 닮아간다"라고 말했다.[59]

함께 늙어가는 부부는 사랑이 어떤 면에서는 천국의 한 단면이라는 걸 깨닫게 된다. 노년의 사랑은 젊은 시절의 사랑만큼 요란하지 않고 자기중심적인 쾌락을 좇지 않기 때문이다. 상호이해를 위해 느긋하게 나아갈 때 진정한 커뮤니케이션이 가능하기 때문이기도 하다. 카를 야스퍼스는 "인간 사이에 초월 없이는 커뮤니케이션도 없다"라고 말했다.[60] 노년의 이런 사랑이 하나님의 선물인 듯하다. 따라서 영원의 향내마저 풍긴다. 젊은 연인들은 평생 사랑하겠다고 맹세할 때 이런 사랑을 막연히 기대한다. 엘렌을 위한 롱사르의 소네트에서 그 증거를 볼 수 있다.

훗날 늙음이 찾아오면, 어느 저녁, 등불 아래서
난롯가에 앉아 실을 풀어 베를 짜면서

내 노래를 읊노니 그대 놀라 말하리라

"롱사르는 노래했네, 젊은 날의 아름다웠던 나를."

그렇다고 노부부의 사랑에서 섹스가 아무런 역할도 하지 않는다는 뜻은 아니다. 물론 섹스가 중요한 역할을 하지는 않지만, 대부분의 사람이 생각하는 것처럼 나는 성생활이 일찌감치 보편적으로 중단된다고는 생각하지 않는다. 이 문제에 관련해서 노인에게 솔직한 대답을 끌어내기 어렵기 때문에 내 생각이 진실에 가까울 가능성이 크다. 젊은이에 비해 노인은 이 문제에 대해 언급하는 걸 달갑게 여기지 않는 편이다. 시몬 드 보부아르가 지적했듯이, 노인의 성생활이 일반적으로 비정상, 심지어 혐오스러운 것으로 여겨지기 때문이 아닌가 싶다.[61]

나는 그렇게 생각되는 이유를 정말 모르겠다. 오히려 시간이 흐르면서 부부애의 세 요소―육체적인 요소, 정서적인 요소, 영적인 요소―간에 더욱 조화로운 균형이 이루어지는 듯하다. 반면에 젊은 시절에는 육체적인 요소가 다른 두 요소를 압도하지 않는가. 내 생각에는 강렬한 성욕에 못 이겨 하나가 된 부부들이 상대적으로 일찍 성생활을 포기하는 듯하다. 어쩌면 이런 이유에서, 프랑스 극작가 사샤 기트리는 많은 희곡에서 욕망의 미묘한 상호작용을 능숙하게 다룬 바 있다. 그래서 등장인물들이 그다지 늙지 않았는데도 성적인 욕망에서 일찌감치 벗어난 무척 매력적인 작품, 《사랑 이후》를 써냈던 것이라 생각된다.

한편 초기에는 육체적 사랑이 그처럼 절대적인 역할을 하지 않았고, 육체적인 사랑과 정신적인 사랑이 하나로 융합되어 더욱 지속적이고 완전한 사랑을 꽃피워내는 부부도 있다. 내 임상 경험에 따르면, 부인이 남편보다 연상인 경우에 이런 현상이 상대적으로 많은 듯하다. 따라서 자신보다 어린 남자와 결혼하는 걸 망설이는 여성에게는 반가운 소식일 것이다. 이런 점에서 "누군가 옆에서 늙어가는 걸 지켜보는 여인은 결코 늙지 않는다"라고 말한 알렉상드르 뒤마 피스(《몽테크리스토 백작》을 쓴 뒤마의 아들―옮긴이)의 말을 되새겨봄 직하다.

프랑스 내과의사 폴 쇼샤르 박사는 부인과 함께 이 아름다운 주제로 《부부가 함께 늙어가기》라는 책을 썼다.[62] 루이 앙리 세비요트 박사는 쇼샤르 부부가 한쪽의 죽음에서 비롯되는 이별의 비극에 대해 전혀 언급하지 않는 걸 놀랍게 생각한다. 나는 똑같은 비판을 받고 싶지 않지만, 쇼샤르 부부가 그런 얘기를 일부러 피했던 이유를 충분히 이해한다. 그들의 책은 순전히 개인적인 증언이다. 따라서 쇼샤르 부부가 책에 담아낸 인격주의적인 견해는 추상적인 이론이 아니라 그들이 결혼생활을 통해 직접 경험했던 것이다.

나도 그렇지만 쇼샤르 부부도 혼자가 되는 삶을 경험하지 못했다. 그런 시련을 직접 경험하지 않은 사람이 그 아픔에 대해 뭐라고 왈가왈부할 수 있겠는가. 따라서 나 자신이 이런 점에서 특혜 받은 사람이기 때문에, 그런 커다란 시련을 겪은 사람들 앞에서는 되도록 말을 아낀다. 누군가 그런 사람을 위로하겠다는 헌신적인 열정에 "당신 처지가 어떤지 충분히 이해할 수 있을 것 같습니다"라고 말하는 걸 옆에서 들을 때마다 나는 거북스럽다. 직접 경험하기 전에는 그 시련이 어떤 것인지 누구도 모른다. 키르케고르가 말했듯이, 고통은 남에게 전달할 수 없다. 이런 이유에서 개인적인 커다란 시련은 고독이란 비극적 감정에 의해 더 커진다.

화목한 부부라도 잔혹할 정도로 슬픈 다른 사건을 겪었을 수 있다. 예컨대 자식의 죽음을 지켜봤을 수 있다. 그러나 부부는 그 슬픔을 함께 겪는 반면에, 혼자가 된 사람은 그 슬픔을 이겨내야 할 뿐 아니라 혼자라는 고독감에서 오는 슬픔을 견뎌야 한다. 따라서 그가 이런 시련에 어떻게 반응할지는 누구도 예측할 수 없다는 게 내 생각이다. 혼자인 사람의 마음을 짐작할 수 있다고 내가 말한들 무슨 소용이 있으랴. 막상 내게 그런 시련이 닥치면 어떻게 반응할지 나 자신도 모르겠다. 많은 사람이 시련을 맞아 뜻밖의 반응을 보이는 이유가 여기에 있다. 하지만 내 경험이 맞다면, 화목한 부부가 이별의 아픔을 더 잘 견뎌낸다.

내가 누리는 또 하나의 특혜는 가족이다. 나에게는 두 아들과 두 며느리, 그리고 손자가 넷 있다. 더구나 즐겁고 깊은 유대감이 우리를 그들과 끈끈하게 이어준다. 하지만 자식과 손자, 적어도 조카가 있지만, 그들이 돌보지 않기 때문에 주변에 아무도 없는 사람들만큼이나 외로움에 시달리는 노인들이 적지 않다.

우리 자식들은 오랫동안 외국에서 살았지만 결국 조국에 돌아왔다. 우리는 그들과 멀리 떨어져 살지 않지만 서로 간섭하지 않고 독립적으로 생활한다. 우리 시대에는 이런 삶이 잘못된 것은 아니다.[63] 자식을 두었더라도 요즘에는 3분의 1 정도만이 자식과 함께 살고 있지 않은가. 우리 손자들은 시시때때로 거리낌 없이 자유롭게 우리를 찾아온다. 우리는 손자들의 삶에 관심을 보이고, 손자들도 우리 삶에 관심을 보인다. 손자들의 부모, 즉 아들들과는 결혼하기 전부터 서로 믿고 신뢰하는 긴밀한 관계를 유지하고 키워왔다.

또 하나의 특혜로는 우정이 있다. 젊은 시절을 넘기면 새로운 친구를 사귀는 게 쉽지 않다고 흔히 말한다.[64] 실제로 그렇다면 나는 예외적인 경우가 된다. 어린 시절과 청년기에 가장 친했던 친구들, 또 나와 함께 공부했던 친구들은 거의 모두가 세상을 떠났다. 내 아내도 그 시절의 친구를 많이 잃었다. 하지만 지금 우리 부부는 새로운 친구들과 한없이 즐거운 우정을 나누고 있으며, 새로 사귄 친구가 대부분 우리보다 어린 덕분에 우리 마음과 정신을 젊게 해주는 데 큰 역할을 해낸다. 더구나 우리가 가장 친하게 지내는 친구들은 수년 전에야 알았던 사람들이다.

그렇다면 대체 무엇이 우리 부부에게 이런 특혜를 안겨주었을까? 이 의문은 현 세계에 대한 판단과도 관계가 있기 때문에 나는 어떤 식으로든 이 질문에 답해보려 한다. 왜 많은 노인이 한 명씩 저세상으로 떠나가는 옛 친구들과만 밀접하게 지내는 것일까? 왜 사람들은 어린 시절과 청년기에만 우정을 맺을 수 있다고 생각하는 것일까? 함께 몸을 부대끼며 살고, 초중고등학교와 대학교에서 나란히 앉아 지내고, 함께 축구를 하거나 테니스를 쳤기 때문만은 아닐 것이다. 대학을 졸업하고 사회생활을 할 때에도 우리는 같은 사무실이나 같은 공장에서 일하고, 같은 운동 동호회에 가입해서 땀을 흘리며 운동에 몰두하지만 개인적인 관계까지 맺지는 않는다.

대체 그 이유가 무엇일까? 내 생각에 젊은 시절에는 처음으로 속내를 교환하는 황홀한 경험을 하기 때문인 듯하다. 미셸이란 소년을 예로 들어보자. 미셸은 어렸을 때 산책에서 돌아오거나 어떤 슬픈 일을 겪으면 엄마의 무릎에 앉아 모든 얘기를 털어놓곤 했다. 오랫동안 부모는 그가 비밀을 털어놓을 수 있는 특별한 사람이었다. 또한 부모는 그가 선택하지 않았지만 그에게 이런저런 권리를 주장하는 사람이었다. 그런데 어느 날, 그런 주장이 그에게 부담스럽게 느껴지기 시작했다. 부모가 모든 것을 털어놓지 않는다고 나무라는 빈도가 잦아질수록 그는 더더욱 말하고 싶지 않았다. 더욱이 미셸은 자기만의 인격과 자유에 눈을 뜨게 되었다.

어느 날, 미셸은 한 친구와 함께 숲에 들어간다. 그들은 그루터기에 나란히 앉아 속내를 터놓고 얘기하기 시작한다. 미셸의 부모는 아들의 삶에 대해 모든 것을 알고 있거나, 모든 것을 알고 있다고 생각한다. 반면에 친구는 그에 대해 전혀 모르고 있어 미셸의 말을 열심히 듣는다. 따라서 미셸은 많은 것을 얘기하고, 심지어 부모에게 말하지 않았던 것, 또 누구에게도 말하고 싶지 않았던 것까지 털어놓는다. 그렇게 하자, 이상한 만족감이 밀려든다. 마침내 미셸이 자유의지로 친구를 선택한 것이었고, 어렸을 때 어머니에게 느꼈던 무한한 믿음을 되찾는다. 미셸은 친구에게 허심탄회하게 속내를 털어놓았다는 사실에 자신조차 놀란다. 이처럼 자신의 생각을 거침없이 드러냄으로써 미셸은 전에는 그 존재를 거의 의식하지 못했던 풍부한 감정과 경험의 세계를 자신의 내면에서 찾아낸다.

이번에는 친구가 속내를 털어놓으며 미셸에게 똑같이 감동적인 믿음을 보여준다. 따라서 미셸은 친구와 상호적인 관계에 있게 된다. 부모의 경우와는 다르다. 부모는 미셸에게 모든 얘기를 하라고 요구하지만 자신들의 속내를 좀처럼 드러내지 않는다. 미셸은 많은 것을 추측할 수밖에 없었고, 부모가 그에게 조심스레 감춘 많은 문제와 걱정 및 갈등을 알아냈다. 하지만 친구는 자신의 삶과 마음, 즐거움과 괴로움을 숨김없이 털어놓았다. 그제야 미셸은 자신의 삶과 완전히 다르지만, 감정과 생각에서 자신의 삶에 못지않게 풍요로운 삶이 있다는 걸 깨닫는다. 미셸은 친구의 말에 귀를 기울이며 전적으로 공감한다. 이렇게 열린 문은 다시는 닫히지 않을 것이다. 그들은 언젠가 헤어지겠지만, 다시 만나면 상대가 이해해줄 것이라 확신하며 그사이에 있었던 일에 대해 얘기를 나눌 것이다. 그들은 상대의 비밀을 폭로하지 않는 한 영원히 친구로 지낼 것이다.

그 후에도 미셸은 학교와 일터에서, 여가활동이나 군복무를 할 때 많은 동료를 만날 것이다. 그러나 그는 이미 사회의 관습에 길들여졌을 것이다. 달리 말하면, 자신의 내면과 관련된 것에 대해서는 함구하고 속내를 드러낼 때는 신중하게 처신해야 한다는 걸 사회생활을 통해 배웠을 것이다. 또 사회적 관습에 단련되어, 논쟁하더라도 마음의 문까지 열어서는 안 된다는 것도 배웠을 것이다. 따라서 그의 주변에서나 세상에서 일어나는 사건에 대해서만 언급할 뿐, 그 사건을 통해 그에게 내적으로 어떤 영향을 미쳤는지에 대해서는 말하지 않을 것이다. 어떤 작가의 사상에 대해서는 언급해도, 조롱의 대상이 될지도 모른다는 생각에 그 자신의 의견은 좀처럼 드러내지 않을 것이다. 사랑에 빠지면 사랑에 대해서 이러쿵저러쿵 말해도, 그가 사랑하는 여인이나 그녀가 그에게 불러일으킨 은밀한 감정에 대해서는 말하기를 꺼린다. 직장 생활을 시작하면 대화거리가 풍부해진다. 따라서 직장 동료들과 직무에 관련된 문제에 대해서, 그들이 공유하는 이해관계에 대해서 이런저런 얘기를 나누며 미셸은 우리 세계의 비인간적인 면에 물들어갈 것이다.

직장이란 공동체에서 인간적이고 개인적인 관계를 맺기는 힘들다. 두 직원이 긴밀하게 협력하며 차근차근 경력을 쌓아가더라도 둘 사이에는 관습적이고 세속적인 관계만이 있을 뿐, 업무와 사생활을 뒤섞는 걸 경계한다. 사회학자들의 조사에 따르면, 은퇴자가 옛 직장 동료와 꾸준히 관계를 유지하는 경우는 무척 드물다. 은퇴한 한 여교사를 예로 들어보자. 그녀는 교사로 일할 때 친목단체에 가입했고, 규칙적으로 참석해서 나에게 그 단체에 대해 자주 말하곤 했다. 따라서 나는 그녀가 은퇴 후에도 그 단체를 소중하게 생각하며 모임에 참석할 거라고 생각했다. 하지만 그렇지 않았다. 그 이유를 묻자, 그녀는 "아, 모임에 참석하는 모두가 교사여서, 일에 대해서만 얘기를 해요. 그래서 그들과 함께 있으면 내가 이방인이 된 기분이거든요"라고 대답했다.

앞에서 나는 미셸의 운명에 대해 언급했다. 내 운명은 완전히
달랐다. 나는 어렸을 때 고아가 되었고, 그 때문에 감정을 좀처
럼 밖으로 드러내지 않았다. 또 다른 사람들에 비해 뒤늦게야
진정한 우정을 경험했다. 하지만 뒤늦게 우정을 경험한 만큼
강렬하게 경험했고, 인간의 삶에서 우정의 중요성을 인식할
수 있었다. 또한 우리가 객관적인 관찰과 지적이고 전문적인
대화를 통해 외부로부터 다른 사람에게 다가갈 수 있는 게 아
니라, 한 인간으로서 과거에 어떻게 살았고 지금은 어떻게 사
는지에 대해서, 그런 삶의 경험을 통해 자기만이 아는 것에 대
해 마음의 문을 열 때에만 다른 사람에게 진정으로 다가갈 수
있다는 것도 깨달았다. 그러나 그렇게 하기가 무척 힘들다는
것도 어렵지 않게 깨달았다.

　나는 실제 인간personne을 탐구하는 데 줄곧 깊은 관심을 쏟
아왔다. 실제 인간은 자신에게도 언제나 미스터리한 것이지
만, 사회적 등장인물personnage이란 가면을 통해 짐작할 수 있
을 뿐이다. 나는 진료실에서는 물론이고, 친구와 함께하는 휴
일이나 동료들과 논쟁을 벌이는 학회에서도 이 영원히 끝날
것 같지 않은 연구에 혼신의 힘을 쏟았다. 지금까지의 연구를
통해, 진정한 개인적 접촉을 위해서는 상호성이란 상황이 필
요하고, 나 자신이 먼저 마음의 문을 열어야, 적어도 내 마음속

에 감추인 저항감을 극복하고 상대에게 마음을 열 준비가 되어 있어야 상대가 마음을 더 활짝 연다는 것을 깨달았다.

그렇다고 내가 다른 사람들보다 쉽게 마음을 여는 성격은 아니다. 오히려 정반대이다. 나는 지금도 무척 수줍음을 타는 편이고 그다지 사교적인 성격이 아니다. 개인적인 만남은 지금도 두렵기만 하다. 가능하면 다른 사람들과 거리를 두고 지내고 싶다. 그러나 환자에게 진정한 도움을 주기 위해서, 즉 의학적이고 심리적인 기법에서 기대되는 도움보다 더 중요한 도움을 주기 위해서는 내가 감수해야 할 희생이다. 물론 의학적인 도움도 필요하다. 그러나 인간미가 상실된 현 세계에서는 너무도 많은 사람이 외롭게 살아가고 있다. 우리는 그들에게 온갖 배려와 도움을 아끼지 않고, 심지어 사랑까지 베풀지만, 많은 사람이 외로움에서 벗어나지 못하는 실정이다. 시대의 흐름에 반발하는 내밀한 반향이 용솟음치도록 하기 위해서는 한 권의 책에서도 나 자신의 일면을 숨김없이 드러내야 한다. 지금까지 내 책을 읽은 많은 독자가 "당신이 새로운 것을 가르쳐주었다기보다는, 내가 막연히 느끼던 것을 분명하게 말해주었습니다"라는 식의 얘기를 해주었다.

이런 이유에서 나는 깊이 있고 지속적인 우정을 새롭게 맺을 수 있었다. 그 우정은 나에게 많은 영향을 미쳤고, 그로 인해 나는 끊임없이 성장하며 위기를 이겨내고 다시 시작할 수 있었다. 또한 그 우정은 의사라는 직업의 한계를 훌쩍 뛰어넘는 삶의 목표까지 주었고, 우리가 살아가는 세계를 더 인간적으로 만들어가려고 나처럼 투쟁하는 사람들과 긴밀하게 이어주는 역할까지 해냈다. 그렇다, 많은 노인을 괴롭히는 외로움이란 비통한 문제는 노인만의 문제가 아니다. 우리 문명의 한계와 단점을 여실히 보여주는 자화상이다.

노인들이 처절하게 외로움을 느낀다면, 그 이유는 그들이 의식하지는 못했지만 은퇴 전에도 이미 외로웠기 때문이다. 모든 점에서 노년이 되면 인간은 본연의 모습이 드러나지만, 누구도 그 모습을 보고 싶어 하지 않는 건 사실이다. 직장 생활과 사회적 삶이 우리를 착각하게 만든다. 사회 전체가 관습적이고 피상적인 계약만을 앞세우기 때문에 외로움이란 병에 시달린다. 은퇴를 통해 이 거대한 기계에서 벗어나도 대단한 것이 남지는 않는다. 그 거대한 기계에서 떨어져 나온 톱니 하나는 불쌍하게 보인다. 그러나 기계의 일원이었을 때도 그 톱니는 다른 톱니들과 맞물려 돌아갔지만 진정으로 결합되지는 않았다.

원료부터 제품이 생산되어 나올 때까지 여러 과정의 작업을 연속적으로 진행하는 일관작업을 생각하면 이런 톱니바퀴 비유는 쉽게 이해된다. 또한 은퇴와 동시에 그런 과정에 밀려난 노동자가 받는 정신적이고 경제적인 영향도 어렵지 않게 이해된다. 그런데 세속적인 삶은 물론이고, 에로틱한 의미에서의 사랑도 보편적으로 조화롭게 돌아가는 거대한 톱니바퀴이다.

그 사랑이 성적으로 제대로 실현되지 않을 때에도 마찬가지이다. 어떤 곳에서나 여왕처럼 떠받들리고, 사교적 성공을 자신에 대한 찬사로 여기며 딴생각 없이 그런 성공을 즐기는 매력적인 여성도 나이가 들면 은퇴라는 심각한 위기를 겪으며 사회적으로 고립될 수밖에 없다. 그녀는 일찍부터 그런 고립을 예감한다. 따라서 얼굴에 주름이 잡히며 세월의 흔적이 드러나기 전부터 나이가 드는 것을 무척 두려워한다.

프로이트는 심리적 건강을 판단하는 두 가지 기준으로 사랑과 일에 대한 능력을 제시했다. 물론 프로이트는 사랑과 일이란 본능적인 행위의 힘과 미묘함을 훌륭하게 증명했지만, 외로움의 문제를 해결하기 위해서는 둘 이외에 다른 것이 필요하다. 직장 생활과 성적인 매력이란 피상적인 관계가 더욱 심원한 관계, 즉 개인적인 관계의 발전을 위한 디딤돌이 되어야만 한다. 개인적인 관계가 초월적인 차원을 띠며, 성경에서 말하는 사랑으로 발전할 때에만 진정한 의미에서 개인적인 관계가 존재할 수 있다.

교회에 열심히 다니는 노인들도 외로움에 시달린다는 점에서 진정한 개인적 관계의 구축이 무척 어렵다는 게 증명된다. 결국 우리는 무수한 사람을 만나며 평생을 보내고, 직장과 가정에서 얼굴을 마주보며 오랜 시간을 보내고, 직장 생활과 사교적 삶에서 많은 사람과 어울리지만 꾸준히 지속적인 관계를 맺지는 못한다는 뜻이다. 은퇴로 직장 동료들과 헤어지고, 배우자와 마지막 남은 친한 친구까지 잃는다면 그야말로 재앙이다. 퇴행과 무기력이 뒤따른다. 많은 학자가 노인의 소외에 대해서, 노인의 사회해체에 대해 다루었다.[65] 그러나 이런 현상은 우리 사회가 노인들에게 진정한 관계를 맺을 기회를 제공하는 데 얼마나 소홀했던가를 반증해주는 듯하다.

뒤마제디에와 리페르가 지적했듯이, 30대와 40대 사이에 사회통합이 이루어지지 않으면 50대와 60대에는 거의 불가능하다.[66] 따라서 사람들로 북적이는 건물 안에서도 지독히 외로울 수 있다.[67] 은퇴 후에 시작되는 사회적 관계의 위축 과정은 놀라울 정도이다.[68] 이런 현상에 대처하기 위해서 사회노인학이 이미 미국에서는 크게 활성화되었고,[69] 조만간 유럽에서도 활발하게 연구되리라 믿는다. 한 조사자가 확인한 바에 따르면, 조사한 은퇴자의 31.5퍼센트가 누구의 방문도 받지 못했다.[70] 더더욱 놀라운 사실은, 이 조사가 그런대로 괜찮은 양로원에 입원한 동일 직종의 입원자를 대상으로 실시되었다는 것이다. 조사자는 "같은 직종에 근무했다고 사회적 접촉이 더 용이해지는 것은 아니다"라고 결론지었다. 또한 그 양로원이 남프랑스에 있어 많은 스페인인이 그곳에서 근무했지만, 조사자는 "스페인인과 프랑스인이 함께 산책하는 모습을 볼 수 없었다"며 외국인의 소외를 강조했다.

사회적 접촉이 줄어드는 또 하나의 중요한 요인은 외모에 대한 노인들의 염려이다. 노인은 늙는 것도 두려워하지만, 늙은 모습을 남들에게 보여주는 것을 더더욱 두려워한다. 따라서 대외적 활동을 꺼린다. 로베르 위고노 박사는 그르노블에 노인을 위한 미용실을 차렸다.[71] 그 결과로 그가 얻은 심리적 효과는 상당하다. 치아, 머리칼과 피부, 손과 발을 적절하게 관리받은 덕분에, 노인들은 사회적 접촉을 망설이던 소극성에서 벗어날 수 있다.

이 방법은 위고노 박사가 노인을 지원하기 위해 시도한 체계적이고 전반적인 대책의 하나에 불과하다.[72] 앞에서 언급했듯이, 위고노 박사는 은퇴 준비에 관련된 강연에도 빠지지 않는다.[73] 게다가 버림받은 독거노인을 찾아내서 지원하는 '노인 보살핌'이란 단체까지 결성했다. 이 단체에서는 유급 직원과 자원봉사자가 협력해서 일하며, 많은 은퇴자가 이 단체를 통해 여가시간을 활용하는 좋은 기회를 얻고 있다. 국가에서 관리하는 사회보장제도가 있는 나라에서 이런 단체는 민간단체의 성격을 띠어야 한다는 게 얄궂기만 하다. 국가에서 운영하면 은퇴자의 봉사가 원천적으로 봉쇄되기 때문이다. 예컨대 프랑스에서 은퇴한 공무원은 일할 권리가 없다!

물리치료와 작업요법에 필요한 시설을 갖춘 노인병원, 은퇴자들의 동호회와 양로원도 언급해야 한다. 이런 곳은 도심에 위치하는 게 좋다. 그르노블 '노인 보살핌'이 당국에 경각심을 주고 사회봉사자들을 결집하고 격려할 목적에서 론알프 지역 전역에서 개최한 연구발표회에 나는 아내와 함께 자주 참석했다.

혼자 사는 노인을 방문해서 의학적으로 검진하는 일종의 순회 진료를 추진하는 사회의료팀을 혁신하는 데도 꾸준히 관심을 기울여야 할 것이다. 노년에는 건강이 중요한 재산이다. 이 원칙에는 누구도 예외가 없다. 여기에서 나는 노인병학에 대해 이러쿵저러쿵 말하고 싶은 건 아니다. 이 책을 읽는 독자들 중에는 노인병에 대해 나보다 훨씬 많이 아는 전문가도 있을 것이고, 그렇지 않은 사람은 간략하게 요약된 의학적 지식이 없더라도 큰 문제없이 지낼 수 있기 때문이다. 더구나 이 책의 핵심적인 주제는 노년에 대한 우리 모두의 반응이지 않은가. 이런 점에서, 시몬 드 보부아르의 적절한 지적을 우선적으로 머릿속에 떠올려야 한다. "우리는 나이를 생각하며 질병이란 개념을 머릿속에 지워내고, 질병을 생각하며 나이라는 개념을 머릿속에서 떨쳐낸다. 이처럼 우리는 교묘하게 질병과 나이를 잊어버린다."**74** 이런 관점에서 볼 때, 죽음을 위협하지만 노화와 특별한 관계가 없는 불치병을 제외하면, 가장 부담스러운 지병과 질환은 다른 사람과의 교류를 위협하는 질병이다. 예컨대 시력이 급격히 떨어지거나 귀가 들리지 않으면, 또 거동이 불편해지면 다른 사람들을 만나기가 힘들어지지 않는가.

몸이 점점 쇠약해지고, 시력과 청력과 기억력이 떨어지면서 노인은 다른 부분에서는 건강하더라도 외톨이가 되어간다. 이런 현상은 너무도 분명하고 널리 알려진 것이어서, 여기에서 내가 구태여 첨언할 필요가 없을 정도이다. "시력이 약한 노인보다 귀가 어두운 노인이 훨씬 더 불행하다"라는 사실은 이미 학문적으로 확인되었다.[75] 하지만 귀가 어둡거나 눈이 어둡더라도 점자點字를 배울 수 없을 정도로 지적 능력이 떨어진 노인의 운명은 더더욱 안타깝다. 치매의 초기 증상이 나타나는 즉시, 그런대로 젊었을 때 점자를 가르쳐야 한다는 주장에는 많은 객관적인 근거가 있다. 의사와 가족이 당사자에게 불안감을 조장할까 두려워하며 차일피일 미룬다면 잘못된 감상주의에 불과하다.

그러나 의료계 전체에서 확인되는 현상이 있다. 구체적으로 말하면, 질병을 견디는 방법이 질병의 위중함보다 당사자의 정신 상태에 따라 달라진다는 것이다. 예컨대 맹인이며 귀머거리인 노인은 평화롭게 보이고 심지어 즐거워도 보이지만, 청력이 약간 떨어진 노인은 끊임없이 툴툴거리며 실제보다 귀가 들리지 않는 것처럼 행동한다. 따라서 그런 노인은 상대의 말을 집중해서 들으려는 노력조차 하지 않는다. 게다가 주변 사람들이 웃는 모습을 보면, 그들이 자신을 조롱하는 것이라 생각한다. 자신에게 닥친 불행에 분노하며 저항하는 사람보다, 수긍하며 받아들이는 사람이 불행을 더 쉽게 이겨낸다는 것은 보편적인 법칙이다.

거동 능력의 상실도 마찬가지이다. 며칠 전, 우리 부부는 스페인에서 요양하는 옛 친구를 찾아갔다. 나보다 어리지만 만성 관절염 때문에 부인의 도움을 받지 않고서는 혼자 앉지도 서지도 못하는 동료이다. 이처럼 남에게 전적으로 의존할 수밖에 없는 상황은 견디기 힘든 시련이다. 이와 같은 커다란 시련을 통해 인간은 영적으로 성장할 수 있다. 내 친구는 테라스에서 꽃그림을 그리고 있었다. 아름다운 풍경과 꽃과 햇살을 즐기고, 부인의 다정한 보살핌을 받으며 그림을 그리고 글을 썼다. 실제로 얼마 전에는 신간을 발표하기도 했다. 게다가 신체적 장애에도 불구하고 여기저기를 여행하며 행복하게 살고 있었다. 그는 우리 부부를 따뜻하게 맞아주었고, 우리에게 용기까지 북돋워주었다.

옛 친구를 만나고 돌아올 때, 나는 무척 좋아했던 친척 한 명을 떠올렸다. 꽃다운 나이에 닥친 진행성 근위축증이 말기에 이른 까닭에, 내가 그를 찾아갔을 때 그는 눈동자밖에 움직이지 못했다. 그는 병실 베란다에 놓인 병상에 누워 있었다. 젊었을 때 윈드서핑을 즐겼던 그는 바람의 흐름을 잘 알았다. 내가 다가가자 그는 이렇게 말했다. "눈으로 구름을 좇으며 구름을 관찰하면 무척 재밌어. 론 강 유역에서 레만호 쪽으로 부는 바람 중 동풍에 대해서 사람들은 항상 하나밖에 없는 것처럼 말하지. 하지만 나는 그 바람에 두 가지 종류가 있다는 걸 알아냈네. 완전히 다른 두 가지 바람이!"

양로원 입원

독립성 상실은 엄청난 시련이다. 그런 시련이 닥치기 전에는 모든 노인이 독립성의 상실을 두려워한다. 이런 이유에서 많은 노인이 양로원에 들어가는 걸 고집스레 거부한다. 그렇다고 양로원에 들어가라고 노인을 설득하는 사람들이 흔히 주장하는 것처럼, 이런 거부를 불합리한 행동이라고 탓할 수는 없다. 양로원에 입원하면 노인이 육체적으로나 정신적으로 더 빨리 쇠약해진다는 믿음이 있다. 프랑스에서 페키뇨 박사가 조사한 통계자료에서도 양로원에 입원한 노인의 4분의 1 이상이 6개월 내에 사망했고, 절반 이상이 1년 이내에 사망한 것으로 밝혀졌다. 끔찍한 결과가 아닐 수 없다! 시몬 드 보부아르는 이런 자료를 인용한 후에 "규칙이 엄격하고 일과가 단순하다. 일찍 일어나고 일찍 잠자리에 드는 게 전부일 정도이다. 과거와 환경과 단절된 채 똑같은 옷을 입은 입소자들은 개성을 완전히 상실해서 번호에 불과하다"라고 덧붙였다.[76] 내가 앞에서 고발했던 비인간적인 사회의 작품인 셈이다.

이처럼 오래 살던 곳을 떠나는 것만으로도 노인들에게는 엄청난 충격이다. "변화는 노인이 견뎌야 하는 가장 심각한 정신적 외상 중 하나이다."[77] 고령자에게는 단순한 이사가 큰 재앙이 될 수도 있다.[78] 정원사라면 누구나 알겠지만, 어린 묘목을 옮겨 심는 이유는 발육을 자극하기 위한 것이다. 하지만 그런 정원사도 나무에 대해서는 "이 나무는 너무 늙어 옮겨 심을 수 없습니다"라고 말한다. 한 사회학자는 "노인을 현재의 삶에서 끌어내지 말라"고 당부한다.[79] 또 독일 언론인 발터 바이델리는 제네바에서 열린 노인의 주거에 대한 원탁회의에서 "노인의 거처를 옮기지 마라. 그 짓은 범죄다!"라고 결론지었다.[80]

모든 전문가가 "가능하면 양로원을 피해야 한다"는 점에서 의견이 일치한다. 위고노 박사는 "준비되지 않은 강요된 이주는 노인에게 해로우며 때로는 치명적이기도 하다"면서,[81] 특히 시골 노인의 이주는 피해야 한다고 덧붙였다. 미레예 박사는 "노인에게는 가족적인 환경, 즉 평소에 살던 곳에 계속 머무는 것이 가장 바람직하다"라고 말했다.[82]

가족적인 환경이란 가족과 함께하는 공간이란 뜻일까? 이에 대해서는 의견이 분분하다. 사회학자 수잔 파코와 마르그리트 올리비에 라알은 조부모와 부모와 청소년 간의 심리적 관계에 대한 조사 끝에, 동거에 반대한다는 결론을 내렸다.[83] 가능하면 일정한 거리를 두고 관계를 유지하는 게 바람직하다는 결론이었다. 달리 말하면, 한동네에 살더라도 따로따로 사는 게 더 낫다는 뜻이다.[84]

그러나 건강 상태 때문에 노인이 혼자 살기가 어려운 때가 오기 마련이다. 따라서 영국의 사회학자 피터 타운센드는 양로원보다 가정방문 요양사 제도의 개발을 적극적으로 권장한다.[85] CNRO(Caisse nationale de retraite des ouvriers du bâtiment et des travaux publics, 공공건설노동자를 위한 퇴직기금)가 은퇴자들을 상대로 조사한 결과에서도 똑같았다.[86] 양로원에 비하면 훨씬 까다로운 조직이 필요하겠지만 그렇다고 반드시 비용이 더 많이 드는 것은 아니다. 나는 그르노블 연구발표회에서 파리에 본부를 둔 '가난한 사람들의 작은 형제들Petits frères des Pauvres'이란 평신도 단체 회원들을 만난 적이 있다. 시카고와 캐나다에도 지부를 둔 이 단체의 정신과 열정에 나는 깊은 인상을 받았다. 그들은 노인을 직접 찾아다니며 봉사한다. 집안 청소와 심부름 등 온갖 일을 대신해주며 노인이 자신의 집에서 지낼 수 있도록 돕는다. 그들이 이처럼 효과적인 선교 활동을 통해 진정한 기쁨을 얻는 건 분명하다. 제네바에서는 호스피스 제네랄Hospice Général이란 자선단체가 오래전부터 노인의 가정으로 따뜻한 식사를 배달하는 봉사를 해왔다.

따라서 대부분의 경우에는 양로원 입원을 늦추거나 피할 수 있다. 잊지 말아야 할 중요한 결론이다. 양로원 입소는 정든 집을 떠나는 것에서 그치지 않고, 노인들 간의 차별로 인해 중대한 문제를 초래할 수 있다. 동물도 우리에 가두어두면 사망률이 급증한다. 정반대의 연령층, 즉 유아들을 대상으로 시행한 실험에서 비슷한 결과가 확인되었다. 유리벽 뒤에서, 즉 위생과 영양공급이 최적인 병원에서 지내는 유아가 정상적인 환경에 남겨진 유아보다 사망하는 경우가 더 많다.

양로원에서 보내는 노인의 삶에 대한 끔찍한 보고서를 나는 한두 번 읽은 게 아니다. 하지만 냉정하게 판단해야 한다. 시설에서나 심리적인 분위기에서 양로원은 이미 상당히 개선되었다. 특히 스칸디나비아 국가들과 스위스처럼 작은 나라에서는 눈에 띄는 발전을 이루었다. 프랑스에서도 몇몇 산업별 조합은 은퇴자들을 위한 쾌적하고 안락한 공동주택을 마련해서, 그들은 인격체로 대하며 작은 일거리라도 주려고 애쓴다.[87] 그런 공동주택은 도시에서 멀지 않은 곳에 위치하며, 개개인이 각자 방을 차지하거나 소수가 한 방을 사용한다. 또한 공원에는 작은 정자들이 세워져 있고, 구내식당을 비롯해 다양한 서비스가 제공된다.

요즘 그르노블과 제네바를 비롯해 많은 도시에 노인을 위한 공동주택이 세워지고 있다. 작은 아파트로 부부가 함께, 혹은 혼자 단독으로 사용할 수 있다. 주방은 공동으로 사용하고, 간호사가 상주하며, 심각한 질병이 아니면 언제라도 진료받을 수 있는 시설이 갖추어져 있다. 안타깝게도 차별의 부작용은 여전하지만 비인간적인 분위기는 적잖게 씻어낸 듯하다.[88] 그러나 조사 결과에 따르면, 입소자들은 여전히 서먹서먹하게 지내는 듯하다. "안녕하세요. 안녕히 주무십시오. 그걸로 끝이다…." "말썽을 일으키는 사람들이 있다." 모든 사회가 그렇듯이, 은퇴자들을 위한 공동주택이란 작은 세계에도 파벌이 있고, 지도자와 추종자가 있다. 하지만 "같은 진영에 속한 사람들을 이어주는 상대적인 관계는 존중되어야 한다. 그 관계가 갖는 심리요법적 가치가 무엇보다 중요하기 때문이다."[89]

심리요법에 관련해서 말하면, 최근까지 정신병원에 보내진 노인들이 어떠한 정신적 지원도 받지 못했다는 걸 인정해야 한다. 리옹의 폴 발베 박사는 "정신병원에 갇힌 노인이 가장 버림받은 사람이었다는 게 최근에야 밝혀졌다"며 "정신병원에 갇힌 노인은 노령과 정신병이란 이중의 불행 이외에 세상으로 배척받는 불행까지 겪어야 한다"고 덧붙였다.[90] 이렇게 과감히 말할 수 있는 이유는, 정신의학과 사회노인병학의 발달로 새로운 깨달음을 얻은 의사들의 영향으로 최근 들어 건전한 반발이 일어났기 때문이다. 따라서 응접실과 구내식당, 체육관과 놀이방을 갖추고, 집단요법과 작업요법을 제공하는 쾌적한 노인병원들이 정신병원과 협력하면서도 독립적으로 세워져 운영되고 있다. 그 결과는 놀라울 정도이다.[91] 크리스티안 뮐러 교수는 《노인정신의학 입문》이란 책에서, 자신이 스위스에서는 처음으로 로잔에 세운 노인병원에 대해 소개했다.[92] 현재 또 하나의 노인병원이 쥐노 박사의 주도하에 제네바에도 세워지고 있다.

그러나 무엇보다 중요한 것은 개인적인 작은 관심이다. 위고노 교수가 나를 초대해서 그르노블의 노인병 관련 시설을 보여주었을 때, 비닐 덮개가 씌워진 채 병원 공원에 세워져 있는 낡은 자동차가 유난히 내 눈을 사로잡았다. 위고노 교수는 "이곳에 입원한 분의 자동차입니다. 이 자동차에 무척 애착을 갖고 있더군요. 그래서 제가 그분에게 자동차를 여기에 갖다 놓자고 제안했습니다. 그분은 매일 여기에 와서 덮개를 벗기고 고장 난 핸들 뒤에 앉아 무척 행복해합니다. 그러고는 다시 덮개를 씌웁니다." 이런 것이야말로 진정한 인격의학이 아니겠는가!

어디에서 노년을 보내야 할까

이 책을 읽는 독자들은 이미 눈치챘겠지만, 내가 앞에서 노인의 독립성 보장과 주거지에 대해 언급한 모든 것은 내가 개인적으로 누리는 특혜를 나열한 것이다. 이제 우리 부부가 지금 살고 있는 집에 대해 말해보려 한다. 3년 전, 우리는 25년 이상 살았던 집을 팔았다. 도심에 있던 집으로, 내가 활발하게 활동하며 자식들과 함께 살던 때에는 의사로 일하며 가족과 함께 하기에 더할 나위 없이 행복한 공간이었다. 그러나 자식들이 모두 떠난 후에는 집이 너무 커서 유지하기도 힘들었고, 한창 건설 공사가 진행 중인 구역에 있어 시끄럽기도 했다.

따라서 우리는 도시에서 가까운 시골에, 우리 나이에 적합한 규모의 집을 지었고 '밀알'이란 이름을 붙였다. 아름다운 떡갈나무의 그림자가 드리워지고, 강과 밀밭 사이에 있는 집이다. 밀밭이 우리와 손자들을 갈라놓고 있지만, 오히려 우리를 그들과 더 가깝게 이어주는 역할도 해낸다. 다행히 아들 하나가 건축가인 데다 우리 부부와 뜻이 맞아, 우리가 어떤 집을 원하는지 잘 알고 있었다. 그래서 우리에게 꼭 맞는 집을 멋지게 설계해낼 수 있었다.

삶의 각 단계에서는 주거지가 생활방식에 부합되는 게 무척 중요하다. 나이가 들어 도시에서 시골로 이주하면, 그 자체로 생활 리듬이 노년에 적합한 방향으로 바뀔 수밖에 없다. 내 경우에는 어린 시절을 보냈던 곳, 우리 부부가 결혼했고 항상 마음에 품고 있었던 곳으로의 귀향이었다. 내가 어렸을 때 그곳에는 젖을 짜던 젖소들이 있었고 포도나무들이 늘어선 포도밭이 있었으며, 강가에는 가재들이 어슬렁거리며 돌아다녔다. 그 모든 것이 사라지고 없었다! 그러나 크리스마스가 다가오면, 학교 교사와 신부와 목사만이 아니라, 옛날에 나와 함께 자전거를 타고 학교에 다니던 시장까지 가세한 멋진 축제들이 여전히 잇달아 벌어지는 곳이다.

우리 부부에게는 자연으로 돌아가는 기회이기도 했다. 정원은 아내의 영역이지만, 나 역시 정원을 가꾸는 걸 무척 좋아한다. 장 마리 도므나크가 여가활동과 관련해서 언급한 표현을 빌리면, 우리는 정원에서 "자연을 착취하는 게 아니라 자연과 우애를 나누고 시詩를 함께 읊는 기회"를 갖는다.[93] 많은 노동자가 은퇴 후에 시골에 정착하고 싶어 한다.[94] 하지만 그들은 곧 실망하고 시골에 적응하지 못하는 경우가 많다. 시골에 살아본 적이 없거나, 은퇴하기 수년 전부터 시골에 정착하지 않았기 때문에 그들은 시골로 쫓겨난 기분에 사로잡히고 권태롭게 지내기 십상이다.

행복한 은퇴를 위해서는 제때에 필요한 준비를 해야 한다. 은퇴를 앞둔 한 여교사의 이야기를 잠깐 보자. 그녀는 자신의 직업을 좋아했고, 자기계발을 위해 끊임없이 노력했지만 지금까지 살면서 행복하다고 생각한 적이 거의 없었다. 아버지는 2차 대전에 참전한 와중에 전사했다. 게다가 아주 어렸을 때 어머니와 함께 조국을 떠나 어머니의 모국에 정착해야 했다. 하지만 그곳은 그녀에게 완전히 낯선 땅이었다. 유능한 심리치료사에게 도움을 받았지만 그녀는 당시의 아픔을 잊지 못했다. 결혼에 희망을 품었지만 그런 희망마저 물거품이 되었다. 어느덧 은퇴할 시간이 다가왔다. 그녀는 은퇴를 바랐지만 한편으로는 두려웠다.

이렇게 힘든 삶을 살았던 사람이 은퇴 후에 행복을 찾을 수 있을까? 의기소침해서 자신의 작은 아파트 주위에서 맴돌지나 않을까? 그녀가 좋아했던 것은 자연, 꽃과 정원이었다. 그럼 시골에 집을 마련하면 되지 않을까? 그녀는 은퇴를 앞두고 수년 전부터 그런 생각을 했었다. 하지만 전원주택을 구입한다는 건 쥐꼬리만 한 교사 월급을 받는 여자 혼자서 결정하기 쉬운 문제가 아니었다. 그 때문에 이런저런 고민에 휩싸였다. 자기에게 집값이 턱없이 높게 제시된 건 아닌지, 거기에 친구들도 정원이 작고 집의 상태가 엉망인데 집값이 터무니없이 비싸다며 그녀의 의욕을 꺾어놓기 바빴다.

그래서 우리 부부가 그 시골집을 찾아가보았다. 우리가 보기에는 기막히게 매력적이고 잘 지어진 집이었다. 게다가 규모도 상당해서 방을 한두 개쯤 세놓으면 은퇴 후의 외로운 삶을 피할 수도 있을 것 같았다. 그 정도라면 그녀가 과감하게 그 집을 사더라도 문제가 될 게 없었다. 더구나 그녀는 그 집을 사고 싶어 하지 않았던가. 이제 그녀는 은퇴해서 그 집에 살고 있다. 한없이 즐거운 마음으로 작은 정원을 가꾼다. 며칠 전에는 정원에 야생 벚나무 한 그루를 심기도 했다. 그 벚나무가 잘 뿌리를 내리고 자라서 열매를 맺을까? 그녀는 불행했던 과거를 되새기지 않고 미래를 기대하며 살아가고 있다.

말년의 적절한 삶의 방식을 제때 생각해 준비하는 일에 소홀한 사람은 의외로 많다. 시간이 지난 다음에야 그들은 한탄하고 후회하지만, 이미 늙은 뒤에는 "이제 와서 후회한다고 무슨 소용인가?"라고 침울하게 말한다. 사색할 시간이 많아지는 은퇴 후의 삶을 보내기에 아름다운 경치가 주변에 있고, 시내에서 지나치게 멀리 떨어지지 않은 시골집만큼 좋은 곳은 거의 없다. 또 은퇴자에게는 그다지 넓지 않은 정원을 가꾸며 꽃과 나무가 자라는 모습을 지켜보는 것만큼 신나고 자연스럽게 해낼 수 있는 쉬운 활동도 없다.

공작, 직접 만들어보자

우리 집에는 지하실에 널찍한 방이 두 개나 있다. 하나는 아내를 위한 곳으로 커다란 가구들로 가득하다. 알뜰한 가정주부라면 정리해둘 것이 많지 않겠는가. 다른 하나는 내 작업장이다. 지금까지 어떤 집에서 살든 간에 방 하나는 언제나 내 작업장이었지만, 지금 작업장만큼 마음에 들지는 않았다. 내 삶에서 작업장은 진료실만큼이나 중요하다. 이것도 내가 누리는 특권 중 하나이며, 나이가 들어 여가시간이 더 많아진 후에는 가장 소중한 특권이 되었다. 그러다 보니 이 책을 써달라는 요청을 받았을 때 작업장이 머릿속에 가장 먼저 떠올랐다. 나는 모든 것에 관심이 많아, 의학과 심리학 및 글쓰기에서도 즐거움을 얻지만 그에 못지않게 손으로 뭔가를 만드는 공작工作에서도 큰 즐거움을 얻기 때문이다.

어려서 고아가 되었던 까닭에 내성적이고 좀처럼 감정을 밖으로 드러내지 않았던 나는 학교 성적도 한심했다. 어린아이의 정서적인 삶이 학업 능력에도 상당한 영향을 미친다는 걸 당시에는 누구도 몰랐다. 따라서 학업 성적이 떨어지면 나태하거나 멍청한 탓으로 여겨졌다. 외삼촌은 "이 아이는 공부로는 성공하지 못할 거다. 하지만 손재주는 있지"라고 말하곤 했다. 그래서 휴일이면 외삼촌은 트루아넥스 마을의 목수이던 페트뤼스 살랑소네 씨의 목공소로 나를 보냈다. 살랑소네 씨는 나에게 강한 인상을 주었고 경외감까지 불러일으켰다. 더구나 마을 사람들의 서열에서 상당히 높은 소방대 대장이었다. 그는 나를 무척 따뜻하게 대해주었고 나에게 개인적으로 관심까지 보여주었다. 감수성이 강했던 내가 그런 호의를 어떻게 느끼지 못했겠는가. 첫날 그는 나에게 "일꾼은 연장을 준비하는 법부터 알아야 한다"며, H자 모양의 나무틀에 톱날을 끼워 활톱을 만들라고 했다. 나에게는 쉽지 않은 작업이었다. 그렇게 만든 활톱을 나는 지금도 간직하고 있다.

곧 나는 탁자와 작은 가구를 만들었고, 그것들을 직물로 감싸는 방법을 배웠다. 갖풀을 끓이는 화로가 작업장에서 가장 중요하고, 제작한 물건의 결함을 갖풀로 감출 수 있다는 걸 배우는 데는 많은 시간이 걸리지 않았다. 그 후에는 목재 선반공에게 선반을 다루는 법을 배웠고, 목공예가에게 정말 기초적인 강습을 받았다. 하지만 나는 그 모든 것을 좋아했고, 그런 공작으로 뒤떨어진 학업 성적에 대한 위안을 얻었다. 공작에 대한 이런 취미는 그 후로도 평생 계속되었다. 나중에는 나무를 다루는 목공에서 금속을 다루는 작업으로 넘어갔다. 내가 지금까지 만든 실용적인 물건들은 일일이 나열하기 힘들 정도이다. 책의 장정, 처음에 코일을 감을 때부터 가슴이 두근거렸던 라디오, 콘덴서와 저항기, 파라핀을 원료로 마이크로톰(현미경 검사를 위한 박편 절단기—옮긴이)과 온갖 염료를 사용해서 만든 조직 단면도까지, 나는 어떤 것을 만들더라도 혼신의 열정을 다 쏟아부었다. 석공 작업에 처음 뛰어들었을 때의 즐거움을 생각하면 지금도 온몸이 짜릿해진다. 내 손으로 뭔가를 만드는 작업은 무척 다양하다. 항상 배울 것이 있고, 완성해내면 한없이 기쁘다. 나는 "누구나 직업적인 일에서나 여가활동에서나 똑같은 만족감을 얻을 수 있다"라는 장 루이 빌라 박사의 말에 전적으로 동의한다.[95]

전쟁이 발발했을 때 나는 산악여단의 이동 야전병원에 동원되었다. 하나님의 은덕으로 스위스는 공격받지 않았다. 그러나 군대는 국경을 지키며, 금방이라도 닥칠 것 같은 침략에 맞설 준비를 해야 했다. 첫날부터 나는 중대장과 동료들로부터 사랑을 받았다. 하루는 커다란 이동식 증기소독기에 압력을 가할 때 배관이 터지는 사고가 발생했다. 나는 즉시 소독기를 분해해서 수리하기 시작했다. 덕분에 나는 수석 정비사라는 별명을 얻었다. 또 중대장과 부대 전문가들의 허락을 얻어, 어떤 방향으로도 기울어지는 조립식 수술대를 만들었고, 나중에는 선박용 전등과 알루미늄 거울을 이용해서 그림자가 생기지 않는 램프까지 만들었다. 또 마취를 위한 옹브르당 마스크mas ques d'Ombredane도 만들었다.

그때 나는 다른 재료를 사용하지 않는 산소아세틸렌 용접을 배웠다. 그 소식이 다른 야전병원들에 알려져서, 우리는 감당할 수 있는 양보다 훨씬 많은 주문을 받게 됐다. 프랑스가 패배한 후, 스위스는 사방으로 완전히 포위되었다. 그런 중대한 상황에서, 앙리 기장 장군은 국가의 사기를 드높이기 위한 강연단을 꾸렸고, 나도 강연단에 합류하라는 부름을 받았다. 내 강연은 보잘것없었지만, 나에게는 새로운 활동에 참여해서 새로운 것을 배웠던 진정한 학교였다. 군대도 군대의 사명과 미덕을 새롭게 자각하는 계기가 되었다. 어느 여름날 일요일, 내가 산악요새의 커다란 광장에서 강연했던 때가 지금도 기억에 생생하다. 새파란 하늘 아래에 당뒤미디 산의 웅장한 모습이 눈앞에 있었다. 상부에서 내려온 강연 주제는 용기였다. 그 높은 곳에 모여 침묵을 지키며 앉아 있던 군인들을 위해서나 나자신을 위해서나 조금도 학문적으로 분석할 필요가 없는 주제였다.

이처럼 군대에서 있을 때는 물론이고 민간인으로 일할 때도 나는 육체적 활동과 정신적 활동을 동시에 해냈고, 이런 이중적 활동을 통해 인간으로서 성취감을 맛보았다. 이런 성취감은 이 책에서 다루려는 은퇴라는 주제에도 무척 중요하다. 독자들에게도 뭔가를 성취하려는 욕구를 즐기는 용기를 가지라고 독려하고 싶다. 은퇴자라면 여유 있는 시간을 활용해서 새로운 활동을 시도해보고, 젊은이라면 은퇴 자체를 의식하지 말고 직업적 활동 이외에 다른 활동에 관심을 갖고 참여함으로써 은퇴를 준비하라고 권하고 싶다.

물론 내가 많이 배우는 특혜를 누린 사람이란 걸 모르는 건 아니다. 많이 배운 사람일수록 꾸준히 자기계발을 계속할 수 있기 때문에 은퇴 후의 삶을 즐겁게 보낼 가능성이 크다는 것은 부인할 수 없는 사실이다. 첫째, 지적 노동은 육체의 휴식을 뜻한다. 긴 소파에 편히 누워 몇 시간이고 책을 읽을 수 있지 않은가. 둘째, 육체노동 능력에 비해 지적 노동 능력은 오랫동안 유지된다. 게다가 질병으로 지능이 악영향을 받지 않으면 노년에도 지적 능력은 향상될 수 있다. 특히 지적 능력은 사용할수록 거기에서 큰 즐거움을 얻는다. 뭔가를 배우면 더 많은 것을 배우고 싶고, 게다가 더 쉽게 배울 수 있다.

안 드나르 툴레,[96] G. 다니엘을[97] 비롯해 노인학에서 예방 문제들을 다루는 많은 학자가 교육을 많이 받은 사람들의 이런 특혜를 인정하고 있다. 내가 몸을 쓰는 실용적인 활동을 좋아하지 않았더라도, 흥미로운 책을 읽고 지금처럼 글을 쓰며 상당한 양의 편지를 주고받으며, 현대물리학과 사회학과 역사처럼 내가 잘 모르는 학문의 기초를 공부하고, 아내와 친구들과 다양한 주제로 얘기를 나누고, 외국어를 공부하는 것으로 삶을 재미있게 채워갈 수 있을 것이다. 내가 상대적으로 익숙한 분야, 예컨대 의학과 심리학과 철학이란 분야에 국한하더라도 내가 읽어야 했고 앞으로 읽고 싶지만 죽기 전에 읽지 못할 책이 무궁무진하게 많다.

자기계발에 힘쓰라!

이런 이유에서 요즘 평생교육이라 칭해지는 것이 권장된다. 학교에 다닐 때 어떤 성적을 거두었든 간에 누구나 평생 학습하며 배울 수 있다. 따라서 모두에게 평생 뭔가를 배울 기회를 주어야 한다. 이런 점에서 소련은 민중문화센터를 통해서, 특히 공장 도서관을 확충하여 노동자 두 명 중 한 명꼴로 이용할 수 있게 함으로써 눈부신 발전을 이루어냈다.[98] 요즘에는 모든 국가에서 성인을 위한 강좌를 확대하고, 거의 모든 분야에서 뛰어난 강사에 의한 교육이 행해지고 있으며, 라디오와 녹음테이프를 통한 외국어 교육도 눈에 띈다.

이런 변화가 앞으로도 꾸준히 강화되어 국민의 교양 수준을 향상함으로써 은퇴 문제를 해결하는 데 큰 역할을 할 것이라 생각된다. 미국에서는 교회가 이른바 '기독교 교육Christian Education'을 통해 모든 연령층에서 토론과 상호발전을 위한 그룹을 결성함으로써 큰 역할을 해왔다. 유럽에도 많은 단체가 있지만, 가장 성공적인 단체라면 파리에서 시작된 '부모 학교Ecole des Parents'일 것이다. 이 단체는 현대 심리학을 아이의 교육, 부부 문제, 가족과 사회에서의 인간관계, 집단심리의 이해 등에 적용하며 심리학의 대중화를 위해 노력하고 있다.

이런 문화적 노력은 노년에도 계속되어야 한다. 본 심리연구소는 60세부터 80세까지 노인의 주된 관심사에 대해 조사를 실시했다.[99] 주된 관심사가 여행이라고 대답한 노인이 40.27퍼센트, 가족이라 대답한 응답자가 22.62퍼센트, 집과 정원이라 대답한 응답자는 17.65퍼센트였다. 반면에 문화를 관심사라고 대답한 응답자는 1.81퍼센트에 불과했다. "단체 활동에는 0.90퍼센트만이 관심을 보였고, 독서와 음악이 노년에 중요하다고 대답한 응답자는 0.45퍼센트였다."

그러나 '문화 수준'이란 표현을 지적인 의미로만 생각한다면 잘못이다. 문화 수준을 결정하는 요인은 배우고 이해하려는 의욕, 시도하고 지속하며 수정을 거듭해서 개선해나아가려는 욕망, 경험을 얻고 요령을 익히려는 의지, 새로운 길에 뛰어들어 정신세계를 확대하고 시야를 넓히려는 욕심, 한마디로 사랑하는 마음으로 성장하려는 욕망이다. 관심을 갖는다는 것은 곧 인간을 사랑하고 사물을 사랑한다는 뜻이기 때문이다.

나는 인간의 세계와 사물의 세계를 때때로 구분한다. 인간은 개인적으로 사랑받는다고, 또 인격적으로 사랑받는다고 느낄 수 있어야 하지만, 현실세계에서 인간은 생산의 도구, 즉 사물로 취급받기 일쑤이기 때문이다. 그러나 인간은 정신으로만 이루어진 존재가 아니다. 움직이고 느끼는 몸이 인간에게는 있다. 따라서 인간은 자신의 행위와 하나가 된다. 결국 인간은 생각과 감정만이 아니라 행동으로도 자신을 드러낸다. 생각과 감정은 행동을 통해 세상과 접촉한 결과에 따른 내면의 반응에 불과하다. 인간은 사물의 세계에서 살아가며 사물에 생명을 부여한다. 따라서 사물을 사랑하지 않고는 인간을 사랑할 수 없다. 나는 톱질하고 줄질하고 못을 박고 접착하고 용접하는 걸 좋아한다. 요리하는 것도 좋아한다. 진정한 대화와 개인적인 만남, 즉 다른 사람과의 솔직한 의사소통을 좋아한다. 우리를 인간과 사물에게 끌어가는 힘은 결국 똑같은 것이다.

뭔가를 시도하고 이해하며 알려는 의욕이 중요하다. 인간과 과학에 대해서, 데생과 회화와 음악 등 다양한 인간 활동에 대해서, 꽃과 과실수를 재배하는 방법에 대해서, 기계와 전기에 대해서 알아야 한다. 노년과 은퇴는 직업인으로 일할 때는 할 수 없었던 것을 시도하며 지식과 경험의 영역을 넓힐 수 있는 좋은 기회이다. 하지만 사회생활을 할 때 씨앗은 먼저 뿌려져야 한다. 새로운 것을 배우며 알아가는 즐거움은 태어난 순간부터 이미 시작되었어야 한다.

우리는 지적 활동과 육체노동을 번갈아 반복하며 평생 동안 성장할 수 있다. 나는 서재에서 얻는 즐거움 못지않은 즐거움을 작업장에서 얻는다. 또 진료실에서나 정원에서나 똑같은 정도의 즐거움을 얻는다. 그러나 여기에는 개인적인 취향 이상의 것이 있는 듯하다. 근본으로 돌아가려는 내밀한 욕망에 관한 문제이다. 땅을 갈고 씨를 뿌리는 행위, 젖을 짜고 뭔가를 만드는 행위, 바느질하고 요리하는 행위는 말과 미소가 그렇듯이 인간이 자신의 인간성을 드러내던 원시적인 행위였다. 그 시대에는 사냥과 성행위, 고통과 감정에서 인간이 짐승과 구분되지 않았다. 하지만 인간은 생각하는 힘을 갖기 훨씬 전에, 그런 원시적인 행위를 통해 인간이라는 즐거움을 만끽했다.

이런 원초적 즐거움은 융이 집단 무의식이라 칭한 마음속 깊은 곳에 새겨져 있다. 집단 무의식이 이 원시적 행위들을 되살아나게 할 때 원초적 즐거움이 다시 느껴진다. 나는 달걀을 부치는 단순한 행위에서도 때로는 이런 원초적 즐거움을 떠올린다. 내 아득히 먼 조상들, 하나님이 짐승과 다르기를 원했던 조상들, 하나님이 자신의 형상대로 창조하신 조상들과 다시 연결되는 기분이다. 성경에서 미루어 짐작해보면, 하나님이 인간을 위한 최초의 옷을 만들며 인간에게 바느질까지 가르치지 않았을까?(창 3:21) 또 하나님이 인간에게 최초의 연장을 만들어 사용하는 법도 가르치지 않았을까? 따라서 작업장에 들어서면 나는 인간에게 주어진 최초의 자원과 문명의 품으로 되돌아가는 기분이다. 나는 과학기술의 발전과 첨단 발명품에도 관심이 많기 때문에, 사슬의 양끝을 붙잡고 인간이란 존재를 완전히 끌어안는 기분이다.

그 기분은 내가 인간임을 의식하는 일종의 근본적인 감정이다. 내 삶과 마음에서 영적인 것과 물질적인 것이 결합되기 때문에, 나는 신학책을 읽는 동시에 물질을 다루기 때문에 그런 감정을 느낀다. 나는 〈직접 만들기〉라는 잡지를 애독한다. 그 잡지를 보며 나는 크리스마스 선물을 기다리는 아이처럼 가슴 두근대며 끊임없이 새로운 연장을 찾아내고, 금방이라도 구입해서 사용해보고 싶다. 어렸을 때 자기 손으로 뭔가를 만들어본 사람이라면, 아직 만들어보지 못한 것을 만들고 싶은 이런 욕망을 어렵지 않게 이해할 것이다. 그러나 연장을 손에 대지도 않은 사람은 이제 와서 시작하기엔 너무 늦었다는 생각에 실망하며 포기해버린다.

물론 우리가 모든 분야에서 전문가가 될 수는 없다. 유익한 일을 하기 위해서는 자신의 직업을 끊임없이 갈고닦아야 하기 때문이다. 그러나 약간의 열의와 상상력, 약간의 인내심과 모험심이 있다면 우리는 몸을 쓰는 분야에서나 정신을 쓰는 분야에서 다양하게 공부할 수 있다. 이런 시도는 개인적인 성장을 위해서도 도움이 되지만, 마음의 문을 활짝 열어두고 젊음을 유지하는 데도 도움이 된다.

모든 것을 직접 만들지 못하더라도 모든 것에 관심을 두고 모든 영역에서 인간이 어떤 경험을 하는지 알아보려고 노력할 수는 있지 않은가. 직원들이 어떻게 일하는지 자세히 연구하는 수고조차 꺼리는 사장들이 있다. 한 작업반장은 내 앞에서, 사장이 만능 스패너와 캘리퍼스(물체의 직경 등을 재는 기구—옮긴이)를 구분하지 못한다며 사장을 대놓고 무시하기도 했다.

모든 것을 알고 싶어 하는 사람에게는 모든 것이 흥미롭다. 돼지를 키우는 농민이 자신의 일에 관련해서 설명할 때 넋을 놓고 재미있게 들었던 기억이 아직도 생생하다.

내가 많은 것에 관심을 갖게 된 데는 직업의 성향이 큰 역할을 했다. 나는 환자들이 속내를 털어놓는 의사가 되었다. 환자의 실제 인간에 관심이 많기 때문에 나는 그들의 심리만이 아니라 그들이 어떤 일을 하고 거기에서 어떤 경험을 하는지에 대해서도 관심이 많다. 공학자들과는 과학기술에 대해서, 가정주부들과는 요리에 대해서, 교수들과는 철학에 대해서, 디자이너들과는 유행에 대해서, 기업가들과 경제 계획에 대해서, 법률가들과는 법에 대해서 대화를 나눈다. 또 부부 전문가들과는 그들 자신이 결혼생활에서 겪는 어려움에 대해 얘기를 나눈다. 그들이 나에게 자신의 직업과 관련된 얘기를 하며 즐거움을 느끼는 이유가 무엇일까? 내가 그런 얘기에서 얻는 즐거움을 그들도 똑같이 느끼기 때문이고, 그들이 해결해야만 하는 전문적인 문제에 내가 진심으로 관심을 보이기 때문이다.

내 노년이 행복한 이유는 이처럼 모든 것에 마음을 열어두기 때문이다. 나는 천성적으로 모든 것에 관심이 많았고, 의사라는 직업 덕분에 그런 천성을 더욱 키울 수 있었다. 물론 단조롭게 기계적이어서 모험심을 조금씩 갉아먹는 직업도 적지 않다. 이런 경우에, 재미있는 여가활동으로 그처럼 단조로운 일과를 상쇄하면 얼마나 좋겠는가. 하지만 문제는 직업이 노동자의 실제 인간에 큰 영향을 미치며 정신적 지평을 제한하기 때문에 노동자가 자신의 일 이외에 다른 것을 시도하는 모험심을 상실한다는 것이다. 그러다가 은퇴가 닥치면 삶 자체가 공허해진다. 노인은 무엇에도 관심을 갖지 못한다. 긴 하루를 지루하게 보낸다.

권태

권태는 많은 노인의 마음에 고통을 안겨주기 때문에 권태라는 문제도 간과할 수 없다. 그러나 삶의 과정에 조금씩 축적되고 악화된 권태의 원인을 은퇴 후에야 지워내려 한다면 무척 어렵다. 나는 이런 악순환이 어떻게 일어나는지 예를 들어 설명해보려 한다. 장과 자크라는 두 소년이 있다고 해보자. 두 소년은 확연히 다르다. 장은 조금도 지루해하지 않는 반면에 자크는 시시때때로 어머니에게 "엄마, 따분해 죽겠어요! 어떻게 하면 좋죠?"라고 칭얼거린다.

타고난 성향이 둘의 행동에서 중요한 역할을 하는 건 분명하다. 장은 창조적 상상력을 지녔다. 종잇조각 하나나 실 한 가닥만 있어도 무궁무진한 놀이를 만들어낸다. 장의 상상력이 그런 놀이들에 생명력까지 불어넣는다. 한편 자크는 항상 외부의 자극을 기다린다. 엄마가 벽장에서 놀이기구를 꺼내 규칙을 설명해줘야 한다. 엄마를 상대로 한 판을 끝내고 나면 자크는 다시 권태에 빠진다.

장에게 놀이기구의 말은 단순히 말이 아니다. 장은 자기만의 상상력을 말에 투영해 다른 것으로 변모시킨다. 예컨대 말이 창공에서 반짝이는 별, 사막의 사자, 불과 싸우는 소방관, 전쟁터로 달려가는 군인, 경마에 출전한 진짜 말馬 등 온갖 것이 된다. 이처럼 다채롭고 광활하며 경이로운 세계에서 살아가는 장이 어떻게 지루할 수 있겠는가? 장은 나이 들어서도 다양한 일에 열정적으로 뛰어들어 조금도 지루할 틈이 없을 것이다. 위험한 문제가 있다면, 주의력이 분산되어 한 가지 일에 끈기 있게 열중하지 못해 전문 지식을 쌓기 힘들다는 것이다.

하지만 타고난 성향에 교육의 효과가 곧 더해지고 뒤섞인다. 장은 혼자 힘으로 문제를 능숙하게 해결해서 어머니는 장이 자기 방식대로 놀도록 내버려둘 수 있다. 따라서 장은 호기심과 창의력, 솜씨와 독립심이 나날이 향상된다. 장은 혼자 힘으로 많을 것을 깨우치고 배워서 자크에게 가르쳐주고 설명한다. 한편 자크는 혼자서 노는 법을 모르기 때문에 어머니가 놀이법을 가르쳐주지만, 어른들이 생각하는 방식으로, 즉 관습적이고 논리적으로 가르칠 수밖에 없다. 따라서 자크는 창의력을 상실하고 항상 남에게 의지할 가능성이 크다. 게다가 혼자남게 되면 어김없이 권태에 빠져들 것이다. 언젠가 자크의 어머니는 아들을 지나치게 보호해서 독립심을 키워주지 못했다고 비난받겠지만, 어머니의 입장에서는 달리 행동할 수 없었기 때문에 그런 비난은 부당한 것일 수 있다.

학교에 입학한 후에는 이런 결정론이 더욱 뚜렷하게 나타난다. 자크는 무척 착한 학생이 된다. 성인들의 규칙이라 할 수 있는 학교의 규칙을 충실히 지킬 것이다. 장은 항상 꿈을 좇아 딴생각을 하겠지만, 자크는 그런 내면의 세계에 한눈팔지 않을 것이다. 장은 레크리에이션 시간에 능력을 발휘하며 자크에게 열등감을 심어주겠지만, 자크는 뛰어난 학업 성적으로 그런 열등감을 이겨낼 것이다. 자크는 따분한 학교생활을 순순히 받아들이며, 해야 할 일을 꼬박꼬박 해낼 것이다. 학교에 다닐 때는 행복하겠지만 학교를 떠나야 할 때 당혹감에 사로잡힐 것이다. 다행히 직장 생활이 다시 일으켜 세울 것이다. 관례에 따라 판에 박힌 듯이 일하는 직업이 그의 성격에 맞아 십중팔구 성실하고 모범적인 공무원이 될 것이다.

한편 장은 요즘과 같은 합리적인 사회에서 정착하기 힘들 것이다. 따라서 직업을 자주 바꿀 것이고, 정서적으로 불안정한 사람 취급을 받을 것이다. 사무실에 앉아서는 빨리 퇴근해서 저녁에 자기 방에 들어가 새로운 전자장치를 조립하는 꿈에 젖을 것이다. 그나마 전자회사에 취직하면 행복하겠지만, 전자회사에서도 주말에 카누를 타고 강을 따라 내려가는 꿈을 꿀 것이기 때문에 호된 비판을 받을 가능성이 크다.

은퇴한 후에는 장과 자크의 상황이 완전히 달라질 것이다.

장은 어디에도 구애받지 않고 재미있는 활동을 마음껏 할 수 있어 즐거워하는 반면에 자크는 더 이상 명확한 업무가 주어지지 않아 갈피를 잡지 못한다. 이처럼 삶의 과정에서 기질이 행동에 영향을 미치고, 행동이 성격에 영향을 미치며 둘의 차이는 더욱더 커져간다. 그러나 우리 사회가 창조적 상상력보다 체계적인 업무를 더 많이 가르치기 때문에, 장보다 자크가 더 많다는 건 분명하다.

물론 현실세계에서 인간은 내가 위에서 흑백론으로 간략하게 묘사한 것보다 훨씬 다양하고 다채롭게 변한다. 개인적으로 나는 개략적인 분류보다 개개인 삶에서 일어나는 사소한 변화들에 더 관심이 많다. 그런데도 내가 장과 자크의 미래를 단순하게 제시한 이유는, 우리에게 어김없이 엄습하는 현상을 설명하기 위함이다.

실제로 은퇴자들은 흑백처럼 완전히 다른 두 부류로 나뉘는 듯하다. 한쪽은 은퇴 후의 삶을 재미있게 즐기며, 유익하고 재미있는 활동을 자발적으로 찾아서 조금도 지루해하지 않는다. 반면에 다른 한쪽은 고장난 자동차처럼 삶의 동력을 잃어버려 의기소침해서 낙담하거나 분노에 사로잡혀 지낸다. 이런 양극단 사이에 존재하는 중간적 유형은 거의 찾아보기 힘들다. 전자에게는 은퇴가 문젯거리가 되지 않기 때문에 우리 조언이 필요 없다. 반면에 후자의 은퇴자에게는 조언하기도 어렵고 도움을 주기도 힘들다. 그야말로 문젯거리이다! 아무리 좋은 조언도 효과가 없다. 그들이 충실히 따르더라도 마찬가지이다. 그런 조언도 결국에는 외부에서 전해지는 것이어서 마음속에서 큰 울림을 얻지 못하기 때문이다.

이런 현상은 악순환의 법칙으로 설명되지만, 악순환의 법칙이 나에게는 항상 당혹스럽게 여겨졌다. 성격은 삶의 과정에서 더욱 뚜렷해지는 경향을 띤다. 따라서 고독한 영혼을 지닌 사람은 주변 사람들에게 눈을 돌리지 않아 더욱더 고독한 삶에 빠져들고, 사교적인 사람은 친구들을 끌어당겨 항상 주변에 사람들이 들끓는다. 공격적인 사람은 그런 성향 때문에 부당한 반응을 야기하고, 그런 반응에 더욱더 공격적으로 변한다. 소심한 사람은 어리숙하게 자신의 생각을 표현함으로써 남들에게 제대로 이해받지 못한다는 생각에 더욱더 소심하고 미숙하게 행동한다. 독선적인 사람은 자신의 행동에서 비롯되는 저항을 억누르기 위해서 더욱더 강압적으로 변한다.

일반적으로 노인도 두 부류로 구분되며 중간적인 존재는 거의 없는 듯하다. 친절하고 너그러우며, 사교적이고 편안하게 보이는 노인들이 있다. 시련을 딛고 견디며 그처럼 차분한 모습으로 성장한 듯하다. 그들은 어떤 주장도 내세우지 않아, 그들을 지켜보며 도와주는 것이 즐겁다. 그들은 주변 사람들에게 사랑받고 도움을 받는 것에 놀라며 고맙게 생각한다. 그들은 여전히 글을 읽으며 자기계발에 힘쓰고, 조용히 산책하며 모든 것에 관심을 기울이고, 누구의 말이든지 경청한다. 반면에 까다롭고 이기적이며 독선적이어서 혐오스러운 노인들이 있다. 그들은 자신에게 닥친 불행에 불평하며 세상을 비난한다. 그들을 찾아가는 사람들에게 더 일찍 오지 않았다고 나무란다. 그들은 상대의 선의를 곡해하기 일쑤여서, 처음에 호의적으로 시작한 대화가 고통스러운 갈등으로 변하기 십상이다.

결정적인 변화

이런 현상들에 도덕적 판단을 내리는 것은 무의미하고 부당하기도 하다. 노인이 어느 부류에 속하느냐는 과거에 의해 결정된다. 노년은 오래전부터 존재했던 성향을 확대해서 보여주는 일종의 돋보기에 불과하다. 그 성향은 나이를 먹어가면서 더욱 강화된다. 그때까지 거의 나타나지 않았더라도 노년이 되면 갑자기 되돌릴 수 없는 것처럼 나타난다. 과거에 너그러웠던 사람은 나이를 먹어감에 따라 더욱 너그러워지고, 과거에 비판적이었던 사람들은 끝없이 비판하며 투덜거린다. 프랑스 작가 마르셀 오클레르는 《행복한 노년을 향하여》라는 책에서 이렇게 말했다. "차분함만이 사건을 지배하며 승리를 안겨주지만, 젊었을 때 비판하는 행위는 왕성한 생명력의 한 형태일 수 있다. 그러나 늙어서 비판하는 행위는 유약함의 증거여서 당사자를 더욱더 유약하게 만든다. 무기력과 관련된 슬픔과 후회와 불안은 강박적으로 변한다. 많은 노인들과의 대화는 거의 그들이 비판할 수밖에 없다고 생각하는 이유로 채워져 있었다."[100]

따라서 행복한 노년의 조건은 마음가짐의 변화에 있다. 이런 내적인 변화는 일찍부터 시작되어야 한다. 이런 이유에서 인격의학을 지향하는 의사는 환자를 치료하는 데 그치지 않고 환자가 자신의 문제를 인식해서 아직 시간이 있을 때 그 문제를 해결하도록 도우려고 애쓴다. 환자가 자신의 문제를 직관적으로 깨닫는 경우도 간혹 있지만, 의사에게 자신의 문제를 어떻게 말해야 하는지에 대해서는 거의 모른다. 환자는 하루라도 빨리 치료되어 예전으로 되돌아가고 싶어 한다. 그러나 잘못된 마음가짐과 조화를 이루지 못한 인격은 시간이 지날수록 악화되어, 훗날 중대한 영향을 미친다.

그러나 삶의 방식을 바꾼다는 게 간단한 일은 아니다. 앞에서 언급한 악순환은 엄청나게 강력하다. 타고난 성향에 따른 결정론을 깨뜨리기 위해서는 훌륭한 조언과 단호한 결심만으로는 부족하다. 그 이상이 있어야 한다. 내적인 변화를 일으킬 만한 사건, 결정적인 전환점, 일종의 회심回心이 있어야 한다. 내가 진료한 환자 중에 가장 불평불만이 많았던 노인, 항상 투덜대던 노인이 아직도 내 기억에 생생하다. 다른 모든 방문자에게도 그랬지만, 나에게도 그 노인은 끝없이 불평을 늘어놓을 뿐이었다. 그런데 어느 날, 내가 아무 말도 하지 않았는데도 그가 갑자기 자발적으로 참회하기 시작했다. 그가 억울하게 당했던 부당한 사건에 대해서는 더는 한마디도 하지 않고, 자신을 자책하며 자신에게 책임이 있었다고 생각하는 것들에 대해 나에게 털어놓기 시작했다.

나는 그의 그런 급작스러운 변화에 큰 충격을 받았고, 한없는 사랑이 밀물처럼 내 마음에 밀려들었다. 그는 눈에 띄게 변했다. 항상 찌푸려 있던 얼굴이 펴지며 환히 빛났고 아름답게 보였다. 물론 모든 것이 단숨에 변했다고 단언할 수 없지만, 그때부터 우리 대화는 완전히 달라졌다. 그의 내면에서 뭔가 근본적인 것이 변했던 게 분명했다. 어떤 애정 어린 조언도 빚어내지 못했던 변화였다. 일종의 회심이었고 다시 태어난 것이었다. 안 뒤피는 《어린아이의 복수》라는 멋진 책에서, 성격장애를 지녀 지독히 비사교적인 아이들에게서 그녀가 직접 관찰한 놀라운 변화들을 소개했다. 그녀도 '회심conversion'이란 단어를 사용해서 그런 변화를 표현했다.[101]

안 뒤피처럼 나도 여기에서 종교적인 의미가 아니라 심리학적인 의미에서 '회심'이란 단어를 사용했다. 물론 그런 변화가 종교적인 것일 수도 있다. 달리 말하면, 하나님을 만남으로써 삶이 뒤집어지며 모든 것을 새로운 눈으로 바라보게 된 종교적인 경험일 수 있다. 그러나 정치적 전향, 원대한 사랑, 정신분석 치료, 예술적인 감정, 엄청난 시련, 심지어 단어 하나가 내면의 깊은 곳을 건드리며 한 사람을 바꿔놓고, 이제부터 그의 삶이 과거와 완전히 달라지며 훨씬 자유로워질 거라는 확신을 줄 수 있다.

'회심'이란 단어는 상징적인 의미에서 종교적이다. 하나님은 항상 우리에게 영향을 미치고, 하나님이 어떻게 행동하실지는 누구도 예측할 수 없기 때문이다. 이런 이유에서, 당사자가 하나님을 굳게 믿지 않는다면 인격의학은 그에게 큰 효과가 없을 수 있다. 인격의학은 누구도 한꺼번에 숙달할 수 없는 많은 과학을 통합하려는 시도이기 때문에 너무나도 벅찬 과제이다. 실제 인간의 진수는 객관적이고 과학적인 연구로는 파악할 수 없기 때문에, 설령 어떤 석학이 많은 과학에서 전문가의 경지에 이르렀더라도 실제 인간의 진수까지 이해하지는 못할 것이다. 자크 사라노 박사는《인간과 인간과학》이란 책에서 그 이유를 명쾌하게 설명했다.[102] 우리가 인간에 대해서, 우리 자신이나 누군가에 대해서 아무리 많이 알더라도, 항상 예기치 못한 사건이 발생하며, 그로 인해 우리는 더 많이 알게끔 되는 것이다.

때로는 완전히 새로운 변화의 길을 열어주는 결정적인 사건이 필요하다. 어떤 사건이 존재의 깊은 내면에서 자연발생적으로 돌출한 것처럼 느닷없이 뜻밖에 아무런 예고도 없이 발생하고, 그 사건을 촉발시킨 원인에 비교하면 여파가 터무니없이 클 때마다 나는 큰 충격을 받는다. 무척 낙담해서 자신의 삶은 실패의 연속일 뿐이라고 생각하는 한 환자를 예로 들어 설명해보자. 그녀는 실패의 악순환에 빠져 있었다. 성공의 가능성이 없을 거라고 지레 마음먹고는 직장 일을 제외하고는 아무것도 시도하지 않았다. 나는 그녀의 심정을 이해하며 좋은 관계를 유지했다. 또 그녀에게 자신감을 되살려주기 위해서 오랫동안 무진 애썼지만 아무런 성과가 없었다.

그런데 내가 특별한 개입을 하지 않았는데도 어떤 생각이 갑자기 그녀에게 떠올랐고, 그 생각에 그녀 자신도 무척이나 놀랐다. 그렇다고 대단한 생각은 아니었다. 자동차를 운전하는 법을 배우겠다는 지극히 평범한 생각이었다. 다른 사람들에게는 무척 자연스럽고 진부한 생각이었지만, 그녀가 갑자기 그런 생각을 했다는 자체가 나에게는 기적으로 여겨졌다. 물론 순조롭지는 않았다. 좌절과 낙담의 순간들이 있었다. 운전교습소 강사들도 신경이 날카로워져서 짜증스러운 말을 내뱉었다. "자, 더 대담하게 운전하세요! 그렇게 느리게 운전하면 여러 사람을 위험에 빠뜨리게 됩니다!" 이런 꾸중을 들으면, 학생은 그나마 없던 용기마저 잃게 된다. 하지만 나는 그녀가 성공하리라 확신했고, 내 믿음이 그녀를 지탱해주었다. 그녀는 운전면허를 따기도 전에 자동차부터 구입하는 용기를 발휘했다. 이 정도라면 좋은 징조가 아니었겠는가?

운전면허증을 받은 후에도 그녀는 제네바까지 꽤 먼 길을 운전해서 오는 걸 망설였다. 이때 아내가 기막힌 생각을 해냈다. 아내는 내게 그녀의 집을 찾아가 그녀의 차를 타고 제네바까지 왕복하는 게 어떻겠느냐고 제안했다. 나는 아내의 제안을 받아들였고, 그녀가 무척 운전을 잘한다는 걸 금세 알아차렸다. 무엇보다 그녀는 생전 처음으로 뭔가에 성공했다는 것에 기뻐했다. 나도 무척 기뻤다!

나는 이런 경험들을 듣고 보는 걸 무척 좋아한다. 삶을 바꿔놓는 심원한 변화는 당사자의 내면에서 시작되며, 자연발생적으로 일어난다. 군이 분투한다고, 주변 사람의 조언과 기법을 충실히 따른다고 시작되는 게 아니다. 변화의 시작은 조심스럽고 한정적일 수 있지만 구체적이다. 우리는 그 순간을 놓치지 않기 위해서 세심히 살펴보아야 한다. 우리를 신뢰해서 속내를 털어놓는 사람이 그 순간을 중요하게 받아들여 그런 변화의 조짐을 군게 믿고 모든 결과를 끌어낼 수 있도록 도와야 한다. 이 책을 쓰기 시작했을 즈음 그녀는 은퇴했다. 비참하게 전락할 수도 있었지만 오히려 새로운 삶을 재발견한 은퇴였다. 그녀가 자동차 운전을 통해 과거에는 경험하지 못한 독립심을 갖게 된 덕분에 그런 삶이 가능했다. 그러나 이 세상에서는 한 걸음이 또 한 걸음을 낳는다. 그녀는 이제 다른 생각들을 하며, 그 생각들을 실현에 옮길 용기까지 발휘하고 있다. 덕분에 그녀의 삶은 놀라울 정도로 풍요로워졌다.

4 _____

제2의 삶
혹은
제2의 이력

Apprendre à Vieillir

여가활동의 주된 목적은 이익이나 유행 혹은 허영심의 충족이
아니라 순수한 즐거움의 추구에 있어야 한다. 제2의 이력은 다
른 동기, 상대적으로 사회성을 띤 동기에서 시작된다. 따라서 제
2의 이력은 성실하고 이기적이지 않은 마음가짐을 요구하며, 조
직적으로 행해지는 어떤 목적이나 사명을 띤다. 직업적인 활동
과 관계가 없기 때문에 의무적이지는 않지만 인간에 대한 사랑
이 우선시되어야 한다. 제2의 이력은 현실세계로부터의 도피가
아니라 참여이다.

노인에게 자리를! 그런데 어떤 자리를?

우리는 이제 멋지게 나이 드는 법에 대한 연구에서 중간쯤에
이르렀다. 앞의 세 장에서, 우리는 의사가 정확히 진단하기 위
해서 자신에게 물음을 던지듯이 우리 스스로에게 질문을 해보
았다. 노인의 문제는 어디에서 오는 걸까? 노인을 괴롭히는 많
은 문제에는 노인병학의 영역에 속하는 자연적인 원인이 적지
않다. 그러나 여기에 다른 요인들이 더해진다. 오늘날 노년을
문젯거리로 만든 요인들이다. 따라서 지금까지 우리는 노인의
고통이 첫째로는 자초한 것이고, 둘째로는 대중의 사고방식,
끝으로는 노인이 처한 특정한 상황에서 기인한다는 것을 살펴
보았다.

항상 그렇듯이, 진단은 그 자체로 대략적인 치유법을 제시한다. 하지만 나는 노인 문제를 해결하는 방법에 대해 좀 더 구체적으로 살펴보려 한다. 노인을 우리 사회에 재통합하기 위해서는 개인적인 변화와 사회의 변화가 동시에 진행되어야 한다. 노인은 우리 사회에서 행복하고 흥미로우며 유익한 삶을 되찾아야 한다. 또한 우리 사회에서 그들만의 자리를 되찾아야 한다.

그러나 어떤 자리가 있을까? 나는 요즘 신문에 실린 작은 소식, 즉 〈르몽드〉를 창간한 위베르 뵈브 메리(1902-1989)가 편집장에서 은퇴했다는 소식을 보고 생각을 정리해보았다.[1] 뵈브 메리는 25년 전에 파리에서 〈르몽드〉를 창간했다. 미군의 노르망디 상륙 덕분에 프랑스가 패배와 점령이란 악몽에서 해방된 때였고, 프랑스가 여론을 필두로 모든 것을 재건해야 할 때였다. 그런데 〈르몽드〉는 '눈부신 성공'을 거두었다. 여기에서 이 신문의 성공 요인을 분석하려는 것은 아니다. 나는 프랑스인도 아니고 가끔 그 신문을 접했을 뿐이다. 하지만 경쟁자들도 〈르몽드〉의 성공을 인정하며, 창간인의 역할이 컸다는 데 동의한다. 독자의 절반 이상이 35세 이하라는 여론조사에서도 밝혀졌듯이, 뵈브 메리는 특히 젊은 층의 관심을 끄는 데 성공했다.

모두가 뵈브 메리의 자주성에 주목하며, 그가 "권력층의 견해를 무작정 추종하지 않고—이런 반발은 대단치 않다—독자들의 생각에도 휘둘리지 않는 방향"으로 신문을 운영했다는 점을 역설한다. 언론인 앙리 트랭셰는 〈랭데팡탕〉에 기고한 글에서 "뵈브 메리는 사반세기 전부터 프랑스 언론계에 가장 큰 족적을 남긴 사람"이라고 평가했다. 이제 그 사람이 갑자기 은퇴한다! 한창 일할 나이에 성공의 정점에서 갑자기 물러난다는 소식에 대한 첫 반응은 그야말로 경악이었다. 언론인 앙드레 프로사르는 〈피가로〉에 기고한 글에서 "…나는 당신의 은퇴를 믿을 수 없습니다. 당신이 은퇴한다니! 이건 보통 문제가 아닙니다"라고 했다.

《미국의 도전》이란 유명한 책의 저자, 장 자크 세르방 슈레베르는 몇 걸음을 더 나아갔다. 그는 뵈브 메리를 찬양하는 데 그치지 않고, "적어도 겉으로는 … 현대 경제의 문제에 대한 무관심"을 질책했다. 그러나 슈레베르는 그의 가치를 인정하며, 그가 은퇴 후에도 계속해야 할 역할에 주목했다. "은퇴할 나이가 되어 직업인으로서 삶을 끝낸 사람이 삶의 세 번째 시기라 일컬어지는 노년을 어떻게 새로 시작할 수 있을까? 공동체에 유익한 역할을 계속하기 위해서 무엇을 고안해낼 수 있을까? … 노년이 공동체의 눈에 어떤 '가치'와 역할을 가지는가 아닌가에 따라, 우리 사회는 인간의 사회가 되거나 야수의 사회가 될 것이다. 이제 우리 사회는 시험대에 올랐다. 그리고 다음 세대는, 생각보다도 훨씬 기꺼이, 이 사회가 '생에서는 가을을 맞았으되 지혜로움에서는 한여름을 지나고 있는 노년'을 받아들일 준비를 어떻게 하고 있는가를 가지고 적절하게 문명의 수준을 판단해낼 것이다."

슈레베르는 우리 시대의 문제를 정확히 지적한 듯하다. 노인들에게 다양한 여가활동을 제공해서 그들을 위로하고 즐겁게 해주는 것에 그쳐서는 안 된다. 사회는 노인이 젊은이보다 훨씬 잘해낼 수 있는 일이 무엇인지 찾아내야 한다. 직업인으로서의 삶은 끝났지만, 요즘 네 번째 시기라 일컬어지는 고령기를 맞지 않은 사람들이 제2의 삶을 시작할 자리는 없는 것일까? 여기에서 나는 제2의 삶 혹은 제2의 이력une seconde carrière이라는 개념에 대해 집중적으로 살펴보려 한다.

물론 여기에서 새로운 이론을 제시하려는 것은 아니다. 저명한 사람은 물론이고 평범한 사람까지, 많은 은퇴자들이 내가 이 책에서 제2의 삶을 멋지게 정의해주기를 기대하는 건 아닐 것이다. 은퇴자들이 자신의 위치를 더 확실하게 깨닫고, 사회가 그들이 은퇴 후의 시간을 지금과는 완전히 다른 식으로 보낼 수 있다는 걸 받아들이도록 격려하는 게 내 역할이다. 우리는 은퇴자들이 아름다운 노년을 보낸다고 말할 수 있어야 한다. '이력'이란 단어는 '일'을 떠오르게 한다. 은퇴자들은 계획있게 잘 조율해 활동을 선택하는데, 이러한 선택은 결국 삶에 의미를 부여하는 가치 판단에 의해 결정된다.

내 아내의 할아버지, 샤를 가이젠도르프 씨는 소매상인으로 문구점을 운영했다. 그분은 50세가 되자 충분히 벌었다고 생각하고 상점을 팔았다. 그 후로도 30년이나 더 사시며 보람 있는 시간을 보냈다. 특히 교회를 위해 일했다. 일종의 총무가 되었지만 자원봉사여서 공식 직함은 없었다. 그분이 교회에서 얼마나 많은 시간을 봉사했을까? 그에 대해 나는 전혀 모른다. 그러나 모두가 그분을 믿고 의지할 수 있었다. 실제로 그분은 누구보다 교회 일에 대해 속속들이 알았다. 성공적으로 문구점을 운영했던 능력을 교회에 아낌없이 쏟아부었고, 많은 사람을 만난 폭넓은 경험, 해가 지날수록 더해가는 너그러운 마음과 이해력 및 임기응변의 요령까지 보탰다. 이렇게 그분은 하나님을 만나러 갈 때까지 교회에서 제2의 삶을 살았다.

그러나 좋은 예만을 인용하며, 제2의 이력이란 개념을 제한적으로 해석하고 싶지는 않다. 예컨대 종교적 활동이나 박애주의적 활동에 이 시기를 국한하고 싶지도 않다. 오히려 제2의 삶은 풀타임으로 일하든 파트타임으로 일하든 간에 사회생활을 할 때보다 훨씬 다양하고 다채로운 활동에 할애할 수 있다. 따라서 나는 '제2의 이력'이란 개념을 제한적으로 해석하지 않기 위해서, 다소 막연하지만 '이력'이란 단어가 일관성과 연속성을 암시하기 때문에 그런 뜻을 충분히 내포하는 방향에서 사용할 것이다.

단순한 여가활동을 넘어 이력으로 삼기

'이력'이란 단어에 담긴 뜻의 이해를 돕기 위해서 은행 직원을 예로 들어보자. 그는 자신의 업무에 열중해서 성공적으로 해낸다. 그러나 그는 여가활동을 위해 요트를 구입해서 토요일과 일요일에는 항해를 즐긴다. 그는 항해 클럽에 가입했고, 요트 경기에 참가해서 상을 받기도 했다. 그때부터 항해에 대한 열정이 더욱 분명해진다. 그는 여전히 아마추어일 뿐이다. 그러나 그는 요트를 다루는 책을 읽고, 경험 많은 항해사들에게 교육도 받는다. 게다가 성능이 더욱 개선된 요트를 구입한다. 그가 받은 상도 점점 많아진다. 어느 날, 그는 국제 요트 경기에 참가할 선수로 선발되어 우승을 한다. 따라서 사람들이 그의 '이력'에 대해 언급하기 시작하고, 신문들은 그가 거둔 상들을 앞다투어 소개한다. 그는 프로 요트 선수는 아니지만, 요트 조종사로서의 그의 '이력'이 언급된다.

나이가 들어 은행에서 퇴직하더라도 그는 은퇴 후의 한가한 시간을 어떻게 보내야 할지 고민하지 않는다. 오래전부터 그는 한가한 시간을 요령껏 보냈다. 따뜻한 계절에는 바다에서 보내고, 추운 계절에는 요트를 수선한다. 내가 앞에서 몇 번이고 강조했듯이, 그는 의식하지 못한 채 은퇴를 오래전부터 준비한 사람이다. 그는 직업 세계에서 은퇴하기 오래전부터 조금씩 요트 조종사로서 이력을 쌓았다. 은퇴 후에는 그 이력이 대체 이력, 즉 제2의 이력으로 발전할 것이다. 아내의 할아버지도 교회 일에 관심이 많아 문구점을 매각하기 전부터 교회 일을 헌신적으로 도왔다. 따라서 제2의 이력은 한창 활동할 때 씨가 뿌려져서 뿌리를 내린 식물과 같다. 그 식물이 처음에는 천천히 자라지만, 은퇴 후에는 주렁주렁 열매를 맺는 것이다.

앞에서 예로 든 요트 애호가가 손자들을 사랑한다면 그 아이들을 자기 요트로 데리고 다니며 한층 가까워질 것이다. 그럼 사람들이 그에게 할아버지의 역할, 즉 할아버지로서의 이력을 훌륭하게 해낸다고 칭찬할 것이다. 따라서 여러 이력을 동시에 해내는 셈이 된다. 내가 의사이면서 글을 쓰는 작가이듯이 은퇴 전에도 여러 이력을 지닐 수 있지만, '제2의 이력'은 더욱 다채로워질 수 있다. 하지만 안타깝게도 '이력'이란 단어는 일관된 관심과 행동을 뜻한다. 이번에는 무척 사교적인 사람을 예로 들어보자. 그는 친구들, 특히 혼자 지내는 친구들을 만나는 걸 좋아해서, 외롭게 지내는 친구들에게 사랑의 열기를 더해줄 때마다 즐거워한다. 마침내 그도 은퇴할 때가 된다. 은퇴한 후에 그런 친구들을 더 자주 방문하며 그런 방문을 자신의 진정한 이력으로 만들어간다. 그는 시간을 헛되이 보내거나 지루함과 싸우지 않고 중요하다고 생각되는 일에 혼신을 다함으로써 행복한 노년을 보낸다.

따라서 제2의 이력이란 개념은 명확하게 규정할 필요가 없다. 나도 이 개념을 직접적으로 정의할 수 없지만, 내가 아는 것과 대조함으로써 제2의 이력에 대해 간접적으로 정의해보려 한다. 언젠가 그만두어야 할 직업 세계의 이력을 악착같이 계속하려는 노인이 적지 않다. 할 일이 없어 따분하게 지내는 노인, 즉 현실의 삶과 사회를 떠나 의기소침하게 지내는 노인도 많다. 한편 은퇴로 인한 여유로운 시간을 여가활동, 정확히 말하면 심심풀이에 불과해서 삶에 별다른 의미를 부여하지 못하는 여가활동으로 채우는 노인도 있다.

이런 세 유형의 노인을 차근차근 살펴보자. 먼저, 세 번째 유형은 제2의 이력과 여가활동이 구분되는 경우이다. 은퇴 후의 문제가 제기되면, 많은 사람이 "아! 취미를 가져야 해. 공작이나 원예를 배우면 되겠지. 우표수집을 하거나, 바둑을 두거나 낚시를 다니면 되겠지"라는 식으로 말한다. 여가활동의 동기가 어떤 이득을 취하거나 누군가에게 봉사하는 게 아니라, 돈을 들이지 않고 개인적인 즐거움을 얻는 데 있는 거라면 이런 취미로도 충분하다. 그러나 아름다운 노년을 위해서, 또 성공적인 은퇴를 위해서는 이 정도로 충분하지 않다는 게 내 생각이다.

독서와 손으로 뭔가를 만드는 공작 등 온갖 여가활동을 통해 내가 얻었던 즐거움에 대해서는 충분히 언급해서 그런 여가활동의 매력을 무시한다고 의심받지는 않으리라고 생각한다. 그러나 이런 여가활동으로 1년 내내 하루를 꼬박 보내야 한다면 더 이상 여가활동이 아니라 시간을 때우는 수단이 될 것이다. 내 생각이 맞다면, 여가활동이란 개념은 긴장 완화와 휴식, 창조적 상상력과 자발성 등을 뜻한다. 또 아무것도 하지 않을 절대적인 권리도 있어야 한다. 프랑스 사회주의자, 폴 라파르그는 게으름을 피울 권리에 대한 책을 쓰지 않았던가![2] 게으름을 피울 권리를 다른 식으로 표현하자면, 양심의 가책을 느끼지 않고 순전히 즐길 목적으로만 자기가 좋아하는 것을 할 권리를 뜻한다. 하지만 게으름은 적절하게 제한된 시간 동안에만 가능하다. 우리는 다른 것으로 긴장을 풀고, 다른 것으로 기분을 전환하며 휴식을 취한다. 여가가 모든 시간을 차지하면 즐거움의 자극적인 맛을 잃어버리고, 허망함의 역겨운 냄새만이 남게 된다. 은퇴자들의 위기에서 흔히 목격되는 현상이다.

앞에서 예로 든 요트 애호가를 다시 예로 들어보자. 그가 과거에 다른 사람들처럼 아마추어 항해사로 만족했다면, 특히 은퇴 후에는 항해술을 갈고닦지 않고 일요일을 제외하고 매일 낡은 요트에 나가는 것으로 만족했다면, 그처럼 반복되는 과정에 금세 싫증을 냈을 것이다. 그가 여가활동을 이력으로 바꿔놓을 수 있었던 이유는, 항해술을 꾸준히 향상시키기 위해 체계적으로 노력한 때문이었다.

이제 여가활동에 새로운 가치를 부여해야 한다. 여가활동이 직업만큼이나 우리를 성장시키고 발전시킨다는 걸 인정해야 한다. 따라서 여가활동을 연구하고, 여가활동에 담긴 인간적인 의미를 더 깊이 이해해야 한다. 여가활동이 우리 삶에서 하찮고 중요하지 않은 부분이 아니라 우리 삶을 풍요롭게 해준다는 걸 인정해야 한다. 그러나 60세나 65세의 건강한 노인에게, 때로는 75세나 80세의 건강한 노인에게도 여가활동은 그 자체만으로는 성취감을 주지 못한다. 게다가 여가활동으로는 사회의 요구를 채워줄 수 없다. 폴 리쾨르는 "공동체적인 동시에 개인적이고, 보편적인 동시에 주관적인 일에 참여하지 않는 한 인간은 나르키소스의 고뇌를 피할 수 없다"라고 말했다.[3]

요즘 들어 '여가' 혹은 '여가활동'이란 단어가 약간 남용되는 듯하다. 문명이 다시 굶주림의 시대로 떨어지지 않으려면 항상 경제적 삶에 기초해서는 안 되는 것처럼 '여가 문명'이란 말도 곳곳에서 들린다. 진지한 여가활동이란 말도 귀가 따갑도록 들린다. 이 때문에 여가활동의 매력과 시적인 멋, 심지어 비논리성까지 사라지는 건 아닐까? 여가활동에 진지하게 체계적으로 전념하면 더 이상 여가활동이 아니라 실질적으로 제2의 이력이 된다.

대학생이었을 때 나는 모리스 로크 교수의 임상 강의를 들었다.[4] 로크 교수는 과학과 경험, 상식과 연민을 능숙하게 결합하는 방법을 터득한 분이었다. 당시만 해도 나는 그런 교수를 스승으로 둔 특권을 제대로 인식하지 못했다. 그분은 학문적 의학의 모든 지식을 활용하는 동시에 환자들에게 더 낫게 살아가는 법과 자신의 결함을 인정하고 고치는 법을 가르쳐주는 인격의학을 지향한, 진정한 의사였다. 게다가 훗날 로크 교수는 나에게 이력을 재조정하라며 용기를 북돋워주기도 했다.

그런데 로크 교수의 임상 강의에 꼬박꼬박 출석하는 은퇴한 노의사가 있었다. 그는 언제나 구석진 곳의 같은 자리에 조용히 앉아 한마디도 하지 않았다. 나는 그 노의사의 이름조차 몰랐다. 우리 학생들은 조롱의 눈빛으로 그를 훔쳐보며 달갑지 않은 이물질 취급을 했다. 또한 우리는 그가 로크 교수의 개인적인 호의로 그 자리에 앉아 있는 것이라 생각했다. 하지만 이제 나는 로크 교수가 노의사에게 청강을 허락한 이유를 이해할 것 같다. 말년에 젊은 대학생들과 함께 다시 공부하려는 마음가짐은 단순한 소일거리가 아니라 진정한 성장을 이루려는 욕망이다. 그 노의사가 강의실에서 보여준 모범적이고 충실한 모습은 은퇴를 이력으로 승화시키기에 충분했다.

다른 예를 들어보자. 요즘 이곳저곳에서 우후죽순처럼 생기는 공작 동호회에 가입해서 열심히 활동하는 은퇴자가 있다. 그는 어렸을 때부터 공작을 좋아했기 때문에 물을 만난 물고기처럼 편안하게 느끼고, 그에게는 없는 연장까지 알게 된다. 곧 그는 다른 은퇴자들에게 요령을 가르치고, 자신의 열정을 그들에게 전해주며 성취감까지 느끼게 해준다. 이때부터 그의 동호회 활동은 새로운 의미, 즉 이력이란 의미를 갖게 된다. 한마디로, 그는 여가활동에 생명력을 불어넣는 사람이 되었다.

여가활동과 제2의 이력은 구분하기 쉽지 않다. 하지만 그 경계는 분명히 존재한다. 앞에서 예로 든 사람은 즐거움을 얻기 위해서, 자기가 좋아하는 여가활동을 하기 위해서 동호회에 가입해 활동했다. 지금은 예전만큼 자주 동호회를 찾지 않더라도 동호회에서 새로운 즐거움, 즉 다른 은퇴자들에게 지혜롭게 시간을 보내는 법을 가르치는 즐거움을 얻는다. 그는 그들과 관계를 맺고, 사회적 가치가 높은 활동을 한다. 제2의 이력을 행하는 과정에서 얻는 여가를 활용해서 그는 완전히 다른 일을 하며, 그 일에서 그는 새로운 즐거움을 얻는다. 예컨대 아내의 할아버지는 교회 일을 제2의 이력으로 삼았지만, 문구점을 운영할 때와 마찬가지로 그때에도 여유로운 시간이 있었다.

어제 나는 한 식당에서 노신사 한 분을 만났다. 그는 식당에서 혼자 식사하고 있었지만, 전에는 항상 부인과 함께 식사하던 사람이었다. 얼마 전에 부인과 사별한 때문이었다. 그래서 나는 그에게 위로의 말을 건넸고, 어떻게 지내시느냐고 물었다. 그는 "물론 아내를 먼저 보낸 슬픔은 감당하기 힘들 정도로 크지만 슬픔에 잠겨 있을 시간이 없습니다. 내가 10년 전에 '아름다운 가을'이란 은퇴자 동호회를 설립했거든요. 처음에는 회원이 40여 명 정도였지만 지금은 4백 명이 넘습니다. 프로그램을 만들고, 프로그램을 맡아줄 강사와 예술가를 찾으려면 할 일이 무척 많습니다"라고 대답했다. 이것이야말로 진정한 이력이 아니겠는가.

새롭고 보람 있는 여가의 시대를 설명할 때 그리스 문명이 주로 언급된다. 이탈리아 사회학자, 알레산드로 피초르노는 "고대의 여가, 인문학의 근원"이라 했다.[5] 피초르노의 주장에 따르면, 그리스인이 문화의 황금시대를 열었던 이유가 아고라 (고대 그리스의 도시 국가에서 시민들의 일상생활이 이루어지던 공공의 광장—옮긴이)에서 철학과 예술과 정치를 여유있게 논쟁할 시간이 있었기 때문이었다. 하지만 그런 토론이 그리스인들에게 정말 여가활동이었을까? 내 생각에는 하나의 일, 즉 이력에 더욱 가까웠다. 그리스인들에게 여가활동은 따로 있었다. 그들은 조각가 프락시텔레스의 전시회를 관람했고, 소포클레스의 비극 공연을 보았다. 또 호메로스의 책을 읽었고 화류계 여자들과 어울렸다. 그러나 아고라에 모이거나, 플라톤과 함께 아카데미아의 정원을 거닐며 삶의 의미에 대해 토론하는 것은 여가활동이 아니라 이력, 무보수의 이력이었지만 그들의 문명을 구축하는 데 반드시 필요한 이력이었다.

아고라에는 노인들만 있는 게 아니었다. 한창 활동 중인 모든 연령층의 남자가 아고라에 모였다. 그들이 보수를 받지 않고 아고라에 모이는 시간을 가질 수 있었던 이유는 노예제도에 바탕을 둔 경제적 삶이 융성한 덕분이었다. 고대 그리스의 노예제도가 그리스인들을 해방시켜 아고라에서 활동하도록 해주었듯이, 경제학자들이 우리에게 보여주는 풍요로운 사회는 인간을 해방시켜 제2의 이력을 가능하게 해주는 듯하다. 과거에는 노예들이 대신 일하며 남자들이 아고라에서 제2의 이력을 쌓도록 해주었지만, 이제는 모두가 젊을 때는 각자의 직종에서 일하며 번영을 유지해야 하고 삶의 황혼기를 맞아서야 해방되어 제2의 이력을 추구할 수 있다.

이란의 수도 테헤란에서 나는 한 프랑스인을 만난 적이 있다. 이란계 프랑스인을 위한 고등학교 교장으로, 나는 그의 얘기를 무척 흥미롭게 들었다. 그는 검은 아프리카(사하라 사막 이남 지역의 아프리카—옮긴이)에서 오랜 시간을 보냈다. 그곳에서는 여자들이 일하고, 남자는 한가하게 지내며 매일 마을 광장에 모여 시간을 보낸다. 그들에게는 그 광장이 아고라인 셈이다. 교장 선생은 그들을 좋아했고 그들의 언어를 알았기 때문에 그 집회에 참가하는 게 허락되었다. 그래서 내가 "그들이 무엇에 대해 토론했습니까?"라고 묻자, 교장 선생은 "삶과 죽음의 의미, 질병과 건강의 의미에 대해 토론했습니다"라고 대답했다. 그런데 우리는 그쪽 사람들을 후진적인 사람들로 생각한다. 경제적으로 후진적이지만, 다른 관점에서는 우리 선조인 고대 그리스인들처럼 우리보다 앞선 사람들이다.

고대 세계에서는 노예제도를 기반으로, 검은 대륙에서는 여성의 노동으로 경제적 풍요를 얻었듯이, 전자공학과 새로운 물질의 활용, 기후 조절로 인한 과학적 농경, 핵 에너지의 발견, 자동화 등 과학기술의 발전 덕분에 우리는 경제적으로 풍요로워졌다. 옛날처럼 한 계급만이 아니라, 과학기술의 발전으로 온 인류가 자유로운 시간을 더 많이 갖게 될 것이다. 하지만 그다음에는 어떻게 될까? 무엇으로부터의 해방일까? 미국 사회학자 데이비드 리스먼이 "무엇을 위한 풍요인가?"라고 제기한 질문과 다를 바가 없다.[6] 체계화된 여가활동으로 시간을 죽이기 위한 것일까? 따분하게 지내기 위한 것일까? 나이가 들어 제약에 얽매인 직장 생활을 더 이상 할 수 없을 때, 자유로운 이력으로 누구나 제2의 이력을 행할 수 있게 하기 위한 것이다.

따라서 제2의 이력이란 개념은 여가활동과 다르다. 여가활동이 확대되고 발전되어 조직화되더라도 마찬가지이다. 여가활동은 본래의 환상적이고 자유분방하며 공예적인 면을 지녀야 한다. 지금 제네바에서 열리고 있는 여가활동 전시회는 가정용품 전시회와 유사한 상업적 상품 전시회에 불과하다. 제조업자들이 냉장고를 판매하는 대신에 수영장의 물을 정화하는 장치나 낚시 도구를 구입할 사람들을 찾고 있지 않은가. 여가활동 개발자연맹은, 이 전시회가 각자의 개인적인 창의성을 계발하는 데 목적을 둔 그들의 노력에 역행하며 상업주의적인 광고로 소비자를 현혹하고 있다는 항의서를 발표하기도 했다.

여가활동의 주된 목적은 이익이나 유행 혹은 허영심의 충족이 아니라 순수한 즐거움의 추구에 있어야 한다. 제2의 이력은 다른 동기, 상대적으로 사회성을 띤 동기에서 시작된다. 따라서 제2의 이력은 성실하고 이기적이지 않은 마음가짐을 요구하며, 조직적으로 행해지는 어떤 목적이나 사명을 띤다. 직업적인 활동과 관계가 없기 때문에 의무적이지는 않지만 인간에 대한 사랑이 우선시되어야 한다. 제2의 이력은 현실세계로부터의 도피가 아니라 참여이다.

앞 단락의 마지막 문장을 주목해주기 바란다. 여기에서 나는 제2의 이력을 여가활동과 비교하지 않고, 노년에 대한 다른 반응, 즉 세상에 대한 무관심, 혹은 마음의 평온이란 이름으로 흔히 찬양되는 내향적 태도와 비교했다. 하지만 마음의 평온에는 두 유형, 즉 바람직한 평온과 부적절한 평온이 있지 않을까? 바람직한 평온은 야망을 버리고 젊은 시절의 이기적인 조바심과 자아로부터 벗어나 개인적으로 성숙할 때 가능하다. 이렇게 이기심을 버린 마음은 인간을 이해하고, 이해타산을 따지지 않고 너그럽게 인간을 도우려는 원대한 사랑과 자비심, 인간을 향한 뜨거운 관심으로 대체된다. 반면에 부적절한 평온, 정확히 말해서 평온이라고 잘못 남용되는 평온은, 극단적인 무관심이다.

나이가 들어도 우리는 대체로 과거의 모습을 유지하는 게 사실이지만, 성격적 특징은 더욱 두드러지게 나타나게 마련이다. 너그러웠던 사람은 더욱 너그러워지고, 고집불통이던 사람은 거의 폭군으로 변하며, 소극적인 사람은 더욱 소극적이게 된다. 시몬 드 보부아르도 이런 원칙을 확인해주었다. "언제 어느 때나 평범한 것을 선택하던 사람은 나이가 들어서도 건강을 돌보고 지출을 줄이는 데 별다른 어려움을 겪지 않을 것이다. 나는 그런 노인이 자신의 나이에 완벽하게 적응하는 걸 지켜보았다. 내 친할아버지가 바로 그랬다. 할아버지는 자기중심적이고 경박한 분이었던 까닭에, 젊은 시절의 성숙하지 못한 행동과 말년의 나른한 삶 사이에는 큰 차이가 없었다. 할아버지는 결코 무리하지 않았다. 마음에 담아두는 것도 없어 걱정거리도 없었다. 덕분에 건강은 아주 좋았다. 하지만 산책하는 거리가 조금씩 짧아졌고, 〈쿠리에 뒤 상트르〉(프랑스 지역 일간지―옮긴이)를 덮고 잠드는 시간이 잦아졌다. 할아버지는 죽음을 맞는 순간까지 이른바 '아름다운 노년'을 누렸다."[7]

물론 보부아르는 할아버지의 노년을 빈정대며 말한 것이다. 아름다운 노년은 그런 것이 아니라, 세상을 향해 마음을 열고 사람들에게 관심을 갖는 노년, 차분하지만 강렬한 노년, 여전히 열정적으로 싸우는 보람 있는 노년이다. 물론 젊은 시절과 다르지만, 삶은 투쟁이기 때문에 여하튼 뭔가에 맞서 싸우는 노년이 아름다운 노년이다. 흔히 우리는 분노까지는 아니어도 무관심과 체념에 불과한 태도를 지혜라고 칭한다. 혼자 즐기는 여가에 이런 의미가 담겨 있다. "나한테 더 이상 무얼 바라겠어? 난 낚시나 하러 갈 거야!" 하지만 이런 경우의 낚시질은 즐거움이 아니라 쓸쓸레한 반추의 기회를 안겨줄 뿐이다.

열정이 없는 연령이란 말이 있다. 그러나 열정이 없으면 죽음밖에 남지 않는다. 화를 내지 않으면 미소도 없다. 불의에 격분하지 않으면 용서도 없다. 번민이 없으면 희망도 없다. 물론 안타깝지만 이런 현상은 죽음을 거의 앞두었을 때 나타난다. 그러나 이런 현상은 지혜의 승리가 아니라 노쇠화의 결과에 가깝다. 이쯤 되면 고민할 문제가 없다. 의사가 환자의 몸뚱이 안에서, 즉 존재의 내부에서 어떤 일이 벌어지고 있는지 전혀 모르기 때문에 통증을 억제하며 생명을 연장해주려고 애쓰는 환자에 불과하다. 진정한 문제는 훨씬 더 일찍 제기된다. 건강한 은퇴자의 경우에는 은퇴 후의 삶을 보람 있게 끌어가는 게 진정한 문제이다. 체력이 떨어지고 갑자기 병환이 닥칠 수 있지만, 자신의 삶에 의미를 부여하고 싶은 욕망과 사랑하는 능력은 여전하다. 그의 삶을 끝없이 여가활동으로 채워야 할까? 세상을 원망하고 투덜대며 남은 삶을 보내야 할까? 아니면, 은퇴를 거부하며 직업인으로서의 삶을 가능할 때까지 연장해야 할까?

제2의 이력은 직업상 이력과 다르다

이쯤에서 첫 번째 이력, 즉 직업이란 개념과 비교함으로써, 제2의 이력이란 개념이 무엇을 뜻하는지 명확히 해야겠다. 둘의 차이는 무척 크다. 직업에는 조직과 규칙이 있지만, 제2의 이력에는 자유와 자발성이 있어야 한다. 또한 인간 공동체에서 차지하는 위치도 무척 다르다. 직업적인 일은 경제적 삶의 원만한 운영을 보장해준다. 경제적 삶을 꾸려가려면 불가피한 요건들을 충족해야 한다. 우리가 경제 활동으로 얼마나 많은 수익을 내느냐에 따라 번영이 결정되고, 번영이 없으면 자유도 없다. 따라서 모든 것이 정확히 조정되는 거대한 시계의 부품처럼 경제는 완벽하게 운영되어야 한다. 일시적 욕망이 경제의 흐름을 위협한다. 예외적 대우와 개인적 특혜라는 부당행위가 저항이나 혁명을 야기하며, 경제라는 기계를 고장 낸다.

이런 경제적 삶이 발전할수록 그 조직은 정밀해지고 엄격해진다. 사회적 조직에서나 기업에서 각 구성원이 맡은 임무와 역할이 세부적으로 결정되어야 한다. 모든 것이 법규, 집단 계약이나 개별적인 계약, 수주 조건 명세서, 내규 등에 의해서 미리 규정된다. 계급구조를 인정해야 하고, 모든 단계에서 누가 책임자이고 누가 명령권자인지 알아야 하며, 명령에는 반드시 따라야 한다. 공장 문 앞에 달린 노동시간 기록계가 상징하듯이, 노동시간은 거의 분 단위로 결정된다. 주당 휴식시간과 근무시간, 휴가기간과 은퇴 연령도 예외 없이 일정하다. 약간의 조정이 있더라도 그것마저 규정에 따라 결정된다.

같은 집단에 규율을 강요하는 법률가와 회계사, 경영자 협회와 노동조합 등의 승리가 아닐 수 없다. 기업에서는 맡은 역할에 상응해서 봉급이 달라진다. 승진과 호봉은 내규로 결정된다. 급여 등급은 자본주의 경제와 공산주의 체제에서 다르지만, 어느 쪽에서나 원칙에 따른다. 이런 엄격한 시스템에서도 사고와 질병, 신체장애와 조기퇴직 등과 같은 예기치 못한 일이 생긴다. 그러면 보험계리인에 의해 보험료가 계산되고 노동 불능의 정도는 법률적 판단의 대상이 된다.

그런데 여기에서 끝나지 않는다. 직업적 의무가 개인의 양심을 대체한다. 불공정한 경쟁의 경계와 부정한 파산의 경계는 명확하다. 환자를 치료하는 권리나 복음 전파를 직업으로 삼을 권리를 가지려면 관련된 면허를 받아야 한다. 비누와 치즈에 들어가야 하는 지방분의 비율, 마가린에 들어가는 버터의 비율, 생수에 허용되는 병원균의 수, 코냑과 향수에 함유되는 알코올 도수는 규정으로 정해진다. 포도주와 중국 차茶, 기능사와 고위직 간부는 관련된 조건들을 충족해야 한다. 휘발유에는 일정한 옥탄가가 요구되고, 학년에 따라 지리나 수학에서 이수해야 할 시간이 정해져 있다. 따라서 교사는 제멋대로 가르치지 말고 정해진 프로그램을 충실히 따라야 한다.

재무부가 세입을 계산할 때는 탈세가 고려되고, 상품가를 결정할 때는 상점에서 일어나는 절도까지 포함돼 계산된다. 결혼과 이혼, 병역 의무와 국경일까지 법률로 정해진다. 범죄가 처벌 대상이 되지 않는 조건도 법으로 정해진다. 직업상 활동에 관련된 모든 것이 법으로 성문화되고 규제되며, 나열도고 분류되며, 예측되고 인가되며, 통제되고 보장되며 보호된다. 법으로 정해지지 않은 것은 관례로 대신한다. 이런 모든 것이 인간의 자유를 보장하기 위해서 반드시 필요하다.

그러나 인간의 마음에서 결코 사라질 수 없는 다른 자유가 있다. 창조적으로 상상하고 즉흥적으로 행동하고 싶은 욕구가 그것이다. 자신이 원하는 것을, 자신이 원할 때, 자신이 원하는 곳에서, 자신이 원하는 방법으로 해내거나 해내지 않을 자유를 뜻한다. 이 자유는 경제적이고 사회적인 삶이 강요하는 의무와 금지에서 벗어나고 싶은 욕구이다. 항상 인간은 여가를 통해 이런 탈출의 기회를 찾았다. 여가가 많지 않을 때는 이런 욕구가 문제시되지 않았다. 그러나 요즘에는 직업상 업무도 아니고 여가활동도 아닌 것, 즉 직업활동에서나 얻었던 가치 있는 일을 한다는 즐거움과 여가활동에서 맛보았던 자유가 결합된 것이 들어설 공간이 있고, 그 공간이 점점 커지고 있다.

나는 그것에 '제2의 이력' 혹은 '자유로운 이력'이라 이름을 붙였다. 이 활동에는 명세서와 계약서, 계급구조와 한계 연령, 관례, 의무적인 노동에 따른 고정된 봉급이 없다. 무보수일 수도 있고 보수를 받을 수도 있지만, 수익과 의무는 아무런 상관관계가 없다. 따라서 많은 은퇴자가 금전적 상황을 개선하기 위해서 뛰어드는 제2의 직업과는 다르다.[8] 예컨대 어떤 은퇴자가 주차금지구역에 주차된 자동차들의 번호를 기록하는 일을 한다고 해보자. 좋은 일이다. 뙤약볕을 받으며 일한다. 하지만 엄연한 직업이다. 다만, 과거처럼 그럴듯한 직업으로서 권위를 인정받지 못할 뿐이다.

그들은 받을 연금이 충분하지 않기 때문에 줄어든 소득을 보충하기 위해 제2의 직업을 가져야 한다. 내가 이 책에서 조목조목 언급한 새로운 관점에서 삶을 보면, 모든 것이 서로 관련되어 있다. 이런 삶에서 은퇴자가 진정한 자리를 찾아내려면 다음과 같은 조건이 동시에 충족되어야 한다.

- 은퇴자들이 더 이상 생활비를 벌지 않아도 될 정도로 충분한 소득이 보장되어야 한다.
- 사심 없는 자원봉사, 창조적 활동으로 여겨지는 여가활동을 높이 평가해야 한다.
- 은퇴자들이 적당한 때에 점진적으로 직장 생활에서 제2의 이력으로 넘어갈 수 있도록 은퇴 규정을 탄력적으로 운영해야 한다.
- 이해력과 사고력을 향상함으로써 개인적인 성숙을 도모하고, 새로운 이력과 관련된 다양한 관심사를 계발하기 위해서 평생교육을 강화해야 한다.
- 무위도식하며 권태와 싸우고 하찮은 일로 시간을 보내지 않고 삶의 새로운 단계를 의식적으로 준비해서 진정한 이력으로 만들어갈 수 있도록 제2의 이력이란 개념을 널리 알려야 한다.

조금 전 직업상 이력과 제2의 이력이 어떻게 다른지 개략적으로 살펴보았다. 두 이력은 근본적으로 두 가지 점에서 다르다. 이번에는 그 두 가지에 대해서 자세히 살펴보기로 하자. 첫째, 은퇴 후에는 자유로운 이력의 개인적인 면이 확대될 수 있다. 우리는 적성에 맞는 직업을 선택해서 그 일을 무척 좋아했더라도 규칙에 따라 그 일을 해야만 했다. 달리 말하면, 배운 대로 해야만 한다. 융의 표현을 빌리면, 집단 문화이고 비인격적인 문화이다.[9]

물론 누구나 직업상 이력을 쌓아가는 동안 정도의 차이는 있지만 조금씩 개인적인 면을 더해간다. 특히 자유직업에 종사하는 사람들이 그렇다. 예컨대 나는 일반의사와 내과 전문의에서 환자의 속내를 듣는 심리학자로 조금씩 옮겨갔다. 그러나 그 과정은 상당히 어려웠다. 스위스만큼 전문 진료과목의 이전이 자유롭지 않아, 전문과정을 이수하지 않고는 심리치료를 행할 수 없고, 전문의로 등록되지 않은 의사에게는 보험회사가 심리치료에 대한 보수를 지급하지 않는 국가도 상당히 많다. 개인적인 능력은 중요하지 않다. 명확히 규정된 조건을 따랐느냐가 중요할 뿐이다.

따라서 내 병원 문에는 초인종을 누르면 국가에서 의사로 인정한 사람이 맞아줄 거라고 명확하게 표기한 동판이 걸려 있다. 어느 날, 프랑스 외과의사가 내 진료실에 들어와서는 "왜 동판에 '인격의학'이라고 표기하지 않으셨습니까?"라고 물었다. 나는 "인격의학은 공식적인 진료과목, 공인된 명칭이 아니니까요!"라고 대답했다. 또 신교와 구교를 막론하고 신학자들은 내가 신학교에서 공부한 적도 없으면서 영혼을 치유하겠다고 나서며, 나와 아무런 관계도 없는 문제에 끼어든다고 비난을 퍼부었다. 아직 문법학자들에게서 작가로서의 이력을 간섭받지 않은 게 천만다행이다. 그들이 내 글을 심판대에 올려놓는다면 찬사를 받을 가능성은 거의 없기 때문이다. 관습에 따라 나는 가난한 환자를 무료로 진료할 수 있지만, 그런 관용을 남용하면 내 동료들과 부당하게 경쟁하는 것이 된다. 직업상 이력은 돈과 밀접한 관계가 있다. 수익을 거둬야 하기 때문이 아니라, 직업에 종사하는 순간에 소속될 수밖에 없는 경제 시스템 때문이다. 이런 이유에서 은퇴자의 연금은 직업인처럼 돈벌이를 해야 한다는 욕구를 넘어설 정도로 충분해야 한다.

따라서 자유롭게 선택한 직업에서도 자유의 폭은 무척 제한적이다. 그렇다면, 자유롭게 직업을 선택하지 못한 사람들의 상황은 어떻겠는가? 이런 사람이 훨씬 더 많다. 여기에는 외적인 이유가 있을 수 있다. 예컨대 불행하게도 가난한 집안에서 태어났거나, 뛰어난 능력에도 불구하고 보잘것없는 직업을 벗어나지 못하는 경우이다. 예외적인 경우도 있지만, 어차피 예외에 불과하다. 한편 사회적 편견 때문에 아들의 적성을 반대하거나, 자신이 운영하는 회사를 물려주려고 아들에게 무조건 그 회사에서 일하게 하는 권위적인 아버지가 있을 수도 있다. 또 아들에게 남들의 눈에 괜찮게 보이는 직업을 가지라고 압력을 가하는 감상적인 어머니도 있을 수 있다.

내적인 원인도 있을 수 있다. 자신의 능력에 대한 회의, 예술가라는 직업으로 충분한 돈을 벌지 못할 거라는 두려움, 열등의식, 긴장을 못 이겨 시험에 계속 실패한 탓에 생긴 실패 노이로제 등이 대표적인 원인이다. 젊은이들이 직업을 선택해야 하는 연령에는 미성숙해서 자신이 무엇을 하고 싶은지 아직 모르거나, 꿈의 직장에 대한 이상주의적 환상을 여전히 품는 것도 적잖은 원인일 수 있다. 외부의 현명한 조언이 없기 때문에, 기존 직장에 환멸을 느껴도 직업을 바꾸기가 무척 어렵다. 따라서 은퇴할 때까지 자신의 직업을 힘겹게 견디고, 자신의 일에 마음을 주지 못한 채 끝없이 투덜대는 사람이 부지기수이다.

그러나 이처럼 현재의 직업에 불만을 가진 사람들이 은퇴 후에도 실패해서, 진정으로 좋아하는 일을 할 기회를 상실하는 경우가 많다는 게 안타까울 뿐이다. 만성적인 쓰라린 경험이 그들의 기운을 조금씩 갉아먹은 결과이다. 반면에 직장 생활을 즐겁게 한 사람들은 은퇴한 후에 곧바로 재미있는 다른 활동을 찾아낸다. 전자의 사람들은 "그래 봤자 무슨 소용이야? 너무 늦었어"라고 말한다. 영어나 그리스어를 배우기에는 너무 늦었고, 그림이나 노래를 시작하기에도 너무 늦었다는 뜻이다. 아직 시간이 많이 남았지만, "너무 늦었어. 시간이 없어"라고 말하면서 시간을 헛되이 보낸다. 대단한 열의와 꿈까지 실어야 할 필요는 없지만, 어떤 연령에서나 시작해서 조금씩 발전시킬 수 있는 제2의 이력이란 개념으로 나는 그들에게 조금이나마 위안을 주고 싶다.

이쯤에서 좀 더 깊이 생각할 필요가 있다. 앙드레 사라동 박사가 '유산된 쌍둥이'라고 칭했던 것이 우리 모두의 내면에 존재한다.[10] '유산된 쌍둥이'란, 환경이 달랐다면 크게 성숙할 수 있었던 나의 또 다른 자아라는 뜻으로, 되살릴 만한 가치가 있다. 예컨대 얼마나 많은 사람이 옛날에 비밀스러운 감정을 몰래 끄적거린 공책을 서랍에 처박아두고 그 후로는 꺼내보지 않았을까? 하지만 언젠가는 이 모든 것을 수정하고 다시 손질하며, 다시 시작하고 조사해서 결말지어야 할 것이다. 은퇴자가 도서관에 가서 헌책을 찾아내 읽으며 밑그림을 그려낸다면 얼마나 멋진 일거리가 되겠는가. 그야말로 개인적인 작업, 직업보다 훨씬 개인적인 일거리가 된다! 목적을 직접 선택하고, 일하는 방법을 직접 결정하며, 자기만을 위한 작업에 하루하루 열중하고, 그 작업에서 자신의 존재를 확인할 수 있기 때문이다.

이제 직업상 이력과 제2의 이력 사이에 존재하는 두 번째 차이를 살펴보자. 경제적인 삶을 원만하게 운영하려면 직업 세계에 계급구조가 필요하다고 앞에서 언급했을 때, 둘의 이런 차이를 간략하게 암시했다. 누가 결정을 내리고 명령권을 지녔는지 모든 단계의 구성원이 모른다면, 최종 결정을 내려야 할 사람이 머뭇거리고 회피한다면, 또 명령을 따라야 할 사람이 명령을 따르지 않고 자기 마음대로 행동한다면, 어떤 일도 제대로 진행되지 않을 것이다. 자유주의 경제에 투자된 자본의 수익이든 공산주의 경제에서 시행된 5개년 계획의 수익이든 간에 수익은 경제적 삶의 법칙이다. 금전적 수익을 위해서는 책임자가 있어야 하고, 책임자에게는 권위가 인정되어야 한다. 따라서 직업 세계에서 돈과 노동 사이에는 떼려야 뗄 수 없는 관계가 있다.

직업 세계에는 이런 계급구조가 반드시 필요하지만, 제2의 이력에는 계급구조가 없다는 게 특징이다. 게다가 제2의 이력은 돈의 압박에서도 자유롭다. 누구에게도 복종할 필요가 없고, 누구에게 명령을 내릴 필요가 없다. 또 자신 이외에 누구도 책임질 필요도 없다. 최고의 도덕적 권위를 가질 수 있지만 그 권위를 실질적으로 행사하지는 않는다. 따라서 제2의 이력을 위해서 심원한 내적인 변화가 필요하며, 그 변화는 명령권의 포기이다. 조언자가 될 수는 있지만 명령권을 지닌 우두머리는 아니다. 은퇴자의 경우와 다를 바가 없다. 다음과 같은 일화를 예로 들어 구체적으로 설명해보자.

역사학자 레이몽 카르티에는 한국전쟁이 끝나던 시점의 상황을 〈파리 마치〉에서 다음과 같이 말했다.[11] 카르티에는 급변하던 한국전쟁 상황을 언급한 후에 "7개월 동안 전세가 네 번이나 역전되었고, 마침내 1951년 1월 매슈 리지웨이 장군이 서울을 수복하고 38선을 넘어 전진했다"라고 말하고는 다음과 같이 덧붙였다. "더글러스 맥아더는 여세를 몰아 압록강까지 진격하려 했지만 트루먼이 반대했다. … 리지웨이는 맥아더의 후임으로 연합군 사령관이 되고, 맥아더에게 더는 한국에 발을 들여놓지 말라고 요구한다. 세계적인 언론 〈파리 마치〉만이 맥아더의 해임 가능성을 보도했다. 태평양전쟁을 승리로 이끈 장군의 후광이 너무 빛나서 트루먼이 감히 맥아더를 해임하지 못할 거라고 모두가 믿었다. 하지만 트루먼은 과감히 맥아더를 해임했다. 맥아더가 보낸 공문을 구실로 삼아 … 맥아더에게서 지휘권을 박탈했다. 미국은 경악하며 충격에 빠졌고, 트루먼 대통령의 인기는 끝을 모를 정도로 추락했다. 1936년 이후 처음으로 미국에 돌아온 맥아더 장군은 영웅으로 추앙받았다. 브로드웨이에서 미국 시민들은 전화번호부에서 찢어낸 종이들을 흩날리며 맥아더를 환영했고, 의회는 연설을 해달라고 맥아더를 초청했다. … 그사이에 시민들은 해리 트루먼의 허수아비를 불태웠다. 그러나 맥아더를 영웅으로 맞이하는 행사들은 보람이 없었다. 맥아더는 은퇴한 장군에 불과했고, 트루먼은 자신의 의지를 관철해냈다."

계급제도와 지휘권은 군대의 유별난 특징이어서, 야전사령관에게 제대는 면직과 불명예를 뜻한다. 군인들은 결코 입에 담을 수 없는 '패배'라는 단어를 사용하지 않으려고 '후퇴 retraite'라는 단어를 사용하기 때문에, 제대 혹은 '은퇴retraite'라는 단어에는 경멸적인 뜻이 담긴 것으로 생각한다. 예컨대 나폴레옹이 러시아에서 퇴각했다는 말은 나폴레옹이 러시아에서 패했다는 뜻이다.

은퇴라는 개념에서 이런 부정적인 의미를 완전히 제거하기는 힘들다. 소규모 부서의 책임자였든 작은 공사현장의 감독이었든 간에 자신의 직장에서 책임자였던 사람이 명령권을 잃게 되는 상황을 받아들이기란 무척 힘들다. 따라서 은퇴를 해고와 실패라고 생각하기 십상이다. 특히 우두머리 기질이 있는 사람은 더더욱 힘들 것이다. 그러나 이런 거부감은 노년 전체를 망가뜨릴 수 있기 때문에 중대한 문제가 아닐 수 없다. 요컨대 명령권의 포기를 받아들이지 못할 때 노년은 괴롭다.

과거의 직업으로 다시 돌아갈 수 없기 때문에 그런 노인은 가족과 주변 사람들을 괴롭히고 학대한다. 그에게 명령할 권한을 주면 모든 것이 원만해질 것이라는 언질을 주기 위해서 끊임없이 비난을 퍼부어댄다. '소유욕이 강한' 여자와 비슷해서, 그런 노인 앞에서는 고분고분 따르거나 거칠게 반발하는 수밖에 없다. 게다가 '소유욕'이란 단어에는 깊은 의미가 감춰져 있다. 노인들이 흔히 보이는 탐욕은 삶이 자신들에게서 멀어지고 있다는 위축된 감정에 대한 반발이다. 여기에서, 불편할 정도로 집을 가득 채우고 있는 자질구레한 것들에 노인이 집착하는 이유가 설명된다.

명령권을 포기하라

따라서 군대와 정치권과 행정기관에서 사용되는 좁은 의미에서의 명령권만이 문제시되는 것은 아니다. 사회 전체의 보편적인 상황이 그렇다. 시몬 드 보부아르가 언급한 모든 예술가와 작가들은 늙어가는 걸 마뜩잖게 생각하며, 자신들의 권위가 쇠락해가는 현실에 대한 거부감을 가감 없이 드러냈다.[12] 동시대 사람들에 대한 영향력과 지배력이 상당했던 저명한 사람들이 권위를 포기하기는 무척 어렵다. 사회에 기여한 공로가 크고, 성공해서 유명한 사람일수록 영향력을 포기하기가 더욱 힘든 법이다.

젊은 사람들을 믿고 그들에게 지도자의 역할을 넘겨주면서도 함께 진행하는 사업에 무관심하지 않아야 성숙한 사회로 진화할 수 있을 것이다. 그러나 젊은이들이 그런 양도를 힘들게 하는 경우가 있다. 수년 전, 나는 나이가 들면 국제인격의학 학술대회의 사무총장에서 물러나겠다고 발표했다. 그러나 내가 물러나기로 결심했더라도, 그 역할을 개인적인 소명으로 받아들이지 않고 자신을 일시적인 대체자로만 생각하는 사람을 후임자로 선택할 수는 없었다. 따라서 내가 원칙적으로 생각하던 역할의 양도는 실현되지 않았다. 내 친구들은 여전히 나에게 의지했다. 많은 조직과 단체에서도 지도자가 권리의 양도를 거부하는 게 아니라, 조직원들이 현 지도자에게 계속 그 역할을 맡아주기를 기대하기 때문에 권리의 양도가 이루어지지 않는 게 사실이다. 결국 내 친구 중 하나가 나에게 구원의 손길을 내밀었고, 권위를 행사하며 젊은 학자들로 이사진을 꾸렸다. 하지만 그 후로도 상당한 시간이 지나서야 새로운 이사진은 내 품을 떠나 완전히 독자적으로 운영되었다.

그럼, 늙은 나이까지 권력을 움켜쥐고 놓지 않는 늙은 정치인들에 대해서는 어떻게 말해야 할까? 그들은 일반적인 은퇴 연령을 넘긴 후에도 공동체를 위해 봉사하는 좋은 본보기라며 쏟아지는 찬사를 받는다. 하지만 내 생각에 그들은 전혀 모범적인 본보기가 아니다. 예외적인 업무 능력을 지닌 그들은 그 연령에 어울리지 않게 바쁜 삶을 살아간다. 게다가 그들은 본래의 직업을 떠난 사람들이 아니다. 그들은 권력자이기 때문에 여전히 명령을 내리는 위치에 있다. 어떤 직업보다 부담스러운 정치인이라는 직업을 붙들고 있는 사람들이 바로 그들이다. 그들은 은퇴한 사람들이 아니다. 은퇴자들이 그들을 흉내 냈다가는 은퇴의 문제를 결코 해결할 수 없을 것이다.

그럼 그들의 이런 특권은 어디에서 오는 것일까? 그 특권은 그들의 특별한 성공에서 비롯되는 듯하다. 계급구조로 조직화된 사회와 노인 사이에는 전쟁까지는 아니어도 경쟁이 있다. 사회가 은퇴 연령을 규정하고, 노인들에게 "그만하면 됐습니다. 이제 은퇴하십시오!"라며 은퇴를 강요하지 않는가. 사회는 노인들에게 일할 자격을 박탈하며, 노인들을 현장 밖으로 밀어내고 상대적으로 젊은 사람들로 대체하며 그들을 승진시킨다. 대부분의 노인은 좋든 싫든 사회의 규칙에 따른다. 은퇴를 반기며 마침내 자기 뜻대로 살 수 있게 되었다고 좋아하는 사람도 있지만, 체념해서 권태와 무기력에 빠져들거나 반대로 분노하며 젊은 사람들을 비난하는 사람들이 더 많다.

그러나 단호히 은퇴를 거부하며 사회에서의 지배적인 위치를 지키려고 끈질기게 싸우는 소수의 늙은 사자들에게는 사회가 굴복한다. 그 늙은 사자들이 경쟁에서 이긴 때문이다. 사회는 운동 규칙을 따른다. 사회는 늙은 사자를 이겨낼 수 없었기 때문에 그들을 승자로 추앙한다. 증거가 무엇이냐고? 젊은이들이 손윗사람들에게 반발하고 사오십대를 벌써 '늙은이'로 취급하면서도 마오쩌둥처럼 늙디늙은 지도자들을 진심으로 숭배하지 않는가(이 책이 쓰인 1970년에 마오는 살아 있었고 77세였다—옮긴이). 그들이 전통 사회를 뒤엎어버렸기 때문이다.

정치계에서만 이런 현상이 있는 것은 아니다. 기업계에도 은퇴의 규칙에 도전하며 최고경영자의 자리를 유지하는 사업가와 기업가들이 적지 않다. 그들은 하루라도 빨리 그 자리를 물려받으려고 초조히 기다리는 상대적으로 젊은 동료들에게 순종을 강요하고, 우여곡절 끝에 그 자리를 물려받은 사람도 선임자를 흉내 내며 좀처럼 그 자리에서 물러나려 하지 않는다. 게다가 사람들은 그 늙은 투사를 "여전히 젊다!"고 추앙한다. 그러나 그런 말에는 찬사만큼이나 비난도 담겨 있다. 때로는 공식적으로는 은퇴했지만 뒤에서 후임자에게 절대적인 영향력을 행사하는 사람도 있어, 후임자는 자기 뜻대로 자유롭게 기업을 운영할 수 없다.

제네바의 바스티옹 공원에서 중학교 동창생을 만났다. 내 또래로 은행 이사까지 지낸 친구이다. 우리는 오랜만에 만난 까닭에 무척 반갑게 인사를 나누었다. "요즘 어떻게 지내나?"라고 묻자 그는 "잘 지내. 은퇴했거든"이라고 말했다. 곧이어 "은퇴하기 전에는 무척 두려웠어. 하지만 은퇴 후의 생활이 나한테 맞더라고. 지금은 정말 행복해. 개와 함께 산책하고 조금도 지루하지 않아. 지금도 내 사무실에서 나오는 길이야. 매일 잠깐 동안 방문하거든. 나한테는 정말 소중한 시간이야"라고 덧붙였다. 그래서 내가 "자네가 너무 자주 사무실을 찾아가서 후임자에게 영향력을 행사하는 건 아닌가?"라고 묻자, 그는 "천만에! 그 친구하고 업무 얘기는 절대 하지 않는 걸 원칙으로 삼았어"라고 대답했다. 나는 탄성이 절로 나왔다. "잘했네!"

그렇다, 더 이상 명령하거나 지시하지 않고 권위를 행사하지 않아야 진정으로 은퇴를 받아들인 것이다. 은퇴는 계급사회에서 완전히 벗어나서, 계급도 없고 지위도 없고 정해진 역할도 없는 다른 세계로 들어가는 것이다. 늙은 정치인들처럼 젊음을 한없이 연장하는 게 아니다.

가족에서 어머니의 역할도 마찬가지이다. 앞에서 나는 은퇴의 위기를 이야기하면서, 자녀의 결혼이 어머니에게 미치는 영향에 대해 언급했다. 자녀가 결혼하기 전까지 어머니는 본능적으로 자녀의 보호자로서 행동한다. 따라서 자녀를 위협하는 온갖 위험, 즉 외부적 위험과 내적인 위험으로부터 자녀들을 보호한다. 하지만 이런 관계 때문에 어머니는 계급적 권위를 행사하며 자기만의 작은 세계에서 군림한다. 하지만 손자들과 함께하는 순간부터 자신의 삶에 의미를 부여하기에 적합한 제2의 이력을 찾아낼 수 있다. 이런 제2의 이력에서 보람을 얻기 위해서는 반드시 약간의 포기가 필요하다. 다시 말하면, 손자의 교육에 간섭하며 부모의 권위보다 할머니의 권위를 내세우는 걸 자제할수록 딸과 며느리가 더욱 자발적으로 어머니에게 손자들을 맡길 것이다.

계급적 권위의 포기라는 주제는 5장에서 노년의 수용이란 문제를 다룰 때 자연스레 언급하게 될 것이다. 이 문제는 무척 중요하다. 노년은 새로운 삶이다. 제2의 이력을 쌓아가야 하는 때이며, 의무적으로 일하지 않고 자기 뜻에 따라 자유롭게 일하는 자발성이란 특징을 지닌 때이다. 이런 삶을 위해서는 약간의 상상력이 필요하다. 그런데 노인들은 상상력을 발휘하는 방법을 거의 훈련받지 못했다! 직장에서 일할 때 그들은 고분고분 의무를 해내기 위해 개인적인 상상력을 억눌러야만 했다. 명령에 따르고 명령을 내리며, 전통적인 관습에 따르는 게 더 쉽기도 했다. 따라서 대다수의 은퇴자가 또 다른 관습, 즉 대중적인 여가활동으로 시간을 보낸다. 평생교육 전문가, 피에르 아랑트는 "그들은 어김없이 이웃의 여가활동을 선택하며, 거의 똑같은 여가활동이 한없이 되풀이된다"라고 말했다.[13] 상업적 광고도 이런 비인격적인 여가활동으로의 전환을 부추기고 있다.

명령을 받지 않거나, 명령을 내릴 대상이 옆에 없으면 무엇을 해야 할지 모르는 사람들이 적지 않다. 따라서 습관을 바꿔야 한다. 그러나 문제는 일반적인 생각보다 훨씬 크다. 내면의 마음가짐이 달라져야 한다. 비유해서 말하면, 자동차의 속도를 바꿀 때처럼 기어를 바꿔야 한다. 기어를 바꾼다는 것은 은퇴자가 그때까지 차지하는 지위만이 아니라, 은퇴자가 자신에게 부여된 업무로서 한 부분을 차지했던 조직화된 사회라는 거대한 기계를 의식적으로 단호히 포기한다는 뜻이다. 젊은 시절에는 그런 기계에서 자신의 자리를 찾는 것이 중대한 과제였다. 이력을 쌓아가는 과정에서 그 자리는 승진을 통해 더욱 굳게 다져졌다. 그런 역할이 40년 이상 동안 그에게 가치를 부여해주었다.

이제 그 모든 것을 내려놓아야 한다! 물론 그는 자신의 가치가 떨어진다는 절박감에 사로잡힐 것이다. 그의 삶에 의미를 부여하던 것을 단번에 상실한다. 그 부분이 그에게 공인된 지위를 부여하고 명함을 장식하는 중요한 부분이었던 건 사실이다. 그러나 은퇴하는 순간, 그는 자신의 가치가 근본적으로 사회적 지위에 있는 게 아니라 본래의 인간적인 모습에 있다는 걸 깨달아야 한다. 이처럼 외적인 구속으로부터 벗어난 본래의 모습에서 제2의 이력을 시작해야 한다. 자동차에서 예전의 기어를 풀지 않고는 다른 기어로 바꿀 수 없듯이, 직업상 이력에서 실질적으로 벗어나야만 보람 있는 은퇴 생활을 시작할 수 있다.

이번에는 결혼생활에 비유해서 설명해보자. 부모로부터 완전히 독립하지 않고는 결혼생활에 성공할 수 없다. 따라서 공식적으로, 즉 행정적으로 독립해야 할 뿐 아니라 마음으로도 독립해야 한다. 직업상 이력에서 제2의 이력으로 넘어가려면 내면의 변화가 필요하다. 직업인으로 일하던 때의 즐거움과 괴로움, 경쟁과 승리 및 사회적 지위, 또한 대규모로 진행된 프로젝트를 위해 협력하던 때의 짜릿한 흥분에 대한 은밀한 향수가 제2의 이력을 활기차게 시작하는 데 가장 큰 장애물이다. 은퇴자가 과거에 사로잡혀 있는 한, 열린 마음으로 새로운 미래를 시작한다는 건 불가능하다.

상상력을 더하라

내가 조금 전에 언급했듯이 은퇴 이후의 삶을 흥미진진한 시기로 만들기 위해서 반드시 필요한 창조적 상상력이 은퇴자에게는 없다. 상상력이 현재에 활기를 불어넣어 현재를 발전시키기 위해 현재에 적용된다는 게 가장 큰 문제이다. 그렇지 않은 상상력은 현실 도피, 비생산적인 몽상, 허망한 만족으로 여겨질 뿐이다. 관개수로에 비유하면, 뒤쪽 수문을 열려면 앞쪽 수문을 닫아야 하는 법이다. 과거에 사로잡혀 후회하거나 불평하면, 또 현실적으로 과거에 되돌아갈 수 없다는 걸 알면서도 머리와 마음에서 과거로 회귀한다면 현재가 무미건조해지고, 제2의 이력에서 만끽할 수 있는 즐거움마저 포기하는 셈이다.

그러나 직업상 이력에서 은퇴 후의 이력으로 얼마든지 원만하게 넘어갈 수 있다. 예컨대 노의사라면 젊은 의사들에게 새로운 치료법을 추천하는 동시에, 자신이 좋아하는 만큼 자신을 좋아하는 옛 환자들을 계속 진료할 수 있을 것이다. 앞에서 언급한 대로 메스를 내려놓고 인격의학을 시작한 외과의사 친구는 예전과는 다른 방향에서 여전히 의사로 활동하고 있다. 그는 병원장 겸 외과과장으로서 결정하고 지시하는 지위를 포기하고 상담전문가가 되었다. 심리치료는 '비非지시적' 성격, 즉 직접 지시하지 않고 자발적으로 극복하도록 유도하는 성격을 띠기 때문이다.

목사와 신부는 정년이 되면 교구장이란 지위를 내려놓고, 그 지위에 따르는 책임에서도 벗어난다. 그러나 은퇴한 목사는 영혼을 치유하는 경험을 쌓은 까닭에 은퇴 후에도 그 역할을 계속할 수 있다. 교구장으로 일할 때는 자신의 교구에 속하지 않은 사람들에게 많은 시간을 할애하는 걸 주저했지만, 은퇴 후에는 훨씬 자유롭게 그런 사람들을 위해 일할 수 있다. 나보다 약간 젊지만 오래전부터 친구로 지낸 아르놀드 브레몽 목사를 예로 들어보자. 나는 며칠 전에 있었던 영세 대자代子의 결혼식에서 브레몽 목사를 만났다. 우리는 다과를 먹으며 이런저런 얘기를 나누었는데, 그는 나에게 이렇게 말했다. "얼마 전에 은퇴했습니다. 하지만 은퇴 후의 삶이 정말 즐겁습니다. 프랑스 개혁교단이 나에게 로마 가톨릭교회와 동방정교회와 접촉을 시도하는 역할을 맡겼습니다. 은퇴를 해서 시간이 많으니까 수도원이나 신학교에 가서 며칠을 보내며 그들의 영적인 보물을 찾아내고, 그들에게는 우리 교단의 영적인 보물을 알려주고 있습니다."

또 내가 잘 아는 은퇴한 은행가는 때때로 은행을 찾아가 옛 고객들을 만난다. 고객들은 그런 호의에 무척 고마워한다. 게다가 그는 그들을 자기 집으로 초대해서 조언을 해주기도 한다. 얼핏 생각하면 그가 본래의 직업을 연장하고 있는 것으로 보이지만, 은행 경영에 참견하지 않고 조언자의 역할에 만족한다. 따라서 여기에는 엄격한 기준이 있다. 조언자 역할을 하더라도 리더이기를 포기하는 것이다.

그런데 이런 조언자 역할은 방금 예로 든 은행에서만이 아니라 온갖 직종으로 얼마든지 확대될 수 있다. 전문화를 지향하는 우리 문명의 단점 중 하나라면, 책임을 짊어진 사람, 즉 리더가 다급히 처리해야 할 문제에 끊임없이 부딪히지만 문제를 폭넓게 장기적으로 연구할 시간이 부족하다는 것이다. 원로들의 풍부한 이력을 활용하면 이런 결함을 메울 수 있다. 은퇴한 원로들은 인간이나 사업과 관련해서 풍부한 경험을 지니고 있는 데다 시간적인 여유도 있어, 경제학자와 사회학자, 심리학자와 공학자 등 온갖 분야의 학자들이 최근에 발표한 저작을 읽고, 기업의 리더들이 결정을 내려야 할 때 도움이 될 만한 새로운 이론을 정리해서 리더들에게 조언해줄 수 있다.

많은 학자가 자료를 찾고 연구하는 역할과 결정을 내리는 역할을 구분해야 한다고 주장해왔다.[14] 달리 말하면, 은퇴해서 여유로운 시간이 있는 옛 선임자들에게 조사하고 고민하는 일을 맡김으로써 그 일에 할애할 시간을 리더에게 덜어주면 훨씬 더 이익이라는 뜻이다. 장 마리 아르니옹은 "대다수의 연장자는 경영자라는 역할보다 조언자라는 역할을 맡는 편이 효과적이다"라고 말했다.[15] 아르니옹은 미국의 철학자이자 심리학자이던 월터 피트킨의 다음과 같은 구절을 인용하기도 했다. "미국은 당장이라도 노인들로 구성된 자문위원회를 만들어야 한다. 그러나 노인이 주지사나 상원의원, 시장이나 경찰서장

등이 되어서는 안 된다. … 그런 역할은 회복탄력성이 상대적으로 뛰어난 젊은 사람이 맡아야 한다. 그러나 경험 많은 고문이 젊은 사람들 옆에 필요하다."[16]

국민 및 가족을 위한 프랑스 최고 자문위원회Haut Comité Consultatif français de la Population et de la Famille는 "고위직에 오른 지적 노동자는 일정한 연령을 넘기면 관리하고 감독하는 직책을 맡지 않아야 한다"고 요구하는 결의안을 발표했다.[17] 그렇다면 과중한 업무량에 시달리는 간부들에게 부담을 줄여줄 수 있는 자문직을 설립하기 위해 하루라도 빨리 진지한 연구를 시작해야 할 것이다. 아르니옹은 "물질적으로나 심리적으로 나이 많은 직원들의 위치를 보전하는 동시에 상대적으로 젊은 직원들의 승진 가능성도 확보하기 위한 방법으로 '계급 밖'의 직책을 설립"하자는 알프레드 소비와 장 다릭의 제안을 인용했다.[18] 장 다릭은 "이런 관점에서 경영진의 정년과, 그 이후 경험의 활용 가능성에 대해 생각해봐야 할 것이다"라고 말했다.[19]

그렇다, '계급 밖의 직책'은 경영진에서 자문직으로 원만하게 옮겨가게 해줄 수 있다. 게다가 이런 이동은 관례적인 정년을 맞기 훨씬 전에 이루어질 수도 있다. 이렇게 한다면, 앞에서 역설했던 은퇴 연령의 탄력성까지 확보할 수 있을 것이다. 또 이런 식으로 은퇴하기 전에 '계급 밖'에서 제2의 이력을 시작한다면, 은퇴 후에 제2의 이력을 자연스레 연장해서 발전시켜

나아갈 수 있을 것이다. 프랑스 철학자 베르트랑 드 주브넬이 제안한 대로, 사회활동을 하는 사람들을 '지도자'와 '조정자'로 구분하는 것도 흥미로운 듯하다. 지도자 역할은 상대적으로 젊은 사람이 맡고, 조정자 역할은 경험이 풍부한 연장자가 맡으면 되지 않겠는가.[20]

스위스가 현재 당면한 정치적인 문제는 쥐라 지역에서 일어난 소요 사태이다. 모두가 알겠지만, 쥐라 지역은 프랑스어를 사용하지만, 독일어를 사용하는 베른 주에 한 세기 반 전에 강제로 합병되었다. 그런데 쥐라 지역에서도 완전한 자치권을 주장하는 사람들과 베른 주의 일부로 존속하길 바라면서도 소수 집단의 지위를 요구하는 사람들로 양분된 까닭에 이 문제는 무척 복잡하면서도 미묘하다. 이런 지역 간의 대립 때문에 갈등이 더욱더 커져가고 있는 실정이다.

결국 연방정부는 주정부의 동의를 얻어 '사현인四賢人'이라 일컬어지는 중재자들로 위원회를 구성하기로 결정을 내렸다. 그 중재자들은 한결같이 연령과 경험 및 자주적 정신으로 권위를 누리는 사람들이다. 게다가 어떤 결정도 내리지 않고 오로지 객관적인 조사라는 임무만을 부여받은 '계급 밖'의 인물들이다. 나는 이 단락을 쓰고 있을 때, 사현인 중 한 명인 피에르 그라베가 연방정부에 입각했다는 소식을 들었다. 정치적 계급구조에 다시 들어갔기 때문에 그라베는 당연히 위원회에서 물러났다. 사현인이 '계급 밖'의 인물이란 증거가 아니겠는가.

그라베의 경우에서, 계급구조와 비계급구조 간의 경계를 양 방향에서 넘나들 수 있다는 게 증명되었다. 윈스턴 처칠은 정계에서 은퇴한 듯했지만, 전쟁이 발발하자 상황의 중대성 때문에 다시 정계로 복귀했다. 프랑스 정치인 조르주 클레망소도 마찬가지였다. 1차 세계대전이 터지자, 그를 미워했던 사람들이 그를 다시 불러들였다.

샤를 드골 장군도 콜롱베레되제글리즈로 완전히 은퇴한 것 같았지만, 1958년 극적인 상황에서 동료 정치인들은 그에게 다시 도움을 청했다. 그라베가 물러나면서 역시 은퇴한 두 인물이 새로 위원회에 영입되어, 이제는 5명으로 '사현인위원회'가 구성된다. 예외적인 상황을 맞아 미묘한 문제를 해결하는 책임에서 벗어나, 그 문제를 심도 있게 연구하는 책임을 맡아 줄 사람이 필요한 경우가 어떤 나라에서나 발생할 수 있다. 공동체를 위해 노인이 훌륭하게 역할을 할 수 있는 것들이 바로 이런 것이다.

창의력을 발휘하라

하지만 지금까지 제시된 예들은 모두 예외적 경우들이다. 누구나 '사현인위원회'의 위원으로 부름 받을 수는 없는 것이고, 교회 일치운동의 대표로 선발될 수는 없으며, 은퇴할 때까지 일하던 조직을 위해서 계급조직 밖의 존재로서 연구하고 조사하고 조언하는 자리에 선택될 수는 없다. '제2의 이력'을 명확하게 정의하려는 목적에서 이런 예를 들었을 뿐이다. 제2의 이력은 다양한 모습을 띤다. 따라서 은퇴자가 제2의 이력을 어떤 모습으로 그리느냐는 각자의 개성과 관심사와 개인적인 재능에 따라 달라질 수밖에 없다. 노인이 사회에서 어떤 위치를 차지하고, 성공한 은퇴의 사례를 보여줄 수 있는가는 결국 은퇴자의 몫이다.

은퇴자의 신분과 노년에 새로운 가치를 부여하기 위해서는 대중의 마음가짐이 먼저 크게 변해야 한다. 그러나 은퇴 후에 그들에게 허용된 자유로운 시간을 어떻게 활용하고, 얼마나 자주성을 발휘하느냐에 따라서도 은퇴자에 대한 가치 평가가 달라진다. 내 또래들에게 정말 진심을 담아 말하고 싶다. 우리 삶을 가치 있고 흥미로우며 존경받을 만한 삶으로 꾸려가는 책임, 그렇게 함으로써 젊은 사람들에게 새로운 희망, 즉 아름다운 노년이 가능하다는 희망을 일깨워주는 책임이 우리 늙은 이들에게 있다. 직업인으로 살아갈 때의 삶과 다르지만 그에 못지않게 보람 있고 행복한 삶을 살 수 있다는 걸 입증할 책임도 우리에게 있다. 장 피에르 보자 박사는 내가 제2의 이력이라 부른 것을 '새로운 활력의 활용emploi du second souffle'이라 칭하며, 은퇴 후에 새로운 삶을 영위하는 다양한 아이디어를 제시했다.[21]

당신이 지금까지 정신없이 바빠서 개인적인 시간이 없다고 수없이 불평하며 살았다고 해보자. 이제 시간이 있다면 무엇을 하며 그 시간을 보내겠는가? 당신은 밀려났다는 기분이겠지만, 당신 잘못은 전혀 없다고 생각하는가? 예컨대 당신이 소극적인 성격이어서 밀려났다면 조금은 당신 잘못이 있는 게 아닐까? 여하튼 이제 사람들이 당신에게 여가활동과 취미 등에 대해서 말하기 시작한다. 바람직한 현상이지만 당신은 금세 진절머리를 낼지도 모른다. 나는 당신에게 더 큰 꿈을 가지라고 권하고 싶다. 당신의 욕구를 마음껏 발산해보라! 해묵은 불평만이 아니라, 오래전에 묻어둔 열망까지 꺼내놓아라. 묵상하는 시간을 가져라. 창창한 삶을 앞에 두었던 젊은 시절을 되살려내라. 당신은 선택을 해야만 했다. 어떤 하나의 이력을 선택함으로써 많은 다른 이력을 포기해야 했다.

누구에게나 해당되는 말이지만, 당신에게는 생각보다 훨씬 많은 잠재 능력이 있다. 다른 사람이 당신을 위해 뭔가를 해줄 거라고 기대하지 마라. "그래 봤자 무슨 소용이야? 너무 늦었어!"라고 말하지 마라. "창조적 능력이 줄어드는 노인이라도 은퇴의 위기가 온 다음에는 자신의 기호와 역량에 부합되는 일에서 충분한 독창성을 발휘할 수 있다는 게 경험적으로 증명되었다"라는 미레예 박사의 말을 귀담아들어라.[22] 또 "60세를 넘은 사람들이 국가에서 가장 소중한 재능과 에너지의 보고이다"라는 질 랑베르의 말도 기억하라.[23]

당신의 능력을 의심하지 마라! 전문가처럼 원예와 목공을 능숙하게 해낼 필요는 없다. 시도하고 배우며 상식적으로 혼신을 다해 전념하는 게 중요하다. 당신에게 자극을 주려고, 또 당신의 상상력과 열정을 끌어내려고 나는 '제2의 이력'이란 단어를 사용했을 뿐이다. 이 단어 때문에 괜스레 겁먹지 않기를 바란다.

탁월하게 해내려고 애쓸 필요도 없다. 과감히 도전하면 충분하다. 어떤 활동을 시도해보기도 전에 재미없을 것 같다고 말하지 마라. 약간의 인내심을 발휘하면 어떤 것이든 재미있을 수 있다. 중요한 것은 직접 경험해보는 것이다. 젊은이라면 직업을 선택하기 전에 다양한 분야에서 많은 것을 시도해보며 자신의 적성과 능력을 알아내는 것이 중요하지 않은가. 은퇴를 앞둔 문턱에서도 똑같이 해보라. 그렇게 하면, 당신의 마음을 사로잡는 것을 조금씩 알아갈 수 있을 것이다. 이 세상에 존재하는 자기계발의 기회는 결코 부족하지 않다. 나이가 들어서도 마찬가지이다. 정말 부족한 것은 그런 기회를 찾아내려고 눈을 뜨지 않는 것이다. 그런 기회를 과감하게 붙잡아 성공하겠다는 자신감이 부족할 뿐이다.

개개인의 성장을 가로막는 가장 큰 장애물은 성공하지 못할 거라는 두려움이다. 그런 두려움 때문에 많은 사람이 아무것도 시도하지 않는다. 시도하지 않으면 성공할 기회를 포기하는 것이다. 시도를 해야 성공하지 못할 거라는 두려움을 치유할 수 있다. 새로운 시도에서 단번에 성공하지 못한다고 해서 문제가 될 것은 없다. 정말 심각한 문제는 포기하는 것이고, 점점 공허하게 변해가는 삶에 매몰되는 것이다.

은퇴한 엔지니어인 내 친척을 예로 들어보겠다. 그는 손재주가 뛰어나고 끈기 있는 데다 세심한 성격이다. 예술적인 취향도 갖췄다. 어느 날, 누군가 깨진 중국 도자기를 수선해달라고 그에게 부탁했다. 힘든 작업이었지만 그가 혼신의 힘을 다했고, 완벽하게 성공해내자, 그 후로 다른 예술품을 수선해달라는 부탁이 줄을 이었다. 그는 자신의 기술을 더 완벽하게 다듬었고, 창조적인 수선 과정을 상상해냈다. 게다가 자그마한 작업실을 꾸몄고 새로운 기계까지 들여놓았다. 결국 예술품을 수선하던 은퇴 후의 여가활동이 제2의 이력이 된 셈이다.

이번에는 당신이 작은 정원을 갖고 있고, 자연을 사랑한다고 해보자. 당신은 오랫동안 몇몇 꽃을 가꾸었고 시장에서 묘목을 사오기도 한다. 이것만으로도 은퇴 후의 멋진 활동이다. 그러나 어느 날, 당신은 씨를 뿌려 묘목을 직접 키우겠다고 마음먹는다. 이를 위해서 완벽하게 꾸며진 온실까지는 필요 없다. 약간의 기발한 생각을 발휘해서 당신은 판자로 묘판을 만들고, 그 위를 반투명한 플라스틱으로 덮는다. 여기저기에서 싹이 움트기 시작하면 얼마나 기쁘겠는가!

이쯤 되면 접붙이기를 시작하지 않을 이유가 없다. 원예에 관련된 입문서를 읽어라. 물론 처음에는 틀림없이 실패하겠지만 실망하지 마라. 하나라도 성공하면 크게 만족할 수 있을 테니까. 어느 날, 이웃이 찾아와서 당신이 어떻게 하는지 살펴볼 것이고 당신에게 경험담을 들려준다. 이때부터 원예는 더 이상 심심풀이가 아니라 생물학이 된다! 생명과 생명력은 놀랍고 경이로운 것이다. 나무에서 떼어낸 지극히 작은 조각이 다른 나무에 접목되어 자기만의 존재를 추구하며 하나의 나무가 되고, 열매까지 맺지 않는가!

원예가들이 외과의사들에 앞서 접목의 원리를 발견해내지 않았다면 외과의사들이 접목과 유사한 장기이식, 심지어 심장 이식을 생각해낼 수 있었겠는가? 그러나 평범한 사람인 당신도 인내심을 갖고 끈기 있게 자신을 성장시켜나갈 수 있다. 그런 노력의 결실이 이력이 된다. 당신이 이 책을 읽고 당신의 삶을 자극하고 당신에게 행복을 안겨줄 새로운 뭔가를 시도한다면 나는 한없이 행복하겠다. 출판사가 나에게 이 책을 써달라고 부탁한 것도 바로 그런 이유였다. 다시 말하면, 통계자료를 분석하는 데 그치지 말고, 내 또래의 사람들이 다시 활력을 찾아 새로운 성장을 모색하도록 도와주라는 뜻에서 이 책을 써달라고 부탁한 것이다.

위대한 과학적 발견에서 아마추어가 어떤 역할을 했는지 생각해보자. 무선 통신이 공식적으로 장파를 사용하며 단파의 사용을 금지했을 때 아마추어들이 먼저 단파를 사용했다. 새로운 것을 발명하라! 물론 열심히 찾지만 아무것도 찾아내지 못하는 사람이 있는 반면에, 큰 노력도 없이 뭔가를 찾아내는 사람이 있다. 그러나 중요한 것은 좌절하지 않는 것이다. 과거에 눈을 돌리지 않고 미래를 바라보며, 끊임없이 새로운 계획을 세우는 것이다. 이렇게 할 때, 당신은 지금까지 누구도 생각하지 못한 독창적인 생각을 해낼 수 있다. 당신이 열어놓은 길을 보고 많은 사람이 당신을 본받을 것이다. 노인들이 조금씩 더 능동적으로 활동하며 더욱 존경받게 될 것이다.

실제로 노인들을 위한 건강교실이 이미 확대되기 시작했고, 그 효과는 예상을 뛰어넘었다. 나도 제네바에서 그런 건강교실에 참석했었고 큰 효과를 보았다. 건강교실에 참석해서 효과를 본 은퇴자가 다른 은퇴자에게 그 효과를 선전하며 그를 건강교실로 데려오는 파급효과가 대단하다. 이른바 눈덩이 효과이다. 제네바에서만 이미 40여 곳에서 건강교실이 열리고 있으며, 내가 보았던 강사만큼 유능한 강사들을 확보할 수 있다면, 앞으로 그 수는 더욱 늘어갈 것이다. 당신 몸에서 녹을 벗겨내야 당신 몸이 얼마나 녹슬었는지, 또 다른 사람들은 얼마나 녹슬었고, 그래서 얼마나 불행한지 알 수 있는 법이다. 당신 몸을 다시 사용할 때 당신의 마음가짐도 바뀐다. 다시 일어서서 몸을 부드럽게 움직일 수 있을 때, 삶을 대하는 당신의 마음가짐이 달라질 것이다.

누가 알겠는가? 완치된 환자가 정신분석학에 관심을 가진 후에 정신분석학자가 되듯이, 당신도 다른 은퇴자들을 위한 건강교실 강사가 될 수 있다. 내 말이 거짓말로 들리는가? 내가 유토피아를 꿈꾸는 몽상가라고 생각하는가? 당신은 결코 건강교실 강사가 될 수 없다고 생각하는가? 하지만 강사가 되지 못하더라도 건강교실을 조직하는 역할 정도는 하게 될 수 있다. 이곳저곳을 돌아다니며 건강교실을 운영하기에 적합한 공간과 강사를 구하고, 은퇴자들을 모아서 건강 체조를 하도록 설득하고, 수강료를 걷고 안내문을 발송하는 게 첫걸음이다. 당신에게는 이런 것을 할 충분한 시간이 있다. 이렇게 한다면, 언젠가 많은 사람이 당신을 칭찬하고 고마워하는 걸 보고 당신 자신도 놀라게 될 것이다. 그럼 겸손하게 "대단한 일을 한 것도 아닌데요"라고 대답하라.

다양성을 추구하라

이런 노력의 첫 번째 수혜자는 당신 자신이다. 은퇴한 직후에는 당신의 역동적인 삶이 끝났다고 생각했겠지만 뜻밖의 일을 해냈기 때문이다. 게다가 당신은 새로운 친구들을 사귀었을 것이고, 열정을 되찾고 실패의 두려움과 성공의 기쁨도 다시 맛보았을 것이다. 건강교실을 조직하는 데 당신의 역할은 더 작을 수 있지만, 그런 생각을 해냈다는 것 자체가 중요하다. 예컨대 조직자로서 당신보다 뛰어난 친구에게 부탁할 수 있다.

그 친구가 당신의 설득을 받아들이면 함께 건강교실을 여는 것이다. 당신이 그의 조수나 비서 역할을 하더라도 결과물은 그의 작품인 동시에 당신의 작품이다. 직접 발로 뛰는 행동가가 될 수 없다면 참신한 아이디어를 내놓는 사람이 될 수 있다. 실행가가 될 수 없다면 영감을 주는 사람, 즉 행동을 자극하는 사람이 되라. 이도 저도 아니면 그들을 이어주는 중간 고리라도 될 수 있다.

예를 들어 설명해보자. 언젠가 나는 네덜란드에서 옛 친구, 클라우스 토마스 박사를 만났다.[24] 토마스 박사는 베를린에 최초로 '구원의 전화'를 설립한 그리스도교 목사이자 심리치료사이다. 절망에 빠진 사람이면 누구나 익명으로 그곳에 전화를 걸어, 역시 익명으로 전화를 받는 사람에게 자신의 고민거리를 털어놓을 수 있었다. 토마스 박사의 평가에 따르면, 그 프로젝트는 예상을 뛰어넘는 성공을 거두었다. 나는 구원의 전화라는 프로젝트에 큰 감동을 받았다. 그래서 제네바로 돌아오자마자 몇몇 친구를 초대해서 구원의 전화에 대해 말해주었다. 그들 중 한 명, 레날드 마르탱 목사가 행동가였다. 나는 그에게 토마스 박사의 연락처를 알려주고 더 자세히 알아보라고 부탁했다. 얼마 후, 제네바에도 구원의 전화가 시작되었고, 일간지 〈주르날 드 제네브〉가 그에 대해 보도했다. 파리의 한 독자가 전화를 걸어 접촉을 시도했고, 곧이어 파리에서도 구원의 전화가 출범했다.

구원의 전화는 그런 식으로 확대되었다. 이제는 구원의 전화 국제연맹까지 설립되어, 총회가 열릴 때마다 헌신적이고 유능한 참가자들이 놀라운 경험들을 교환한다. 나는 이런 연쇄 작용에서 아주 작은 고리에 불과했다. 엄밀히 말하면, 내가 우연히 들은 말을 한 친구에게 전한 것 이외에 어떤 역할도 하지 않았다. 그러나 나는 그런 작은 역할을 했다는 것에 크게 만족한다. 적십자의 창설자, 앙리 뒤낭도 행동가는 아니었다. 그는 수줍음이 많고 감상적인 시인이었다. 그러나 그는 우연히 솔페리노 전투 현장을 목격했고, 그곳에서 보았던 참상을 담은 얄팍한 책을 썼다.

그 책이 우연히 귀스타브 무아니에라는 행동가의 눈에 띄었고, 무아니에는 곧바로 몇몇 친구를 모았다. 곧이어 적십자를 창설하자는 1차 제네바 협약이 체결된다. 아름다운 은퇴를 다루는 이 책에서, 오늘날 절실히 필요한 노인의 가치 회복을 위한 노력에 동참하자고 다른 은퇴자들을 독려할 만한 일화들을 소개하는 것 이외에 내가 무엇을 할 수 있겠는가? 이 책을 읽고 한 명이라도 노인을 위한 새로운 유형의 건강교실을 시작한다면, 그것만으로도 이 책은 목적을 달성한 셈이다.

그 사람이 그런 강의에 우선 등록하겠다고 마음만 먹더라도 나는 만족할 수 있을 것이다. 잘 선택된 음반의 리듬에 맞추어 다른 사람들과 함께 움직이는 것만으로도 그는 자신에게 부족했던 것, 즉 공동체에 다시 통합되고 살아 있는 집단의 일원이 되었다는 소속감을 되찾게 될 것이다. 성심성의껏 새로운 활동을 시도하면, 생각했던 것 이상으로 삶의 활력을 되찾을 수 있다. 특히, 외로움을 떨쳐내고 사회적 관계를 맺어주는 활동이면 더더욱 효과가 크다.

여기에서 은퇴자 동호회가 참여자들을 심리적으로 안정시키며 성공하는 이유가 설명된다. 여가 센터에서 다른 사람들과 함께 뭔가를 만드는 활동은 혼자 집에서 뭔가를 만드는 활동과 완전히 다르다. 만약 당신이 다른 은퇴자들보다 상상력이나 추진력이 뛰어나다면, 그들에게 많은 것을 가르쳐주며 그들과 관계를 맺을 수 있다. 또 다른 사람들과 함께 그림이나 외국어를 공부하는 것도 집에서 통신 강좌를 수강하거나 녹음기를 들으며 혼자 공부하는 것과 완전히 다르다. 혼자 공부하면 경쟁 상대가 없어 금세 포기하기 십상이다.

자동차 생활에서 비롯된 나태함에 대한 반발로, 요즘 걷기의 가치를 재평가하려는 노력이 곳곳에서 시도되고 있다. 거의 모든 나라에서 걷기 대회가 끊임없이 열린다. 그다지 힘들지 않아, 연령을 불문하고 누구나 참가할 수 있는 대회가 걷기 대회이다. 우리 큰아들은 걷기를 무척 좋아하고, 걷기가 단순한 운동이 아니라 공동체와 함께하는 기회라고 생각하는 듯하다. 실제로 그는 여러 나라의 걷기 대회에 참가해서 새로운 친구를 적잖게 사귀었다. 내가 이 책에 끊임없이 권했던 것, 즉 은퇴 후에도 계속할 수 있는 활동을 은퇴 전에 시작하라는 권고를 우리 큰아들은 이런 식으로 실천에 옮겼다.

이런 걷기 대회에서는 존경할 만한 노인들이 눈에 띈다. 훈련을 충실히 한 그 노인들은 훌륭한 성과를 낸다. 결승점에 도착하면 그들은 젊은이들보다 더 큰 박수를 받는다. 노화라는 경멸을 이겨낸 아름다운 승리이다! 그러나 걷기 대회는 젊은이와 노인이 하나가 되는 드문 기회이기도 하다. 수영의 경우도 마찬가지이다. 이미 앞에서 지적했듯이,[25] 수영장은 젊은이와 노인이 살을 맞대고 만날 수 있는 드문 공간 중 하나이며, 수영은 노년에도 건강한 신체를 유지하기에 적합한 몇 안 되는 운동 중 하나이다.

젊은이와 친밀하게 지내면 심리적 관점에서 노인에게 무척 이롭다. 노인들이 같은 또래들과 바둑이나 카드놀이를 하며 지낼 때 부족한 부분이 채워진다. 하지만 어떤 놀이나 은퇴자에게 새로운 의미를 부여한다. 특히 야외에서 함께하는 단체 놀이는 상대가 있기 때문에 무척 효과적이다. 당신은 자동차를 운전할 줄 아는가? 그럼, 환자가 심리치료를 받도록 매일 그를 병원에 데려갈 수 있는가? 책 읽기를 좋아하는가? 그럼, 맹인을 위해 책을 읽어줄 수 있는가? 봉사하라! 친구를 만드는 가장 좋은 방법이다.

당신 부인이 아픈가? 그럼, 부인을 대신해서 심부름하고 집안 청소를 하고 요리를 하라. 낙담해서 "내가 하는 수밖에 없지"라고 말하는 대신 "제2의 이력을 구했어!"라고 말하라. 은퇴의 위기 시에 여자가 남자보다 고통받는 경우가 드물다는 말을 들어보았는가? 그 이유는 여자는 은퇴 전부터 가정주부라는 제2의 이력을 시작한 때문이다. 그런데 왜 유럽에서는 남자들이 집안일을 싫어할까? 요리는 예술, 그것도 창조적 예술이다. 새로운 요리를 개발해보라. 성공하면 커다란 자부심이 느껴질 테니까. 예수는 부활한 후에 제자들을 위해 음식을 지어주었다.

예수처럼, 당신도 사랑하는 마음으로 요리를 할 수 있다. 젊은 사람은 어떤 일을 할 것인지 선택하는 데 중요성을 부여한다. 당연하다. 자신의 직업을 선택해야 할 나이이기 때문이다. 예컨대 어렸을 때 나는 수학에 상당한 재능이 있었지만, 수학보다 의학을 선택했다. 더 인간적인 직업을 갖고 싶었기 때문이다. 하지만 지금 생각해보면, 인간적인 수학자가 될 수도 있었다. 나이가 들면, 어떤 일을 하느냐보다 하는 일에 담긴 정신을 더 중요하게 생각하게 된다. 아직 시도한 적이 없는 일을 할 때 우리는 언제나 조금씩 성장하고 성숙해진다.

나에게는 아주 소중한 친구가 있다. 그는 지금 대학 교수이다. 어느 날, 그는 자기 아내가 치명적인 병에 걸렸다는 걸 알게 되었다. 그래서 그는 휴가를 얻어 강의를 비롯해 모든 활동을 포기하고 간호에 몰두했다. 아내를 돌보며 집안일을 떠맡고, 마지막 한 해를 부인과 함께하며 둘만의 시간을 갖고 대화하고 교감하기 위한 것이었다. 그 한 해 동안, 그런 일이 그에게는 이력이었다. 무한정으로 누군가에게 헌신하는 것만큼 경이로운 게 있을까. 당시 그는 은퇴를 한참 앞둔 젊은 나이였다. 다시 말하면, 교수라는 이력 사이에 잠깐 동안 '제2의 이력'을 끼워 넣은 셈이었다. 이처럼 잠깐 동안 본업에서 벗어나 다른 것에 전념하는 활동은 영적 피정이라는 의미에서의 이력이란 특징을 띤다.

그 밖의 사례들

많은 미국인이 안식년 휴가를 누린다. 대학 교수들에게 7년마다 주어지는 휴가로, 이 기간 동안 교수들은 연구에 전념할 수 있다. 피에르 아랑트가 모든 기업이 고용인들에게 개인적으로 재충전할 시간을 주는 게 이익이라는 걸 깨닫기를 바랐던 데는 충분한 이유가 있다.[26] 뒤늦은 공부가 진지하게 행해진다면 젊은 시절의 공부보다 훨씬 효과적이다. 그런 공부를 통해 이력에 변화를 꾀하고 가치를 더하는 개인적인 성장을 도모할수도 있다. 덴마크 동료들은 덴마크의 많은 시민대학을 나에게 자랑스레 보여주었다. 시민대학에서 농부를 비롯해 덴마크 시민들은 연령을 불문하고 본업을 잠시 그만두고 6개월 동안 공부를 다시 시작한다. 나도 스물두 살에 의학 공부를 중단하고, 국제적십자위원회의 일원으로 빈에 파견되어 1차 세계대전의 전쟁 포로들을 본국에 송환하고 어린아이들을 구호하는 일을 맡았다. 이때의 경험은 내 삶을 준비하는 데 많은 도움을 주었다.

훗날, 환자들에게 삶의 이야기를 들으며 많은 시간을 보낸 적이 있다. 그들이 운명을 따르기 위해 거쳐야 했던 여정의 극단적인 다양함에 나는 항상 놀라지 않을 수 없었다. 이런 이유에서 삶에 대한 조언이 유익한 경우는 극히 드물다. 우리는 누군가에게 조언할 때, 의식하든 않든 간에 우리 자신의 경험에 적잖게 영향을 받는다. 따라서 거의 언제나 조언에는 '나처럼 하라'는 뜻이 담겨 있지만, 각자가 자신의 과거와 소명 의식에 조건화된 개인적인 운명을 찾아내야 한다.

하지만 앙드레 그로 박사팀처럼 경험이 많은 전문가들은 은퇴자들의 마음에 여운을 주는 흥미로운 활동을 제안한다.[27] 그로 박사팀은 "공원 관리인부터 시장까지, 문화회관의 수위부터 관장까지, 은퇴자에게 적합한 수많은 일자리가 있다"고 말하며, 국토개발 연구에서 은퇴자들이 해낼 수 있는 역할을 특히 강조했다.

건강 때문에 조기 은퇴를 택할 수밖에 없었던 여교사를 예로 들어보자. 그녀는 은퇴하기 전에 무척 망설였다. 나도 그녀에게 건강이 안 좋더라도 교사 생활을 계속하라고 격려했다. 칭찬할 만한 결정과 해로운 고집 사이의 경계는 어디쯤일까? 무척 까다로운 문제이다. 사실 그녀는 교사라는 직업을 무척 좋아했다. 그런데 어떻게 은퇴하라고 부추길 수 있었겠는가? 누구도 그녀에게 은퇴하라고 말할 수 없었다. 실제로 은퇴한 직후에 그녀는 무척 힘든 시간을 보냈다. 그녀는 뭔가를 하고 싶은 마음이 거의 없었지만 뭔가를 시도해야만 한다고 생각했다. 하지만 무엇을? 그녀는 성인을 위한 강의 프로그램을 훑어보기 시작했다. 불현듯 '극예술 강의'가 눈에 들어왔다. 전에 극예술을 생각해본 적이 없어 외국어 강의가 있는지 살펴보았다. 그러나 극예술을 시도해보지 않을 이유가 없었다. 문학과 연극을 좋아했었고, 어떤 연극에나 젊은 역할만이 아니라 노인 역할도 있기 때문에 희극은 어떤 연령에나 알맞을 것 같았다.

당시 그녀는 전혀 예측하지 못했지만, 배우는 극중의 어떤 역할을 연기하면서 자신을 발견하는 경우가 많다. 작가가 쓴 대사를 통해 배우가 등장인물의 감정을 표현하지만 결국에는 배우 자신의 감정을 표현하기 때문이다. 게다가 극단에서는 온갖 연령층이 가깝게 어울린다. 그녀도 은퇴한 직후에는 또래와 주변 사람들만 만났지만 극단에 가입한 후로는 젊은이들과 어울렸다. 그녀는 곧 연극에 푹 빠졌고 열심히 강의에 참여했다. 교수만이 아니라 역동적인 동료들도 그녀에게 칭찬을 아끼지 않았다. 그야말로 새로운 삶이었다! 심지어 건강마저 좋아졌다.

뭔가를 열정적으로 시도하면, 대부분의 경우 예상보다 훨씬 나은 성과를 거둔다. 그녀도 배우의 연기에만 관심을 두지 않고 나중에는 작가와 극작법에도 관심을 갖기 시작했다. 실제로 연기를 잘하기 위해서는 극작가의 마음을 어느 정도 파악해야 한다. 더구나 희곡까지 쓴다면 얼마나 멋지겠는가! 그녀는 예부터 글쓰기에 상당한 재주가 있었다. 나는 그녀가 쓴 동요를 오래전에 읽은 적이 있었다. 게다가 그녀는 교회에서 어린아이들을 대상으로 오래전부터 교리문답을 가르쳤다. 따라서 그녀라면, 어린아이들이 교회에서 공연할 크리스마스 연극 대본을 쓸 능력이 충분했다.

그녀는 대본을 쓰기 시작했고 공연은 대성공을 거두었다. 역할을 나누어주고 아이들에게 연기를 가르쳐서 공연을 연습하는 게 쉬운 일은 아니었다. 다행히 아이들이 열심히 따라주었다. 연극 연습도 교리문답 못지않게 아이들에게는 성장할 기회였다. 연극 공연이 끝나자, 한 아이가 "내년에 무얼 공연할 건가요?"라고 물었다. 항상 천사와 양치기와 동방박사만을 무대에 올릴 수는 없었다. 따라서 그녀는 새로운 주제들을 생각해내야 했다. 하지만 어떤 시대의 풍습과 관습을 알려면 역사책을 읽고 자료를 조사해야 했다. 그렇게 몇 해가 흘렀다. 그녀는 많은 연극 대본을 썼고, 모든 면에서 두루 능숙해졌다. 마침내 글쓰기가 그녀에게 제2의 이력이 된 셈이었다!

얼마 전, 나는 순전히 이 책을 쓰기 위해서 이런 모든 것에 대해 그녀와 함께 얘기를 나누었다. 어떻게 그렇게 변할 수 있었을까? 얼핏 생각하면, 우연으로 시작된 것이 연쇄작용을 일으킨 결과였다. 물론 그녀는 처음에 아무런 계획도 없어 글쓰기가 제2의 이력이 될 거라고는 꿈에도 몰랐다. 그녀는 "하나님께서 인도하신 것 같아요"라고 말했다. 이런 변화에 대한 얘기를 들을 때마다 나는 무척 감동한다. 하나님이 세상을 다스리며 세상의 전반적인 흐름, 아니 사소한 것까지 지배한다는 걸 나는 확신한다. 하나님은 우리도 인도하신다. 하나님이 우리에게 자유의지를 주었기 때문에 우리는 자유의지로 하나님에게 순종하기만 하면 된다. 하나님은 자신을 믿는 사람만이 아니라 믿지 않는 사람까지 인도하신다. 믿는 사람들의 특권은 하나님이 인도하신다는 걸 아는 것이고, 기도를 통해 하나님에게 길을 밝혀달라고 요구하고 침묵으로 하나님의 응답을 들을 수 있다는 것이다. 그러나 성경에서 보여주듯이, 믿는 사람들이 하나님의 인도를 가장 반항적으로 거역한다.

나는 하나님에게 매 순간 한 사람 한 사람에 대한 계획이 있다고 믿는다. 이런 믿음이 내가 지금까지 은퇴에 대해 생각하던 방향에 새로운 차원을 부여한다. 기도와 묵상만큼 창조적 상상력에 힘을 더해주는 것은 없다. 은퇴하고 노년을 맞은 사람들에게 하나님이 무엇을 기대하겠는가? 하나님은 은퇴자에게 자신의 연령에 적응하기 위해서 무엇을 포기하고, 무엇을 시도하기를 원하겠는가? 그것을 찾아내야 한다. 하나님에게 그것이 무엇이겠느냐고 묻는 건 지극히 당연하다.

그러나 우리가 침묵으로 듣는 하나님의 목소리는 간디가 말하던 '부드럽고 조용한 목소리'일까? 정말 하나님의 목소리일까, 악마의 목소리나 우리 무의식의 목소리는 아닐까? 오만하고 이기적인 개인적인 야망의 목소리는 아닐까? 우리가 걸핏하면 착각한다는 걸 누가 부인할 수 있겠는가? 진정으로 열렬하게 믿는 사람들도 선의였겠지만 잘못 판단해서 그리스도를 십자가에 못 박았고 종교재판 시대에는 이단자들을 처형하지 않았던가? 하나님의 계시, 성경의 계시, 인자人子 예수의 계시, 또한 모든 위대한 종교의 계시, 그에 더해 신을 믿는 사람들의 오랫동안 축적된 경험이 우리에게 길을 밝혀주지만, 신학적 논쟁에서 보듯이 계시와 전통에 대한 우리의 해석은 끊임없이 실수를 범한다. 어떻게 해야 우리는 무익한 회의주의와 순진한 천계론天啓論에서 벗어날 수 있을까?

나는 "기도나 묵상은 어떻게 하는 겁니까?"라는 질문을 자주 받는다. 내 대답은 언제나 똑같다. "일단 해보십시오." 나는 서른네 살에 하나님의 목소리를 들어야겠다는 큰 깨달음을 얻었다. 내 경우에는 한창 열심히 활동하던 때였지만, 이런 깨달음은 어떤 연령에서나 얻을 수 있다. 당시 나는 은퇴한 한 노인을 알고 지냈다. 내가 무척 좋아한 외국인이었는데 하나님의 목소리를 들으려고 애쓰는 노인이었다. 그는 아름다운 이력을 끝내고 멋진 전원주택에 살고 있었다. 게다가 잔디와 화단 및 장미나무를 관리하는 정원사까지 두고 지냈다. 부자인데다 평온하게 살았고 헌신적인 부인까지 옆에 있어 조금도 외롭거나 쓸쓸하게 보이지 않았다. 그런데 어느 날, 그가 나에게 매일 〈주르날 드 제네브〉를 애타게 기다린다고 말했다. 연필을 쥐고 십자말풀이를 하려고! 문제가 어려울수록 오랜 시간이 걸렸기 때문에 더 좋아했다.

물론 내가 십자말풀이를 비판하려는 것은 아니다. 나도 종종 십자말풀이를 한다. 재미있고 때로는 손에 땀을 쥘 정도로 흥미진진하다. 사전을 뒤져볼 수밖에 없기 때문에 교육적인 효과도 있다. 그러나 그런 능력을 지닌 사람이 십자말풀이로 시간을 공허하게 보낸다는 게 너무나 안타깝다. 부근에 그와 같은 나라에서 온 사람이 살고 있었다. 엄격히 말하면, 그가 나에게 하나님의 목소리를 들어야겠다는 깨달음을 주었다. 따라서 십자말풀이를 하는 노인과 젊은 의사였던 나는 거의 같은 시기에 똑같은 깨달음을 얻었다. 나는 그의 삶이 완전히 변하는 과정을 옆에서 지켜보았다. 엄청난 변화였다! 그 후로 그 은퇴한 노인은 오랫동안 진정한 소명에 전념했다. 연령을 불문하고 온갖 상황에서 삶의 무거운 문제에 부딪힌 사람들이 그를 찾아왔다. 그는 누구에게나 관심을 기울이며 그들의 말을 귀담아듣고 자신의 믿음을 증언했다. 그는 인간의 고통이 어마어마하게 크다는 것을 깨달았지만, 그 고통을 덜어주기에 허락된 시간이 그에게는 많지 않았다. 그는 따뜻한 마음을 가진 사람이었다.

물론 그는 전에도 따뜻한 마음을 가진 사람이었지만 그런 마음을 사용하지 않았다. 그가 삶을 살면서 겪은 경험을 누구에게도 나눠주지 않았다. 당시에도 그는 하나님을 믿는 사람이었다. 하지만 어떤 회심이 필요했다. 그의 믿음이 대담하게 빛나기 위해서는 하나님과의 개인적인 만남에서 비롯되는 변화가 있어야 했다. 예수의 제자들에게 사도使徒로서의 임무는 제2의 이력이었다! 어떤 제자는 세무서 직원이었고, 어떤 제자들은 어부였다. 달리 말하면, 그들은 그리스도의 부름을 받아 본래의 직업에서 은퇴하고 세상의 구원이란 모험에 뛰어들었다. 성령만큼 인간을 바꿀 수 있는 힘은 없다는 게 분명하다.

내가 이렇게 말을 하고는 있지만, 모든 은퇴자가 복음 전도사가 되어야 한다고 제안하는 게 아니다. 하나님은 종교에만 관심이 있는 게 아니다. 예컨대 사도 바울은 끝까지 돈벌이를 계속했다. 우리는 각자 자기만의 길을 찾아내야 한다. 강한 기질을 지닌 사도 바울은 두 가지 이력을 동시에 해냈다. 그는 육체노동을 자랑스레 말했다. 인간의 일은 어느 것이나 똑같은 가치를 갖는다. 특별한 일도 있고, 평범한 일도 있다. 은퇴자가 해낼 수 있는 활동도 다를 바가 없다.

며칠 전, 한 결혼식 피로연에서 옛 이웃을 다시 만났다. 나는 처음에 그를 알아보지 못했다. 그가 먼저 말을 걸었다. "기억

하시겠습니까? 경찰 반장이었습니다. 선생님은 저희 경찰서 맞은편, 부르드푸르에서 사셨잖습니까. 그래서 자주 얼굴을 마주쳤는데." 그제야 나는 "아이쿠, 죄송합니다. 지금은 은퇴하셨군요. 제복을 입고 있지 않으신 걸 보니"라며 덧붙여 말했다. "경찰에서 언제 퇴직하셨습니까? 여전히 젊어 보이는데!" "아, 선생님도 아시겠지만 경찰은 좀 이른 나이에 퇴직합니다." 이상하게도 요즘에 많은 사람이 은퇴에 대해 말하고 있다. 당시 나는 이 책을 쓰고 있던 터라 이렇게 말했다. "요즘 은퇴 문제에 관심이 많습니다. 지루하지는 않습니까? 무엇을 하며 지내십니까?" "아주 단순합니다. 옛 직업으로 돌아갔습니다. 젊었을 때 전 제도공이었거든요. 그 일을 하던 중에 위기가 닥쳤고, 때마침 경찰 모집 공고를 보고 경찰이 됐습니다. 결코 후회하지는 않았습니다. 경찰은 좋은 직업이잖습니까. 경찰 반장까지 됐고." 그는 정말 행복해 보였다.

그는 덧붙여 말했다. "옛날에 일했던 회사에서 다시 일하고 있습니다. 파트타임으로 일하지만 무척 만족스럽습니다. 많은 돈을 받지는 못하지만 내가 원하는 시간에 가서 일합니다. 그래서 정원을 돌보고 얼마든지 다른 일도 할 수 있습니다." 그 말을 듣고 나는 기업들에게 은퇴자들을 위해 적은 임금으로 많은 시간제 일자리를 만들라고 촉구했던 조르주 게롱을 떠올렸다.[28] 나는 머릿속으로 '그런 조언을 실행에 옮기다니, 똑똑한 회사로군!'이라고 생각했다.

그러나 옛 경찰 반장은 또 하나의 관련된 생각을 나에게 일깨워주었다. 그를 만나기 직전에 나는 아르투르 요레스 교수가 쓴, 은퇴에서 비롯되는 죽음에 대한 논문을 읽었다.[29] 이 논문에서 요레스 교수는 경찰관을 집중적으로 다루었다. 따라서 은퇴에서 비롯되는 죽음이란 중대한 문제를 이쯤에서 다루어야 할 것 같다. 이 문제를 다루는 것으로 4장을 끝맺을 생각이다. 죽음이라는 문제가 제2의 이력에서 그만큼 중요하기 때문이다. 권태를 물리치고 능동적이고 유익한 삶을 사는 것만이 중요한 것은 아니다. 제2의 이력은 삶과 죽음의 문제일 수도 있다.

은퇴에서 비롯되는 죽음

앞에서 말했듯이, 경찰 반장은 부르드푸르라는 동네를 나에게 떠올려주었다. 그런데 부르드푸르에는 구두 제조인 코르바 씨가 있었다. 노래를 흥얼거리며, 유서 깊은 도시의 저명인사들이 주문한 맞춤 구두를 제작하던 구두 장인匠人이었다. 그가 얼마 전에 은퇴했는데 세상을 떠났다는 소식이 며칠 전에 들려왔다. 익명의 언론인은 1970년 1월 2일자 일간지 〈라쉬스〉에 기고한 글에서, "코르바 씨는 은퇴를 5개월밖에 즐기지 못했다. 일을 하지 않은 것이 사인인 듯하다…"라고 말했다.

부르드푸르에서 무척 유명한 잡화점을 운영하는 아주머니가 있었다. 법정에서 무척 가까워서, 판사들과 변호사들이 법정에서 나오면 그녀와 친근한 말을 주고받으며 법정의 냉랭하고 엄숙한 분위기를 떨쳐내곤 했다. 나는 그녀도 은퇴하고 몇 달을 채 살지 못하고 세상을 떠났다는 소식을 들었다. 무척 사교적이던 삶에서 은퇴한 것이 사인이 아닐까 추정해본다. 앞에서도 언급한 브레몽 목사는 리옹의 교외로 프랑스 철도회사의 본사가 있는 울랭에서 오랫동안 목회했다. 언젠가 브레몽 목사는 나에게 "내 교구민들은 거의 철도회사에서 일했습니다. 55세부터 은퇴할 수 있어 자부심이 대단했지요. 하지만 은퇴한 후에 2년 넘게 사는 사람이 거의 없다는 건 보이지 않는 모양입니다"라고 말했다.

　프랑스 루아르 주의 주도, 생테티엔에서 최근에 열린 연구 발표회의 한 발표에 따르면, 정기노선을 운항하는 조종사들은 50세에 은퇴하지만 거의 모두가 은퇴 후에 5년을 넘기지 못하고 세상을 떠난다. 이 책을 읽는 독자들도 다른 많은 비슷한 사례를 생각해낼 수 있을 것이다. 은퇴에서 야기되는 죽음은 곧잘 공공연히 얘기되지만, 막연한 느낌에 불과하다. 그 현상을 자세히 과학적 관점에서 엄격하게 연구하기는 힘들다. 앞의 언론인이 말한 것처럼, 일을 하지 않아 구두 장인이 죽었을까? 은퇴와 아무런 관계도 없는 병이 생겨서 죽었을까? 또 죽음이 가까이 다가왔다는 느낌을 받아 은퇴한 것은 아니었을까? 그가 계속 일했다면 아직도 살아 있을 거라고 누가 단언할 수 있겠는가?

우리는 언젠가 무엇인가로 인해 죽는다. 순전히 노화로만 인해 죽는 경우는 무척 드물다.[30] 그런 경우에도 의사는 환자가 노화로 죽었다고 말하기를 꺼린다. 그런 판단은 그다지 과학적이지 않은 듯하고, 그가 사망 원인을 진단할 수 없다는 것으로 보일 염려가 있다. 따라서 의사는 의도적으로 '진행성 노인성 무력증asthénie sénile progressive'이란 전문적인 표현을 사용한다. 심지어 몰리에르의 연극에 등장하는 의사처럼 라틴어로 '아스테니아 세닐리스 프로그레시바'라고 말할 수도 있다. 스위스 연방의료국이 주기적으로 발표하는 통계자료를 보면 사망원인표를 확인할 수 있지만, 사망 원인을 나열한 항목 중에 은퇴라는 항목은 없다.

예컨대 철도회사 직원이 은퇴하고 수개월 만에 폐렴으로 사망하면, 당연히 의사는 폐렴을 사망 원인으로 진단한다. 직접적인 인과관계가 아니라 과거로 거슬러 올라가 다른 식으로 추론하면, 은퇴가 사망 원인인 것으로 추정할 수 있다. 두 인과관계 사이에는 어떤 모순도 없다. 일반적으로 통계에서 사망 원인으로 불리는 것은 사망에 이르게 한 현상, 말하자면 사망의 메커니즘이지만, 그 메커니즘의 실질적인 원인은 은퇴의 위기에서 비롯된 것일 수 있다.

따라서 서로 중첩되지만 서로 배척하지는 않는 두 가지 결정론이 존재한다. 병에 의한 과정은 미리 '결정된' 죽음이 행해지는 방법이다. 예컨대 법원이 범인에게 사형을 선고하고, 교도관이 사형을 집행하는 경우와 비슷하다. 이런 사법적 관계가 두 가지 결정론 사이의 이런 관계를 명확히 설명해주는 듯하다. 그러나 여기에도 어려운 점이 있다. 폐렴과 죽음 사이에 인과관계가 있다는 과학적 증거는 부검으로 명확히 밝혀질 수 있지만, 은퇴와 죽음 사이의 관계는 과학적으로 증명하기 불가능하다는 점이다.

따라서 다른 방법을 사용해야 한다. 루돌프 피르호와 클로드 베르나르가 데카르트의 뒤를 이어 질병과 죽음 사이의 관계를 입증하기 위한 해부학적이고 실험적인 방법을 정립했듯이, 이제는 개인적인 삶에서 어떤 사건, 예컨대 은퇴와 죽음 사이의 관계를 과학적으로 엄격하게 증명하는 방법을 구상해야 한다. 여기에서 인격의학의 중요성이 부각된다. 과학적 의학, 즉 정통 의학은 각 사례를 직관적으로 해석하는 데 그치지 않고 객관적인 증거를 찾으려 한다. 이런 증거는 사회학적 조사를 통해서만 구할 수 있다. 예컨대 폴 미레예 박사의 조사에 따르면, 프랑스에서 양로원에 입소한 남성은 거의 절반에 가까운 47.9퍼센트, 여성은 43퍼센트가 6개월 이내에 사망했다![31]

그러나 이런 현상은 양로원 입소와 관련된 특수한 문제일 수 있다. 은퇴에서 비롯되는 죽음이란 문제는 일반적인 현상이어서 객관적으로 증명하기가 훨씬 어렵다. 요레스 교수와 그의 조수 푸흐타가 은퇴와 죽음의 인과관계를 증명해보려 시도했다.[32] 이런 이유에서 나는 그들의 연구가 인격의학의 발전에 상당한 기여를 했다고 생각한다. 그들은 사회학자를 모방해서 통계학적 조사에 그치지 않고 사망한 은퇴자의 부인들을 체계적으로 인터뷰하며 남편의 생활방식과 은퇴 후의 반응에 대해 물었다. 먼저 우리가 앞에서 언급했던 점들을 그들의 연구 결과에서 확인해보자. 은퇴 후의 한가로운 시간을 마음껏 즐길 수 있는 사람은 극소수에 불과하다. 은퇴하기 전부터 아마추어로 어떤 활동을 하지 않거나 다른 일을 하지 않은 사람은 쉽게 권태에 빠져든다. "활동을 위한 활동은 결코 진정한 만족감을 줄 수 없다." 다른 사람의 조언을 받아 행하는 활동에서는 행복감을 얻기 힘들다. 요레스와 푸흐타의 주장에 따르면, 산책도 산책에 관련된 것을 좋아하는 사람들만이 좋아한다. 예컨대 당신은 은퇴한 사람에게 산책하면 행복하다고, 함께 산책하자고 권할 수 있다. 하지만 그들이 산책을 정말로 즐기려면 산책과 관련된 것을 좋아해야만 한다. 적어도 그들이 예전부터 버섯 채집이나 나비 쫓기, 식물이나 지질의 관찰에 흥미가 있었어야 한다.

　요레스와 푸흐타의 통계조사는 우리에게 중요한 정보 하나를 전해준다. 사회학적 통계조사가 유효하려면 동질적인 집단을 대상으로 해야 한다는 것이다. 두 저자는 공공기관에서 일한 사람들을 조사 대상으로 선택했다. 그러나 공공기관에서 일하더라도 직종은 다양하다. 조사 결과에 따르면, 세무 관련 공무원이 은퇴 직후에 사망할 확률이 높았지만, 남교사의 경우에는 상대적으로 낮았다. 한편 여교사와 경찰 및 수도국이나 소방서에 근무한 지방 공무원의 경우에는 은퇴 직후에 사망한 이가 전혀 없었다. 전투 경찰의 경우도 마찬가지였다. 앞에서 언급된 경찰 반장이 은퇴 후의 삶을 즐기며 재미있게 지낸다는 말을 들었을 때 내가 요레스와 푸흐타의 연구를 떠올렸던 이유가 여기에 있다.

　요레스와 푸흐타는 이런 통계조사에서 '주로 사무실에서 근무하는 공무원들, 예컨대 재무부 관리들에게 은퇴는 치명적이다'라는 결론을 끌어냈다. 경찰은 60세에 은퇴한다. 그러나 대부분은 21세 후에 경찰에 들어가기 때문에 그 전에는 경찰 반장처럼 다른 일을 한다. 게다가 경찰은 실내에서 거의 일하지 않는다. 수도국이나 소방서에 근무하는 공무원들도 마찬가지이다. 따라서 사무실에서의 획일적 근무와 그에 따른 습관적 행위가 은퇴 후에 중대한 위기의 원인이 되는 셈이다. 요레스는 사무실 근무가 공무원의 내적 성숙을 방해한다고 지적하며, 업무와 자신을 완전히 일치시키며 개인적으로 성숙을 꾀하지 못한 공무원에게 은퇴는 재앙이라고 결론지었다. 따라서 죽음은 은퇴의 결과일 수 있고, 이를 입증하는 분명한 사례들이 있다.

습관! 판에 박힌 일을 반복하는 습관이 가장 큰 적이다. 여러분은 이런 결론을 벌써부터 직감하고 있었을 것이다. 하지만 과학적으로 입증해보자. 판에 박힌 일을 반복하면 일찍 늙는다. 습관으로 삶의 범위가 좁아지면 서른이나 마흔 살에 늙어버리는 사람이 적지 않다. 은퇴로 인해 삶의 유일한 동력이던 직업마저 상실하면 그런 사람이 어떻게 되겠는가? 권태와 무기력에 빠질 것이고, 삶의 모든 영역에서 확인되듯이 악순환이 거듭될 것이다. 요컨대 습관적인 삶이 노화를 촉진하고, 그런 조로 현상 때문에 그는 틀에 박힌 삶에서 벗어나지 못할 것이다. 반면에 삶의 과정에서 다양한 것에 관심을 두면 지속적으로 젊음을 유지하며 은퇴 후에도 지루하지 않게 보낼 수 있다.

요레스와 푸흐타는 돈을 다루다가 은퇴한 공무원들과 관련해서 다른 중요한 점들도 지적했다. 세무 공무원은 국민에게 좋은 평가를 받지 못한다는 것이다. 하지만 인간은 누구나 다른 사람에게 가치를 인정받고 인간으로서 존중받으며, 자신의 행동으로 공경받고 싶어 한다. 요레스는 사회적 반감이 개인의 저항력을 떨어뜨린다며, 독일에서 나치 체제하에서 일하다가 2차대전이 끝난 후에 정치적인 이유로 은퇴한 공무원들을 예로 제시했다. 그가 조사한 재무 관련 공무원 63명 대부분이 한창 나이였지만 5년 내에 사망했다.

쓰라린 경험과 분한 마음, 부당행위의 희생자라는 감정도 은퇴 후의 삶을 더욱 어렵게 하는 요인들이다. 어떤 교사는 당연히 장학관으로 승진할 줄 알았지만 승진하지 못한 것에 실망해서, 은퇴하고 6개월 만에 세상을 떠났다. 이런 점에서 기업이 은퇴를 앞둔 충직한 직원을 명예 승진시키는 것은 바람직한 현상이라 할 수 있다. 이런 명예 승진은 작은 은퇴 선물이나 의례적인 찬사보다 훨씬 효과적이다. 명예로 받았더라도 그 직위를 평생 간직할 것이기 때문에, 죽을 때까지 그는 은퇴한 직원이 아니라 은퇴한 부서장이 된다. 또한 그 직위는 은퇴 후에 새로운 활동을 시작하는 큰 원동력이 된다.

요레스와 푸흐타는 은퇴자의 결혼 관계도 중요하다고 지적한다. 부인을 잃은 은퇴자는 거의 곧바로 부인의 뒤를 따라 죽는 경우가 많다. 결국 정신 상태와 사회적 관계, 삶의 다양성, 삶에서의 진정한 목적 등이 은퇴의 위기에 결정적인 역할을 한다. 오스트리아의 정신의학자, 빅토르 프랑클 교수의 의견도 이런 해석과 일치한다.[33] 프랑클 교수는 현대인의 '실존적 공허vide existentiel'를 지적하며, 많은 신경증의 원인을 여기에서 찾아낸다. 프랑클은 '실업의 신경증'만이 아니라 '일요일의 신경증'에 대해서도 언급한다. 특히 '일요일의 신경증'은 주중의

활동이 일요일에 중단되어 '실존적 공허'가 나타나며 삶의 공
허감을 의식하는 사람들에게 고통을 안겨주는 우울증이다. 특
히 프랑클 교수는 '은퇴자의 위기'를 '항구적인 실업의 신경
증'과 동일시한다. 요레스는 이 문제를 여러 저서에서 다루었
지만, 특히 한 저서에서는 "직업 이외에 어떤 다른 활동도 하
지 않는 사람은 은퇴 후에 죽음을 맞을 것이다!"라고 외쳤다.[34]

나는 직업에만 몰두해서 살아가는 많은 동료들에게 이 말을
전해주고 싶다. 물론 의사에게는 정년이 없기 때문에 은퇴에
따른 죽음이 크게 문제시되지는 않는다. 하지만 의사의 때 이
른 죽음은 문제이다. 어제 나는 한 언론인의 집에서 노년의 문
제를 주제로 열린 '원탁회의'에 참석했다.[35] 제네바 경영자협
회 사무총장, 르노 바드르 씨도 참석했다. 그는 일찍 부모를 여
읜 협회 회원 자녀를 위한 구제기금을 편성하는 과정에서 다
른 어떤 직종보다 의사가 자신의 자녀를 고아로 만든다는 걸
알게 되었다고 말했다. 의사가 환자들에게 과로하지 말라고
충고하면서, 정작 자신은 과로하고 있다는 뜻이다. 결국 의사
도 공무원과 마찬가지로 판에 박힌 삶을 살고 있다는 뜻이 아
닐까?

다시 요레스 교수의 논문으로 돌아가자. 그가 지금까지 발
표한 《인간과 질병》[36] 《내일의 의학을 위하여》[37] 등과 마찬가
지로 방금 언급한 글에서도 요레스는 인격의학의 선언으로 삼
아도 손색이 없을 정도로 논의의 범위를 확대했다.[38] 그의 생

각은 인간과 동물에 공통된 질병들과 인간에게만 나타나는 질병을 구분하는 것으로 시작된다. 공통된 질병은 바이러스성 질환, 종양 등 정통 의학의 병리적 현상들이다. 반면에 정통 의학의 병리적 현상은 인간에게만 나타나는 질병을 완벽하게 설명하지 못한다. 인간에게만 나타나는 질병에는 무수한 기능장애가 있어 의사를 곤혹스럽게 만든다. 그런 기능장애들 앞에서 의사는 정통 의학의 부족함을 절감한다.

요레스는 이런 모든 질병이 인간에게만 존재하는 불안감과 관계가 있다고 말한다. 달리 말하면, 자신이 충만한 삶을 살고 있지 못하다는 감정, 자신의 삶에 의미가 없다는 감정이 그런 질병의 원인이라는 뜻이다. 그의 판단에 따르면, 인간에게만 삶이 완성해야 할 과제로 주어지기 때문이다. 동물은 본능에 의존해서 행동하기 때문에 필연적으로 자신에게 주어진 운명을 따른다. 인간은 일정한 정도의 자유와 사색을 향유하지만 사회가 제시한 이상과 교육에 의해 조건화되기 때문에 그 삶은 성공한 삶일 수도 있고 실패한 삶일 수도 있다. 요레스는 "인간이 일을 하지 않으면 돌발적으로 죽음이 닥친다"며, 그 죽음은 의미가 감추어진 질병을 통해 닥친다고 덧붙였다.

여기에서도 내가 조금 전에 언급한, 서로 중첩되는 두 가지 결정론이 다시 확인된다. 한 가지는 인간이 어쩔 수 없이 죽음을 향해 걸어간다는 것이고, 다른 하나, 인간의 운명과 층위를 결정하는 두 번째 요소를 요레스는 '질병과 죽음의 의미'라고 불렀다고 볼 수 있다. '질병과 죽음의 의미'라는 표현은 정확한 듯하다. 병인학이 현상의 차원에서 연구하는 전통적인 결정론은 순전히 원인을 추적하는 반면에, '의미'라는 단어는 방향과 목표 및 결말, 따라서 궁극적인 목적이란 개념이 담겨 있다. 모든 인간이 '질병에는 어떤 목적이 있다'고 직관적으로 느낀다. 우리가 환자들과 상담할 때 자유롭게 얘기할 시간을 주면 많은 환자가 이런 의문을 조심스레 내비친다.

요레스 교수는 함부르크 대학교의 학장으로 취임한 후에 가진 공개 강의에서도 질병의 의미라는 문제에 상당한 시간을 할애했다.[39] 대단한 반향을 불러일으킨 강연이었다. 오랫동안 과학적 의학의 숨통을 조였던 철학적 편견에서 벗어나기 위해서 수세기 동안 은밀하게 궁극목적론을 경계했는데, 다시 궁극목적론을 의학에 도입하려는 시도는 정신적 혁명으로 여겨졌기 때문이다. 빅토르 폰 바이즈제커가 증명했듯이, 프로이트를 비롯해 프로이트 학파는 기계적이고 인과관계적인 관점을 엄격하게 준수하려고 끈질기게 노력하지만, 이 혁명은 프로이트에서 시작되었다.[40]

역시 프로이트의 제자들이었지만 융과 알퐁스 메데를 비롯한 취리히 학파는 심리적 현상을 궁극목적론적으로 해석하며 스승과 선을 그었다. 특히 메데 박사는 최근 마음의 궁극목적론과 점진적인 발전 과정을 다룬 중요한 논문을 발표하기도 했다.[41]

요레스 교수와 마찬가지로 메데 박사는 질병이 더 이상 심리학만의 문제가 아니라 의학 전체의 문제라고 주장한다. 요컨대 질병에 어떤 의미가 있다면 질병이 어떤 기능을 한다는 뜻이다. 그는 '질병의 기능이 무엇일까?'라는 의문을 제기하고는 '태어나는 것은 어떤 것이나 죽음을 맞는다'라고 대답한다. 생물학적으로 해석하면, 질병의 기능은 개인의 차원에서는 나타나지 않지만 오랜 세대의 차원에서 나타나는 진화의 조건이다. 죽음은 피할 수 없기 때문에 자연은 죽음이 확실히 일어날 수 있도록 조직되어야 한다. 이것이 질병의 기능이다. 한마디로, 질병의 기능은 개체를 죽음으로 인도하는 것이다.

　이런 해석이 상당히 새롭고 중요하다는 걸 확실히 깨달아야 한다. 일반적인 생각에 우리는 병에 걸리기 때문에 죽는다고 생각한다. 그런데 우리가 죽어야 하기 때문에 병에 걸리는 거라고 거꾸로 생각하자는 것이다. 자연이 선고한 사형 판결을 질병이 집행한다고 생각하면, 내가 앞에서 잠깐 언급한 사법제도와 완벽하게 일치한다. 게다가 인간은 일반적인 생각보다 더 뛰어난 직관력을 지니고 있다. 모든 질병은 죽음을 예고한다. 따라서 인간은 병에 걸리는 순간, 그 질병이 죽을 때까지 점점 심해질 것인지 아니면 의학이나 기도로 위기를 벗어날 수 있을 것인지 고민하고 또 고민한다.

삶과 건강은 인간이 자신의 임무를 완수할 때 경험하는 성취감과 밀접한 관계가 있다. 자신의 삶에 어떤 의미가 있다고 생각하며, 어떤 목표를 세우고 그 목표를 이루겠다는 희망이 있어야만 이런 감정을 느낄 수 있다. 미국 존스홉킨스 대학교의 심리생물학자 커트 리히터는 쥐를 익사 위험에 빠뜨리는 저 유명한 실험을 통해, 난관에서 벗어날 거라는 희망을 잃지 않은 쥐들은 필사적으로 헤엄쳐서 살아남는 반면에 그런 희망을 상실한 쥐들은 갈팡질팡하며 결국 익사해 죽는다는 걸 밝혀냈다. 결국 희망의 상실만큼 치명적인 것은 없다.

은퇴자의 경우도 마찬가지이다. 일하지 않는 사람, 목표도 없고 희망도 없는 사람, 삶에 의미가 없는 사람은 스스로 죽음을 찾아가는 사람이다. 목표가 없는 삶은 행복하지 않다. 무의미한 삶에서는 충만감을 기대할 수 없다. 그런데 이런 극단적인 절망, 즉 죽음의 숨결은 내 생각에 모든 인간에게 잠재되어 있는 실존적 고뇌의 폭발에 불과하다. 우리가 삶의 문제를 해결할 수 없다고 느낄 때 이런 실존적 고뇌가 어김없이 나타난다. 요레스의 표현을 빌리면, 인간에게만 존재하는 질병이 나타난다. 흔히 신경성이라 일컬어지는 모든 기능장애는 삶에 대한 불만, 의미 상실, 해결책을 찾을 수도 없고 해결할 수 있다는 희망도 없는 삶의 문제에 부딪혔다는 징조이다.

정신신체의학médecine psychosomatique에서 자주 연구한 대표적인 사례는, 환자의 상황이 내적인 갈등을 일으킬 때마다 어김없이 재발되는 위궤양이다. 이와 관련해서 요레스는 놀라운 관찰 결과를 소개한다. "2차대전 동안에는 어땠습니까?"라는 그의 질문에 거의 모든 환자가 "전쟁 동안에는 아무런 문제가 없었습니다"라고 대답했다는 것이다.

이 결과에 나는 전쟁이 끝난 직후에 벨기에의 리에주를 방문해서 한 정신과의사에게 들은 말이 떠올랐다. 리에주는 전쟁이 끝날 즈음에 무시무시한 V2 폭탄이 무차별적으로 떨어져 어디에도 몸을 보호할 데가 없던 곳이었다. 한 정신과의사가 내게 이런 말을 해주었다. "그 기간 동안에는 기능장애를 앓던 환자들이 멀쩡해졌습니다! 그런데 V2 폭탄의 폭격이 끝난 후에 그들은 다시 장애 증상을 보였습니다." 요레스도 자신의 환자들이 동원 해제가 된 후에 궤양을 다시 앓았다고 말했다. 달리 말해 군인이든 민간인이든 매 순간 죽음에 노출되는 위험한 상황에서는 어떤 치료법으로도 낫지 않던 기능장애에서 기적적으로 해방된다는 뜻이다.

여기에서, 문제의 매듭이 외부에 있는 게 아니라 내부에 있다는 게 증명된다. 요컨대 결정적인 위협은 폭격이란 외부의 위협이 아니었다. 찰과상 정도의 평범한 절망이 아니라, 살고 죽는 문제를 해결할 수 없다는 내적인 절망에서 비롯된 내부의 위협이었다. 그런데 동원 해제는 가족의 품으로 돌아가서,

해결책이 없는 부부 갈등에 부딪친다는 뜻일 수 있다. 그런 생각이 남편의 마음을 사로잡고 있다면 부부 갈등은 전쟁보다 더 절망적이다.

카를프리트 폰 뒤르크하임 교수도 최악의 폭격 상황에서 겪은 경험들을 소개했지만, 그런 경험에 담긴 영적인 차원을 환히 보여주는 강렬한 빛도 잊지 않고 언급했다.[42] 예컨대 어느 남자는 지옥불처럼 쏟아지는 폭격에서 그때마다 한없는 평온함이 온몸에 밀려드는 기분을 느꼈다고 뒤르크하임에게 말했다. 또한 그는 자신의 내면에 '삶과 죽음을 넘어서는 초월적 생명'이 존재한다는 걸 불현듯 깨달았다고도 증언했다. 뒤르크하임의 판단에 따르면, 그런 깨달음은 모순된 심리적 현상을 넘어서는 영적인 경험이다. 나는 뒤르크하임의 판단이 맞다고 확신한다. 그런 깨달음은 하나님과의 만남이며, 우리 존재가 죽음으로 끝나는 생물학적 삶을 초월하는 생명에 속한다는 깨달음이기도 하다.

나는 '생명'이란 단어 앞에 일부러 '초월적'이란 수식어를 덧붙였다. 예수는 초월적 생명을 만나기 위해서는 자신의 목숨을 버려야 한다고 단호히 말했다. 하지만 프랑스어의 '생명 vie'이란 단어는 그리스어에서는 두 단어로 구분된다. 하나는 과학이 연구하는 생물학적인 생명을 뜻하는 '프쉬케ψυχή', 다른 하나는 초월적인 생명, 달리 말하면, 뒤르크하임이 면담한 사람이 폭격 중에 불현듯 깨달았고 하나님이 계시로 알려준 하나님의 생명을 뜻하는 '조에*Zoĕ*'이다.

내가 은퇴에서 비롯되는 죽음이란 본론에서 벗어나 딴소리를 하고 있다고 생각하지 말기를 바란다. 오히려 이런 사실들이 우리에게 죽음의 원인을 분명하게 밝혀준다. 은퇴자들을 죽음으로 몰아가는 것은 외부의 위협이 아니라 내면의 무력감이다. 시시각각 다가오며 그들에게 늙었다는 걸 깨닫게 해주며 불안에 떨게 하는 죽음에 대한 생각이 아니라, 그들에게는 해결할 힘이 없다고 절망하게끔 하는 삶의 문제이다. 은퇴한 후에 자신들의 삶에서 더 이상 의미를 찾을 수 없고 추구하려는 목표도 없을 때 위기가 닥친다. 하지만 뒤르크하임이 면담한 사람이 '삶과 죽음을 넘어서는 초월적 생명'에 속한 존재라는 걸 찰나에 깨달았던 것처럼, 누구나 점진적으로 천천히 똑같은 경험을 할 수 있다.

우리도 그처럼 확고한 내적인 평온함을 경험할 수 있다. 그런 평온함이야말로 진정한 평온함이다. 무관심과 위축과 무기력과는 완전히 다른 것이다. 오히려 이런 평온함을 경험하는 노인은 어느 때보다 활력에 넘칠 것이다. 그가 초월적인 생명을 만난 순간부터, 그 영적인 생명은 이 땅에서의 삶에 의미를 부여할 것이기 때문이다. 요컨대 은퇴자는 '삶과 죽음을 넘어서는 초월적 생명'을 찾아내야 한다. 또한 뒤르크하임은 '연민과 반감을 넘어서는 초월적 사랑, 혹은 분별과 부조리를 넘어서는 초월적 의미'를 경험한 사람들에 대해서도 언급했다. 여기에서 그 모든 것을 자세히 다룰 수는 없지만, 내적으로 평온한 노인에게 이 말이 무엇을 뜻하는지는 말해두고 싶다. 그가 초자연적인 사랑을 만났기에 진부한 감정의 폭풍에 흔들리지 않으며, 그가 초월적인 진리를 만난 까닭에 분별과 부조리에 대한 논쟁과 주장에 현혹되지 않는다는 뜻이다.

이번에는 "전쟁 동안에는 아무런 문제가 없었습니다"라고 대답한 환자에 대해 살펴보자. 요레스는 그 환자에 대해 적절한 진단을 내렸다. 뒤르크하임이 즐겨 사용하는 표현을 빌리면, 그 군인은 자신의 '작은 자아'를 내려놓았다. 그의 삶이 갖는 의미는 더 이상 그의 문제가 아니었다. 그가 생각하는 목표가 헛된 것이었더라도 그에게 활력을 주는 원대한 목표가 있었다. 그가 휩쓸려 들어간 역사적 사건의 거센 흐름에 그의 개인적인 문제들은 존재감을 잃고 약화되었다. 그는 군복이 상징하는 동질적인 총체의 일원이 되었다. 그렇다, 전우애가 있었다! 군대에서 유일하게 진정으로 공동체의 일원이란 경험을 했다는 말을 귀가 따갑도록 듣지 않았던가! 전쟁에 직접 가담하지 않은 스위스인들도 마찬가지였다.

위궤양 이외에, 요레스가 집중적으로 연구한 또 하나의 신경성 질환은 천식이다. 요레스의 주장에 따르면, 천식을 알레르기성 반응으로 규정하는 정통 의학의 설명은 다섯 환자 중한 명에게만 맞다. 따라서 요레스는 더 보편적이면서도 납득할 만한 해석을 찾아나섰다. 그런데 그가 관찰한 바에 따르면,

모든 천식 환자에게는 깨끗한 것을 추구하는 매우 엄격한 초자아가 있다. 따라서 천식 환자들은 더러운 것을 참지 못한다. 심지어 더러운 것의 냄새도 견디지 못한다. 융이 그림자라 칭했던 것, 즉 그들의 마음속에 감추인 더러움도 견디지 못한다. 요컨대 천식은 삶과 세계를 있는 그대로 받아들이지 못하고, 자신과 타자의 내면에 존재하는 악惡도 받아들이지 못하는 마음의 외적인 표현이다. 천식은 천식 환자가 자신을 짓누르는 그런 악에 비장하게 반발하는 외침이다.

천식이 발작하면 숨을 들이마시는 것보다 숨을 내쉬는 게 훨씬 더 힘들다. 그런데 숨을 내쉬는 날숨은 단념의 행위, 포기의 행위, 모든 것을 포기하고 타인과 자신을 사랑하겠다는 마음의 표현이다. 내가 인용한 책에서, 요레스는 천식 환자인 한 젊은 여성의 죽음에 대해 소개한다. 축제가 있던 날, 그녀는 분위기에 도취되어 무의식적으로 실수를 범했다. 그녀는 그런 실수를 범한 자신을 용서할 수 없었다. 그녀의 초자아가 그녀에게 비난을 퍼부었고, 그 결과는 자해自害였다. 남편이 병원까지 찾아왔지만 그녀는 어떤 잘못을 범했는지 털어놓지 않았다. 그녀는 진퇴양난의 상황, 극단적인 절망의 상황에 있었고, 결국 이튿날 세상을 떠났다. 물론 이 현상은 천식의 일반적 사례를 크게 넘어선다. 하지만 하이델베르그 대학교의 하인리히 후엡슈만 박사는 결핵균 보균자가 정신적 사회적으로 해결책이 없는 상황에 놓이게 되면 진행성 결핵이 발병하는 걸 입증

한 적이 있다.[43]

이 책에서 다루는 노년의 문제에서 이 모든 것이 무엇을 뜻하는지 짐작하지 못할 독자는 없을 것이다. 어떤 의사와 어떤 간호사가 노인의 몸에서 풍기는 고약한 냄새에 대한 혐오감을 힘들더라도 이겨내야 하지 않았겠는가? 죽음이 자신과 타자에게서 받아들이기 몹시 힘든 악의 극치이고 결말이 아닐까? 고통과 불행에 가장 시달리는 노인은, 질병과 노화와 죽음이 있는 세상과 삶을 있는 그대로 받아들이지 못하는 사람, 단념하는 법을 배우지 못하고 반발을 견디지 못하는 사람, 불평과 비판을 일삼고 자신의 한계와 허약함과 의존성을 인정하지 못하는 사람이 아닐까?

5 _____

수용에 대하여

아름다운 노년을 위해서는 내려놓기가 필요하다. 내려놓기는 힘을 추구하는 의지로부터의 해방이다. 하나님은 강력한 손으로 우리를 다시 붙잡고, 우리는 다시 하나님에게 모든 것을 맡긴다. 이런 불완전한 내려놓기를 통해 우리는 행동하는 능력이 떨어지는 노년을 조금씩 준비해간다.

하나님에게 모든 것을 맡기는 내려놓기는, 나에게는 세상을 등진다는 뜻이 전혀 아니다. 오히려 더 폭넓고 더 깊이 세상에 관심을 갖는다는 뜻이다.

누가 자신의 임무를 완수했다고
자신있게 말할 수 있겠는가?

이번에는 수용acceptation이란 중요한 문제에 대해 살펴보자. 그러나 이 문제에 포괄적으로 접근하기 전에, 부분적인 문제이지만 내 생각에는 무척 중요한 문제를 검토함으로써 요레스의 이론을 좀 더 소개하고 싶다. 요레스는 은퇴에서 비롯되는 죽음을 다룬 논문을 끝내면서, 우리 문화와 우리 문명을 비판해야 할 이유가 그런 죽음에 있다고 말했다.[1] 또 요레스는 다른 논문의 끝에서는 우리 사회에 만성적인 기능장애 환자가 증가하는 추세는 뭔가가 잘못되고 있다는 증거라고 주장했다.[2] 숨을 제대로 못 쉬는 천식 환자만 있는 것은 아니다. 밀폐

된 공간에 갇혀 있고, 사방에 자물쇠로 잠긴 문이 달려 있어 탈출하고 싶어도 출구가 어디에도 없다는 악몽에 시달리는 사람들이 그 증거이다. 동물도 우리에 갇히면 죽을 수 있다.

요레스는 "건강과 성취감, 질병과 죽음과 무력감 사이에는 밀접한 관계가 있다"라고 결론 내렸다. 요레스는 삶이 완수해야 할 임무로 여겨지며, 성취감은 곧 건강과 삶의 조건이라고 말했다. 인간에게 주어진 과제는 이 땅에서 살면서 성숙해지는 것이다. 따라서 인격의학을 지향하는 의사의 사명은 온갖 과학적 지식을 동원해서 환자를 치료하는 동시에 인간이 자신의 능력을 발휘하도록 돕는 것이다.

그렇다, 삶은 우리가 완수해야 할 과제이다! 하지만 누가 자신의 임무를 완수했다고, 자신에게 맡겨진 일을 끝냈다고 자신있게 말할 수 있겠는가? 그 과제는 영원히 미완성으로 남겨진다. 내가 여기에서 말하려는 '수용'이, 어쩌면 가장 어려운 과제일 수 있겠다. 수용은 미완성을 인정하는 것이고, 미완성으로 끝났다는 걸 인정하는 것이다. 수용은 은퇴에서 비롯되는 중대한 문제 중 하나이기도 하다. 이 책은 나의 열여섯 번째 책이다. 서른두 권, 예순네 권, 백스물네 권을 썼다면, 요컨대 괴테나 볼테르만큼 많은 책을 썼더라도 나는 작가로서의 이력을 완수하지 못할 것이다. 내 세금신고서에 작가는 '부가직업'으로 기록되어 있다.

나는 환자들을 돌보았지만, 서둘러 일하는 걸 좋아하지 않았기 때문에 대부분의 동료에 비하면 내가 진료하는 환자의 수는 훨씬 적었다. 몇몇 환자는 세상을 떠나는 순간까지 함께 했고, 몇몇 환자는 내 도움을 받아 그런대로 고통을 이겨냈고, 내 도움을 받아 완치된 환자도 있었다. 그런데 '완치'라는 단어의 뜻이 무엇일까? 히포크라테스는 '자연의 힘이 병을 치료하는 것'이라고 겸손하게 말했다. 프랑스 외과의사 앙브루아즈 파레(1510-1590)는 믿음의 언어로 히포크라테스를 되풀이하며, 한 부상병에 대해서 "나는 그에게 붕대를 감아주었을 뿐, 하나님이 그를 치료하셨다"라고 말했다.

하지만 환자가 치료될 때마다 우리 의사는 굉장한 성취감을 느낀다. 여기에서 성취감이란 단어가 양적인 의미가 아니라 질적인 의미로 해석되어야 한다는 게 입증된다. 하지만 우리 삶을 질적인 관점에서 생각하면, 우리는 처절하게 한계를 절감하게 된다. 우리가 행하는 모든 일에서 질적으로 부족하다는 걸 알기 때문에 양으로 위안을 삼으려는 게 아닐까? 환자를 치료해서 우리가 얻는 것이 무엇인지 정확히 알고 있을까? 외과의 매력은 의사가 수술에서 결정적인 역할을 한다는 데 있는 것은 아닐까? 그러나 외과의사는 까다로운 수술을 할 때마다 머릿속으로 수없이 수술을 반추하는 대가를 치러야 한다. 소련의 위대한 외과의사, 니콜라스 미하일로비치 아모소프의 일기도 그런 생각으로 가득 채워져 있지 않은가?[3] 의학에서는 남들이 하지 않는 것을 했거나, 남들이 하는 것을 하지 않았다면 어떤 결과가 닥칠지 누구도 확신할 수 없기 때문이다.

젊었을 때는 삶이 한없이 길어 보이지만, 나이가 들면 삶이 무척 짧게 느껴진다. 이력도 처음에는 머나먼 길처럼 보이지만, 끝낼 무렵에는 너무 짧게 느껴진다. 젊었을 때 우리는 남들이 해내지 못한 것을 언젠가 해낼 수 있으리라 꿈꾼다. 나이가 들수록 그런 꿈과 현실 사이의 무한한 괴리가 더욱 깊게 느껴진다. 나는 의사로 일할 때 한 명의 환자에게 더 많은 시간을 할애하기 위해서 환자의 수를 줄여야 했다. 요즘에는 나에게 도움을 청하는 환자의 대부분을 거절해야 한다. 그래도 아직 치료가 끝나지 않은 환자의 진료를 포기하는 것보다 새로운 환자를 거절하는 게 더 쉽다. 어떤 일에나 이런 한계는 많은 법이다!

인간은 이 땅에서 살아가는 내내 한계에 맞서 싸운다. 하지만 삶의 특징은 무한한 확장에 있다. 우리는 장애물을 극복하려 애쓰고 실제로 적잖은 장애물을 이겨낸다. 그러면서 한계는 뒤로 물러서지만 여전히 존재한다. 이런 이유에서 우리는 더더욱 한계를 절감한다. 프랑스 작가 메니 그레구아르가 한 젊은 여인에게 물었다. "늙는 게 두려운가요?" 그녀는 "성공한다면 늙는 게 두렵지 않을 것 같아요"라고 대답했다.[4] 젊은 나이에는 충분히 이렇게 대답할 수 있다. 그러나 성공이란 개념 자체가 조금씩 본래의 단순한 의미를 잃어가고 있다. 많은 성공들이 있다. 매번 우리는 성공이 모든 것의 끝인 것처럼 성공을 맛본다. 하지만 성공은 뒷걸음질 치고 멀어진다. 성공 자체가 제한적이고 불완전한 것이다. 르클레르크 신부는 노년의 즐거움을 다룬 멋진 책에서 "끝에 이르면 … 인간의 삶은 대단한 것이 아니다"라고 말했다.[5] 그렇다, 노년의 즐거움을 맛보려면 불완전한 것을 수용할 수 있어야 한다.

이제나저제나 일을 그만두어야 할 때, 엄격한 퇴직 규정에 따라 갑자기 은퇴해야 할 때 그런 순간을 수용하기가 특히 어렵다. 따라서 그런 은퇴에서 비롯되는 위기의 영향은 어렵지 않게 이해된다. 정신력으로 극복하며 그때까지 대수롭게 여기지 않았던 삶의 한계를 불현듯 깨닫게 된다. 직업인으로서의 삶은 끝났고, 그것도 미완성으로 끝났다. 은퇴는 삶 전체가, 그것도 미완성으로 끝나는 죽음의 예고이다. 죽음의 중대한 모순이 여기에 있다. 프랑스 사회학자 로제 멜도 "죽음의 얼굴은 끝남이지 완성이 아니다!"라고 말하지 않았는가.[6] 은퇴는 노화보다 가혹한 인간 조건을 가감 없이 드러낸다. 노화는 아주 천천히 진행되고 약간은 감출 수 있는 반면에, 은퇴는 죽음처럼 최종적인 사건일 수 있다는 점에서, 은퇴가 노화보다 훨씬 더 심각하다. 게다가 우리는 일련의 결정적인 포기가 있은 후에야 자신이 늙었다는 걸 깨닫게 된다.

"늙었다는 걸 인정해야 한다." 말로 하기는 쉽다. 또 무척 막연한 말이기도 하다. 누구나 위로하는 미소를 지으며 이렇게 말할 수 있다. 하지만 미완성으로 끝났다는 걸 인정하라고 말하는 게 더 정확한 표현이다. 이렇게 말하려면 목소리까지 진지해져야 한다. 결국 이런 말은 노년의 문제가 아니라 은퇴의 문제이다. 상대적으로 연령이 낮을수록 이 문제를 극복하기가 더 어렵다. 직업인으로서의 삶은 끝났다. 물론 다른 일을 할 수 있겠지만, 그는 더 이상 어떤 것도 이력에 더할 수 없고, 더 이상 어떤 것도 완성할 수 없으며 어떤 것도 수정할 수 없다. 게다가 자신이 해낸 일을 보전하기 위해서 어떤 역할도 할 수 없다. 그가 많은 계획을 세웠더라도 그 계획을 실천에 옮길 사람은 없을 것이다. 여하튼 누구도 그처럼 열의를 다해 그 계획을 끝내려 하지는 않을 것이다. 세상에 존재하는 수많은 미완성 예술작품을 생각해보라. 그 작품을 자기가 끝내보겠다고 자진해서 달려들지 않는 작품이 얼마나 많은가.

그럼 후임자는 어떻게 해야 할까? 인격의학을 적극적으로 지지했던 하이델베르크 대학교의 리하르트 지베크 교수가 생각난다. 지베크 교수가 정년으로 자리에서 물러나자, 그와 완전히 다른 의견을 주장하던 동료 교수가 그 자리를 물려받았다. 지베크 교수는 의학에서 완전히 상반된 견해가 보완을 위해서라도 허용되어야 한다고 생각했지만, 그런 생각을 실제로 수용하기는 쉽지 않았다.

더 나쁜 경우도 있다. 내 절친한 친구 중 한 명이 2차대전 동안 독일 점령하의 조국에서 주지사를 지냈다. 점령국의 명령을 수행하는 게 점점 그의 양심에 거슬렸다. 명령을 이해하지 못한 척하며 뒤로 미루고 교묘하게 행동하며 우회수단을 쓰는 것도 잠깐 동안이나 가능했지 계속 그렇게 행동할 수는 없었다. 고등판무관의 압력이 점점 거세졌다. 결국 내 친구는 더 이상 견디지 못하고 모든 것을 솔직하게 털어놓기로 작정했다. 그는 고등판무관을 만나러 가서, 그가 은퇴하지 않는 이유가 나치의 이데올로기에 적극적으로 동조하는 사람이 주지사가 될지도 모른다는 두려움 때문이라고 말했다. 고등판무관의 대답에 그는 안심했다. "당신의 사임을 받아들이겠습니다. 당신이 걱정하는 일은 없을 겁니다." 그러나 내 친구는 은퇴하고 얼마 지나지 않아, 나치당원이 주지사로 임명되었다는 걸 알게 되었다.

주변 사람들이 공모한 듯이 내 어머니의 상태에 대해 거짓말을 했기 때문에, 어머니는 세상을 떠나는 날에야 어머니로서 역할을 다하지 못하고 두 자식을 어린 나이에 고아로 남겨두게 되었다는 걸 알았다. 소중한 사람을 잃는 사람들도 이런 미완성의 감정을 고통스럽게 느낀다. 사랑이나 우정이란 관계는 영원히 계속되는 관계이지만, 상대의 죽음으로 그 관계는 느닷없이 미완성으로 끝난다. 성 아우구스티누스는 친구의 죽음에 관련해서 "그가 죽은 후에도 내가 살 수 있었다는 사실에 더더욱 놀랐다. 나는 그의 분신이었기 때문이다"라며 처절하게 친구를 잃은 감정을 표현했다.[7] 사랑하는 사람이 죽으면 우리 자신의 일부도 죽는다. 그때부터 우리 삶의 일부가 미완성으로 끝났다고 느끼기 때문이다.

우리가 그에게 하고 싶었던 말, 우리가 그에게 구하고 싶었던 용서, 우리가 그에게 듣고 싶었던 말, 또 우리가 그에게 받고 싶었던 위로가 있었을 것이다. 하지만 대화가 미완성으로 끝났다. 그래서 폴 리쾨르는 "더 이상 대답할 수 없는 망자亡者의 침묵에 대한 두려움에, 상대의 죽음은 우리라는 공통된 존재에 닥친 상처처럼 나에게 파고든다"라고 말했다.[8] 독일 철학자 막스 셸러는 이 문제를 다룬 책을 발표하기도 했다.[9] 셸러는 '인간이 개인적으로 어느 정도까지 죽음을 경험할 수 있을까?'라는 의문을 제기한 후, 타인의 죽음에 참여함으로써 죽음을 경험한다는 대답을 내놓는다. 하지만 타인의 죽음으로 인하여 그 타인의 삶에 대한 개인적인 참여도 미완성으로 남겨진다고 덧붙였다. 특히 삶의 황혼기에 배우자를 잃는 슬픔은 당사자에게 큰 충격이다. 판 데르 호르스트는 코펜하겐에서 열린 6차 노인학회에서 "노년에 맞는 배우자의 죽음은 살아남은 사람에게 심리적으로 커다란 외상성 신경증을 남긴다"라고 했다.[10]

그런데 예외적이고 비극적인 상황에서만 미완성의 고통이 느껴지는 것은 아니다. 미완성의 고통은 어디에나 존재한다. 우리는 미완성으로 끝내야 하는 모든 것에서 매일 조금씩 죽는다. 어떤 일이나 시작일 뿐, 진정한 의미에서 끝은 없다. 우리가 뭔가를 시도해서 완성할 수 있는 경우는 무척 드물다. 특히 예측한 기한 내에 끝내는 경우는 더더욱 드물다. 어떤 일이나 완전히 끝내는 데는 처음에 생각한 것보다 더 오랜 시간이 걸린다. 어떤 프로젝트를 진행할 때 항상 늦어진다는 죄책감, 많은 다른 일을 무시해야만 어떤 일에 집중할 수 있다는 죄책감을 경험해보지 않은 사람이 있겠는가? 그러나 더 어려운 일을 떠맡지 않으려고 종종 쓸데없는 일을 만들어내는 경우에도 죄책감을 느낀다. 그래도 자신을 대체할 사람이 없다고 생각하거나 미리 해결하지 못한 것이 자신의 잘못이라 생각하여, 화급한 일이 있을 때 휴가를 미루거나 아예 포기하는 양심적인 사람도 있다. 미완성은 언제나 실패로 여겨진다. 우리 자식들이 성인이 될 즈음, 우리 중 누가 부모의 역할을 완벽하게 해냈다고 양심에 부끄럽지 않게 말할 수 있겠는가?

성경은 하나님이 창조를 시작하고 여섯째 날 저녁에 일을 끝냈다고 말한다(창 2:1). 미완성의 고통은 인간 조건의 고통이다. 따라서 우리는 절대적인 것, 즉 무한한 것과 우리가 안팎에서 필연적으로 부딪히는 한계 사이에서 고뇌하며, 이런 영원한 고통을 껴안고 살아간다. 죽는 순간까지 점점 죄어드는 삶의 한계에서 벗어나려는 인간의 절박한 욕망을 간파한 까닭에, 창세기 3장 5절에서 뱀이 "너희가 하나님같이 될 것이다"라고 유혹한 것이다.

사도 바울이 말한 것처럼 예수가 자신의 신성神性을 이용해서 인간의 고통에서 벗어나지 않았다는 게 사실이라면, 예수도 이런 고통을 경험했다(빌 2:6-7). 겟세마네 동산에서 제자들과 대화할 때는 죽음을 앞두고 불안감에 사로잡혔다. 정확히 알아차리기 힘든 하나님의 뜻을 알아내려는 막연한 시도도 있었다. 그러나 미완성의 비극도 있었다. 예수는 세상을 구원하려고 자신을 이 땅에 보낸 하나님의 부름에 응답하고 목회를 시작했다. 처음에 예수의 목회는 굉장한 반응을 불러일으켰다. 기적이 연속되자 갈릴리 사람들이 열광했다. 예수는 민중을 선동하는 행동주의의 유혹을 이겨냈지만, 그의 소명이 미완성으로 끝날 조짐이 점점 뚜렷해졌다. 이 땅을 떠나기 수개월 전부터 십자가가 그의 마음에 아련히 떠올랐다.

예수가 유대교 지도자들에게 자신의 뜻을 제대로 전달하지 못했던 것이 최악의 결과를 초래한 것은 아니었다. 예수와 가장 가까웠던 제자들도 그 시간에 바로 옆에서 잠들어 있었다. 예수는 이별을 앞둔 저녁을 그들과 함께 보내려고 그곳에 갔었는데! 하지만 제자들의 질문에서 그들도 제대로 이해하지 못하고 있었다는 게 입증된다. 예수는 빌립에게 "빌립아 내가 이렇게 오래 너희와 함께 있으되 네가 나를 알지 못하느냐?"

라고 말하지 않았던가. 예수는 조만간 그들과 헤어져야 했다. 예수는 자신의 일을 완수하지 못했다. 그 최후의 대화에서, 우리는 예수가 그 때문에 얼마나 가슴 아팠을지 충분히 상상할 수 있다. 예수는 제자들에게 평화와 위안에 대해서, 언젠가 그들을 다시 만나려고 돌아오겠다고 말했다. 그러나 예수가 그들에게 예견한 끔찍한 비극을 그 순간에 자신이 직접 보고 있었다. 몇 시간 후에는 십자가에 못 박힌 채 어머니를 내려다보고, 그가 사랑했던 제자 요한이 어머니 옆에 서 있는 모습을 보게 될 운명이었다. 그의 희생에 어머니와 요한은 깊은 슬픔에 빠질 것을 알고, 예수는 어머니에게 "어머니, 이 사람이 어머니의 아들입니다"라고 말했고, 뒤이어 요한에게는 "자, 이분이 네 어머니시다"라고 말했다(요 19:25-26).

그렇다, 미완성을 수용하기는 무척 힘들다. 이 문제는 우리가 여기에서 다루는 두 문제, 즉 은퇴와 노년의 문제 및 죽음의 문제와 밀접한 관계가 있다. 내가 앞에서 말했듯이, 융이 정확히 지적한 중년기의 전환점도 많은 사람이 회피하려 애쓴다. 또한 삶의 단계에서 어김없이 나타나는 일상의 작은 포기들도 젊은 시절에는 나중에 보충할 수 있으리란 생각에 그다지 중요하게 생각하지 않는다. 그러나 우리는 철학자들이 유한성finitude이라 칭한 것, 즉 인간의 가능성은 모든 면에서 제한되어 있다는 걸 불현듯 혹은 조금씩 깨닫기 마련이다. 요컨대 우리는 자신의 유한성을 자각하게 된다.

노년을 원만하게 지내는 사람도 있지만, 힘겹게 지내는 사람도 있다. 그러나 미완성에서 비롯되는 고통은 보편적이고 모두에게 똑같이 나타난다. 의식하든 않든 간에 어린 시절부터 인간은 유한성을 경험한다. 인간의 반항심을 자극하기에 적합한 현실인 셈이다. 그럼에도 불구하고 인간은 기꺼이 혹은 마지못해 현실을 받아들이거나, 아니면 행동이나 꿈에서 현실을 거부한다. 삶의 각 단계에 어떤 마음가짐을 선택하느냐에 따라 반응이 결정된다. 마지막 단계, 즉 죽음의 단계는 삶 전체에 내재된 문제를 가장 강렬하게 보여주는 모습일 뿐이다.

모든 것을 수용해야 하는가?

삶의 본질적인 특징은 무한한 가능성이라 할 수 있다. 삶이 대를 이어 끊임없이 계속되기 때문에만 이렇게 생각하는 것은 아니다. 프랑스 생물학자이자 외과의사였던 알렉시 카렐의 실험에서 밝혀졌듯이, 생체 밖에서도 적절한 조건이 갖추어지면 살아 있는 세포는 죽지 않는다. 따라서 몸의 세포가 죽기 때문에 우리가 죽는 것은 아니다. 폴 쇼샤르 교수는 "죽음이 우리 세포에게 치명적인 이유는 세포가 전체의 일부에 불과하기 때문"이라고 말했다.[11] 몸이 조금씩 쇠약해져가는 현상이 노인을 괴롭히지만, 이는 죽음의 원인이 아니라, 그가 죽음을 향해 다가가고 있다는 징후에 불과하다.

르네 샤레르는 "인간적인 현실은 존재하지 않는다. 인간적 현실은 만들어지고 창조되는 것이다. … 미완성은 우리 존재의 일부이다. 산다는 것은 끊임없이 변하는 것이다. 죽음을 향해 변하는 것이다"라고 말했다.[12] 은퇴라는 위기, 혹은 환자가 자신의 질병이 치료되지 않는다는 걸 깨달았을 때 경험하는 위기는 자신의 유한성에 대한 뒤늦은 깨달음이다. 어쩌면 나는 고아였기 때문에 다른 사람들보다 일찍 이런 유한성을 깨달았는지도 모르겠다. 어린 시절부터 나는 유한성에 갇힌 세계에서 살았다. 나는 그 세계에서 가능한 모든 것에 관심을 가졌고, 지금도 모든 것에 열정적으로 관심을 쏟는다. 그러나 이런 관심과 이 땅에 존재하는 것, 심지어 가장 소중하게 생각되는 것에 대한 애착 사이에 괴리가 존재한다는 걸 항상 느꼈다. 나는 일부러 나 자신을, "땅에서는 외국인과 나그네"라고 우리에게 말했던 사도와 동일시한다(히 11:13). 아내는 내 사랑을 의심하지 않지만, 내가 이 성경 구절을 언급하면 때때로 거북한 표정을 지어 보인다.

원하든 원하지 않든 간에, 이런 것이 인간 조건이며, 이런 조건을 누구도 쉽게 받아들이지 않는다. 하지만 받아들여라! 나는 강연자와 작가로서의 이력을 수용이란 문제로 시작했다. 많은 사람이 삶의 현실을 거부하고, 그런 거부가 그들의 정신적이고 신체적인 건강을 해치는 걸 보고 큰 충격을 받았기 때문이다. 현실을 거부하는 반항심은 더욱 고통을 악화시키는 반면에, 삶의 현실을 수용하면 훨씬 편안해져서 환자의 치유에도 도움이 된다는 걸 확인했다. 삶과 연령, 몸과 성별을 받아들여라. 부모와 배우자와 자식을 있는 그대로 받아들여라. 시련과 질병, 쇠약해지는 몸, 사랑하는 사람의 죽음을 받아들여라. 자신을 받아들여라. 자신의 고유한 성격, 실패와 실수를 인정하고 받아들여라. 이런 모든 것으로 나는 첫 책을 채웠다.

한 친구가 그 책에 멋진 서평을 써주었지만, 글을 끝내면서 조심스레 제기한 질문에 나는 당혹스러웠다. "정말 모든 것을 수용해야 할까? 힘겨운 멍에를 깨뜨리려는 마음조차 먹지 못하는 무기력한 사람이 많지 않을까?" 나는 '정확한 지적'이라 생각했다. 프랑스 작가 알베르 카뮈의 《반항하는 인간》에서 깊은 인상을 받아 자주 인용하기도 했다.[13] 그 책에서 카뮈는 인간은 반항으로 자신의 위대함을 드러낸다는 걸 보여주었다. 내 조국, 자유를 사랑하는 스위스는 외세의 폭정에 대한 연방 세력의 반항으로부터 탄생하지 않았던가? 또 그런 반항은 빌헬름 텔의 전설이 상징적으로 보여주지 않는가? 그렇다면 나는 어떻게 말해야 할까? 인간은 현명한 수용과 반항으로 자신의 위대함을 드러낸다고 말해야 할까? 말도 되지 않는 소리일 것이다. 그래도 때로는 반항에도 현명함이 있고, 수용에도 위대함이 있지 않을까? 하지만 합리적인 반항과 유익한 수용 사이의 경계는 어디일까?

30년 전부터 나는 이런 의문을 막연히 마음에 담고 있었지만 아무런 해답을 얻지 못했다. 그런데 출판사도 내게 이 책을 써달라고 부탁할 때 모든 차원에서 이 의문을 다시 검토해달라고 요구했다. 사람들이 현실의 삶을 수용하는 걸 도움으로써 그들을 돕는 것도 중요하지만, 그들이 은퇴와 쇠약, 노화와 죽음을 수용하는 걸 도움으로써 그들을 돕는 것도 중요하기 때문이다. 나는 의사로 일한 까닭에 많은 고통을 눈앞에서 지켜봐야 했다. 반항이 무익할 수 있다는 것도 숱하게 보았지만, 타협도 반항과 마찬가지로 무익한 경우도 적잖게 보았다. 인간은 온갖 제약에 맞서 끊임없이 싸워야 한다. 나는 툭하면 수용하라고 말하지만, 원체 반항적인 사람이다. 이런 모순을 해결할 수 있는 실마리를 찾아낼 수 있을까?

이 의문에 대한 대답을 난 신중하고 조심스레 제시할 수밖에 없다. 그 대답은 지나치게 단순화될 수밖에 없지만 우리 삶은 복잡해서 단순한 도식을 항상 넘어서기 때문이다. 하지만 나는 내 생각을 분명히 말해야 한다. 나를 화나게 하는 것은 인간들에 의해 가해지는 제약과 불공정함이다. 반면에 자연은 한없이 존경하고 존중한다. 노인들이 겪는 고통들 중에는 인간으로부터 비롯되는 것이 많다. 편견과 경멸, 애정 결핍, 사회가 조직되는 방식과 그 속에 내재된 불공평 등이 대표적인 예이다. 이런 제약들에 반발하며 나는 혼신을 다해 싸운다. 물론 자연에서 비롯되는 제약도 있지만, 자연의 법칙에 맞서 싸우면 새로운 고통만 더해질 뿐이다.

　물론 자연재앙과 천재지변, 때 이른 죽음과 쇠락을 야기하는 전염병과 가난, 굶주림과 질병에 맞서 싸우고 예측하는 걸 포기해서는 안 된다. 인류는 이런 부분들에서 이미 커다란 승리를 거두었고, 특히 나는 의학의 발전을 무척 반갑게 생각한다. 그러나 인간이 온갖 불행과의 투쟁에서 강력한 힘을 발휘할수록, 극복할 수 없는 것으로 남는 불행은 더욱 견디기 힘들어진다는 걸 깨달아야 한다. 이런 이유에서 노년과 죽음에 대한 두려움은 동아시아보다 서양 사회에서 더 크다. 똑같은 이유에서, 의사는 때때로 환자를 죽음에서 구해냈다는 즐거움을 맛보기 때문에 환자의 죽음을 누구보다 힘겹게 받아들인다.

　따라서 앞에서 나는 자연이 가져오는 재앙에 굴복하라고 말한 것이 아니다. 과학의 눈부신 발전으로 우리가 잊어버린 자연 법칙에 순순히 따르자고 말한 것이다. 현대 과학이 비약적으로 발전했을 때, 베이컨은 "자연에 순종할 때만 자연을 지배할 수 있다"라고 말하지 않았던가. 핵에너지를 사용하고 우주를 여행할 정도로 과학이 거둔 모든 승리, 또 의학에서 거둔 승리는 이처럼 자연 앞에서 겸손한 태도를 유지한 결과이다. 자연은 예나 지금이나 두 방향에서 우리 인간의 주인이다. 즉, 자연은 우리에게 많은 것을 가르쳐주는 동시에 우리를 지배한다. 우리는 발전하는 데 필요한 모든 것을 자연으로부터 배운다. 또 자연은 우리의 발전과 욕망에 엄격하게 한계를 긋는다.

태어나서 자라고 원숙해지고 쇠약해져서 죽는 것이 자연 법칙이라는 걸 누가 부인할 수 있겠는가? 달리 말하면, 우리는 노년에 순종할 때만 노년을 지배할 수 있다.

수용, 대체 무슨 뜻일까?

이쯤에서 30년 전부터 내 머릿속을 맴돌던 또 하나의 의문, "수용한다는 게 대체 무슨 뜻일까?"라는 의문이 자연스레 제기된다. 첫 번째 의문 못지않게 까다로운 의문이다. 한 사회학자가 양로원에 있는 노인들을 대상으로 '은퇴와 노년을 받아들이십니까?'라고 물었다.[14] 대답은 민망스러울 정도였다. 모든 대답이 "어쩔 수 없지!"라는 한 사람의 대답으로 요약될 수 있었다. 이런 태도는 수용이 아니다. 체념이고 무기력이며 포기이다. 수용한다는 것은 '좋다'라고 말하는 것이기 때문에 수용이란 단어만큼 긍정적인 단어는 없다. 그런데 많은 사람이 이 단어를 부정적으로 생각한다.

다른 단어를 사용할 수도 있다. 한 젊은 여성은 나에게 '동의consentement'라는 단어가 더 좋겠다고 제안했다. '감수résignation'라는 단어를 제안한 사람도 있었다. 그러나 이런 단어들도 모호하기는 마찬가지이다. 단어에 뚜렷한 경계는 없다. 심리학에서는 항상 그렇듯이, 중요한 것은 동기이다. 다른 선택이 없기 때문에 수용하는 것은 부정적인 동기에 따르는 것이다. 결국, 부정적인 마음에서 비롯된 수용이다.

환자를 부정적인 동기로 조건화된 상황에서 끌어내서, 자유롭게 자율적으로 긍정적 선택을 하도록 유도하는 심리치료에는 오랜 시간이 걸린다. 심리치료는 마지막 순간에 포기하며 소극적인 체념을 권하지 않는다. 자유는 밖에 있는 게 아니라 내면에 있다. 자유는 마음에 있어야지, 그렇지 않으면 자유는 존재하지 않는다. 누구도 외적인 제약으로부터 자유로울 수 없다. 그러나 인간은 모든 것을 빼앗긴 최악의 상황에서도 자유로울 수 있다. 이런 내면의 자유를 지키는 비밀은 자신의 운명을 수긍하는 것이다. 이것이 프로이트의 생각이다. 프랑스 철학자 폴 리쾨르는 "프로이트에게서는 모든 것이, 필연적인 것에 대한 능동적이고 개인적인 진정한 체념이야말로 삶의 커다란 과제라는 걸 인정하도록 한다"라고 말했다.[15] 프로이트는 마지막 16년 동안 무려 33번의 외과 수술을 받았지만, 세상을 떠나는 순간까지 이런 마음가짐을 유지했다.

수용한다는 것은 삶 전체에 긍정적으로 응답하는 것이다. 어린아이가 어머니의 치맛자락을 떠나지 못하면, 청소년이 되어서도 자율적으로 생각하고 행동하지 못하면 신경증을 의심해봐야 하는 것처럼, 이 아이가 성인이 된 후에도 성인으로 책임을 다하지 못하면 신경증에 걸린 것이다. 신경증은 변화에 적응하지 못하는 현상과 관계가 있기 때문이다. 늙는 걸 수용하지 못하는 성인이나, 자신이 늙었다는 걸 수용하지 못하거나 '어쩔 수 없기 때문에' 마지못해 인정하는 노인은 변하지 못하고 삶의 흐름을 역행하는 똑같은 어려움을 겪는 사람이다.

삶은 한 방향으로 진행되고, 삶의 법칙은 모두에게 똑같이 적용된다. 삶은 언제나 앞을 향해 나아갈 뿐이다. 정상적인 삶은 뒤로 돌아가지도 않고, 훌쩍 건너뛰지도 않고 조화롭게 흘러간다. 그렇다고 내가 젊은 사람들에게 자신들의 문제도 아닌 노년을 깊이 생각해보라고 요구하는 것은 아니다. 다만, 현재의 젊은 시절을 진정으로 살아가라고 요구할 뿐이다. 우리는 삶을 살아가는 과정 내내 긍정적인 태도로, 다시 말하면 삶의 각 단계를 충만하게 살아가며 노년을 준비해야 한다. 자신의 일에 소극적인 사람은 여가활동에서도 소극적이고, 은퇴후의 삶에서도 소극적이라는 것은 프랑스 사회학자, 미셸 크로지에의 연구에서도 확인되었다.[16]

쇠약해져가는 자신을 수용하지 못하는 무뚝뚝한 노인들을 면밀히 관찰해보라. 그런 노인들은 은퇴하기 전에도 자신의 역동적인 삶을 기분 좋게 받아들이지 못했을 것이다. 그들은 자신에게 맡겨진 일과 책임에 불만을 늘어놓기 일쑤였을 것이고, 어린 시절까지도 수용하지 못하고 아쉬워했을 것이다. 하지만 삶이 노인에게 요구하는 동의는 노인에게만 적용되는 예외적인 법칙이 아니라 보편적인 법칙이다. 이 땅에서 살아가는 동안 긍정적인 마음으로 대답하는 '좋다'는 어린 시절과 청소년 시절, 성인으로 살아갈 때와 노년에도 계속되고 죽음을 맞는 순간까지 이어지는 '좋다'여야 한다. 이렇게 삶을 채워갈 때 살아가기가 더 쉽다. 그래서 성경도 "천수를 누린"(창 25:8) 까닭에 평안하게 죽어간 족장들에 대해 말하고 있는 게 아니겠는가.

나이보다 무척 젊어 보이는 한 여인의 예를 들어보겠다. 철도청이 노령자에게 제공하는 반액 할인카드를 신청할 나이가 되었지만, 그녀는 그런 권리를 원하지 않는다. 기차에서 그런 카드를 보여주는 것보다 온전한 값을 치르고 싶어 한다. 아직 젊었다는 걸 과시하고 싶어 그렇게 행동하는 게 아니다. 무척 수줍어하는 성격 때문이다. 그녀는 한 번도 자기 의견을 확실하게 내세운 적이 없었고 항상 위축되어 살았다. 다른 사람들처럼 한 번도 제대로 돛을 펼쳐본 적이 없었지만, 어느새 돛을 졸라매야 할 나이가 되었다. 나는 그녀를 이해한다. 따라서 그녀에게 다가오는 황혼기를 받아들이라고 충고하기보다는, 지금이라도 뒤늦게 작은 결실을 맺기 위해서 수줍음에 힘껏 맞서 싸우라고 충고한다.

내 기억이 맞다면, 나는 어떤 환자에게도 "받아들이십시오"라고 말한 적이 없다. 노년이든 우리 운명이나 다름없는 다른 자연적 현상이든 어떤 것도 받아들이라고 충고한 적이 없다. 누군가에게 수용하라고 충고하는 것은 결국 훈계하는 것이고, 미숙한 어린 시절을 제외하면 그런 훈련은 효과보다 부작용이 더 크다. 요즘 사회복지사로 일하는 옛 환자 하나는 한 맹인 노파에게서 이런 말을 들었다고 내게 전해주었다. "원하는 걸 갖지 못하면 지금 갖고 있는 걸 좋아해야 합니다." 늙은 장애인이 한 이런 말이 인상적이고 감동적이긴 하되, 건강한 사람이 장애인에게 장애를 받아들이라고 충고하고자 그렇게 말한다면 불쾌한 헛소리로 들릴 것이다.

시력을 상실한 슬픔에 싸인 노인에게 많은 사람이 "아직 귀는 밝지 않습니까"라고 위로한다. 아내를 잃은 후로 외로움에 시달리는 노인에게는 "하지만 자식들과 좋은 친구들이 있지 않습니까"라고 말한다. 이런 말들은 이로움보다 해로움이 더 크다. 어떤 이점이 있다고 해서 고통이 지워지는 건 아니다. 어제 만난 한 여환자는 내게 "어떤 것을 대신할 수 있는 건 어디에도 없습니다"라고 말했다. 수용과 체념을 가르치는 도덕주의자들의 조언을 거부하라는 시몬 드 보부아르의 지적이 내 생각에는 옳다.[17] 나는 의사로 일하면서 분명히 깨달았다. 의사의 역할은 자연을 돕는 것이다. 요컨대 의사의 역할은 왜 어떤 노인은 노년을 받아들이는 걸 유난히 힘들어하는지 알아내는 것이다. 우연히 그렇게 힘겨워하는 것은 아니다. 분명히 어떤 장애물이 있다. 삶의 조화로운 변화를 방해하는 장애물을 걷어내야 한다. 그것이 의사의 역할이다.

시몬 드 보부아르가 노년을 다룬 책을 읽으면서 이 문제를 줄곧 생각해보았다. 보부아르는 작가와 학자, 예술가와 정치인

등 자신들을 화나게 하는 고통보다는 본래의 반항심 때문에 말년을 힘들게 보낸 유명인들의 속내를 자주 인용했다. 물론 예외적인 경우도 언급되지만 전반적으로는 상당히 음울하다. 그런데 그녀가 언급한 사람들은 한결같이 눈부신 성공을 거두고 상당히 존경받던 특권자들이었다. 따라서 수용에는 사회적인 외적인 장애물만이 아니라 내적인 심리적 장애물도 있는 게 분명하다.

나는 인간의 허영심이 극명하게 드러나는 샤토브리앙이나 라마르틴의 사례처럼 극적인 사례를 인용하고 싶지는 않다. 많은 것을 생각하게 해주는 짤막한 말, 지혜로 넘쳤던 진정한 사색가, 프랑스 시인 폴 발레리가 남긴 말을 인용해보려 한다. 보부아르의 책에 따르면, "늙는 게 소름끼친다"라고 말한 폴 레오토에게 발레리는 "나한테 그런 말은 하지 마십시오. 나는 면도할 때가 아니면 거울을 쳐다보지도 않습니다"라고 대꾸했다.[18] 나는 많은 젊은 신경증 환자, 특히 자신의 몸을 인정하지 못해서 거울을 보는 걸 두려워하는 많은 환자를 진료해보았다. 그러나 발레리는 그런 환자들과는 엄연히 달랐다. 발레리는 세상과 인간, 물론 그 자신까지 꿰뚫어보는 사람이었다. 그런데 그의 시선이 돌연 딴 데로 옮겨졌다. 그도 자신의 노년을 직시하는 걸 견딜 수 없었던 것이다.

그럼 왜 많은 사람이 늙는 걸 인정하지 못하는 걸까? 어떻게 하면 그런 분한 마음을 이겨낼 수 있을까? 앞에서 인용한 CNRO(공공건설노동자를 위한 퇴직기금)의 조사에서 나온 "어쩔 수 없지!"라는 대답은 이런 의문을 푸는 올바른 해결책이 아니다.[19] 이런 대답에 담긴 부정적이고 소극적인 동기는 수용이라기보다 저항에 가깝다. 그럼, 긍정적이고 능동적이고 유익한 동기를 찾아낼 수 있을까? 내 생각에는 가능하다. 모두의 깊은 내면에서 확인되는 실존적인 강력한 욕구, 즉 본래의 자신을 되찾고 그런 자신과 조화롭게 지내려는 욕구에는 그런 긍정적인 동기가 감춰져 있다.

젊었을 때는 노인인 척해보고, 늙어서는 젊은 사람처럼 행동해보라. 결혼한 후에는 독신인 것처럼 행동하고, 여자라면 남자처럼 행동해보라. 밉디미운 아버지를 사랑하는 척하고, 용기가 없으면 용기 있는 척해보라. 이렇게 행동할 때마다 엄청나게 불편하고 거북할 것이다. 자신과 맞지 않고, 자신의 참모습과 충돌하는 거북함을 견디기 힘들 것이다. 인간의 마음에는 억누를 수 있지만 결코 없애버릴 수는 없는 자신의 참모습을 향한 욕구가 있다.

의사로 일한 개인적인 경험 덕분에 나는 인간의 참모습을 향한 욕구가 무척 크다는 걸 알게 되었다. 진료실에서 얼굴을 맞대고 대화를 나누는 과정에서 환자가 결정적인 순간을 맞이하는 경우가 있다. 누구에게도 말하지 못했던 기억이 불현듯 머릿속에 떠오른다. 환자는 망설이며 입을 다물지만, 불안해하며 커다란 번민에 휩싸인다. 결국 그는 "저에 대해 어떻게 생각하실지 모르겠습니다"라고 웅얼거리며, 더 이상 견디지 못하고 그 비밀을 털어놓기 시작한다. 하나의 강렬한 감정, 즉 진실을 공유하는 감정이 우리 둘을 하나로 이어준다. 그는 내 눈을 똑바로 쳐다보며 "진실을 말하고 나니 정말 속이 시원합니다!"라고 말한다. 나는 그의 그런 생각을 이해하고 "용기 있게 진실을 말하는 사람이야말로 진정으로 위대한 사람일 겁니다"라고 답한다. 어쩌면 그 환자는 전에는 많은 진실을 나에게 말했을지 모른다. 하지만 당시에 그는 지금과 같은 감정을 느끼지 못했다. 이제 그는 다시 태어난 것 같다. 누구에게나 하나쯤은 진실이 있다. 그러나 어떤 진실이나 절대적인 면을 띤다.

우리는 진실을 만날 때의 감정을 모든 분야에서 경험할 수 있다. 데카르트가 자신의 철학 원리를 어렴풋이 깨달았을 때 충격적으로 다가왔던 감정, 파스칼이 어느 날 밤하늘을 수놓은 무수한 별들을 보고 "무한한 공간의 영원한 침묵이 나를 두렵게 한다"라고 말했을 때의 감정, 지구가 회전한다는 걸 증명해냈을 때 갈릴레오가 느꼈던 감정, 아리스토텔레스의 철학을 이용하면 그리스도교 사상을 논리정연하게 설명할 수 있다는 걸 깨달았을 때 토마스 아퀴나스가 느꼈던 감정, 루터가 믿음으로 자신의 무죄를 증명할 수 있다고 확신했을 때의 감정이 바로 그러한 감정이었을 것이다. 미켈란젤로, 아인슈타인, 키르케고르 등, 진실을 추구한 모든 개척자들이 이런 감정을 경험했을 것이다.

그러나 진실은 항상 우리를 두렵게 한다. 이지적이고 객관적인 영역에서는 진실로 여겨지는 것에 의문을 제기하고 전통적인 생각이라는 안전망을 상실하는 게 두렵다. 발레리가 거울을 피하던 시선을 상상해보라. 나의 진실한 모습을 직시하는 것도 두렵다. 과학자, 철학자, 예술가, 신학자는 진실을 추구하는 데 평생을 바친다. 하지만 이런 사람조차 노년을 수용하지 못하는 이유가 무엇일까? 진실을 추구하려는 열정에도 불구하고 진실을 온전히 반기지 않기 때문이다. 인간은 진실을 추구하지만 진실을 회피한다. 그렇다! 인간은 진실을 회피하지만 끊임없이 진실을 추구하기도 한다. 우리는 오직 우리를 꼼짝 못하게 매혹하는 것들로부터만 도망치려 한다. 사람이 살기 위해서는 진실이 필요하다. 진실을 향한 사랑이 자신과 온전한 하나가 되는 지름길이다.

특히 내면의 진실이 중요하다. 객관적이고 이지적인 외적인 진실은 우리 행동에 큰 영향을 미치지 않는다. 우리 행동을 결정하는 것은, 우리가 자신을 바라보는 투명성의 정도이다. 다시 말하면, 우리 자신의 내면과 얼마나 일치하느냐에 따라 우리 행동이 달라진다. 이지적인 진실은 상대적으로 안정적이어서, 독창적인 사색가만이 가끔 이지적인 진실에 의문을 제기하는 정도이다. 그러나 우리 내면의 진실은 불안정하고 변덕스럽다. 게다가 끊임없이 재조정을 요구한다. 우리 자신이 변하고, 우리 경험을 우리 내면에 통합하기 때문이다. 또한 우리가 늙어가기 때문이기도 하다. "예전과 달라지지 않기 위해서 변해야 한다."

산다는 것은 늙어간다는 것이다. 어떤 연령에서나 똑같이 적용되는 말이다. 우리 부부는 며칠 전 독일에서 사는 친구 부부를 방문했다. 그들은 정신분석학자이며 신학자인 루돌프 아페만 박사와 그의 부인도 초대했다.[20] 우리는 주제에 구애받지 않고 자유롭게 대화를 나누었다. 그런데 아페만 부인이 느닷없이 우리에게 "아 참! 첫아이가 태어났을 때 받았던 충격이 생각나네요. 그때 난 아주 어렸어요. 스무 살도 안 됐으니까요. 그런데 내가 한 세대를 훌쩍 건너뛰었다는 걸 깨달았어요. 나보다 어린 세대가 있다는 걸 말이에요"라고 말했다. 가족 중 앞 세대를 대표하는 마지막 사람이 죽을 때도 우리는 비슷한 충격을 받을 수 있다. 시몬 드 보부아르도 "쉰 살이었을 때 한 미국인 여학생에게 친구가 '여하튼 시몬 드 보부아르, 그 아줌마도 이젠 노인이야!'라고 말했다는 걸 전해 듣고 나는 소스라치게 놀랐다"고 고백했다.[21]

이처럼 뜻밖의 사고나 징후를 통해서만 우리는 조금씩 늙어왔다는 걸 불현듯 깨닫는다. 흰머리를 한두 개쯤은 뽑을 수 있다. 자신까지 속이지 않는 한 당연한 행위라 할 수 있다. 자신과 하나가 되는 데는 겉모습보다 내적인 자의식이 더 큰 영향을 미치기 때문이다. 인위적인 책략과 현실 사이의 괴리가 점점 깊어지고 넓어지는 길에 조금씩 빠져들어 다시 바로잡기 힘들 정도가 되면 위험하다. 아예 일찍 늙어버리는 터무니없는 방법을 써서 조금씩 늙어가는 서러운 감정을 피할 수는 있다. 늙었다고 자기 입으로 말하면, 듣기 좋고 기분까지 좋아지는 항의를 들을 수 있지 않겠는가. 또 실제로 한 부인은 20여 년 전부터 정성껏 장식한 작은 상자들에 상속자들의 이름을 써두고 개인적인 보물을 분류해두고 있다. 그녀는 그렇게 분류한 상자들을 사람들에게 보여주는 걸 좋아한다.

따라서 마르셀 주앙도가 말했듯이, "실제 나이, 겉으로 보이는 나이, 자신에게 부여한 나이" 사이에는 약간의 긴장감이 언제나 필연적으로 존재하는 법이다.[22] 실제 나이보다 젊다고 느끼는 사람도 이런 걱정에서 벗어나지 못할 수 있다. 앙드레 지드는 내 나이쯤 쓴 일기에서 "나는 내 나이를 의식해본 적이 거의 없다. 내가 매일 '불쌍한 노인, 자네는 벌써 일흔셋을 넘겼어'라고 반복해서 말한다면 내가 그렇다는 걸 확신하는 꼴이 아닌가"라고 썼다.[23] 그런데 왜 지드는 '불쌍한 노인'에게 말하듯이 자신에게 말하는 걸까? 지드는 일흔셋이란 나이로 인해 고통받지는 않았더라도 그 나이를 불행이라 생각했을 것이다. 나는 내 나이를 인정하고, 이런 나이를 불행이라 생각하지 않는다는 점에서 지드보다 운이 더 좋은 셈이다.

하지만 지드의 말은 지드가 자신의 나이를 받아들이며 자신이 처한 현실을 받아들이고 싶어 했던 마음을 설득력 있게 보여준다. 지드는 '매일' 자신의 나이를 혼잣말로 되뇌었다. 이처럼 진정한 자신과 하나가 되고 조화를 이루려는 욕망에서 지드의 특징이 분명하게 드러난다. 지드는 평생 진지하게 자신의 참모습을 추구하지 않았던가. 그런데 내 생각에는 이런 욕망이 요즘의 젊은이들에게서도 무척 뚜렷하게 확인되는 듯하다. 또한 노인의 경우에도 자신이 늙었다는 현실을 인정하고 받아들이는 데는 이런 욕망이 가장 필요한 듯하다.

긍정적인 수용

두 가지 방법, 즉 부정적인 방법과 긍정적인 방법으로 표현되어 나타나는 인간의 본질적 현상이 있다. 부정적인 것으로는 나와 나 자신 간의 불일치, 즉 내가 겉으로 꾸미려는 모습과 참모습 간의 불일치에서 비롯되는 불안감이 있다. 긍정적인 것으로는 내가 나를 있는 그대로 표현함으로써, 즉 나를 현실에 재조정함으로써 얻는 커다란 즐거움이 있다. 예컨대 내 진료실에서 환자가 마음의 문을 열면, 앞에서 언급한 대로 진실을 만나는 감정을 공유하는 즐거움을 나누게 된다.

반응에도 두 가지, 즉 부정적인 반응과 긍정적인 반응이 있다. "어쩔 수 없지!"라고 대답한 CNRO의 은퇴자들의 반응은 부정적인 사례이고,[24] 긍정적인 반응은 진실을 향한 사랑, 진실을 향한 열정이다. 물론 긍정적인 반응이 부정적인 반응보다 더 효과적이다. 긍정적이란 것은 결국 자유롭다는 뜻이기 때문이다. 내가 이런 현상을 본질적으로 인간적이라 말한 이유는, 동물은 자유롭지 않기 때문이다. 동물은 언제나 필연적으로 자신의 참모습과 일치한다. 하지만 인간은 참모습과 일치할 수도 있고 그렇지 않을 수도 있다는 점에서 자유롭다. 다시 말하면, 진실을 추구할 수도 있고 착각에 빠져 지낼 수도 있다. 수용한다는 것은 현실을 선택한다는 뜻이고, 현실과 환상 중 하나를 자유롭게 선택한다는 뜻이다. 현실은 하나인 반면에 환상은 여럿이다. 따라서 현실을 수용해야 자신의 삶과 하나가 된다.

노화는 우리가 자유롭게 선택할 수 있는 게 아니라 자연이 우리에게 강요하는 것이라고 반박할 사람도 있을 것이다. 이런 반박은 언젠가 내가 독신으로 살아가는 여성에 대해서 썼던 글을 떠오르게 한다. 나는 어딘가에서, 독신의 삶을 받아들이고 있다는 것은 독신의 삶을 선택한 것이라고 썼다. 하지만 독신의 삶으로 고통받아 그런 삶을 받아들이지 못하는 여성은 결코 그렇지 않다고 반박하며 "내가 독신의 삶을 선택한 게 아니에요! 수녀는 자유의지로 서원하며 독신의 삶을 선택했겠지만 나는 그렇지 않아요!"라고 외친다.

맞는 말이다. 하지만 아직 이루지 못한 장래의 꿈, 즉 남편과 함께하는 삶을 지나치게 장밋빛으로 꿈꾸기 때문에 현실과 허구 사이의 괴리가 더욱 깊어지고, 그녀는 독신의 삶에서 더욱 고통받는 것이다. 내가 그녀에게, 또 노인에게 조언할 게 있다면, 현실을 선택하라는 것이다. 자신에게 주어진 현실을 충만하게 살고, 그리하여 자신과 하나가 되도록 재조정하기 위해서라도 현실을 선택해야 한다. 이 말을 훈계라고 생각하지 마라. 그저 자연 법칙에 따르자는 것이다. 우리를 덮치는 모든 시련도 마찬가지이다. 우리가 모든 시련을 선택하는 것은 아니다. 그러나 시련을 받아들임으로써 우리는 시련을 이겨낼 수 있다. 그럼 삶은 어떨까? 우리가 삶을 선택한 것은 아니다. 그러나 진정으로 살기 위해서, 식물처럼 무기력하게 살지 않기 위해서 확신을 갖고 삶에 '좋다!'라고 말할 수 있어야 한다. 신명기 30장 19절의 멋진 표현을 빌리면, "생명을 선택해야 한다."

그렇다고 내가 꿈과 몽상, 상상과 시詩를 비난하는 것일까? 결코 그렇지 않다. 꿈은 현실의 잠재태이다. 꿈은 모든 진정한 창조를 이끌어내는 경이로운 원천이다. 특히, 상상력을 발휘해서 장래의 현실을 만들어가는 어린아이에게는 더욱 그렇다. 성인의 경우에도 꿈은 행동과 밀접한 관계를 맺고, 행동을 끌어내는 강력한 원동력일 수 있다. 그러나 꿈은 자칫하면 현실과 동떨어지고, 현실을 회피하는 순전한 공상에 맴돌 위험이 있다. 특히 노년의 꿈은 위안거리에 불과할 수 있다. 노인에게 "당신이 아직도 유익한 사람이라는 환상"을 심어주려고 주변 사람들이 연극을 꾸미는 현상을 두고, 뒤르크하임은 주변 사람들의 공모라고도 말했다.[25]

따라서 우리는 이 땅에서 살아가는 동안 끊임없이 선택을 강요받는다. 현실에 맞설 것인가 회피할 것인가, 둘 중 하나를 선택해야 한다. 어려운 선택이어서, 단숨에 행해지지는 않는다. 선택을 강요받으면 항상 두 가지 반응 중 하나가 일어나게 된다. 첫째는, 우리에게 영향을 미치는 것에 대한 자연스럽고도 반드시 필요한 저항이다. 발레리처럼 시선을 돌리게 된다. 그러나 또 하나의 반응, 그러니까 수용이 있다. 수용은 우리 자신과의 타협이다. 저항은 우리가 처한 현실과 우리 자신을 더욱 떼어놓을 뿐이란 걸 깨달을 때에야 수용은 가능하다. 묵상을 통해 우리는 보고 싶지 않았거나 볼 수 없었던 것을 보고, 현실을 직시하며 현실을 받아들일 수 있다. 그렇지 않으면 끔찍한 악순환이 시작된다. 저항은 다른 저항을 불러일으키고, 허구가 더욱 공고해져 현실로의 복귀가 더더욱 어려워진다. 결국 노년의 시련이 더 이상 경우의 문제가 아니라 보편적인 문제가 되는 딜레마에 깊이 빠져든다.

물론 늙어간다는 걸 인정하는 게 쉽지는 않다. 누구라도 처음에는 늙어가는 걸 쉽게 수용하지는 못한다. 먼저 노화에 대한 저항감을 극복해야만 가능하다. 다른 사람, 예컨대 자신과 가깝고 사랑하는 사람의 노화도 받아들이기 어렵다. 자상하고 이해심이 한량없는 어머니가 늙어가는 모습을 쉽게 받아들일 수 있겠는가. 오히려 어머니가 옛날처럼 따뜻하고 가슴 뭉클한 반응을 보여주지 않는 까닭에, 내밀한 속내를 어머니에게 털어놓기가 망설여지기 시작할 것이다. 언제나 판단과 의견을 신뢰할 수 있었던 아버지가 늙어가는 걸 쉽게 수용할 수 있겠는가? 오히려 아버지에게 걱정을 끼치고 싶지 않거나, 아버지의 능력이 떨어졌다는 이유로 아버지에게 더 이상 조언을 구하지 않을 것이다. 또 옛날에는 나지막한 목소리로 얘기해도 충분했을 것을 이제는 큰소리로 얘기해야 알아듣는 친구가 늙어가는 모습을 쉽게 받아들일 수 있겠는가. 진부하고 무의미하며 공허한 낙관주의로 흘러가는 대화를 수용하기란 어렵다.

그렇다, 노화는 대부분의 사람에게 받아들이기 힘든 것이고, 유난히 힘들어하는 사람도 적지 않다. 하지만 정직하게 말할 수 있어야 한다. 이런 현실을 정면에서 맞닥뜨려야 한다. 시몬 드 보부아르는 자신의 책에서 노년의 문제를 용기 있게 파헤쳤다.[26] 그러나 결국에는 이 책이 던진 비관적인 인상을 지워내고 싶었던지 뜻밖의 결론을 내렸다. "노화는 인간이 겪는 필연적인 결말이 아니다. … 많은 동물이 퇴행 단계를 거치지 않고 번식한 후에 죽는다. 하루살이처럼." 게다가 보부아르는 사회의 철저한 변화를 꿈꾸기 시작하며 "그런 사회에서 노년은 존재하지 않을 것이다. 지금은 운 좋은 사람에게나 가능하지만, 그런 사회에서 우리는 나이가 들어 속으로는 약해지더라도 겉으로는 위축되어 보이지 않을 것이고 언젠가 이겨낼 수 없는 병에 걸리더라도 품위가 손상되는 아픔을 겪지 않고 세상을 떠날 것이다"라고 덧붙였다.

아, 보부아르 부인, 당신의 꿈은 평생 노인을 진료해온 의사에게는 경건한 유토피아인 듯합니다! 에릭 마르탱 교수도 1970년 10월 로잔에서 열린 노인학 연구발표회에서 이 점을 명확히 지적했다.[27] 마르탱은 이 구절을 언급하며, 노화는 모든 살아 있는 생명체가 "피할 수 없는 과정"이란 점을 상기시키며, "내가 오랫동안 키운 늙은 개는 다리를 절고 냄새를 제대로 맡지 못하며, 시력까지 떨어졌다"고 덧붙였다. 물론 노인의 운명은 나아져야 한다. 이를 위한 운동은 이미 시작되었고, 많은 의사와 심리학자, 사회학자와 법률가가 헌신적이고 열정적으로 그 운동에 몰두하고 있다. 노화는 인간 조건의 일부이기 때문에 앞으로도 피할 수 없는 무서운 시련이겠지만, 인간이 하루살이처럼 죽어가지는 않을 것이다.

노화는 어린 나이부터 시작되고, 신체기관과 개인에 따라 속도는 무척 다르지만 가차 없이 진행된다는 건 의학에서 입증되었다. 노화를 이겨내겠다는 헛된 희망을 품을 근거는 없다. 기껏해야 노화를 늦출 수 있을 뿐이다. 청춘을 되찾게 해준다는 유럽 전설에 나오는 신비의 샘, '청춘의 샘Fontaine de Jouvence'은 현실을 회피하려고 인간이 상상해낸 꿈에 불과하다. 여기에서 근본적인 문제가 제기된다. 퇴행은 확장이라는 삶의 원칙에 상반된 것으로 보이기 때문이다. 많은 노인에게 노년은 삶에서 겪는 커다란 고통이 아닌가? 나는 아직까지 노화에 따른 큰 불행을 겪은 적이 없다. 그렇다고 착각에 빠져 살지는 않는다. 죽음으로 그런 불행을 피할 수 없는 한, 앞으로 나는 상당한 불행을 겪게 될 거라는 걸 알고 있다.

그런 불행이 닥치면 나는 어떻게 반응할까? 누구도 시련이 닥치기 전까지 어떻게 반응할지 알 수 없다. 나는 자크 르클레르크 신부의 《나이 듦의 즐거움》에서, 고통스러운 상황에 직면해서도 행복하다고 말하는 노인들의 증언을 감동적으로 읽었다.[28] 나도 개인적으로 그런 노인을 적잖게 알고 있으며, 그런 노인을 만날 때마다 감탄한다. 그러나 내 눈에는 그들의 모습에서 신의 은총도 보인다. 그런 신의 은총이 나에게도 주어지기를 바라지만, 그런 모습은 누가 뭐라 해도 신의 은총인 게 분명하다. 물론 내 마음을 거북하게 만드는 책들도 많다. 지나치게 낙관적인 의견을 단호히 제시하는 책들이다. 노년의 장점을 과도하게 강조하며 노인들을 안심시키려는 선의로 그렇게 썼다는 건 충분히 이해한다.

여하튼 나는 여기에서 그들처럼 지나치게 낙관적인 방향을 취하지는 않을 생각이다. 내 개인적인 경험에 따르면, 내가 고통을 견뎌낼 수 있도록 진정한 도움을 준 사람들은 고통을 과소평가한 사람들이 아니라, 내 고통에 공감하며 나와 함께 모든 관점에서 그 고통을 분석하고 고통의 짐을 함께 짊어진 사람들이었다. 내가 의사로 활동하며 경험한 결과도 마찬가지이다. 의사로 일하는 동안, 나는 고통받는 환자들, 고통을 받아들이거나 현실을 수용하는 걸 힘겨워하는 환자들의 비밀스러운 얘기를 귀담아들었다. 그들의 고통을 조금도 의심하지 않고 그대로 인정하고 이해하려고 노력함으로써 그들에게 작은 도움이라도 줄 수 있었다.

노년은 의미를 지닐까?

모두가 노년을 두려워하는 건 사실이다. 따라서 노년을 아예 생각하지도 않고 거론조차 않으려고 애쓰는 사람들이 많다. 이런 이유에서 '노년'이란 단어를 사용하지 않으면서 노년을 교묘하게 거론하려고 '제3세대'라는 표현까지 만들어낸 것이 아니겠는가? 이런 요령을 피운 데도 그럴 만한 충분한 이유가 있다. 우리는 이 문제에 무척 민감해서, 누구도 나이가 들어간다는 생각이나 노화의 징후를 쉽게 받아들이지 않는다. 사회학자가 말하듯이 다른 사람들의 일처럼 노년에 대해 객관적으로 말하는 것과, 나에게 닥친 일이라 생각하며 노년을 개인적인 관점에서 접근하는 것은 완전히 다르다.

　노년에 어떤 은총을 받더라도 노년에는 이런저런 불행이 따른다는 걸 누구나 알고 있다. 첫째로는 육체적인 고통이다. 때로는 참기 힘든 고통이 있기도 하다. 둘째로는 쇠약해지는 몸이다. 이런 고통과 쇠약을 그럭저럭 피하더라도, 프랑수아 모리아크가 여전히 활기차게 활동하던 때 말했듯이, 노인은 "끊임없이 떨어지는 체력, 지적 능력의 저하 등 소리 없이 조금씩 다가오는 소멸"을 두려워한다.[29] 그렇다, 강인하고 건강한 사람조차 미리부터 두려워하는 것은 지적 능력의 저하이다. 무척 독창적이고 신중하던 정신과의사, 외젠 민코프스키는 여든두 살에 《우주론을 향하여》의 개정판을 출간했다.[30] 서문에서 민코프스키는 초판에 "나는 곧 쉰 살이 된다. 기억력이 떨어지는 걸 확연히 느낀다"라고 자기가 썼던 말을 짓궂게 언급했다. 그 후로 30년이 지난 후에 개정판이 출간되었기 때문에, 민코프스키는 자신의 불길한 예감이 확증되지 않았다는 걸 분명히 확인했던지 "앞에서 인용한 말은 노화의 문제가 항상 나를 불안하게 했다는 걸 증명할 뿐이다"라고 결론지었다.

명석하고 용기 있는 사람들은 이런 모든 문제에 과감하게 맞선다. 하지만 그들조차 걱정을 떨치지 못하는 중대한 문제 하나가 있다. '노년도 의미를 가지는가?'라는 문제이다. 이제부터 이 문제에 대해 본격적으로 살펴보자. 인간은 항상 사건의 의미에 대해 의문을 품는다. 눈사태, 지진, 화재는 한 지역에 큰 피해를 주고 무고한 희생자를 낳는다. 전쟁의 결과는 역사의 흐름을 바꾸고, 과학적 발견은 경제적이고 사회적인 질서를 바꾸며 번영을 안겨주거나 재앙적인 파괴를 초래한다. 또 과학적 발견은 수많은 환자를 치료하지만 새로운 재앙을 불러일으키기도 한다. 따라서 인간은 어떤 사건에 의미가 있는지, 의미가 있다면 어떤 의미인지 알고 싶어 한다.

사랑하는 사람의 죽음, 질병이나 실패로 충격을 받으면, 혹은 뜻밖의 행운이 찾아오거나 길몽이든 흉몽이든 꿈을 꾸면, 인간은 그것에 어떤 의미가 있는지 알고 싶어 한다. 그러나 한 걸음 더 나아가 삶 자체도 의문을 불러일으킨다. 삶이란 것에 어떤 의미가 있을까, 아니면 삶은 워낙에 부조리한 것일까? 알베르 카뮈는 첫 책,《시지프 신화》에서부터 이런 의문을 파헤치기 시작했다.[31] 시지프(혹은 시시포스)는 제우스에게 거대한 바위를 가파른 비탈길 위로 영원히 밀고 올라가야 하는 형벌을 받은 신화 속 인물이다. 바위를 비탈의 정상까지 밀고 올라가면 바위는 속절없이 다시 바닥까지 굴러떨어진다. 인간의 노역, 인간이 끝없이 세대를 이어가며 계속해야 하는 노역은 시지프가 희망 없이 계속하는 노역보다 더 의미가 있는 것일까?

삶의 의미라는 매우 거북한 문제에 대해 우리는 열여덟 살부터 뜨겁게 논의하기 시작한다. 열여덟 살이면 독자적인 삶을 시작하는 연령이기 때문이다. 게다가 앞 세대는 삶의 의미보다 허망함을 그들에게 보여주는 듯하다. 살기 위해서 일하고, 일하기 위해 살아라! 존재하기 위해 필요한 것들, 즉 이력과 가족과 사회라는 무시무시한 톱니바퀴가 그들을 끌어가고 뒤덮는다. 목표를 세우고, 혼신을 다해 일하며 투쟁한다. 성공과 실패를 경험한다. 이 모든 것이 그들의 삶에 의미를 부여한다. 하지만 누가 알겠는가? 어쩌면 그들은 이런 행동지상주의에 몰입하며 대답 없는 의문을 회피하는 것인지도 모른다.

노년은 천천히 다가오지만, 은퇴는 느닷없이 닥친다. 새로운 세대가 그들의 자리를 차지한다. 따라서 그들이 지금껏 믿었던 진실에 의문을 제기한다. 게다가 사랑하는 사람의 죽음에 그들은 깊은 고독에 빠져들고, 그들이 가장 소중하게 생각하던 사랑까지 미완성으로 끝난다. 그리고 죽음이 그들의 머릿속에 어렴풋이 자리 잡는다. 이력이 미완성으로 끝나면, 다른 직원이 이력을 끝내려고 이어받지만 그 역시 미완성으로 끝난다면, 삶이 미완성으로 끝나면, 모든 것이 미완성으로 끝나면, 그리스 철학자 엠페도클레스가 말했듯이 모든 것이 끊임없이 흐른다면, 이 모든 것이 무슨 의미가 있을까? 나는 삶의 의미라는 문제에 요즘의 젊은이까지 고민한다는 걸 알고 무척 놀랐다. 노인들이 그렇듯이, 젊은이들도 삶의 의미라는 똑같은 문제를 마음에 품고 있다. 물론 삶의 전성기에는 그 의문이 흐릿해질 수 있다. 그러나 그때에도 이 의문은 강렬한 활동의 소음에 억눌리고 덮여 있을 뿐이다. 삶의 황혼기에 이 의문은 다시 고개를 든다. 젊었을 때는 이론적으로 접근했다면, 이제는 그때보다 더 구체적이고 더 개인적인 관점에서 이 의문에 접근한다. 이쯤에서 노인은 "내 삶에 의미를 주었던 모든 것을 상실했다"라고 말할지도 모른다.

뭔가의 의미를 찾아내려는 욕구는 인간의 마음에서 떼어낼 수 없기 때문이다. 동물학자, 바젤 대학교의 아돌프 포르트만 교수의 주장에 따르면, 이 욕구가 인간과 동물을 구분하는 가장 뚜렷한 차이이다.[32] 빈에서 새로운 정신분석학파를 이끌고 있는 빅토르 프랑클 박사의 견해이기도 하다.[33] 그렇다고 프랑클 박사가 선배 학자들의 이론에 반론을 제기하는 것은 아니다. 프로이트가 제시한 성충동의 중요성을 무시하지도 않는다. 알프레트 아들러가 제시한 권력의지의 중요성이나, 융이 제기한 통합을 향한 인간의 열망을 무시하지도 않는다. 그러나 프랑클 박사는 여기에 의미에 대한 욕구를 더하며 "인간의 내면에는 삶에서 의미를 찾으려는 욕구가 있고, 그렇게 찾아낸 의미에 따라 행동하려 애쓴다"라고 말한다.

그럼 어떻게 해야 삶의 의미를 찾아낼 수 있을까? 프랑클의 주장에 따르면, 대화, 특히 스스로 의미를 알아내는 비지시적 대화를 통해 의미를 발견할 수 있다. 내 삶의 의미를 찾아내기 위해서는 내 생각이나 감정을 표현하고 그에 대해 다른 사람과 함께 대화를 나누어야 한다. 그러나 누구도 내 삶의 의미가 무엇인지 나에게 말해줄 수 없다. 내가 나름대로 알아낸 삶의 의미에 의문을 제기하는 사람은 필연적으로 나에게 부적절한 영향을 미치게 된다. 진정한 대화는 지적인 토론이 아니다. 누구나 무엇인가에 대해 자신에게서만 의미를 알아낼 수 있는 법이다. 다시 말하면, 사건의 의미는 무척 주관적이다. 과학이 연구하는 것처럼 인과관계에 대해서는 자유롭게 토론할 수 있지만, 사건의 의미는 어떤 현상의 원인이 아니라 목적을 따지는 것이다. 따라서 의미에 관련된 논의는 무익하다.

합리주의자들과 대화하다 보면 객관적이지 않은 것, 즉 개인적인 믿음에 관련된 것과 형이상학적이고 초월적인 것을 단순히 배제시켜버리는 방식으로 문제를 해결한다. 하지만 세상과 삶의 모든 현상에 어떤 원인이 있는 것처럼, 의미도 그런 식으로 찾아낼 수 있는 게 아니다. 그렇다고 합리주의자들이 사건의 의미를 이해하려는 열망을 인간의 마음에서 없애버릴 수는 없다. 그들은 이런 연구에서 인간을 고독 속에 버려둘 뿐이다.

세상일에 초연하라고?

자신의 삶에서 더 이상 의미를 찾을 수 없어 괴로워하는 노인을 위해 여기에서 어떻게든 대답을 찾아보려 한다. 특히, '스스로 위축되고 억눌리고 질식할 듯 삶을 바라보며 노년 또한 그렇게 생각하던 사람이 과연 의미를 찾을 수 있겠는가'라는 당혹스러운 질문에 대답해보려 할 것이다. 하지만 앞에서 말했듯이, 나는 주관적이고 개인적인 관점에서 이 질문에 대답할 수 있을 뿐이다. 마치 원칙이라도 제시하듯이 노년의 의미는 이러이러한 것이라고 말하지 않고, 내 나름 노년의 의미를 연구한 결과를 여러분께 허심탄회하게 털어놓으려 한다.

솔직히 말해서 쉬운 일이 아니다. 한 달 전부터 나는 이 주제에 관련해서 기록해둔 자료를 정리하고 또 정리하고 있지만 내 생각을 표현할 방법을 아직까지도 찾아내지 못했다. 어쩌면 나를 힘들게 하는 것을 솔직하게 말하는 게 가장 좋은 방법일지도 모르겠다. 그중에서 가장 힘든 점은, 사람들이 나에게 기대하는 것, 예컨대 내 노년의 의미는 죽음과 하나님과의 만남을 준비하며 이 땅의 번잡한 일에서 벗어나 하늘의 일에 전념하는 것이라고 많은 사람이 이미 숱하게 말한 것을 되풀이할 수는 없다는 것이다. 죽음을 준비한다는 게 무슨 뜻인지 나는 잘 모르겠다. 설령, 내가 죽음을 준비하는 데 전념하더라도 내가 정말 준비가 된 것인지 의심스럽다. 죽음은, 우리에게 불시에 닥치는 법이다. 내가 죽음을 진지하게 준비했더라도 내 형제들을 비롯한 다른 사람들의 경우와 마찬가지로 나에게 닥치는 죽음은 내 준비와는 상관없이 전적으로 하나님의 자비에 달려 있다.

내 생각에는 삶 전체가 죽음을 준비하는 과정이다. 예나 지금이나 내가 달리 어떻게 죽음을 준비할 수 있는지 모르겠다. 죽음은 지금 끝마쳐야 할 과제가 아니고, 나의 현실이 아니다. 나는 현재의 삶에 관심이 있을 뿐이다. 하나님이 오늘 나에게 무엇을 기대하는지 알아내는 것이 내 관심사이다. 내 생각에 삶의 의미는 하나님의 뜻에 순종하는 것으로, 이 땅에 태어나는 순간부터 죽을 때까지 언제나 똑같기 때문이다. 세상일에 초연하라고? 이런 태도는 현실을 도피하는 것이다. 하나님이 이 세상에서 나에게 부여한 시간을 비우고 죽음에 대한 묵상으로 채운다는 것은, 지금 내 삶에 의미가 있다고 생각하는 걸 포기한다는 뜻이다. 죽음에 대해 묵상하라는 부름을 받았다고 생각하는 사람이 있다면, 굳이 노년까지 기다리지 않고 언제라도 죽음에 대해 묵상할 수 있지 않겠는가. 나는 죽음에 대해 묵상한다는 게 무엇을 뜻하는지 도무지 모르겠다. 이런 이유에서, 우리는 죽음에 대해 말한다고 생각하지만 여전히 삶에 대해 말하고 있는 것이라는 프랑스 철학자 블라디미르 장켈레비치의 주장이 충분히 이해된다.[34]

노년의 이런 묵상이 그 자체로 상당한 효과가 있고, 인내와 단념, 마음의 정화와 영성화를 훈련하는 데 적합하기라도 한 듯 이런 묵상을 칭찬하고 권장하는 학자가 적지 않다. 이런 찬사는 내가 평생 거부해온 대립적 생각, 즉 지상과 하늘을 대립적 관계에 놓은 생각에서 비롯된 것이기 때문에 내게는 거북하게 느껴진다. 세상을 멀리해 하나님에게 다다갈 수 있다는 생각과 다를 바가 없기 때문이다. 실제로 프랑스 소설가 르네 바쟁은 "늙으면 모든 것이 우리를 떠나지만 하나님이 다가온다"라고 말했다.[35] 르네 바쟁의 개인적인 경험을 표현한 아름다운 증언인 건 분명하지만, 나는 하나님이 내가 늙을 때까지 기다렸다가 나를 자신에게 오라고 부르지 않기를 바란다.

이 땅과 삶에 무관심해야 하나님에게 관심을 가질 수 있기라도 한 듯 이 땅과 하나님, 즉 세상의 매력과 하나님의 사랑을 대립시키는 사람들이 많다. "악마도 늙으면 은둔자가 된다"는 유명한 속담도 비슷한 의미이고, 몽테뉴도 비슷한 맥락에서 "나는 늙은 후에 우연히 찾아오는 후회가 싫다"고 말했다. 그러나 하나님이 이 땅을 창조했고 하나님이 나를 이 땅에 내려놓았다. 따라서 하나님 때문에라도 나는 이 세상에 관심을 가질 수밖에 없다. 내가 늙었다고 젊었을 때보다 세상에 덜 관심을 가져야 하는 이유를 모르겠다. 우리는 젊어서부터 하나님을 위해 살 수 있다. 이런 삶이야말로 노년을 위한 가장 훌륭한 준비가 아닌가 싶다. 프랑스의 정신분석학자 장 들레 박사는 개막 강연에서 한 철학자의 말을 인용해서 "몸으로 산 사람의 노년은 쇠락이지만, 정신으로 산 사람의 노년은 찬란한 개화이다"라고 말했다.[36] 맞는 말이다. 하지만 지나치게 단순화된 말인 데다 여전히 몸과 정신을 대립시킨 말이다.

사도 바울이 내 생각을 한층 명확하게 해준다. "우리의 겉사람은 낡아가나, 우리의 속사람은 날로 새로워집니다"(고후 4:16)라는 아주 유명한 구절에서다. 그렇다, 이것은 노인을 위한 메시지인 게 분명하다. 나이가 들면 체력과, 외적인 세계에서 행동하는 능력은 분명히 떨어진다. 이처럼 뭔가가 낡아가

는 현실을 받아들여야 한다. 그러나 사도 바울이 말한 '속사
람'은 영적인 환희에 빠져들며 세상에 대한 관심을 버린 육체
와 분리된 존재가 아니다. 사도 바울의 메시지를 이렇게 이해
하고 해석한다면 크게 잘못된 것이다. 바울은 영적인 환희를
경험했다. 하지만 젊었을 때였다! 영적인 환희를 경험했다고
바울은 세상에 등을 돌리지 않고 오히려 더욱 세상에 파고들
었다. 바울의 '속사람'은 이처럼 세상에 뛰어들어 날마다 새로
워진다. 그 속사람은 세상을 등지지 않고, 세상을 멀리하지 않
는다. 위축되어 세상에 무관심하지 않고, 오히려 세상의 한복
판에 존재한다. 사도 바울이 교회와 사람을 염려하며 어떻게
말했는지 모두가 알고 있지 않은가. "누가 약해지면, 나도 약
해지지 않겠습니까? 누가 넘어지면, 나도 애타지 않겠습니
까?"(고후 11:29)

체념하지 말고 포기하라

노년의 심리에 대한 훌륭한 연구에서, 파리의 정신의학자 장
뒤블리노는 내가 지금까지 다룬 문제를 깔끔하게 정리해주었
다.[37] 그는 "체념하지 않고 포기하는 방법을 알아야 한다"고
했다. 그렇다, 포기할 것이 있다. 힘들지만 포기해야 할 것이
있다. 그렇다, 내려놓아야 할 것이 있다. 그 때문에 낙담하기도

할 것이다. 수년 전만 해도 나는 지금은 엄두도 낼 수 없는 많은 일을 했다. 지금 하는 일도 수년 후에는 더 이상 못할지 모른다. 그렇다, 노년에는 할 수 있는 게 점점 줄어든다. 그러나 이런 삶의 한계가 회피와 체념과 직결되지는 않는다. 노년이 요구하는 모든 포기는 몸과 관련된 것이지 마음과 정신에 관련된 것이 아니다. '행동'과 관련된 것이지 '존재'와 관련된 것은 아니다. 다른 식으로 살아갈 뿐, '덜' 살지는 않는다. 삶의 방법은 다르지만, 여전히 충만한 삶, 어쩌면 더 성숙한 삶이다. 세상에 대한 관심과 참여가 줄어들기는커녕 오히려 커지고 늘어난다. 맥아더 장군은 1945년의 저 유명한 연설에서 "사람은 일정한 햇수를 살았다고 해서 늙는 것이 아니라 이상을 버리기 때문에 늙습니다. 해가 가면 얼굴에 주름이 생기지만 이상을 버리면 영혼이 늙습니다. 걱정과 의심, 두려움과 절망은 우리가 죽음을 맞기 전에 우리에게서 천천히 기운을 빼앗아가며 먼지로 만들어버리는 적입니다"라고 말했다.

우리는 머리에 서리가 앉더라도 여전히 열정적으로 살아갈 수 있다. 줄어드는 게 있지만 늘어나는 것도 있다. 이처럼 늘어난 것이 내 삶에 의미를 준다. 여기에서 나는 '늘어난 것'을 말해보려 한다. 뭔가를 잃어버리면 다른 뭔가를 얻을 수 있는 법이다. 노년에도 새롭게 찾아낼 수 있는 것이 있다. 다시 말하면, 늙기 전에는 몰랐던 것을 찾아낼 수 있다.

그것이 무엇일까? 앞에서 말했듯이, 나는 그것이 세상에 대한 무관심과 종교로의 도피, 또 미국인들이 흔히 '탈참여 disengagement'라고 말하는 것들처럼 일종의 체념과 혼동될까 두렵다. 정치계나 산업계에서 눈부신 이력을 쌓은 행동가가 갑자기 수도원에 은거하는 경우가 종종 있다. 하지만 그들에게는 이런 은둔이 세상을 등지는 게 아니다. 여전히 그들은 세상을 걱정한다. 세상사에 대해 관심을 유지하며, 그때부터 다른 방식으로, 예컨대 기도와 명상으로 세상을 위해 일한다. 스위스의 역사에서 결정적인 역할을 했던 인물이 있다. 스위스의 수호성자로 여겨지는 니콜라 드 플뤼(1417-1487)이다. 그는 나이가 들자 정계의 고위직에서 물러나서 벽촌인 란프트에 은둔하며 작은 오두막을 지었다. 나는 아내와 아이들을 데리고 그곳을 방문해서 다 함께 묵상한 적이 있었다.

하지만 니콜라 드 플뤼는 조국에 대한 관심을 거두지 않아, 1481년 슈탄스 연방의회 시기에 도시 지역과 시골 지역 사이에 불가피하게 보였던 내전으로부터 조국을 구해냈다. 그가 직접적인 행동을 포기한 지 오래였기 때문에 직접 개입하지는 않은 듯하다. 그의 생각과 호소 및 믿음과 비전이 의원들의 마음을 움직여 화합을 다시 일구어냈다. 나는 열여덟 살이었을 때 한 친구와 힘을 합해 니콜라 드 플뤼에 대해 짤막한 역사책을 썼다. 그 이후로 그는 이 땅의 현실에 대한 걱정과 믿음을 하나로 결합하겠다는 내 이상의 화신으로 평생 동안 내 곁을 떠난 적이 없었다.

그러나 니콜라 드 플뤼가 스위스에 미친 영향은 훨씬 크고 지속적이었다. 그는 연방을 이룬 지역들이 다툼을 반복하는 원인을 알아냈다. 그는 각 지역들이 전쟁으로 획득한 힘과 재물, 그리고 전쟁에서 비롯된 질투와 탐욕과 도덕적 타락에 그 원인이 있다고 생각했다. 그 시대의 유럽에서 스위스는 상당히 강력한 국가였다. 스위스는 주변의 모든 국가, 즉 부르고뉴와 프랑스와 독일에서, 심지어 남쪽으로는 로마에서도 싸웠다. 게다가 스위스는 정치적이고 군사적인 동맹을 맺었다가 해체하고 다시 맺기를 반복했다. 니콜라 드 플뤼는 스위스 사람들에게 "강대국의 다툼에 더 이상 끼어들지 말라!"고 경고했다. 스위스가 영세중립국이 된 근원이 그 경고에 있다.

그날 이후로 스위스는 노년에 들어섰다! 그렇다, 내 생각에는 이런 식으로 표현할 수 있을 듯하다. 다시 말하면, 스위스는 천둥벌거숭이처럼 날뛰던 정복국가에서 은퇴했다. 군사적 영광을 꿈꾸던 스위스 시민들은 프랑스 왕, 프로이센 왕 혹은 교황의 휘하로 들어갔다. 그들은 프랑스대혁명을 일으킨 민중 세력에 맞서 왕을 보호하며, 1792년 8월 10일 마지막 순간까지 싸우다가 영웅적인 죽음을 맞았다. 그러나 스위스는 작은 국가가 되었다. 작은 국가가 외세의 침략을 막으려면 물리적인 군사력보다 정신력에 더 의지해야 한다. 스위스는 자유의 지로 연방에 가입하겠다는 주를 아주 신중하게 받아들이며 영토를 넓혀갔다. 지금까지는 제네바가 마지막 주이다.

1차대전 이후, 옛 오스트리아·헝가리 제국이 붕괴되자, 스위스에 가장 인접해 있던 포어아를베르크 주가 스물세 번째 주로 가입하기를 원했다. 당시 나는 젊고 애국적인 열정에 사로잡혀 그 요구를 적극적으로 지지했고, 두 친구와 함께 포어아를베르크로 달려갔다. 우리는 평의회 의장을 보았고, 합병을 지지하는 대대적인 민중토론에도 참석했다. 그러나 스위스 정부는 포어아를베르크의 합병 요구를 받아들이지 않았다. 그 후 히틀러가 독일에서 정권을 잡고 오스트리아를 합병했을 때에야 나는 스위스가 니콜라 드 플뤼의 조언을 따른 게 현명했다는 걸 깨달았다.

스위스는 이렇게 노년을 받아들였다. 자신을 위해 어떤 요구도 하지 않지만 누구에게나 관심을 기울이기 때문에 모두에게 사랑받는 노인의 노년처럼, 스위스의 노년도 행복하다. 내가 강조하고 싶은 것이 바로 그런 관심이다. 그렇다고 스위스가 세상과 완전히 담을 쌓은 것은 아니다. 그 이후로 스위스는 세상에서 다른 역할, 즉 전쟁을 멀리하고 평화를 수호하는 역할을 하고 있다. 스위스는 결코 세상에 대한 관심을 거두지 않았다. 오히려 정반대였다. 나는 세계 곳곳을 여행할 때마다 자국의 이해와 관계된 사건이 아니면 국제적인 사건에 다른 나라 사람들이 스위스 사람보다 관심을 덜 갖는 걸 보고 퍽 놀란 적이 한두 번이 아니다. 국제적인 갈등과 경쟁에 관련된 국가들은 그 문제에 너무 집착해서인지 다른 보편적인 사건에는 관심을 덜 보이는 듯하다. 힘을 과시하며 이익을 취하려는 욕망과, 보편적인 문제에 마음을 여는 능력은 서로 대립관계에 있는 게 분명하다. 따라서 보편적인 문제에 몰두하는 철학자가 실제로는 젊었어도 우리에게는 늙은이처럼 보이는 것이 아닌가 싶다. 그가 노인에게나 있을 법한 차분하고 평정한 마음을 지녔다는 이유로 말이다.

노인은 직업과 사회의 경쟁 대열에서 벗어났기 때문에 더 폭넓은 관점에 마음을 열 수 있다. 이처럼 특정한 관점에서 보편적 관점으로의 전환은 적극적인 직업 활동에서 벗어나 노년에 들어설 때 얻는 커다란 이점인 듯하다. 직업적으로 활발하게 활동하는 동안 우리는 압박감을 이겨가며 일해야 한다. 이력과 전문 분야, 직장에서의 성공, 경제적이고 사회적인 성공, 원만한 결혼생활, 자식의 교육 등 많은 문제에 관심과 에너지를 쏟는다. 이런저런 강연이나 여가활동 및 사색을 통해 잠시 그런 압박감에서 벗어나지만, 즉각적인 이득이 없는 문제에 관심을 쏟을 만한 시간도 없고 마음의 여유도 없다. 따라서 노년의 의미는 즉각적인 이득으로부터의 해방, 마음의 문을 크게 열 기회로 해석될 수 있을 듯하다.

약간 모순되게 들릴 수 있겠지만, 노년에 이르면 이해관계를 먼저 생각하는 마음에서 벗어나 이해관계를 따지지 않는 초연한 마음을 가질 수 있어야 한다고도 말할 수 있다. 젊었을 때는 행동하려는 욕망에서 온갖 사물과 사람에 대해 관심을 갖는다. 초등학생이 지리에 관심을 갖는 이유는 지리에서 좋은 점수를 받았거나, 지리 선생을 좋아하기 때문이다. 수학과 문학의 경우도 다를 바가 없다. 역동적인 삶을 살아가는 동안 우리는 좋은 성적을 거둔 과목, 자신을 신뢰하는 사람, 자신을 드러내는 데 적합한 분야에 관심을 갖는다. 따라서 적어도 부분적으로는 개인적인 이익을 향한 욕망에서 우리는 사물과 사람에게 관심을 쏟는다. 하지만 은퇴로 인해 역동적인 삶을 끝내면 이처럼 이해관계가 얽힌 요인이 줄어든다.

가상의 예로 뤼시앵과 샤를이란 축구 선수를 생각해보자. 물론 미국 독자라면 로버트와 윌리엄이란 야구 선수를 생각해도 상관없다. 여하튼 뤼시앵과 샤를은 똑같은 정도로 축구를 좋아한다. 그들이 최상급 선수이기 때문에 당연한 현상일 수 있다. 그들의 이름은 모든 신문에 실리고, 극성스러운 팬들도 무척 많다. 이런 성공이 그들의 열정을 자극하고, 그런 열정이 다시 그들을 성공의 길로 이끈다. 그들은 항상 축구를 생각하고, 그들의 머릿속과 마음속에는 축구에 대한 생각뿐이다. 그러나 그들이 더 이상 경쟁에서 살아남을 수 없는 날이 닥치기 마련이다. 갑자기 그들은 무명의 선수로 전락할 것이다. 이때 그들의 반응이 무척 다르게 나타날 수 있다.

뤼시앵은 여전히 축구에 관심이 많아 모든 경기를 관람하고, 동호회에도 열심히 참석한다. 또 축구 꿈나무들을 따뜻하게 받아들이며 조언을 아끼지 않고 용기를 북돋워준다. 꿈나무들의 실력이 조금씩 늘어가는 것에 즐거움을 얻는다. 그의 열정은 과거보다 더 자유로워지고 이해관계를 초월해서, 경쟁할 때는 피할 수 없던 질투심도 벗어던졌다. 그래서 그는 모두에게 사랑받고, 새로운 슈퍼스타들도 그가 전성기를 누리던 때의 일화를 얘기하며 그를 존경한다. 요컨대 그는 여전히 리더의 역할을 하고 있는 셈이다. 따라서 시간이 지나면 그는 감독이 되고 심판이 될 것이고, 동호회 회장도 될 것이다. 내가 '제2의 이력'이라 칭했던 것을 시작하게 될 것이다.

한편 샤를은 경쟁에서 밀려난 결과에 상처를 입어 축구장에는 물론이고 동호회에도 발을 들여놓지 않는다. 그는 "경기에 출전하지 못한 채 옆에서 지켜보면 마음이 너무 아프다. 축구를 정말 좋아했는데, 지금도 축구를 너무 좋아해서 이런 추락을 받아들이기 힘들다"고 말한다. 그는 거의 자학에 빠져든다. 삶의 허무함과, 모든 것을 너무 쉽게 잊어버리는 인간의 배은망덕을 냉소적으로 말한다. 이제 그는 어떤 것에도 관심을 두지 않는다. 그의 황금시대는 지나갔다. 그가 이런 위기를 극복하도록, 주변 사람들이 그에게 뤼시앵에 대해 얘기해주면, 그는 이렇게 소리친다. "아, 그놈은 약삭빠르고 융통성이 있지. 사랑받고 존경받기 위해서라면 어떤 짓이든 할 놈이라고. 그렇게 하기엔 내 자존심이 허락하지 않아. 나는 내 생각을 조금도 감추지 않아. 하기야 진실은 누구도 달갑게 생각하지 않지. 축구가 타락했어. 젊은 선수들은 내 시대만큼 축구를 잘하지를 못해. 난 이런 타락에 끼어들지 않을 거야."

이처럼 축구를 사랑하는 방법에도 두 가지가 있다. 장미와 여자, 삶 등 무엇이든 사랑하는 방법에는 두 가지가 있다. 자신의 이익을 추구하고 즐거움을 얻고, 또 자신의 가치를 더 높이기 위해 사랑하는 경우가 있는 반면에, 이해관계를 초월해서 자연스러운 충동으로 사랑하는 경우가 있다. 물론 여기에서는 이해를 돕기 위해서 극단적인 두 경우를 비교했다. 다시 말하면, 우리 삶에는 회색지대가 많지만 흑백으로만 그려냈다. 실제의 삶에서는 항상 흑백이 뒤섞인다. 우리가 뭔가에 관심을 보이는 데는 그것이 우리를 끌어당기는 매력이 있기 때문이며, 동시에 우리가 그것에서 해내는 역할에 재미가 있기 때문이기도 하다. 이해관계가 얽힌 사랑에도 이해관계를 초월한 뭔가가 있고, 이해관계를 초월한 사랑에도 개인적인 이득이 있다. 하지만 우리가 사랑에서도 성장해야 한다는 것, 즉 지나치게 독점적인 사랑에서 한층 너그러운 사랑으로 변해가야 한다는 것, 정신분석학자들의 표현을 빌리면, 독점적인 사랑에서 헌신적인 사랑으로 성장해가야 한다는 것을 누가 부인할 수 있겠는가?

이런 변화 과정에서 삶 전체의 의미를 찾을 수는 없을까? 매 순간, 우리는 선택해야 한다. 더 넓은 지평선을 향해 나아갈 수도 있고, 반대로 더 협소한 사랑을 향해 뒷걸음질 칠 수도 있다. 우리는 어딘가에 자리를 정해야 한다. 우리는 사랑으로 세상에 들어간다. 우리가 선택한 것이 협소하다면 편협해지기 십상이고, 우리가 선택하는 것이 드넓게 확장될 수 있다면 보편의 세계로 나아갈 수 있다. 그런데 은퇴와 노년으로 과거의 공간을 상실하는 순간만큼 이런 선택이 중요한 때가 없다. 젊었을 때 우리는 행동으로 세상에 들어간다. 하지만 행동만이 세상에 들어가는 유일한 수단은 아니다. 행동 영역이 좁아지면 마음이 수단이 되어 우리 삶에 새로운 의미를 부여할 수 있다. 나도 마음에서 내 노년의 의미를 찾는다.

규정과 관습이 허락하는 한에서 집요하게 직장에 매달리는 사람은 삶의 흐름에 저항하고 새로운 변화에 반발하는 사람이다. 동료들은 그가 하루속히 떠나기를 바라지만 누구도 감히 그런 말을 꺼내지 못한다. 하지만 그도 그런 낌새를 느끼기 때문에 자신의 권위를 더욱 내세운다. 하지만 권위는 현실과 일치할 때 자연스레 생기는 것이기 때문에, 그는 이미 진정한 권위를 상실한 사람이다. 한편 규정에 의해 자신의 자리를 내놓은 사람은 앞에서 예로 든 축구 선수 샤를처럼 원망과 한탄과

넋두리에 빠져들 수 있다. 그는 마음의 문을 닫고, 새롭고 더 넓은 것에 관심을 기울이지 못하고 무관심에 빠진다. 과거의 관심사에 집착하거나 무기력에 빠져드는 현상, 이는 노년에 실패하고 노년에서 진정한 의미를 찾지 못하게 하는 주된 두 원인이다.

독점욕을 떨쳐낸 사랑

앞 단락에서 처음에 예로 든 사람은 충분히 포기하지 않은 사람인 반면에, 두 번째 사람은 지나치게 포기한 사람이라 말할 수 있을 것이다. 그러나 이런 표현은 '포기'라는 단어의 모호한 뜻을 이용한 것에 불과하다. 적절한 배분, 즉 불완전한 포기와 지나칠 정도로 완벽한 포기의 중간을 택할 필요는 없다. 하이데거의 표현을 빌리면, 행동하는 연령에 적합한 '세계 내 존재In-der-Welt-sein'에서 노년에 적합한 '세계 내 존재'로 넘어가야 한다. 공식적인 역할과 계급, 그런 역할과 계급에서 비롯된 권위, 명령권, 다른 사람들에게 영향을 주는 결정권, 커다란 야망을 내려놓아야 한다. 그런데 미완성을 수용하는 용기는 자신의 일을 끝내겠다는 꿈을 포기하는 용기와 다른 것일까?

나는 한 가지 점을 분명히 해두고 싶다. 사람들은 흔히 그리스 신화의 인물, 네스토르(트로이 전쟁에 참가하여 아가멤논 휘하에서 활약하였고, 여러 왕 사이에서 중재 역할을 하거나 고문 구실을 하였다고 한다—옮긴이)를 떠올리며, 노인의 역할은 조언을 하는 데 있다고 말한다. 노인이 조언을 구하는 젊은이들에게 조언하는 건 무척 바람직하다. 그러나 젊은이들이 조언을 구하지 않는다고 노인이 불평하는 건 내 생각에 그다지 옳지 못하다. 조언은 일종의 행동이다. 조언자라는 역할을 요구하는 것은 계급적으로 우월한 위치에 있는 걸 내려놓지 않겠다는 뜻이다. 노인이 젊은이들에게 어떻게 행동해야 한다고 조언하고 충고하는 행위는, 은퇴하며 상실한 직접적인 행동을 만회하려는 일종의 복수이다. 따라서 조부모가 교육에 대해 지나치게 조언하고, 젊은이의 행동을 비판하면, 자식과 손주와의 관계를 위험에 빠뜨리는 원인이 된다.

많은 젊은이가 충고를 일삼는 노인을 멀리하는 이유가 여기에 있다. 젊은이의 역할은 옛사람을 흉내 내는 게 아니라 새로운 것을 만들어내는 것이다. 노인들은 이런 젊은이들에게 존경심이 없다고 불평한다. 이런 존경심도 직업인으로 활동하던 때에나 유효한 계급적 개념이지 노년에는 계급이란 개념을 떨쳐내야 한다. 존경을 요구하지 않는 노인들이 오히려 더 존경받는다. 또 조언하겠다고 나서지 않는 노인들이 더 자주 조언을 요구받는다. 노인이 훨씬 더 잘해낼 수 있는 것이 있다. 속내를 털어놓을 수 있는 대상이 되는 것이다. 누구나 자기 말을 귀담아들어주는 사람에게 마음을 여는 법이다. 다만, 상대를 이해하려고 노력해야지 상대를 판단하거나 지도하려고 해서는 안 된다. 노인이 먼저 마음의 문을 열어야 한다. 이 방법이 노년에 적합한 '세계 내 존재'가 되는 방법이다.

노인에게 헌신적으로 봉사하는 한 사회봉사원이 언젠가 나에게 이렇게 말했다. "어떤 봉사이든 당연하게 생각하는 노인들은 그들을 위해 뭔가를 해주려는 봉사자들의 의욕을 꺾어놓습니다. 하지만 무엇이든 감사하게 생각하는 노인들을 위해서는 무엇이든 해주고 싶습니다." 존경받는 걸 당연한 권리인 양 요구하고, 조언할 수 있기를 바란다는 것은 여전히 남들에게 어떤 영향력을 행사하려는 것이다. 노년을 성공적으로 보내기 위한 비결은 그런 지배욕을 포기하는 것이다. 직업인으로 살아갈 때 높은 지위에 있었던 사람일수록 이런 포기가 더욱 힘들다. 또 우리가 과학기술의 발전으로 얻는 힘에 도취되어 지내는 까닭에, 그런 욕망을 포기하기는 과거보다 요즘이 더욱 힘들다.

이런 포기는 오래전부터, 즉 은퇴하기 오래전부터, 삶을 살아가는 방식을 통해서, 즉 일과 사물과 사람을 사랑하는 방법을 통해서, 또 행동에서 얻는 우월감 때문에 삶을 즐기는 게 아니라 자신을 포기함으로써 얻는 만족감을 즐기는 방식으로 조금씩 준비해야 한다. 따라서 여기에서 나는 우리 삶에 활력을 주는 구체적이고 제한적인 사랑과, 제대로 사랑하는 방법을 배우지 못했지만 노년에 이르러 갑자기 깨닫는 다소 유토피아적인 보편적 사랑을 구태여 구분하지 않으려 한다. 입으로는 보편적이고 원대한 사랑을 주장하면서도 주변 사람들에게 사랑을 나눠주려고 별다른 노력을 하지 않는 사람들이 많지 않은가.

삶은 단계별로 사랑을 배우는 학교이다. 여기에서 나는 이런 단계들 간의 유기적 연결을 강조하고 싶다. 아시시의 성 프란체스코, 샤를 드 푸코 신부, 알베르트 슈바이처 박사 등과 같은 사랑의 위대한 개척자들도 처음부터 추상적이고 보편적인 사랑으로 시작한 게 아니었다. 조금씩, 주변 사람들에게 끊임없이 사랑을 베풂으로써 그들은 더 큰 사랑으로 나아갈 길을 찾아냈다. 성 프란체스코는 허물어져가던 산다미아노 성당을 사랑해서 그 성당을 다시 세웠고, 모든 창조물을 사랑하는 성가를 불렀다.

이처럼 가까이에 있는 것을 사랑하는 행위가 더 큰 사랑을 향해 가는 첫걸음이다. 내가 말했던 이해관계가 얽힌 사랑, 즉 우리에게 처음에는 너무도 당연한 사랑은 이해관계를 초월한 사랑을 배우기 위한 첫걸음이다. 예컨대 성적인 사랑은 처음에 무척 독점적이고 시샘하며 배타적인 사랑이다. 프로이트가 '쾌락 원리'에 결부했듯이, 성적인 사랑은 이해관계가 얽힌 사랑이다. 요컨대 성적인 사랑은 자기만의 쾌락을 추구한다. 이와 마찬가지로 모성애도 처음에는 무척 독점적이다. 하지만 성적인 사랑과 모성애가 성숙해지면, 남자와 여자는 사랑의 덜 이기적인 면을 깨닫게 되며, 타인을 수용하고 존중하며, 타인을 위해 자신을 잊게 된다. 달리 말하면, 최고의 즐거움은 소유하는 데 있는 게 아니라 자신을 포기하는 데 있다는 걸 깨닫게 된다. 따라서 어떤 특정한 사랑의 도가니에서 덜 배타적인 사랑이 잉태되고, 그런 사랑이 노년에 발달하며 노년에 의미를 부여할 수 있을 것이다.

독신자들도 다른 길을 통해 똑같은 과정을 밟는다. 그 길은 상대적으로 쉽지 않겠지만 효과까지 떨어지지는 않는다. 제한된 일에 온 마음을 쏟음으로써 그들은 사랑으로 가득할 노년을 준비한다. 이처럼 사랑을 키워가는 과정이 노년의 전환점을 이룬다. 프로이트는 이 과정을 '승화sublimation'라고 불렀다. 쾌락 원리의 신봉자가 승화를 말했다는 게 놀랍지 않은가? 프로이트는 쾌락을 원하는 욕망이 언젠가 한계에 부딪히고, 더 큰 대상으로 옮겨 가야만 그 한계가 극복된다는 걸 깨달았다. 프로이트의 승화는 싸구려 쾌락이 아니다. 마음의 위안을 얻기 위한 작은 보상, 즉 독일인들이 말하는 '대용품Ersatz'이 아니라, 프로이트가 예술과 문화와 종교에 대한 연구에서 증명해냈듯이 인간이 이루어낸 가장 아름답고 가장 가치 있고 가장 보편적인 업적의 근원이다.

물론 프로이트는 성본능의 승화에 대해 말했다. 그러나 그가 묘사한 현상, 즉 새롭고 더 보편적인 대상을 향한 성충동의 이동은 모든 본능적 행위에서 관찰된다. 따라서 승화를 노년의 문제에 적용하기 위해서, 우리는 알프레트 아들러의 개인심리학을 이용해서 승화라는 개념을 더 명확히 살펴보려 한다.

본능의 승화

아들러가 처음 제시한 후로 이제 일상 언어에서도 흔히 사용되는 '열등감 콤플렉스complexe d'infériorité'라는 단어를 한 번쯤 들어보지 않은 사람은 없을 것이다. 아들러는 성본능의 중요성을 무시하지는 않았지만, 융과 마찬가지로 성본능이 인간의 마음을 지배하는 유일한 동인이라 생각하지는 않았다. 아들러의 분류에 따르면, 자신의 존재를 뚜렷이 나타내고 타인에게 도전하며 경쟁에 뛰어들어 장애물에 맞서 싸우며, 행동으로 사회적 삶에서 성공하려는 인간의 권력의지도 본능이다. 성공을 향해 가는 과정에서 인간은 외적인 장애물을 만날 뿐아니라 자신의 내면에서도 장애물과 맞닥뜨리기 마련이다. 그런데 인간은 이런저런 분야에서 다른 사람들보다 열등하다고 느끼게 된다.

따라서 인간은 힘을 추구하는 본능을 폭발시키거나, 무의식에서 그런 본능을 억제하는 방향으로 반응한다. 아들러는 이런 억압을 열등감 콤플렉스라 칭했다. 열등감 콤플렉스를 지닌 사람은 자신에게 부분적으로만 장애가 있다고 생각하지 않고, 전체적으로 무력하다고 생각하며 자기의혹에 빠진다. 아들러의 주장에 따르면, 심리치료사의 역할은 그런 사람이 자신의 한계, 즉 일부 분야의 열등함을 의식적으로 인정함으로써 그런 열등함을 바람직하지 않은 방향으로 해소하지 않도록 돕는 것이다. 이렇게 할 때 그는 자신의 실질적인 능력을 깨닫고, 그 능력을 발휘해서 성공을 꾀할 수 있는 다른 영역에 힘을 추구하는 본능을 쏟게 된다. 다시 말하면, 권력의지를 승화하게 되는 것이다.

따라서 아들러의 이론에 근거해서, 내가 조금 전에 언급한 노인의 여러 유형들을 다시 생각해보자. 현재의 지위에 집착하며 직장에서의 은퇴를 거부하는 사람, 즉 가정이나 사회적 삶에서 우두머리가 되어 명령을 내리고 존중받기를 원하는 사람은 자신의 한계를 인정하지 않는 사람이다. 다시 말하면, 행동과 명령에서 노화로 인한 열등함을 인정하지 않는 사람이다. 그는 무의식적인 보상에서 위안을 얻는다. 예컨대 과거의 성공을 얘기하는 걸 좋아하고, 권위주의에 파묻히며 젊은이들을 비판한다. 자신이 늙었다는 걸 감추려고 젊은이처럼 행동한다. 뒤르크하임 교수는 한 70대 노인이 젊은이들도 엄두조차 내지 못하는 위험한 산악 등반을 성공했다는 것에 자부심을 느끼며 즐거워하는 걸 보고는 그 노인에게 "멍청한 짓을 했습니다! 지속적으로 할 수 있는 것에 관심을 두지 않고 나이 때문에 곧 포기할 수밖에 없을 위험한 등반을 해냈다고 자랑

할 게 뭡니까?"라고 나무랐다고 한다.[38]

한편 무기력과 무관심에 빠진 노인이 있다. 예부터 힘을 추구하는 본능을 억누르며 살았던 노인이었다. 직장 생활과 자식의 교육 등과 같은 주변의 것에도 그런 본능을 억눌렀던 까닭에, 은퇴한 후에 그는 어떤 것에도 관심을 두지 못하고 자신에게 그런 권력의지가 있는지조차 의식하지 못한다. 따라서 그런 의지의 반대면, 즉 회한과 쓰라린 감정 및 우울증이 그를 짓누를 뿐이다. 이처럼 발전적인 변화를 이루지 못한 까닭에 그는 퇴행을 거듭한다. 이런 노인에 대해서 뒤르크하임 교수는 "무감각, 쓰라린 회한, 닫힌 성격은 성숙하지 못했다는 증거이다"라고 말했다.[39]

그런데 세 번째의 유형의 노인이 있다. 힘을 추구하는 본능을 승화하는 데 성공한 노인, 즉 본능적인 충동을 다른 분야로 돌리는 데 성공한 노인이다. 힘을 추구하는 본능은 삶에 대한 충동을 표현하는 한 방법일 수 있다. 그런데 삶은 확장이고 공격과 지배이기도 하지만, 사랑과 수용, 교환과 교감이기도 하다. 사회적 삶을 사는 동안 직업적으로나 사회적으로, 군사적으로나 경제적으로나 정치적으로 혹은 지적으로 성공함으로써 힘을 얻을 수 있지만, 너그럽고 무사무욕한 마음으로 모두를 따뜻하게 받아들이는 마음으로는 노년에도 강력한 힘을 발휘할 수 있다.

누구라도 세 번째 유형과 두 번째 유형의 차이를 금세 알아차릴 수 있다. 구석에 그런 두 노인이 조용히 앉아 있더라도 두 번째 유형의 노인은 공허하게, 주변의 어떤 것에도 관심이 없는 사람처럼 보이는 반면에, 세 번째 유형의 노인은 충만하고 온갖 것에 관심을 보이는 사람으로 보일 것이다. 내 형제인 노인들이여, 닫힌 마음을 열라. 내면의 공허함에서 벗어나라. 우리가 이 세상에서 더 이상 주도적인 역할을 하지 못하더라도 세상은 재미있는 것으로 가득하다. 마음을 활짝 열고 폭넓은 이해심과 사랑을 보여주는 사람, 욕심과 시기심을 버리고 너그럽고 진심에서 우러나는 사랑을 베푸는 사람, 아무것도 하지 않고 아무 말도 하지 않더라도 가까운 사람들에게 차별 없이 위로와 용기와 생명을 북돋워주는 노인이 나는 정말 부럽다. 내 생각에, 노년의 의미는 힘을 추구하는 본능의 이런 승화에 있다.

승화가 구체적으로 뜻하는 바는 무얼까? 승화는 야망의 이동을 뜻한다. 야망 자체의 포기는 억압이지 승화가 아니다. 야망은 삶에서 빼놓을 수 없는 한 요소이기 때문에 야망의 포기는 일종의 죽음이다. 그러나 야망의 대상은 옮겨질 수 있다. 신분과 계급, 명령권과 결정권으로 힘을 갖겠다는 야망을 버리고, 자신의 진정한 모습과 그런 모습에 자연스레 발현되는 영향력으로 힘있는 사람이 되겠다는 야망을 가질 수 있잖은가. 계급적 권위를 갖겠다는 야망이 아니라, 누구도 제약하지 않고 한층 자유롭고 순전히 개인적인 도덕적 권위를 지니겠다는 야망을 키울 수 있지 않겠는가.

이런 점에서 본보기를 보여주는 인물을 성경에서 찾을 수 있다(왕상 19:9-16). 이런 본보기를 보여준 선지자는 엘리야였다. 엘리야는 거짓 신 바알을 추종하는 450명의 예언자들에 혼자 맞서 그들을 모두 죽인다. 엄청난 승리였지만, 왕후 이세벨의 위협을 받아 엘리야는 사막으로 달아난다. 그런 경이로운 승리조차 아무런 소용이 없었던 것일까? 엘리야는 낙담해서 죽고 싶었다! 그야말로 은퇴의 위기였다. 그때 하나님이 엘리야를 찾아온다. 하나님은 엘리야를 한 동굴로 인도하고, 자신이 조만간 엘리야 앞에 나타날 거라고 예고한다. 폭풍우가 몰아치고 사라졌지만 하나님은 여전히 모습을 드러내지 않는다. 지진이 일어나 산이 뒤흔들린 후에도 하나님의 모습은 보이지 않는다. 마침내 엘리야는 옅은 산들바람 소리를 듣게 된다. 엘리야는 하나님이 오신 것을 알아채고 겉옷으로 얼굴을 가린다.

하나님이 심리치료사로 행동하신 것이다. 하나님은 엘리야가 동굴에서 나와, 자신의 시기심과 공격성 및 이스라엘 민족을 향한 분노를 참회하는 걸 도왔다. 하나님은 엘리야가 폭풍우와 지진과 불처럼 싸웠던 것을 나무라지 않았다. 엘리야의 당시 나이에는 그처럼 싸우는 게 소명이었다. 그러나 이제 하나님은 엘리야에게, 칼을 엘리사에게 넘겨주고 엘리사를 '너를 대신하는 선지자'로 임명하라고 명령했다. 또 하나님은 엘리아에게 이제부터는 다른 방식으로, 즉 '엷은 산들바람'처럼 부드럽게 하나님을 위해 일할 수 있을 거라고 말했다.

조금 전에 나는 스위스의 역사, 특히 스위스가 니콜라 드 플뤼의 영향을 받아, 침략적인 전쟁을 포기하고 영세중립국이 된 이유를 짤막하게 설명했다. 덧붙이자면 내 생각에는 다섯 명의 스위스인들이 국제적십자사의 토대를 마련한 과정이 힘을 추구하는 본능, 즉 정복적인 과시욕을 너그러운 마음으로 승화한 표본적인 사례인 듯하다.

앞에서 언급한 두 본능, 즉 프로이트의 본능과 아들러의 본능은 상당히 유사하다. 성본능이 정복으로 묘사되곤 하는 것은 우연이 아니다. 여성은 '유혹의 힘'을 과시하고, 남성은 여성을 '정복'하거나 '소유'한다. 그러나 남성이 힘을 추구하는 본능을 폭발적으로 드러내는 사회적이고 직업적인 삶에도 사랑이 있다. 요컨대 남성이 어떤 직업을 자신의 이력으로 삼고, 거기에서 얻은 권위와 효율성을 즐기는 이유는 그 직업을 사랑하기 때문이다. 사랑의 정복도 개인적인 이익을 추구하기 위한 행동인 것처럼, 이익의 추구는 이력의 특징이기도 하다. 따라서 노년의 승화는 두 본능의 승화, 즉 두 본능이 지닌 에너지를 개별적이고 이해관계가 얽힌 대상에서 상대적으로 보편적이고 이해관계를 초월하는 대상으로 옮기는 것이다.

그런데 이상한 모순이 있다. 힘을 추구하는 본능을 승화하지 못하는 사람, 즉 여전히 젊다고 생각하기 때문에 현재의 위치에 매달리며 특권과 권위를 내려놓으려 하지 않는 사람이 오히려 정신적으로 늙은 사람이란 것이다. 그런 사람은 과거에 머물며, 조금이나마 책임을 덜어내고 더 많은 상상을 할 수 있어 자신의 연령에 알맞은 제2의 이력을 새롭게 찾아낼 수 있는 기회를 스스로 포기하기 때문이다.

계급구조와 돈을 떠나서

며칠 전, 나는 인접한 주의 작은 마을에서 강연을 했다. 그 마을의 의사와 그의 부인이 친절하게도 우리 일행을 저녁식사에 초대해주었다. 강연이 끝난 후, 그 의사가 칭찬이라도 하듯이 내게 "선생님이 지금까지도 젊게 사신 비결을 말씀해주시겠습니까?"라고 물었다. 나는 그런 질문에 능숙하게 대답할 만큼 임기응변이 뛰어나지 않았다. 나중에 자동차를 타고 집에 돌아오면서 그 질문을 다시 생각해보았다. 곰곰 생각한 끝에, 나는 마음을 젊게 할 결정적인 전환점을 여러 차례 겪었고 그때마다 새로이 출발한 게 비결이라고 대답했어야 한다는 생각이 들었다.

유럽인에 비해서 미국인은 이처럼 새로 출발할 기회가 더 많이 주어진다. 미국인들은 쉽게 이력을 바꾸거나 직장을 옮겨 다닌다. 또 이사도 뉴욕에서 캘리포니아로, 플로리다에서 시카고 등지로 옮겨 다니며 더 잦은 편이다. 유럽에서는 대부분이 어떤 직장을 구하고 나면 어떻게 해야 그 직장에서 오래 근무할까 걱정한다. 이처럼 유럽인이 직장을 옮기지 않는 이유는 퇴직연금을 받을 권리를 상실할지 모른다는 두려움 때문이다. 기업은 경험 많은 직원을 지키는 게 이익이기 때문에, 독단적으로 제정한 퇴직연금 규정으로 직원을 묶어놓는다. 사회적 입법의 태만이 아니라 사회의 성장에 따른 현상이기 때문에, 카를 마르크스가 비난한 소외와는 완전히 다른 형태의 소외인 셈이다. 따라서 이제는 퇴직기금을 자유롭게 이전할 수 있는 권리를 얻기 위해 투쟁해야 할 때이다.

힘을 추구하는 본능이 인간을 사랑하게, 그리고 일하게 유도한다. 인간은 성행위와 사회와 직장에서의 성공을 바탕으로 자신의 힘을 과시한다. 그러나 소유의 단계에서는 힘을 추구하는 본능이 인간을 옥죈다. 여자를 정복하고, 계급화된 직장에서 한자리를 차지한 후에는 지위와 고객과 위신을 유지하기 위해서 어쩔 수 없이 싸워야 한다. 기분 나쁘게 들리지 않기를 바라면서 덧붙인다면, 아내를 지키기 위해서도 싸워야 한다. 부인할 수 없는 사실이다. 소유의 단계에서는 필연적으로 질투, 정확히 말하면 사랑의 질투와 직업상의 질투가 관련되어 있기 때문이다.

은퇴와 노년의 긍정적인 면은 힘을 추구하는 본능이 즉각적이고 제한적인 대상으로부터 해방된다는 것이다. 따라서 더 너그러운 사랑, 더 자율적인 활동, 즉 사회적 계급과 이익에 의존하지 않는 활동에 마음의 문을 열 수 있다.

계급적 권위와 돈이 권력의지를 떠받치는 두 속성인 건 사실이다. 원초적 단계에서 인간의 권위와 가치는 사회적 계급 구조에서 차지하는 위치와 연봉으로 평가된다. 이런 본능의 승화는 인간 가치의 판단에 급격한 변화를 가져온다. 그때부터 인간의 가치는 어떤 일을 하느냐에 의해 평가되지 않고 어떤 사람인가로 평가된다. 다시 말하면, 그가 차지하는 지위와 직책이 아니라, 개인적인 성숙함과 마음의 크기로 평가된다. 그가 세상에 내놓는 것의 상품가치가 아니라 내재적인 가치, 즉 내재적인 삶으로 평가된다.

이해를 돕기 위해 일화 하나를 소개해보자. 내 아들이 얼마 전에 베르트랑 드 주브넬의 역작 《이상향, 멋지게 늙는 법에 대하여》를 나에게 선물했다.[40] 주브넬은 크세노폰을 인용하며, 소크라테스와 안티폰의 대화를 소개한다. 안티폰이 소크라테스에게 "…의복과 집, 자네가 소유한 모든 것이 어떤 가치를 갖는다면 자네는 그것들을 누구에게도 거저 주지 않을 것이고, 그 가치보다 낮은 값으로는 양도하지 않을 것이네. 따라서 자네가 자네의 강연에 가치를 부여한다면, 자네 강연을 듣는 사람들에게 강연의 가치에 따라 돈을 내라고 요구하게"라고 말했다. 이 말에 대해서 주브넬은 "안티폰은 직업적인 소피스트였다. 그는 강연으로 지혜를 팔았다. 강연을 팔았다는 사실이 제자들의 눈에는 그의 강연이 가치가 있다는 증거였다. 반면에 소크라테스는 돈을 받지 않고 가르쳤기 때문에 그의 강연이 가치가 없다고 생각됐다"라고 덧붙였다.

많은 시간이 흐른 지금, 소크라테스의 가치가 지식 장사꾼인 안티폰의 가치보다 못하다고 누가 감히 주장할 수 있겠는가? 그러나 소크라테스의 권위와 힘은 다른 종류의 것, 즉 이해관계에서 벗어난, 상대적으로 보편적인 것이었다. 하지만 베르트랑 드 주브넬은 현대 서구 사회라면 소크라테스보다 안티폰이 옳다고 인정할 거라고 말한다. 현대 사회의 마법사인 경제학자들은 돈과 관련되지 않은 것을 통계자료에서 평가할 수 없기 때문이다. 돈을 매개로 교환된 서비스는 생산으로 계산되지만, 무료로 주어진 서비스는 생산으로 계산되지 않는다. 주브넬은 "사회의 존재는 어머니가 자식들을 어떻게 돌보느냐에 따라 달라진다. 하지만 그런 행위에 대한 보상이 없다는 이유로 어머니의 헌신적인 사랑은 국민총생산의 계산에 포함되지 않는다"라는 사례를 필두로 많은 예를 제시했다.

은퇴자의 활동도 유익하고 가치 있더라도 생산에 포함되지 않는다. 은퇴자는 직장의 직위와 더불어 사회적인 권력까지 잃어버린 사람이다. 사회적인 권력은 돈으로 구현되기 때문이다. 어린아이와 마찬가지로 은퇴자도 소비 통계에서 한자리를 차지하지 못한다. 프랑스 사상가 장 마리 도므나크는 "노년이 사회의 관심에서 멀어지는 이유는 은퇴자의 연령대는 소비를 촉

진하는 데 큰 도움을 주지 못하기 때문이다"라고 주장했다.[41]

테제 공동체를 설립한 로제 쉬츠 수사도 돈에 바탕을 둔 소비사회를 꼬집었다.[42] 그는 소비사회를 전적으로 반대하지는 않지만, 이익이 아니라 헌신에서 얻는 즐거움을 다시 찾는 '나눔의 사회'로 소비사회를 보완하자고 제안했다. 은퇴자의 봉사활동이 활성화되면 오늘날의 현실을 '나눔의 사회'로 바꿔갈 수 있다. 하지만 사회학자들이 이미 지적했듯이, 대부분의 은퇴자가 무료로 봉사할 기회를 거부한다. 은퇴자들은 무보수 활동보다 권태롭게 시간을 죽이는 걸 더 좋아하는 듯하다. 인간의 가치를 봉사가 아니라 돈으로 평가하는 사회적 편견이 그만큼 깊다는 뜻이다.

은퇴자가 봉사활동으로 사회에 재편입되어 제2의 이력을 키워가고, 그 결과로 언젠가는 약간의 보수를 받을 수 있다는 점을 고려하면, 그런 거부는 어리석기 짝이 없는 짓이다. 그러나 이런 단계에 오르기 위해서는 인간의 가치를 순전히 돈으로 평가하던 생각을 진심으로 포기해야 한다. 따라서 힘을 추구하는 본능을 승화한다는 것은, 직책과 돈과 이익이 아닌 다른 것, 예컨대 자기계발과 교양, 특히 사랑을 키워가는 데 그 본능을 돌린다는 뜻이다.

인간은 삶의 과정에서 연속적으로 여러 단계를 거친다. 처음에는 사랑을 배운다. 물론 그 사랑은 제한적이고 약간은 이해관계가 얽힌 사랑이다. 그 후에야 상대적으로 너그럽고 보편적인 사랑을 깨닫게 된다. 또 인간은 자신을 표현하는 방법을 배운다. 처음에는 힘을 추구하는 본능의 전투적인 형태로 표현된다. 하지만 나중에는 자기중심에서 벗어나 개인적으로 성숙해짐으로써 그런 전투적인 표현을 승화한다.

어떤 단계에나 고유한 의미가 있다

지금까지 내가 말한 것을 다른 관점, 즉 삶의 의미라는 관점에서 다시 살펴보자. 인간은 계획을 세우고, 그 계획을 실현하기 위해서 치열하게 노력한다. 어떤 사람은 직장에서 성공하려고 애쓴다. 자기계발을 위해 한동안 저녁마다 공부한다. 업무에 필요한 강의를 듣고 외국어도 공부한다. 이런 모든 행위의 목적은 부서장에서 이사로, 결국에는 대표이사까지 승진하는 것이다. 반면에 혁명가와 같은 사람이 있다. 그는 어렸을 때부터 카를 마르크스와 레닌의 책을 읽었다. 더 나은 세계를 건설하고, 착취받는 사람들을 노예 상태에서 구해내고 싶어 한다. 따라서 정치투쟁에 모든 시간을 투자하고, 지나치게 부르주아적인 결혼마저 포기한다.

또 어떤 남자는 사랑하는 여자에게 구혼하지만 여자는 매정하게 거절한다. 그래도 끈질기게 계속 구혼한다. 희망이 절망으로 바뀌어도 결코 포기하지 않는다. 반면에 결혼하고 싶어

하는 여자가 있지만, 그녀가 경멸하는 자기중심적이고 변변치 못한 하찮은 남자들만이 그녀에게 집적댄다. 그녀는 마음에 드는 남자를 만나려는 목적에서만 강연회와 음악회, 교회와 동호회를 번질나게 드나든다. 또 어떤 여자는 늦게라도 아기를 갖고 싶지만 임신이 잘 되지 않는다. 그래서 유명한 산부인과 의사들에게 진료를 받고 온갖 의학사전을 뒤적거린다. 또 어떤 여자는 힘든 직장을 다니면서도 즐거운 마음으로 남편과 자식들의 행복을 위해서 요리와 집안일을 해낸다.

어떤 환자는 건강을 상실한 현실을 받아들이고, 힘든 치료를 불평 없이 받아내며 희망을 잃지 않으려고 애쓴다. 어떤 장애인은 놀라울 정도로 끈기 있게 재활운동에 열중하고, 어떤 신경증 환자는 견디기 힘든 위기에도 불구하고 정신분석치료를 계속 받는다. 전쟁으로 한 남자가 군대에 징집된다. 그때부터 그에게는 조국을 지키고 침략자를 물리치는 것만이 중요하다. 침략자가 승리하면 그는 해외로 탈출해서 연합군에 가담해서 더 큰 위험을 무릅쓴다. 또 어떤 스키 선수는 열심히 훈련받으며 금욕적인 삶을 살고, 언젠가 올림픽에 참가해서 금메달을 따겠다는 생각밖에 없다. 어떤 철학자는 아침부터 저녁까지 책을 읽는다. 오랫동안 논문에 매달리며 그 논문으로 자신의 이름을 알리겠다고 다짐한다. 대학 총장을 목표로 하지만 쉽지는 않다. 자신을 가난한 삶에서 구해줄 수 있지만 그의 원대한 계획을 버려야 하는 유혹적인 제안을 번번이 거절한다.

이런 예는 얼마든지 생각해낼 수 있다. 성공할 것이라 확신할 수 없지만 독주자로 활동하려고 오케스트라를 떠난 연주자, 아프리카 숲에서 일하려고 좋은 고객들을 두고 떠나는 의사, 도둑을 체포하려는 경찰과 경찰의 올가미에서 벗어나려는 도둑, 치료법을 찾아내는 암 전문의, 수학에 재능이 뛰어난 손자가 박사학위를 받을 때까지 살고 싶어 하는 할머니 등, 여러 유형의 사람이 있다. 모두가 크든 작든 구체적인 계획을 마음속에 품고 살아가며, 그 계획을 실현하려고 온갖 노력을 다한다. 하지만 삶의 의미에 대해서는 그다지 생각하지 않는다.

만약 당신이 이런 사람들에게 삶의 의미가 무엇이냐고 묻는다면, 그들은 그처럼 한가한 문제로 낭비할 시간이 없다고 대답할 것이다. 하지만 그들이 삶의 과정에서 치르는 힘든 싸움이 그들의 삶에 의미를 부여한다! 어쩌면 그들은 "당신이 어떤 의도로 그렇게 묻는지 압니다. 나한테 복음을 전한다며, 이땅에서의 야망은 부질없는 것이니 하나님에게, 하나님의 약속과 영생에 눈을 돌려야 한다고 나를 설득하고 싶겠지요"라고 매섭게 말할지도 모르겠다. 내가 앞에서 배격했던 지상과 천국의 잘못된 대립이 다시 불거진 셈이다. 하지만 이 땅에서의 까다롭고 무척 힘든 계획이 우리 모두의 삶에 의미를 부여하는 건 부인할 수 없는 사실이다.

하지만 엄격히 말하면, 그 의미들은 지속적이지 않기 때문에 일시적인 의미일 뿐이다. 연령대에 더 적합한 삶의 목적을 찾아내지 못하기 때문에, 많은 사람이 일시적으로 삶에 의미를 부여하던 것에 필사적으로 집착한다. 사회학자 수잔 피코와 마르그리트 올리비에 라얄은 결혼한 자녀의 집에서 살아가는 조부모의 생활을 조사한 결과, "과반수의 할머니는 자신의 삶에 아직 어떤 목적이 있다는 걸 스스로 확신하고 다른 사람들에게도 보여주기 위해서 피로감을 무릅쓰고 집안일을 계속했다. 자식들도 늙은 어머니가 그런 즐거움을 누리는 걸 막지 않았다"고 발표했다.[43]

나와 같은 관찰자에게 놀라운 점은, 행복 못지않게 시련과 불행도 삶에 의미를 준다는 것이다. 만성적 질환에 시달리는 자식을 한결같은 마음으로 돌보는 어머니, 온갖 모욕과 불공정한 상황을 견디며 20년 이상 끈질기게 계속한 소송에서 승리를 거둔 사람 등등에서 확인할 수 있는 현상이다. 그런데 소송에서 승리한 후, 그 사람이 갑자기 끔찍스러운 공허감에 빠져드는 경우가 있다. 그가 소송에서 졌다면 그런 동요가 이해되지만, 승리를 거두었는데도 그런 혼란을 겪는 이유는 삶의 의미였던 것을 상실한 때문이다.

그렇다, 우리가 구체적인 목표를 세우고 그 목표를 달성하기 위해 싸우고 힘을 집중할 때, 온갖 난관에 맞서 싸우며 희생을 기꺼이 받아들일 때, 우리 삶은 우리에게 의미를 갖는다. 물론 그것이 삶 전체의 의미는 아니다. 일시적이지만 자신을 희생할 가치가 있는 의미이다. 삶의 전체적인 과정을 두고 보면 한 단계에 불과하지만 반드시 필요한 단계이다.

이해를 돕기 위해서 어떤 여행을 상상해보자. 지금 나는 외국에 있다. 예컨대 암스테르담에 있는데 제네바로 돌아가려 한다. 제네바란 이름이 쓰인 표지판만을 보고 돌아가기에는 너무 멀리 떨어져 있다. 먼저 아른험으로 가는 길을 택해야 한다. 그 후에 단계별로 쾰른, 프랑크푸르트, 바젤을 가리키는 표지판을 찾아내야 한다. 제네바에 가까이 와서야 제네바라고 쓰인 표지판을 보게 될 것이다. 네덜란드를 지나는 동안에만 아른험은 일시적인 의미를 갖는다. 그러나 제네바에 돌아가려면 이곳을 반드시 지나야 한다. 아른험에 의미를 부여하는 것이 나를 제네바까지 가게 해준다. 따라서 삶 전체의 의미는 각 단계의 의미를 초월하지만, 각 단계의 의미가 없다면 삶 전체의 의미도 없게 된다.

적어도 내 생각에는 초월성을 생각하지 않고는 삶 전체의 의미를 생각할 수 없는 듯하다. 즉, 온 세상과 생명을 창조한 하나님을 생각하지 않고는 삶 전체의 의미를 생각할 수 없다. 그러나 삶에 어떤 총체적인 의미가 있다면, 그 의미는 단계별로 파악되고 완성되는 것이다. 다시 말하면, 각 단계마다 고유한 의미가 있다. 삶은 여정이다. 두 여정은 존재하지 않는다. 오로지 하나의 여정만이 존재한다. 나는 아른험을 향해 갔어도 결국 제네바를 향해 간 것이다. 나에게 삶의 의미는 예수가 하나님의 나라, 하늘나라, 영생이라 칭했던 것이다. 예수는 하늘나라가 먼 미래에 있다고 말하지 않았다. 하늘나라가 지금 이 순간에 있다고 말했다. 예수는 "하나님의 나라가 너희에게 가까이 왔다"(눅 10:9)고 말했고, 다른 곳에서는 "하나님의 나라는 너희 안에 있다"(눅 17:21)고 말했다. 예수는 우리에게 매일 주기도문으로 하나님의 나라를 요구하라고 가르쳤고, 결국 하늘나라가 "하늘에서처럼 땅에서도 이루어질 것"이라고 분명히 말했다(마 6:10). 이런 식으로 예수는 많은 사람이 별개의 것을 구분하던 지상의 세계와 초월적이고 영원한 세계를 하나로 결합시켰다. 결국 예수의 가르침에 따르면, 모든 개인적인 행위와 모든 개인적인 접촉에도 진정성만 있으면 영생이 깃든다.

더 큰 보편적인 의미를 찾아서

예수와 함께 산다는 것은 이런 관점에서 삶의 매 순간을 산다는 뜻이다. 세상사에 초월해서 내 삶에 의미를 주는 세속적인 것을 멀리한다는 뜻이 아니다. 내 삶에 주어진 일시적인 의미들을 부인하거나 거부하는 것도 아니며, 일시적인 의미들 하나하나에서 초월적인 의미를 구분해낸다는 뜻이다. 일상의 사건들을 통해서, 하나님이 내 마음에 심어놓은 목표를 추구하는 열정을 통해서, 성공이나 실패, 즐거움이나 슬픔을 통해서,

시련이나 회복을 통해서, 환대나 반발, 빛이나 어둠을 통해서 하나님은 나를 어디로 인도하려는 것일까? 묵상은 나에게 일어나는 모든 일에서 하나님의 뜻을 찾는 시간이며, 매 순간 하나님을 내 삶에 끌어들이며 하나님과 친교하는 시간이다. 대체 하나님은 지금 여기에서 나에게 무엇을 기대하는 걸까?

내가 조금 전에 인용한 르네 바쟁은 '하나님의 도래'가 노년에 일어난다고 말했지만,[44] 내 생각에 '하나님의 도래'는 태어나는 순간부터 죽을 때까지, 현재의 순간부터 영원까지 삶의 온 과정에서 경험하는 것이다. 하나님의 도래는 사회적인 삶과 노년 사이에는 물론이고 삶의 각 단계에서 전혀 중단되지 않는다. 적어도 하나님의 도래에서 삶은 하나이다. 모든 것이 하나님을 향한 움직임이고, 하늘나라를 향한 헌신이다. 하지만 그 헌신은 행동을 통해 더 쉬워진다. 헌신하겠다는 약속보다 행동 자체가 우리에게 더 큰 영향을 주기 때문이다. 행동은 삶이라는 헌신 과정에서 얻는 첫 번째 교훈이기도 하다. 어떤 과제에서나 첫 번째 교훈은 상대적으로 얻기 쉽다. 행동하는 과정에서, 즉 우리에게 제시되고 모든 게 행동과 관련된 일시적인 의미에서 우리는 헌신하는 방법을 배워간다. 나이가 들어 행동하는 능력이 위축되는 노년에 이르면, 이런 일시적인 의미들이 흐릿해진다. 그러나 헌신하겠다는 마음은 여전히 남는다.

따라서 내가 앞에서 말했던 대상의 이동이 여기에서도 다시 필요하다. 다시 말하면 특정한 것에서 보편적인 것으로, 헌신하겠다는 마음이 옮겨 가야 한다. '행동'이란 개별적인 헌신에서, '존재'라는 한층 심원한 헌신으로 옮겨가야 한다. 여기서 소련 외과의사, 아모소프 박사의 말을 적어두고자 한다. "내 삶이 저물어가는 지금, 내가 바라는 것은 하나뿐이다. 인간이 무엇인지 깨닫는 것."[45] 아모소프에게 직접적이고 구체적이며 특정한 소명이 있었다면 외과의사로서의 소명이었다. 그런데 한창 활동하던 때, 그의 책이 증명하듯이 자신의 직업에 열중한 덕분에 아모소프 박사는 한층 보편적인 문제, 즉 '인간이란 무엇인가'라는 문제에도 눈을 떴다. 언젠가 그는 메스를 놓게 되더라도 이 문제에 헌신적으로 몰두할 수 있을 것이다. 그는 체념하지 않을 것이다. 오히려 헌신의 폭이 더 넓어질 것이다. 세상에 관심을 끊지 않고, 행동에서 존재로 그의 관심이 이동할 뿐이다.

한 남자가 "당신은 어떤 사람입니까?"라고 묻는다. 그러면 나는 "의사입니다"라고 대답한다. 그럼 그가 다시 묻는다. "아, 당신이 의사라는 건 압니다. 그런데 어떤 사람이냐고요?" 행동하는 연령에서 나는 내 직업으로 정의된다. 다시 말하면, 내가 하는 일로 정의된다. 노년이 찾아오면, 나를 직업, 즉 '행동'으로 정의하는 경우가 점차 줄어든다. 이제 나는 '내가 어떤 존재인가'로 정의되어야 한다. 내가 과거에 내 삶에서 찾았던 일시적인 의미들이 이제는 약간 어리석게 보이기도 한다. 하지만 행동을 통해서 지금의 내가 되었고, 헌신이란 것을 배웠다. 고대 그리스의 서정시인, 핀다로스의 아름다운 표현에 따르면, 자신의 삶에 의미를 부여하며 연속적으로 주어지는 모든 일을 충실히 해낸 사람만이 올바르게 변하며 성장해서 온전히 인간이 되어 현재의 '나'가 된다.

특정한 것에서 보편적인 것으로, 일시적인 의미에서 포괄적인 의미로, 또 이해관계가 얽힌 사랑에서 벗어나 이해관계를 초월한 사랑으로 향해 가는 여정은 다른 식으로도 설명된다. 파블로프 학파의 표현을 빌리면, 조건화에서 탈조건화로의 이동이다. 직업인으로서의 삶에는 엄격한 조건화가 요구된다. 모든 교육과 교과 과정이 사회에서 금방 활용할 수 있는 노동자를 양성하기 위한 긴 조립라인과 비슷하다. 가정에서 우리는 사회적 관습에 맞춘 조건반사에 길들여진다. "손을 씻어라. 똑바로 앉아라. 깨끗하게 먹어라. 고맙다고 말해라. 네 물건을 정돈해라. 상대를 똑바로 쳐다보며 말해라."

학교에 입학하면 합리적으로 추론하고 문제를 해결하는 데 필요한 지적 조건반사에 길들여진다. 직업학교나 기술학교에서는 직업에 필요한 조건반사에 길들여진다. 이 모든 것이 오늘날 소비사회라 일컬어지는 거대한 기계를 완전무결하게 돌리기 위해서 반드시 필요하다. 이런 기계 덕분에 인간이 오랜 가난에서 벗어나기 시작했다. 따라서 이 모든 것이 빈틈없이 진행되어야 한다. 밀리미터의 10분의 1까지 정확히 맞추지 못한 사람은 가차 없이 쓰레기 더미에 내던져진다. 자유가 보장된다는 대학교에서도 박사학위를 받으려면 대가의 이론을 지지해야 한다. 철학과 법, 풍습과 교회까지 우리를 조건화시킨다. 소비자는 광고에 조건화된다. 미국의 효율성은 흔히 미국식 생활방식이라 일컬어지는 완벽한 조건화에서 부분적으로 비롯된 것이다.

여기에 일상적으로 반복되는 습관적 행위에 따른 개인적인 조건화가 더해진다. 이런 조건화도 경제적으로나 사회적으로 필요하다. 누구나 원할 때 원한다는 그 이유만으로 원하는 것을 할 수 있다면 인간 세계는 혼란에 빠질 것이고, 다시 가난으로 추락할 것이다. 그러나 앞에서 보았듯이, 이처럼 조건화에 지나치게 길들여진 사람은 은퇴하면 갈피를 잡지 못하기 때문에 중대한 위기를 맞고, 질병과 무기력과 우울증에 빠지기 십상이다. 조건화는, 인간을 특정한 역할만을 해낼 뿐 그 외에는 무기력한 로봇, 꼭두각시로 만들어버린다. 조건화는 인간에게서 진정으로 인간다운 면, 즉 상상력과 자발성과 창조력을 빼앗는다. 심리학자이자 정신분석학자인 엘리안 레비 발랑시와 클로드 베유 박사는 "많은 노동자가 판에 박힌 일과 흥미도 없는 일에 인간성을 상실하고 그야말로 멍청해져서 지적인 방법으로 여가시간을 활용하지 못한다"고 지적했다.[46]

앞에서 나는 삶에 의미를 주는 명확한 일에 헌신함으로써 발전적 변화를 꾀할 수 있다고 역설했다. 하지만 모든 헌신은 제한적인 선택이다. 어떤 하나에 헌신하려면 많은 것을 멀리해야 한다. 특정한 것은 보편적인 것을 향해 가는 데 필요한 과정이지만, 장애물이기도 하다. 특정한 것이 삶의 열정을 자극할지 몰라도 삶의 범위를 줄이는 것은 사실이다. 따라서 서로 반대되는 특성을 지닌 두 흐름, 즉 조건화와 탈조건화, 전문화와 보편화가 동시에 진행되어야 한다. 조건화는 이른바 삶의 성공을 위해 반드시 필요하지만, 탈조건화도 또 다른 의미에서 삶의 성공, 즉 폭넓은 성숙을 위해 필요하다. 파트리크 르콩트가 말했듯이, "전문화에 의해 잠들어 있던 능력이 잠을 깨야 하는 때"가 오기 때문이다.[47] 젊었을 때는 경쟁력을 확보하기 위해서 지금 하는 일에 관심을 가져야 하지만, 늙어서는 모든 것에 관심을 가져 더 인간적인 사람으로 성장해갈 수 있다. 그렇게 한다면 노년에는 그때까지 잊고 있었던 모든 것에 대한 관심을 되찾게 될 것이다.

내려놓기

내가 사랑, 삶의 의미, 조건화에 대해 지금까지 말한 것은 일종의 대립관계로 요약할 수 있다. 행동과 존재, 직업상의 태도와 개인적인 태도, 기계적인 편입과 공동체적 편입, 공리주의적 이익과 문화적 이익, 이해관계가 얽힌 동기와 이해관계를 초월한 동기, 조건화된 행동과 자유로운 행동, 제한적인 것과 보편적인 것의 대립관계이다. 갑작스레 은퇴할 때 이런 대립관계가 극명하게 나타난다. 급작스레 닥친 상황 때문에 한쪽에서 다른 쪽으로 전환하기가 무척 어렵기 때문이다. 그러나 노년은 우리에게 천천히 다가오기 때문에, 노년을 제대로 보내고 싶다면 삶에서 과거의 내용물을 새로운 내용물로 교체하는 방법을 배워야 한다.

그렇다, 노년의 성공이 목적이다. 르클레르크 신부는 "내가 알기에 노년은 아름답다. 하지만 몇 가지 조건을 갖추어야 한다"라고 말했다.[48] 엘리안 레비 발랑시와 클로드 베유도 노년에 필요한 변화에 대해 언급했다.[49] 세속적인 표현, 즉 사회학자의 표현을 빌리면, 각자가 행동방식의 변화를 꾀해야 한다. 그러나 변화라는 단어에는 언제나 영적인 반향이 담겨 있다. 달리 말하면, 타인과 세상을 향한 태도, 또 하나님을 향한 태도에서 내적인 변화가 있어야 한다는 뜻이다. 뒤르크하임이 말했듯이 노년이 "삶의 진정한 전성기, 즉 인간이 완성되는 시기"가 되려면 이런 태도의 변화가 반드시 필요하다.[50]

우리는 경험을 통해 진정한 승화가 드물다는 것을 알고 있다. 힘을 추구하는 본능만큼이나 성본능의 승화도 드물다. 프로이트가 승화라는 개념을 규명했음에도 불구하고, 프로이트학파는 이제 승화에 대해 거의 언급하지 않는다. 그들은 직관적으로 생각해도 두 얼굴—프로이트가 설명한 심리적 과정인 자연적 얼굴과 은총에 해당되는 초자연적인 얼굴—을 가진 듯한 현상을 상당히 거북스럽게 받아들이며, 순수한 자연주의자의 입장을 견지하려 한다. 그러나 그들이 승화를 무의식적인 것이라 말한다는 점에서는 나도 그들의 의견에 전적으로 동의한다. 승화는 우리가 의식하지 못하는 사이에 일어난다. 다시 말하면, 승화는 우리 의지로 해낼 수 있는 게 아니다. 승화는 의식적인 행위가 아니다. 우리에게서 비롯되지 않은 힘, 우리 의지로만 삶을 끌어간다는 생각을 여지없이 깨뜨려버리는 힘이 우리 마음에 파고들었다는 것을 나중에야 알아차릴 수 있을 뿐이다.

이런 경험은 여러 방식으로 표현될 수 있다. 하지만 승화는 논리적으로 생각되는 게 아니라 경험되는 것이기 때문에, 정밀하게 묘사되기보다는 어렴풋이 떠올릴 수밖에 없는 표현이다. 동양에서는 인위적 행위가 없음을 뜻하는 '무위無爲'라는 표현이 있다.[51] 독일의 신비주의자, 마이스터 에크하르트는 승화를 '자아를 버림'이라 칭했고,[52] 미국 목사 프랭클린 부크먼은 승화를 '삶의 변화' 혹은 '내려놓기'라고 칭했다. 이런 비움의 개념에 대한 연구에서 카를프리트 폰 뒤르크하임 교수는 "모든 것을 놓아줄 때 모든 것을 다시 찾는 사람에게 주어지는 은총"이라 말했다.[53] 같은 책에서 뒤르크하임 교수는 "수용하는 사람만이 반대편으로 넘어갈 수 있는 문턱"에 대해서도 말했다. 내가 앞에서 말했던 '수용'이란 단어가 여기에서도 사용되었다. 뒤르크하임의 주장에 따르면, 노인은 수용을 통해 "이 세상에 속하지 않는 심원하고 확실한 근본과 의미와 평화"를 구할 수 있다.[54]

아름다운 노년을 위해서는 내려놓기가 필요하다는 뜻이다. 내려놓기는 힘을 추구하는 의지로부터의 해방이다. 내려놓기가 노년에만 일어나는 현상은 아니다. 나는 어렸을 때 어렴풋하게나마 내려놓기를 경험했고, 서른다섯 살에는 더욱 뚜렷하게 경험했다. 우리는 끊임없이 과거의 습관으로 되돌아가는 경향이 있기 때문에 그 이후로도 나는 내려놓기의 중요성을 자주 경험했다. 하나님은 강력한 손으로 우리를 다시 붙잡고, 우리는 다시 하나님에게 모든 것을 맡긴다. 이런 불완전한 내려놓기를 통해 우리는 행동하는 능력이 떨어지는 노년을 조금씩 준비해간다.

하나님에게 모든 것을 맡기는 내려놓기는, 나에게는 세상을 등진다는 뜻이 전혀 아니다. 오히려 더 폭넓고 더 깊이 세상에 관심을 갖는다는 뜻이다. 따라서 내려놓기는 행동의 포기를 뜻하는 게 아니라, 내 고유한 의지에 따라 행동하겠다는 자만심을 버리고 가능한 범위 내에서 하나님의 뜻에 따라 행동하겠다는 뜻이다. 이런 다짐은 나만큼이나 천성적으로 걱정이 많은 사람에게는 불안을 해소하는 데 상당한 효과가 있다. 하나님이 나에게 부여했던 많은 책임을 덜어주는 노년에는 그 효과가 더욱 커진다. 내가 앞에서 말했던 '미완성'의 문제도 이런 식으로 해소된다. 즉, 미완성으로 끝난 모든 것에 대한 걱정을 하나님께 맡기면 된다.

따라서 우리가 하나님을 알기 전에도 하나님은 우리를 성장시켰다. 내가 의사가 되었던 것도 하나님의 뜻이었다. 나를 행동하게 만든 분도 하나님이었다. 하나님은 그런 행동의 주권자로서 내게 나타나셨고, 내 개인적인 온갖 결함에도 불구하고 내 삶을 인도하셨다. 게다가 노년에 새로운 길로 나를 인도한 분도 하나님이었다. 이렇게 하나님은 내 삶을 처음부터 끝까지 일관되게 책임지셨다.

6 _____

믿음

Apprendre à Vieillir

불안이 없는 삶과 노년을 꿈꾸는 것보다, 인간의 불안을 솔직하게 받아들일 때 마음의 평화를 얻기가 더 쉽다는 게 내 생각이다. 그리스도 자신도 죽음의 불안을 경험했다. 십자가에 매달려 피를 흘리며, "나의 하나님, 어찌하여 나를 버리셨나이까?"라고 절규할 정도로 처절하게 불안을 경험했다.

그리스도는 죽음을 받아들임으로써, 죽음의 불안을 받아들임으로써 죽음을 정복했다. 영생은 이 땅에서 시작된다. 무한의 세계에 발을 내디딘 사람은 자신의 유한성을 받아들일 수 있다.

노년, 죽음의 예고

하나님에게 모든 것을 내맡기는 내려놓기를 경험하지 않고도 진지하고 충실하고 열렬한 그리스도인일 수 있다. 또 내려놓기가 하나님으로부터 비롯된 것인지 모른 채 내려놓기를 경험했을 수도 있다. 이렇게 생각하면 자연스레 이런 의문을 제기하게 된다. 그리스도를 믿는 사람이 그렇지 않은 사람보다 노년을 더 쉽게 받아들일까? 그리스도를 믿는 사람이 그렇지 않은 사람보다 죽음, 즉 다가오는 죽음을 더 쉽게 받아들일까?

6장을 읽으면서 많은 독자가 놀랍게 생각할지도 모르겠다. 믿음이 이런 문제들에 미치는 영향을 내가 되풀이하기 때문이 아니라, 대부분의 독자에게는 별개의 문제로 여겨지는 문제들을 한두 문제, 즉 노년과 죽음의 문제, 노년의 수용과 죽음의 수용이란 문제로 축약해버리기 때문일 것이다. 정밀하게 분석하려면, 이 문제들을 뒤섞는 데 신중해야 하는 게 아닐까? 노년은 구체적이고 지속적으로 경험되는 현실이며, 우리가 객관적으로 논의할 수 있는 실질적인 문제를 제기하는 반면에, 죽음은 여전히 합리적인 토론이 거의 불가능한 불가해한 미스터리이지 않은가. 로제 멜도 "죽음은 필요한 것이어서 설명 가능한 것인 동시에 이해되지 않는 불가해한 것이다"라고 말했다.[1]

이 책을 쓰는 지금 다시 생각해보면, 내 판단에는 노년의 문제와 죽음의 문제를 경계 짓는 선이 사라진 듯하다. 출판사들이 내게 처음 이 책을 써달라고 부탁할 때에는 은퇴만을 언급했다. 하지만 나는 은퇴와 함께 시작되는 노년에 대해 말하지 않고는 은퇴에 대해 말할 수 없다는 걸 금세 깨달았다. 지금까지 나는 은퇴와 노년에 관련된 문제를 객관적인 경험과 생각을 바탕으로 설명해보려 애썼다. 조르주 귀스도르프가 입증했듯이,[2] 대부분의 의사를 비롯해 실증주의를 신봉하는 독자에게는 종교에 대한 언급이 현실적인 문제에 직접 부딪치지 않고 슬그머니 회피하는 수단으로 비치기 때문에 형이상학적인 면에 대한 언급을 최대한 배제했던 것이다.

그러나 형이상학적인 면을 다루지 않으면 논의에서 결코 사소한 부분이 아니라 무척 중요한 부분을 제외하는 셈이 된다. 모든 사람이 이 땅에서 살아가는 동안 마음속으로 죽음을 의식하고, 나이가 들면 죽음이 더욱 위협적으로 다가오는 게 사실이지 않은가. 은퇴가 노년을 예고한다면 노년은 죽음을 예고한다. 죽음이 지속되지 않는 순간, 일종의 통과의례에 불과해서 합리적인 논의에서 비켜 간다면, 모든 인간의 마음에서 잠시도 떠나지 않는 죽음에 대한 걱정은 지속적이며, 따로 떼어놓고 생각할 수 없는 객관적인 현상이다. 이에 대한 심리학자들의 경험도 거의 일치한다. 순수한 합리주의자이기를 바랐던 프로이트조차 끊임없이 종교에 대해 언급했고 죽음을 생각했다. 따라서 결국에는 '죽음의 본능'에 대해 말했다. 게다가 루돌프 아페만 박사가 지적했듯이, 이상하게도 프로이트가 말하는 죽음의 본능은 사도 바울이 로마서 5장 12절에서 죽음에 대해 지적한 내용과 상당히 유사하다. "…죄 지은 사람이 세상에 들어왔고, 또 그 죄인으로 말미암아 죽음이 세상에 들어왔다."[3]

그렇다, 심리학자라면 죽음의 미스터리가 인간을 끊임없이 괴롭힌다는 걸 잘 알고 있다. 그런데 사회학자들의 조사에서는 그런 결과가 나오지 않는 이유가 무엇일까? 사회학자가 질문하는 상대와 충분히 가깝지 않은 데다, 응답자들도 자신들의 마음에 도사리고 있는 무시무시한 불안감을 제대로 자각하지 못하기 때문이다. 그러나 인간의 마음속에 자리 잡은 죽음에 대한 불안감을 헤아려보려면, 위험이 임박하거나 냉혹한 괴물을 만나거나 탈출할 방법이 없는 긴박한 상황에 떨어졌다는 꿈 이야기를 조용히 듣는 것만으로도 충분하다. 자신이 갑자기 산꼭대기에 올라섰다거나 눈부신 빛을 만났다는 꿈조차 누구도 피할 수 없는 죽음의 의미에 대한 의문을 품고 있다는 증거로 여겨진다.

그런데 모든 불안은 결국 죽음에 대한 불안으로 귀결된다. 죽음의 공포를 넘어선 사람은 다른 모든 공포에서 해방된다는 수많은 일화가 그 증거이다. 그런 사람은 더 이상 어떤 것, 어떤 사람도 두려워하지 않는다. 누구도 그를 억압할 수 없다. 죽인다고 협박해도 그는 흔들리지 않는다. 하지만 인간은 무서운 죽음의 불안을 거의 입에 담지 않는다는 사회학자들의 지적은 옳다. 그 이유는 누구나 죽음의 불안을 억제하려고 애쓰기 때문이다.

은퇴한 노의사인 내 친구는 불치병에 걸려 조금씩 죽음을 향해 다가가는 성직자를 자주 방문했다. 그들은 다정하고 우호적인 대화를 나누었지만 피상적인 대화를 넘어서지 못했다. 내 친구는 서로 마음을 열 기회를 엿보았다. 어느 날, 오랜 침묵 후에 성직자가 나지막이 말했다. "할 말이 있습니다." 내 친구는 귀를 쫑긋 세웠다! 마침내 이 성직자가 속내를 털어놓을 건가? 그렇지 않았다. 성직자는 "셰리주가 좀 있습니다. 마시겠습니까?"라고 말했다. 친절한 제안이었지만 실망이 컸다. 많은 말이 죽음의 문제를 회피하려는 수단에 불과하다. 사람들이 말하려는 모든 것을 죽음이 삼켜버린다. 노인들과 즐겁지만 죽음을 암시하지 않으려고 애쓰며 나누는 대화는 결국 노인에게 혼자 불안을 삭이도록 내버려두는 셈이다.

반면에 무심코 내뱉은 말에 깊은 의미가 담겨 있을 수 있다. 그런 말은 잠재되고 억눌린 불안을 엉겁결에 표출한 것일 수 있다. 널리 알려진 메커니즘에 따르면, 이런 불안은 덜 중요하지만 관련된 대상으로 향한다. 따라서 이런 노인들은 류머티즘, 떨어진 청력, 친구들의 배은망덕, 젊은이들의 비도덕성, 정부의 불공정성 등에 대해 끝없이 불평을 늘어놓는다. 그들의 진정한 내면을 알아내려면, 그들 자신이 불안을 억누르고 있고, 그 불안의 진정한 대상이 무엇인지 깨달아야 한다. 이런 깨달음을 얻으려면 그 불안에 대해 말할 수 있어야 한다. 우리는 말로 표현하는 것만을 온전히 의식하기 때문이다. 그렇다고 노인에게 죽음을 두려워하느냐고 솔직하게 물어야 한다는 뜻은 아니다. 그렇게 물으면, 어떤 노인이나 십중팔구 아니라고 대답하며 더욱더 움츠러들 것이다. 인간은 질문을 받을 때가 아니라 상대가 귀 기울여 들어줄 때 마음의 문을 여는 법이다. 다시 말하면, 진정한 대화가 있어야 한다.

우리가 죽음과 노년에 대해 거의 입에 담지 않는 이유는, 죽음에 관련된 감정을 두려워하기 때문이다. 다시 말하면, 우리 마음을 가장 울컥하게 만들기 때문에, 가장 빈번하게 대화의 주제로 삼아야 할 문제를 덮어버리려는 의도가 있어서다. 시몬 드 보부아르는 노년의 금기를 뒤집어버리고 싶었다. 그래서 비겁하게 입을 다물고 지내지 말자는 뜻에서 두툼한 책을 썼다.[4] 노년의 두려움을 몰아내려면 노년에 대해 가벼운 마음으로 숨김없이 얘기할 수 있어야 한다. 그러나 정작 보부아르도 다른 곳에서 번질나게 말했던 죽음을 이 책에서는 거의 언급하지 않았다. 죽음의 금기를 뒤집지 않고 노년의 금기를 뒤집을 수 있을까? 내 생각에 이런 금기의 파괴는 우리 시대의 요구 중 하나이다. 이제 우리는 모든 것을 정면으로 직시하고, 모든 것을 억압에서 해방시키고 싶어 한다. 성에 대한 금기는 이미 무너졌다. 이제 노년의 금기를 뒤엎으려 한다. 하지만 죽음의 금기도 똑같은 바구니에 담겨 있다.

우리가 자신의 삶에서 의미를 찾으려 할 때, 또 노인이 자신의 노년에서 의미를 찾으려 할 때 결국에는 죽음의 의미에 대해 의문을 품어야 한다. '의미sens'라는 단어는 뜻이 모호하다. 어떤 현상의 뜻을 가리키기도 하지만, 한편으로는 어떤 현상의 끝을 가리키기도 한다. 앞에서 가상으로 제시한 여행, 즉 암스테르담에서 제네바까지 가는 여행을 다시 생각해보자. 내가 택한 길은 첫 단계에 의미를 부여하지만, 그 길의 종착지는 제네바였다. 삶을, 죽음이 종착지인 여정이라 생각하면, 삶의 의미가 죽음이라는 걸 누가 부인할 수 있을까?

그런데 죽음의 의미는 종교의 문제이기도 하다. 우리가 태어나서 죽을 때까지 갇혀 지내는 눈에 보이는 세계 이외에 다른 것이 있을까? 죽음을 초월하는 것, 즉 삶이란 여정의 끝 너머에 존재하는 것이 있을까? 내 노년에 어떤 의미가 있다면,

그래서 내가 노년에도 뒤를 돌아보지 않고 여전히 앞을 바라보며 살 수 있다면, 죽음 너머를 향해 다가가는 셈이다. 이를 이해하는 데 대단한 설교가 필요하지는 않다. 뒤르크하임은 죽음을 앞둔 친구를 찾아간 일화를 우리에게 전해주었다.[5] 그 친구는 환각에 사로잡힌 것처럼, 결코 실천에 옮기지 못할 계획에 대해 뒤르크하임에게 지루하게 늘어놓았다. 친구의 얘기가 끝나자, 뒤르크하임은 "죽음 너머로 시선을 두는 게 더 나을 거네"라고 친구에게 말했다. 한참의 침묵이 흐른 후, 친구는 평온한 목소리로 대답했다. "고맙네!"

믿는 사람이 죽음을 더 쉽게 받아들일까?

이런 이유에서, 수용에서 믿음이 담당하는 역할에 대한 의문을 품게 되었을 때 나는 노년의 수용과 죽음의 수용을 분리해 생각할 수 없었다. 두 문제는 긴밀히 관련되어 있어, 노년의 수용이 죽음을 준비하는 가장 좋은 방법이라 말할 수 있으며, 뒤집어 생각하면 죽음의 수용이 노년을 준비하는 가장 좋은 방법이라 할 수 있다. 따라서 객관적으로 논의하기에 적합한 질문, 즉 '그리스도를 믿는 사람이 믿지 않는 사람보다 노년과 죽음을 더 쉽게 수용하는가?'라는 질문으로 돌아가자.

나는 사람들이 이 질문에 솔직하게 '그렇다'라고 대답할 수 있다고는 생각하지 않는다. 여하튼 이 질문은 간단히 대답할 수 있는 게 아니다. 무엇보다, 믿음은 뚜렷이 다른 두 형태로 나타나기 때문이다. 하나는 계시에 대한 믿음과 머리로 믿는 믿음이며, 다른 하나는 하나님과 만나고 교감하는 경험적인 믿음이다. 이런 구분은 내가 외적인 진실과 내적인 진실로 나누었던 구분과 유사하다. 교리 자체가 여기에서 내려놓음이라 칭했던 것을 유도하지는 않는다. 교리는 내적인 진실로부터, 억누른 불안으로부터 우리를 보호하는 성채와 비슷하다. 따라서 교리는 내려놓기보다 비타협적인 태도에 가깝다.

그러나 문제는 생각보다 훨씬 더 복잡하다. 예컨대 미국 그리스도교는 유럽 그리스도교에 비해 훨씬 덜 교조적이지만, 미국인이 유럽인보다 더 종교적이다. 그런데 유럽인보다 미국인이 죽음 콤플렉스에 시달린다. 언젠가 몇몇 동료와 친구들과 함께 노스캐롤라이나 주의 채플힐에서 보낸 저녁이 아직도 뚜렷이 기억난다. 죽음이란 끔찍한 현실에 대한 침묵에 대해서, 또 미국에서 장례산업이 그런 침묵을 이용해서 돈벌이를 하는 현상에 대해 친구들과 오랫동안 얘기를 나누었다. 이런 점에서 금기의 이중성, 즉 매력과 은폐라는 이중성이 죽음에도 고스란히 존재한다.

내 생각에 죽음을 수용하느냐 않느냐는 개인적이고 집단적인 심리적 결정론이 믿음보다 훨씬 큰 역할을 하는 듯하다. 달리 말하면, 죽음의 수용은 종교적인 문제라기보다 심리적인 문제라는 뜻이다. 내 개인적인 경험에 따르면, 죽음을 두려워하는 독실한 그리스도인도 있었던 반면에 죽음을 담담히 받아들이는 그리스도인도 있었다. 또 그리스도를 믿지 않는 사람들 중에도 시시각각 다가오는 죽음을 전혀 겁내지 않는 사람이 있었고, 반면에 죽음 앞에서 괴로워하는 사람도 있다.

극단적인 사례가 이 문제를 이해하는 데 상당히 도움이 되리라 생각한다. 나는 오랫동안 직접 돌보았던 늙은 동료만큼 죽음 앞에서 불안에 떨었던 사람을 본 적이 없다. 나는 그에게 마음의 평화를 주지 못했다. 유명한 성직자들은 말할 것도 없고, 그의 병상을 연이어 찾았던 열두 명의 훌륭한 심리치료사도 마찬가지였다. 몇몇 심리치료사는 그 친구만큼 죽음이란 생각에 사로잡혀 괴로워하는 사람을 만난 적이 없다고 내게 말해주기도 했다. 그들은 결국 치료를 포기했지만, 나는 실패를 그다지 무서워하지 않기 때문에 친구의 심리치료를 끈질기게 계속했다.

그런데 내 친구에게는 믿음이 있었다. 게다가 그는 한동안 믿음을 버렸다가 기적적으로 되찾았기 때문에 회심자로서 뜨거운 열정까지 있었다. 그는 구원을 믿었다. 소수의 선택받은 사람만이 구원받는 게 아니라 모든 인간이 구원받는다고 굳게 믿었다. 또한 하나님이 누군가를 지옥불에 내던질지 모른다는 식으로 말하는 건 하나님을 모독하는 것이라고 내게 귀에 딱지가 앉도록 말하곤 했다. 내 친구를 이해하기 위해서 나는 먼 과거까지 거슬러 올라가야 했다. 죽음에 대한 강박관념이 질병처럼 그를 사로잡기 훨씬 전, 정확히 말하면 어린 시절에 이미 죽음에 대한 강박관념이 있었다. 당시 그는 공동묘지에서 꼬박 며칠을 보내곤 했다. 때로는 주변의 어딘가에 몸을 감추고 장례 행렬을 훔쳐보았다. 끔찍하게 무섭기는 했지만 마음을 잡아당기는 묘한 마력이 장례 행렬에 있었으니까.

따라서 종교 교육이 그런 아이에게 미친 영향에 대해서도 생각하게 된다. 내 친구는 그리스도교 계열의 고등학교를 다녔다. 그 학교에서는 매년 일주일 동안의 피정을 실시했다. 마지막 날은 지옥에서 받는 영원한 벌에 대한 무시무시한 묘사로 온통 할애된다는 걸 모든 학생이 알고 있었다. 동급생들은 내 친구에 비해 덜 감성적이었던 까닭에 그 모든 설명을 심각하게 받아들이지 않았다. 흔히 많은 사람이 농담으로 불안감을 감추듯이, 동급생들은 죽음에 관련된 농담을 재미있게 주고받았다. 그러나 내 친구에게는 그 시간이 끔찍한 재앙이었다.

가톨릭이든 개신교이든 모든 교회가 인간이면 누구나 죽음 앞에서 경험하는 두려움을 오랫동안 지나치게 악용하며 신도들에게 악영향을 미쳤다는 사실을 인정해야 한다. 교회는 이런 점에서 수년 전에 비하면 상당히 나아졌다. 내 생각에는 심리학의 영향 덕분이다. 따라서 요즘 교회는 하나님의 분노보다 하나님의 용서와 긍휼을 더 자주 설교한다. 그러나 문제가 완전히 해결되었다고 말할 수는 없다. 교회를 떠난 사람들이나, 교회를 마뜩잖게 생각하는 사람들의 마음에도 끔찍한 잔재가 무의식에 여전히 남아 있다.

내가 조금 전에 인용한 사례를 비롯해 그 밖의 많은 사례들에서, 불안의 주된 요인이 심리와 감정과 정서에 관련된 것이란 게 분명히 확인된다. 많은 철학자와 윤리학자가 인간의 행동이 생각과 이성과 의지에 의해서만 결정되는 것처럼 주장했지만, 그 이후에 현대 심리학이 심리와 감정이 인간 행동에 미치는 영향을 밝혀냈다. 그러나 위의 사례에서도 보았듯이, 종교적 가르침이 더해지며 감정적 비극을 악화시키는 악순환이 시작된다. 예컨대 불안에 사로잡힌 사람은 성경과 교회의 설교에서 무시무시한 협박을 우선적으로 받아들이는 반면에, 평온한 사람은 은총과 관련된 약속만을 받아들인다. 내 생각에는 바로 이런 이유에서, 심리학자와 신학자의 긴밀한 협조가 더더욱 중요하다.

많은 신학자가 여전히 감정적인 요인의 중요성을 무시하지만, 많은 심리학자가 감정적 요인에 더해지는 믿음의 역할을 무시하는 것도 사실이다. 그렇다, 접목接木과 비교하면 이 현상을 이해하는 데 도움이 될 듯하다. 우리가 사과나무에서 따서 맛있게 먹는 사과는 접붙여진 가지에 의해 결정된다. 접본椄本이 자신의 생명력을 접붙여진 가지에 전달하지만, 사과가 달리느냐 않느냐는 접붙여진 가지에 달려 있다. 따라서 예수의 부활이란 경이로운 메시지에도 불구하고, 그리스도교가 죽음 앞에 선 신도의 불안감을 해소해주는 데 별다른 성공을 거두지 못했다는 걸 인정해야 한다. 하지만 한편으로는 아시시의 성 프란체스코, 파스칼과 루터, 키르케고르처럼 불안에 사로잡혔던 위인들은 자신들의 불안에 접목된 믿음으로 완전히 다른 종류의 승리를 거두었다는 사실도 인정해야 한다.

믿음으로는 불안을 씻어낼 수 없다

그들이 거둔 완전히 다른 종류의 승리가 무엇일까? 불안을 떨쳐내려고 애쓰지 말고, 인간의 본성을 이루는 필연적인 요소로 받아들여야 한다는 것이다. 플라톤 철학 같은 이상주의적 철학이나, 스토아 철학 같은 냉소적인 철학, 혹은 에피쿠로스 철학이나 프로이트주의 같은 자연주의적 철학은, 정도의 차이가 있을 뿐 한결같이 불안의 해소라는 유토피아적 욕망을 추구한다. 그리스도교는 이런 철학들에 비하면 한층 현실적이다. 그리스도 자신도 죽음의 불안을 경험했다. 십자가에 매달려 피를 흘리며, "나의 하나님, 어찌하여 나를 버리셨나이까?"라고 절규할 정도로 처절하게 불안을 경험했다. 그때까지 그리스도는 우리와 똑같이 인간의 본성으로 살았다는 뜻이다.

  내 누이가 세상을 떠나기 직전까지 나는 이 문제로 누이와 오랫동안 얘기를 나누었다. 누이는 회심한 후에 독실한 믿음을 보인 용기 있는 여자였지만, 죽음 앞에서는 나만큼이나, 아니 그 이상으로 민감해지며 불안에 사로잡혔다. 아버지가 세상을 떠났을 때 누이는 나보다 훨씬 큰 고통을 받았다. 당시 네 살이어서 그런대로 철이 든 데다 아버지에게 큰 사랑을 받았기 때문이겠지만, 어쩌면 아버지가 세상을 떠나고 수년 후에 어머니가 다시 하늘나라로 올라갈 때까지 갓난아기였던 나를 편애하는 모습을 보여준 때문이었을 것이다.

1948년 크리스마스 날, 누이는 구세군을 위해 길거리에서 모금 활동을 하다가 감기에 걸렸다. 누이는 크게 앓았다. 나는 병실로 누이를 찾아갔다. 병원에 입원하기 일주일 전, 누이는 갑작스레 심장발작을 일으켜 가까스로 위기에서 벗어나기도 했다. 당시에는 상태가 훨씬 좋아졌기 때문에 우리는 자연스레 당시 상황에 대해 얘기하기 시작했다. 누이는 그때 이제 죽겠구나 하고 생각했었다고 말했다. 지독한 불안을 온몸으로 느꼈던 것이다. 누이는 그런 불안이 믿음의 부족이라 생각하며 자책했던지, 나에게 이렇게 물었다. 그리스도를 믿는 사람이라면 평온하게 죽음을 받아들여야 하지 않았을까?

나는 그렇게 생각하지 않는다고 대답했다. 그러고는 조금 전에 언급했듯이 예수가 겪은 불안에 대해 말해주었다. 죽음 앞에서 초연해야 한다는 이상은 그리스도교의 이상이 아니다. 뒤에서 다시 말하겠지만, 에피쿠로스 철학의 이상이었다. 또 스토아 철학에서 '아타락시아'라 칭한 이상이었다. 하지만 아

419

타락시아는 감정의 억압, 무의식의 충동에 반하는 의식적 생각의 냉혹한 비타협적 태도로 여겨져야 마땅하다. 내가 앞에서 말한 내려놓기와는 정반대의 개념이다. 에픽테토스, 키케로, 마르쿠스 아우렐리우스 등과 같이 엄청난 의지력을 지닌 인물들이나 해낼 수 있는 것이다. 그러나 아타락시아에는 그리스도교와 떼어놓고 생각할 수 없는 복음주의적 사랑이 없다.

나는 누이에게 이렇게 말했다. 그리스도교의 믿음은 강하게 보이려고 불안을 억누르는 게 아니라고! 반대로 그리스도교의 믿음은 인간의 유약함을 인정하고, 내적인 진실을 받아들이며 자신의 불안을 고백하는 것이다. 또 우리 힘이 아니라 하나님의 은혜를 굳게 믿는 것이다. 이튿날 누이는 다시 심장발작을 일으켰다. 나는 황급히 누이의 병실로 달려갔지만 누이가 다시 회복될 가능성이 없다는 걸 직감했다. 누이는 더 이상 말을 할 수 없었고, 나도 딱히 할 말이 없었다. 우리는 거의 한 시간 동안 서로 눈을 마주 보았을 뿐이다. 누이의 눈빛에서는 전날 우리가 불안과 믿음에 대해 나누었던 대화가 고스란히 읽혔다.

이런 이유에서 나는 독자에게 유토피아적 위안을 주지는 않을 생각이다. 물론 나는 내게 도움을 구하려고 찾아오는 모든 사람을 짓누르는 불안을 조금이라도 덜어주려고 심리학과 믿음을 동원해 최선을 다해 노력한다. 그러나 의식하든 않든 간에 죽음 앞에서는 언제나 불안이 엄습한다는 걸 나는 잘 알고 있다. 불안이 없는 삶과 노년을 꿈꾸는 것보다, 인간의 불안을 솔직하게 받아들일 때 마음의 평화를 얻기가 더 쉽다는 게 내 생각이다. 죽음은 무섭고 잔인한 괴물이다. 성경에서도 정복해야 할 최후의 적으로 죽음을 꼽지 않았던가(고전 15:26). 예수도 죽음을 받아들임으로써, 죽음의 불안을 받아들임으로써 죽음을 정복했다.

노년은 죽음을 준비하는 해탈의 시간으로 흔히 묘사된다. 하지만 사물에 대한 초연함과 인간에 대한 초연함을 구분해야 한다. 사물로부터의 초연함을 통해 우리가 죽음을 준비하는 건 사실이다. 앞에서 말했듯이 노년으로 전환되는 시기에는 우리가 행동을 조금씩 포기해야 하기 때문이다. 적어도 행동이 사물의 세계에 속한다면 그렇다. 그러나 나는 이런 전환이 중요하다고 강조했다. 사물로부터의 해방은 사람에게 더 넓고 더 깊게 마음을 열기 위한 것이어야 한다. 우리가 사물로부터 해방되더라도, 죽음은 우리를 사람들과 이어주는 관계, 또 노년에도 여전히 성숙해가는 관계가 갑자기 끊어지는 것이다.

내 누이의 죽음을 생각하면, 프랑스 소설가 조르주 베르나노스의 《카르멜 수녀들의 대화》에 나오는 한 구절이 떠오른다.[6] 블랑슈 수녀가 죽었다. 그녀를 믿음의 표본으로 삼으며 동경했던 한 젊은 수녀가 슬픔에 잠겨 "블랑슈 수녀님이 그처럼 죽는 걸 힘겨워할 거라고 누군들 상상할 수 있었을까?"라고 의문을 품는다.[7] 죽음이 위대하고 좋은 이유는 모두에게 공평하기 때문이 아닐까 싶다. 우리는 입으로는 공평함을 끊임없이 주장하지만, 편견 때문에 스스로 부인하고 있지 않은가! 부자와 가난한 사람, 강한 사람과 약한 사람, 흑인과 백인, 심지어 믿는 사람과 믿지 않는 사람도 죽음 앞에서는 공평하다. 하지만 그리스도를 믿든 않든 간에 우리 중 누가 자신의 죽음을 많은 사람에게 감동을 주는 장면으로 장식하고 싶은 욕심이 없겠는가?

죽음은 우리의 헛된 구분들을 뒤섞어버리는 진실의 순간이다. 지극히 자연스러운 반응을 우리가 뜻밖이라 말하는 이유는 잘못된 선입견 때문이다. 우리가 정신적으로 놀라운 발전을 이루어냈지만, 죽음에 대한 불안에는 인간이 순전히 정신적 존재가 아니라는 걸 새삼 확인해주는 물리적 요인이 있다. 우리는 동물과 다른 정신적인 능력 때문이 아니라 이런 동물적인 유약함 때문에 하나님에게 동정받는 것이다. 죽음을 맞기 전에 이런 진리를 깨달아야 한다.

하지만 죽음의 순간이 닥치면, 대부분의 사람이 생각하고 두려워하는 것보다 불안감이 크게 줄어든다. 환자들의 세계를 다룬 프랑스 잡지 〈프레장스〉에 이탈리아 의사, 파올로 로바시오의 글이 실린 적이 있다.[8] 이 글에서 로바시오는 죽어가는 사람들, 특히 죽어가는 종교인들의 두려움을 비장하게 묘사해주었다. 요컨대 죽음에 대한 두려움은 보편적인 현상이라는 걸 보여주었다. 그런데 죽어가는 사람을 일상적으로 돌보는 사람들, 예컨대 의료 관련 사회복지사, 환자를 돌보는 수녀, 간호사와 의사로부터 그 기사에 반박하는 편지가 빗발쳤다. 예컨대 뒤크레라는 의사는 "죽음은 극히 예외적으로만 비극적인 절망의 모습을 보인다"라고 주장했다.[9] 실제로 편지를 보낸 독자들은 "로바시오가 죽어가는 사람을 정말로 많이 경험했을까?"라며 한목소리로 의문을 품었다.

인간에게 가장 필요한 것은 죽음의 순간에 혼자 있지 않는 것이다. 신을 믿지 않는 사람도 그 순간에는 인간의 존재가 신의 존재를 담보하는 것으로 생각하는 듯하다. 말없이 정중하고 신중히 함께하는 시간이지만 진정으로 마음을 함께하는 시간이다. 미국 의사, 아이슬러는《정신과의사와 죽어가는 사람》이란 책에서 "죽어가는 사람을 위해 우리가 진심으로 할 수 있는 게 있다면, 그와 함께 죽는 것이다"라고 감동적으로 표현했다.[10]

철학적 견해

하지만 이 책의 주된 대상은 죽어가는 사람이 아니라 살아 있는 사람, 정확히 말하면 늙어가는 사람들과 그들의 문제, 즉 그들이 겪는 고통이다. 죽음의 문제는 그 자체로 많은 책의 주제가 될 수 있다. 그런데도 여기에서 내가 죽음을 다룬 이유는 시시각각 다가오는 죽음이 그들의 큰 걱정거리 중 하나이기 때문이다. 환자들이 죽음의 두려움을 우회해서 넌지시 말하기 때문에 모든 의사가 잘 알고 있는 것이다. 지극히 평범한 질병에 걸린 환자조차 검진이 끝나면 나지막한 목소리로 조심스레 "큰 병인가요?"라고 묻는다. "죽을지도 모르는 병인가요?"라는 뜻이다.

벌써부터 죽음을 생각하고 있었다는 증거이다. 어떤 질병이 우리는 결국 죽는 존재라는 걸 떠올려줄 때, 우리 중 누가 죽음을 생각하지 않을 수 있겠는가? 환자의 부인과 자식들 및 친구들도 모두 곧바로 죽음을 생각하지 않을까? 비록 건강하더라도 시간이 흐르고 노화가 진행되며 또래들이 죽어가면 죽음을 생각하지 않을 사람이 있을까? 스위스 철학자, 앙리 프레데릭 아미엘은 평생 매일 썼던 내밀한 일기의 끝 부분에서 "하루가 죽었다. 내일 만세! 자정을 알리는 종소리. 무덤을 향해 또 한 걸음을 내딛는다"라고 썼다.[11]

다시 고대 그리스로 돌아가보자. 나는 앞에서 스토아 철학자들과, 죽음과 불안에 대한 그들의 비타협적인 태도에 대해 언급했다 이쯤에서 에피쿠로스가 죽음의 두려움을 이겨내려고 생각해낸 유명한 이성적 추론을 인용해보자. "내가 죽음을 두려워해야 할 이유가 무엇인가? 내가 존재하면 죽음은 존재하지 않는다. 죽음이 존재하면 나는 존재하지 않는다."[12] 흠잡을 데가 없는 완벽한 추론이다. 역사상 어떤 철학자도 합리적으로는 이 추론을 반박해내지 못했다. 물론 내가 살아 있는 한 죽음은 존재하지 않는다. 그러나 내 마음속에 죽음에 대한 의식이 존재한다. 죽음을 피할 수 없다는 생각, 그리고 그 생각에서 비롯된 감정이 내 마음속에 존재한다.

심리가 생각에 얼마나 큰 영향을 미치는지 에피쿠로스의 추론에서도 확인된다. 하지만 인간의 마음이 경험한 진실, 즉 어떤 말로도 지워낼 수 없는 진실을 파헤치는 데 익숙한 심리학자의 눈에 에피쿠로스의 추론은 거의 말장난에 불과한 속임수쯤으로 보인다. 실제로 성 아우구스티누스는 젊은 시절에 좋아했던 에피쿠로스를 반박하며, 삶과 죽음의 끊임없는 관련성을 지적했다.[13] 우리 시대에는 독일 철학자 마르틴 하이데거가 삶과 죽음의 관계를 설득력 있게 설명했다.[14]

하이데거는 인간 조건을 "죽음은 인간에게 훗날 닥치는 사건이 아니라, 인간이 태어나는 순간부터 함께하는 사건이다"라고 무척 설득력 있게 요약했다.[15] 다시 말하면, 인간은 태어나는 순간부터 죽음을 준비한다. "인간은 죽음을 면할 수 없는 방식으로 태어나서 살아간다. 죽음은 우리 존재의 일부이다. 매일 우리는 죽음으로써 살아간다. 본질적으로 인간은 죽음에 이르는 존재Sein-zum-Ende이다." 하이데거는 "개인의 의식에서 이런 죽음이 무엇을 의미할까?"라고 의문을 제기하고는 "삶을 멈춤으로써 죽음은 삶을 미완성으로 만든다. … 미완성은 내 존재의 일부이다. … 죽음은 우리에게 삶에는 가치가 있지만 미완성의 가치라는 걸 가르쳐준다"라고 덧붙였다.

삶과 죽음이 이처럼 항상 함께한다는 생각이 하이데거 철학의 근간이며, 하이데거 철학에 깊이를 더해준다. 시인 릴케도 죽음에 대해 언급하며 "누구나 스스로 짊어져야 할 위대한 죽음"[16] 혹은 "우리는 곧 사라질 사람처럼 항상 행동한다"라고 말했다.[17] 한편 나는 직관적으로 죽음과 친숙한 관계를 맺고 살았다. 어쩌면 내가 고아였기 때문이었을 것이다. 이런 관점은 힌두교의 가르침과 무척 유사하다. 인도에서 공부한 루마니아의 종교학자 미르체아 엘리아데는 "우리는 죽음을 면할 수 없는 사람이 아니라 죽어가는 사람이다"라고 말하지 않았는가.[18]

반면에 장 폴 사르트르는 하이데거에게 많은 영향을 받았지만 죽음에 관해서는 하이데거와 의견을 완전히 달리했다.[19] 사르트르는 "[죽음은] 일정한 원칙에 따라 나에게서 벗어난다. … 죽음은 탄생과 마찬가지로 순전히 하나의 사실이다. … 우리가 태어난 것이 부조리라면 우리가 죽는다는 것도 부조리이다. … 게다가 우리는 예외 없이 죽는다"라고 말했다. 따라서 "삶은 지속되는 한 순수하고 죽음에서 벗어난 것이다. 살아 있는 동안에만 내가 나를 생각할 수 있기 때문이다. 인간은 삶을 위한 존재이지 죽음을 위한 존재가 아니다"라고 주장했다.[20] 현실주의자이기를 바라며 우리를 많은 이상주의적인 신화로부터 구해준 사르트르가 지극히 현실적인 유한성과 죽음을 논박하며 억지로 비현실적인 주장을 해대는 게 내게는 이상하게 여겨진다.

　여하튼 죽음 앞에서 두 가지 기본적인 태도가 존재하는 듯하다. 하나는 하이데거처럼 죽음을 직시하는 태도이며, 다른 하나는 사르트르처럼 죽음을 회피하는 태도이다. 내가 개인적인 대화를 나눈 사람들, 특히 노인에게서는 어김없이 두 태도 중 하나가 확인된다. 한쪽에는 삶을 이해하기 위해서 죽음이란 현실과 죽음의 중요성을 명확히 자각하는 사람들이 있는 반면에, 반대편에는 그런 진실을 무의식에 묻어두는 사람들이 있다. 후자에 속한 사람들은 죽음을 생각하지 않으며 마음의 평화를 얻기를 바란다. 하지만 그렇게 해서 그들이 진정한 마음의 평화를 얻을 수 있을지 의심스럽다. 기껏해야 위축되고 경직된 평화, 적잖게 불안한 평화가 아닐까 싶다. 그렇게 억압된 상태에서 평화를 얻는다 해도 억압된 감정이 언제라도 되살아날 수 있다는 걱정에서 벗어나기 힘들기 때문이다. 구체적으로 말하면, 죽음이라는 피할 수 없는 현실이 불현듯 의식에 되살아날 수 있기 때문이다.

　이처럼 상반된 태도는 노인들 혹은 환자들을 방문하는 사람들에게서도 확인된다. 노년과 마찬가지로 질병도 죽음을 예고하기 때문이다. 의사들 중에서도 적잖은 의사가 노인과 환자의 사기를 북돋워주려고 가벼운 이야기와 잡담으로 그들의 걱정을 잊게 해주며, 죽음의 문제를 최대한 언급하지 않으려 애쓴다. 하지만 노인이나 환자는 직관적으로 의사의 그런 태도를 일종의 장벽처럼 느낀다. 요컨대 의사가 "당신이 마음속에 꼭꼭 감춰둔 걱정거리는 말씀하지 마십시오!"라고 말한 것처럼 생각하며, 그들이 결코 넘지 말아야 할 닫힌 문처럼 느낀다. 결국 의사도 진부한 대화로 현실 도피에 일조를 한 셈이다. 재미있는 농담이나 재담은 양쪽 모두에게 진정한 대화를 방해하는 요인이 된다. 방문객이 떠난 후, 노인이 다시 불안을 느낀다면, 방문객은 노인에게서 불안을 덜어주는 데 아무런 역할도 못한 셈이다.

정반대의 실수를 범하는 경우도 있다. 이상주의에 사로잡혀 열정에 넘친 사람이 조심하지 않고, 삶과 죽음 혹은 믿음과 관련된 미묘한 문제를 경솔하게 꺼내는 경우이다. 결국 죽음에 대해서 한쪽은 충분히 얘기하지 않는 게 문제이고, 반대쪽은 지나치게 많이 얘기하는 게 문제이다. 따라서 나는 방문객들에게 어떤 경우에나 듣는 게 우선이고 말하는 건 나중이라고 조언한다. 열린 마음으로 신중하게 들어주는 태도가 상대에게 믿음을 주기 때문에, 상대가 어색한 침묵이나 성급하고 단호한 반박에 말이 끊길지도 모른다는 두려움을 덜어내고 속내가 담긴 말을 하게 된다. 감정에 관련된 문제에는 항상 조심스레 접근해야 한다. 감정은 겉으로 표현함으로써만 해소되지만, 그 감정에 대한 두려움 때문에 겉으로 표현하지 못하는 경우가 많기 때문이다.

그렇다, 하이데거와 사르트르라는 두 실존주의자가 대표하는 두 가지 태도가 있다. 그러나 그들만큼 확고한 입장을 가지려면 철학자가 되어야 한다. 일상의 삶에서, 그리스도를 믿든 않든 간에 우리처럼 평범한 사람들은 끊임없이 두 태도를 뒤섞거나 변덕스레 왔다 갔다 한다. 죽음의 문제가 우리 능력을 넘어서기 때문이다. 여하튼 우리는 양쪽의 견해를 조금씩 공유하거나, 죽음을 지나치게 진지하게 생각하거나, 아니면 아예 죽음이란 단어를 언급조차 않으려 한다.

그리스도교의 입장

어느 점에서 그리스도교 사상은 하이데거의 견해에 더 가깝다. 예컨대 철학자 로제 멜은 "성경에서 우리는 죽음의 그림자 위를 걷는 사람, 질병에 걸린 사람, 특히 죽음의 예고라 할 수 있는 무력증에 걸린 사람으로 묘사된다. … 죽음은 자연재해처럼 인간에게 느닷없이 찾아오지는 않는다. 죽음은 우리의 가장 내밀한 존재, 즉 하나님 앞에 선 존재와 밀접한 관계가 있다"며 다음과 같이 덧붙였다.[21] "어떤 의미에서 죽음은 자신의 위력을 입증한 후에도 그대로 존재한다. 그리스도를 향한 믿음으로 새로운 존재—믿음의 주체—가 그리스도 안에서 태어나며 죽음에서 해방되고(요 11:25), 늙은 사람이 죽은 존재, 사도 바울의 표현을 빌리면 '사망의 몸'(롬 7:24)을 계속 유지한다. 따라서 그리스도교 사상과 하이데거의 견해는 본질적으로 여러 면에서 유사하다. 양쪽 모두에서 죽음은 인간 존재에 내재된 것이다."

나는 어렸을 때부터 죽음의 내재성을 통절하게 느꼈지만, 그렇다고 세상을 멀리하지도 않았고 세상과의 투쟁을 게을리하지도 않았다. 오히려 열정적으로 세상에 뛰어들었다. 그러나 하나님이 나를 단련시키려고 내려놓았던 일시적인 세계에서의 투쟁이었다. 내 모국은 하늘에 있다. 나이가 들어갈수록 이 땅에서의 삶은 나에게 사랑을 학습하고 하나님을 알아가는 시간으로 여겨졌다. 그리스도교에만 존재하고 하이데거에는 없는 것은 사랑과 믿음과 소망이다.[22] 그렇다고 하이데거를 비판하자는 것은 아니다. 타인과 하나님과의 교감은 철학의 문제가 아니라, 우리가 이 땅에서 겪는 구체적인 경험이기 때문이다.

물론 죽음에 대한 그리스도교의 대응은 철학적이지 않아, 지적인 관점에서 보면 모호한 점이 있다. 가령 누군가 나에게 "믿음으로 죽음을 받아들일 수 있습니까?"라고 묻는다면, 나는 솔직히 "그렇기도 하고 그렇지 않기도 합니다"라고 대답할 수밖에 없다. 얼마나 모순되는가! 나는 많은 독자, 특히 내가 그리스도를 믿는 사람이기 때문에 '그렇다'라고 확신에 차 대답하기를 기대했을 독자를 실망시키지나 않았을까 두렵다. 그러나 우리 인간의 본성은 워낙에 모순된 것이다.

우리는 반발심을 억누르지 않고는 아무것도 받아들일 수 없는 것일까? 모든 것을 수용하려는 마음을 억누르지 않고 반발할 수 없는 것일까? 아니라고 말하고 싶은 반발심을 억누르지 않고는 그렇다고 말할 수 없는 것이고, 그렇다고 말하고 싶은 마음을 억누르지 않고는 아니라고 말할 수 없는 것일까? 의심을 억누르지 않고는 "나에게 믿음이 있다"라고 말할 수 없는 것일까? 믿음이 있다고 말하지 않아야 의심을 말할 수 있는 것일까? 하지만 자신에게 믿음이 부족하다고 인정하는 것이야말로 진정한 믿음이 아닐까? 나는 이처럼 곤혹스러운 문제들에 무척 예민한 편이다. 나는 하나님으로부터 비롯된 것을 굳게 믿지만, 인간으로부터 비롯된 것은 거의 신뢰하지 않는다. 나에게 정말로 믿음이 있는지 명확히 말할 수 없는 무력감과 당혹감을 고백해야 할 때가 적지 않다. 나만큼이나 예민한 독자들은 나에게 감사해야 할 것이다. 나도 당신들과 같지 않은가. 하지만 사람들은 명확하고 분명한 대답을 기대한다. 그러나 그게 가능한 것일까?

요즘 아내가 내가 불안해하는 걸 눈치챘는지 "책은 잘 쓰이고 있나요? 어디까지 썼어요?"라고 물었다.

"아직도 죽음에서 맴돌고 있어요." 내가 대답했다.

"그럼 곧 부활에 대해 쓰겠네요, 그렇죠?"

나는 아내가 무슨 뜻으로 그렇게 말했는지 잘 알고 있다. 하지만 부활이 죽음을 없애는 건 아니지 않은가. 부활은 죽음 후에 오는 것이다. 내가 부활을 믿는다고 죽음을 과소평가할 수는 없는 노릇이다. 그리스도가 진정으로 죽음을 맞은 후에 부활했기 때문에 성금요일의 비극도 의미를 갖는 것이다. 다시 말하면, 죽음 후에 뒤따른 부활을 잊어야만 우리는 성금요일의 비극을 온전히 파악할 수 있다. 반면에 성금요일을 잊어야 우리는 부활절에 진정으로 환희를 노래할 수 있다.

그렇다, 그리스도교는 죽음을 과소평가하지 않는다. 또 로제 멜이 지적했듯이,[23] 그리스도교에서는 죽음이 예수 그리스도의 형상을 한 하나님에게도 닥쳤다는 걸 인정하기 때문에 죽음의 문제를 결코 단순화하지 않았다. 그렇다, 우리는 앞질러 생각하며, 미련 없이 과거를 버리고, 나처럼 하늘나라를 즐길 수 있다. 그러나 현실세계에서 삶의 페이지는 한 장씩 넘어갈 뿐, 앞질러 갈 수 없다. 내 죽음의 페이지는 아직 넘겨지지 않았다. 내가 죽음을 경험하기 전에는 그 페이지를 넘길 수 없다.

믿음의 승리

하지만 "믿음이 있으면 죽음을 상대적으로 쉽게 받아들일 수 있을까?"라는 질문에 나는 "아니요!"라고 대답하지 않고 "그렇기도 하고 그렇지 않기도 합니다"라고 어중간하게 대답했다. "그렇다"라고 말할 수 있는 부분도 있기 때문이다. 모든 순교자가 반박할 수 없는 증거이다. 초창기의 순교자들은 물론이고, 지금까지 믿음을 위해 순교한 모든 사람이 그 증거이다. 그리스도를 믿지 않는 동양인들, 특히 일본인들도 영웅적인 상황에서 죽음에 두려움 없이 맞섰다고 반박할 사람도 있을 것이다. 심리학적 관점에서 보면, 그들의 승리에도 어떤 믿음의 승리, 구체적으로 말하면, 그들이 목숨을 던질 이유를 확신한 믿음의 승리가 있는 게 분명하다.

미묘하고 까다로운 문제이다. 그러나 우리가 제기한 문제는 예수 그리스도에 대한 믿음의 문제였다. 따라서 순교자들의 증거를 무시하는 건 아니지만, 박해라는 예외적인 상황이 아니어도 "하나님이 나를 붙잡으셨다. 하나님이 나에게 나타나셨다. 나는 하나님께 내 삶을 바쳤다. 나는 하나님과 하나님의 약속을 믿는다. 나는 아무것도 두렵지 않다. 죽음도 두렵지 않다"라고 자신있게 말할 수 있는 평범한 그리스도인의 증언을 듣는 게 더 설득력 있게 다가올 듯하다. 이렇게 확신하면 노년이 확연히 달라진다는 걸 누가 모르겠는가? 이런 내면의 확신은 주변 사람에게도 인식된다. 내 경우에도 열렬한 신자의 인상적인 말에서 감동받는 게 아니다. 그가 예수 그리스도를 개인적으로 경험한 사람이란 게 느껴질 때 정말 감동받는다. 예컨대 프랑스 교육자 마리 파르그 부인은 《가을의 평화》에서 섬세하고 아름다운 글을 써냈다.[24] 그러나 나에게는 글 뒤에서 그녀의 인간됨과 그녀가 활력을 얻고 교감하는 하나님의 존재를 느낄 수 있다는 게 더 중요하다.

취리히의 의과대학생, 다비트 쿠르첸은 성경에서 노년을 어떻게 다루고 있는지를 주제로 논문을 썼다.[25] 쿠르첸은 성경이 노년의 고통을 감추지 않고 무척 현실주의적인 입장에서 노년을 언급하고 있다는 걸 증명해냈다. 그러나 성경은 하나님과 함께하는 노년과 그렇지 않은 노년을 뚜렷이 구분하기도 한다. 믿음으로 하나님과 개인적인 관계를 맺음으로써 노년을 밝은 쪽으로 바꿀 수 있다는 뜻이다.

따라서 하나님과 함께하는 노인에게 죽음은 해방, 시련의 끝, 하나님 품에서의 안식, 존재의 모든 불행이 피난하는 항구로 여겨질 수 있다. 프랑스 위그노파 시인, 아그리파 도비네(1552 -1630)도 삶의 황혼기를 맞아 이런 식으로 표현했다.[26]

이제 기쁨이 줄어드네. 하지만 고통도 줄어드네

나이팅게일이 침묵하자 세이렌들도 입을 다무는구나.

열매도 따지 않고 꽃도 따지 않네.

허망은 종종 없어지곤 했으나 이제 희망도 없네.

겨울은 모든 것을 즐긴다. 행복한 노년,

예절의 계절, 힘겨운 노동도 없는 계절.

하지만 죽음이 멀지 않네. 이 죽음 후에는

거짓된 삶이 끝나고 죽음이 없는 삶이 있겠지.

죽음이 죽고 삶다운 삶이 시작되겠지.

누가 불행을 좋아하고 안전함을 미워하겠는가?

과정이 항구보다 달콤하다고

여행을 그토록 좋아했던 사람이 있었던가?

프랑스 시인 샤를 페기의 표현을 빌리면, 이런 노인은 "영생의 문턱에 들어서기 직전"에 있다고 말할 수 있다.[27] 어쩌면 문턱을 넘어섰을 수도 있다. 나는 얼마 전에 테오 보베 박사의 편지를 받았다. 이 책에서 여러 번 언급한 오랜 친구로, 51년 동안 행복하게 함께 살던 부인을 얼마 전에 사별한 보베 박사는 편지에서 이렇게 말했다. "내 경험에 따르면, 영생은 죽음 후에 시작하는 게 아닐세. 지금부터 영생을 살고 있는 거네. 영생이 온갖 일상의 걱정거리에 감춰져 있을 뿐이지. 죽음을 만난 후에야 우리는 영생을 깨닫는 것일지도 모르지. 하나님은 죽은 사람들의 하나님이 아니라, 살아 있는 사람들의 하나님이지 않을까? 하나님에게는 모든 것이 살아 있는 것이니까. 이렇게 생각하니 놀랍게도 나는 아내를 잃은 슬픔에도 불구하고 기쁨으로 충만하다네."

그렇다, 영생은 이 땅에서 시작된다. 하나님과 함께하는 삶 자체가 이미 하나님과 영생을 함께하는 삶이다. 무한의 세계에 발을 내디딘 사람은 자신의 유한성을 받아들일 수 있다. 노년이 시작되고 죽음이 다가오기 전에 우리는 이런 결정적인 깨달음을 얻고 영생의 삶을 시작할 수 있다. 그러나 보베 박사가 말했듯이, 사랑하는 사람의 죽음이 우리에게 그런 깨달음을 주는 경우가 적지 않다.

오늘도 나는 옛 환자 중 한 명에게서 편지를 받았다. 깊이 사랑하던 아버지가 노환으로 얼마 전에 세상을 떠났다는 편지였다. "내 안에서 균형감이 다른 차원으로 나타났고, 내면의 소중한 빛을 깨닫게 해주었습니다. 죽음의 교훈이 진정한 현실의 문을 열고, 진정한 의미와 진정한 빛을 삶에 전해준 듯합니다. … 아버지가 우리를 떠날 때 문을 열어주었습니다. 나는 지금도 그 문을 가끔 바라보고, 우리 삶에 밝은 빛과 의미가 있다고 생각하며 행복감에 젖습니다." 이 짤막한 문장은 깊은 슬픔에 잠겨 쓰였지만 빛이라는 단어가 세 번이나 사용된 것에 주목할 필요가 있다.

독일 철학자 막스 셸러는 소중한 사람의 죽음이 개인적으로 미친 영향을 일종의 참여, 즉 내면화로 훌륭하게 표현해냈다.[28] 또 폴 리쾨르는 "[내 죽음은] 아직 멀리 저쪽에, 내가 알지 못하는 곳에 떠 있고, 내가 알지 못하는 것이나 내가 알지 못하는 존재에 의해 조금씩 강해진다"라고 말했다.[29] 하지만 그리스도교 사상과 하이데거 철학의 관점에서 보면, 그 죽음은 내가 태어난 순간부터 내 안에도 떠 있는 것이며, 사랑하는 사람의 죽음을 통해 나는 그 죽음의 존재를 절실하게 깨닫는다.

절친한 친구로 나에게는 스승 같은 존재인 한 정신분석학자가 얼마 전에 나에게 "요즘 점점 죽음을 생각하게 됩니다. 일반적이고 추상적인 죽음이 아니라 나 자신의 죽음을!"이라고 말했다. 하지만 그는 나보다 훨씬 어리다. 그는 계속해서 "환자들과도 죽음에 대해 얘기하는 횟수가 잦아지고 있습니다. 놀랍게도 이런 심리치료 방법이 새로운 깊이를 주는 데다 효과도 괜찮습니다"라고 덧붙였다. 의사들은 말로 표현하는 경우보다 훨씬 자주 죽음에 대해 생각한다. 따라서 의사들이 죽음에 대해 함구하는 것은 큰 잘못인 듯하다. 의사가 죽음을 대면하는 자신의 태도에 대해 솔직하게 얘기한다면 환자가 죽음을 받아들이는 데 큰 도움을 줄 수 있을 것이다.

한 성직자 의사의 이런저런 생각들

이쯤에서 내 친구인 오레종 수도원장이 생각난다. 인격의학회에서 그가 태어나기 전에 부모가 여러 번이나 아기를 잃었다고 우리에게 말했을 때 나는 그의 운명을 대략 짐작할 수 있었다. 나와 비슷하게 그도 가족의 죽음을 통해 세상과 삶을 나름대로 깨달은 셈이다. 또한 그의 뇌리에서는 죽음의 문제가 잠시도 떠나지 않았다. 그의 아버지처럼 그가 외과의사라는 직업을 선택한 이유도 죽음에 맞서 싸우기 위한 것이었다. 실제로 나는 외과의사들이 죽음에 상당히 예민하다는 걸 자주 확인할 수 있었다.

그러나 마르크 오레종은 외과의사로 일하며 의학이 죽음을 미룰 수는 있지만—환자가 완치되면 의사는 한없는 즐거움을 느낀다!—죽음의 문제를 해결할 수 없다는 걸 금세 어렵지 않게 깨달았다. 이런 이유에서 오레종은 신부가 되었다. 성직자로 일하는 과정에서 그는 심리학을 알게 되었고, 다시 정신분석학자가 되었다. 따라서 그는 외과의사로서 인간의 몸을 알고, 정신분석학자로서 인간의 마음을 알며, 성직자로서 인간의 영혼을 알게 된 진정한 인격의학자였다.

그런데 이런 세 가지 이력에 그는 또 하나의 이력, 즉 작가로서의 이력을 더했다. 성性, 결혼생활과 독신 생활, 새로운 사랑의 윤리에 대한 연구, 자신의 삶을 다룬 몇 권의 책을 발표한 후, 오레종은 자신의 주된 관심사이던 죽음의 문제로 돌아갔다.[30] 그는 과학적 사고에 물든 냉철한 현대인이 죽음에 대해 어떻게 생각하는지 명확히 밝혀내려 애썼다. 그가 무엇보다 강조하는 것은 죽음의 필연성이다. 요컨대 죽음을 자연스러운 현상으로 생각하자는 것이다. 이런 생각은 많은 독자에게 단순하게 여겨질지도 모르겠다. 그러나 우리가 지금 가장 절실하게 재발견해야 하는 것이 이런 단순함이지 않은가?

수년 전, 내 손자 니콜라가 내게 이렇게 말했다. "할아버지, 할아버지는 곧 죽겠지요?"

내가 물었다. "왜?"

"할아버지는 많이 늙었으니까요."

"그래, 네 말이 맞다. 할아버지는 많이 늙었지. 할아버지는 곧 죽을 거다." 나는 아주 단순하게 대답했다.

그렇다, 우리는 아이들의 도움을 받아 다시 단순해질 수 있다! 죽음에 대해 함구하며 금기로 삼는 대신, 죽음에 대해 편안하게 얘기를 나누는 것도 도움이 된다. 노인들에게 필요한 것은 이해하기 힘든 지적인 반응이 아니라, 자신의 생각을 표현하고 이해받는 기회이다. 인간은 자연에 의해 설정된 좁은 한계를 조금이라도 넓히고 싶어 한다. 이런 바람은 과학기술의 눈부신 발전으로 더욱 커졌다. 이런 이유에서 원시세계의 원주민과 아이들이 우리보다 훨씬 단순하게 죽음을 생각한다. 내가 앞에서 노년의 수용에 대해 말하며, 자연의 이런 근본으로 다시 돌아가자고 말했던 이유도 여기에 있다.

"태어나는 것은 어떤 것이나 죽음을 맞는다." 우리가 이미 인용했던 아르투르 요레스 교수의 글이다. 지극히 단순한 진리이지만 우리는 이 진리를 쉽게 인정하지 않는다. 인간과 인간의 운명에 대해 깊이 생각해보고 싶다면, 먼저 탄생과 죽음을 이런 식으로 관련지어야 한다. 탄생이 죽음보다 이해하기 더 쉬운 것만은 아니기 때문이다. 죽음처럼 탄생도 자연스러운 현상인 동시에 미스터리이다. 첫 아기의 탄생을 기다리는 젊은 부부라면 탄생의 그런 점을 강렬하게 느끼기 마련이다. 아기가 태어나기도 전에 이름을 짓는 게 그 증거이다. 이름은 독립된 개체로서의 상징물이지 않은가. 게다가 부모는 배 속의 아기를 이름으로 부르며, 말을 알아듣는 대화의 상대인 양 말을 걸기도 한다. 따라서 탄생은 자연 법칙에 따라 수정된 난자가 발육하는 생물학적 현상일 뿐 아니라, '탄생'이란 단어가 필연적으로 떠올려주는 모든 형이상적 의미를 지닌 인간의 창조이기도 하다.

오레종 수도원장은 "인간의 운명에서 죽음은 탄생의 두 번째이자 최종적인 단계인 듯하다"라고 말했다.[31] 나는 이처럼 탄생과 죽음을 한꺼번에 생각하는 방법이 둘 모두, 특히 죽음을 새로운 관점에서 접근하는 데 상당한 도움이 된다는 걸 절실하게 느꼈다. 날개를 넓게 펼 때 우리는 죽음이란 좁은 시야에서 벗어날 수 있다. 인간은 탄생과 죽음을 초월하는 미스터리한 존재이다. 탄생과 죽음 사이에서 인간은 지상의 조건화에 의해 제약받는다. 죽음은 지상에서의 삶을 끝내는 순간에 불과하다. 우리는 어떤 삶도 영원히 지속되지 못하며, 죽은 후에야 한계 밖으로 뛰어넘을 수 있다는 걸 잘 알고 있다.[32] 죽음을 받아들인다는 것은 이런 초월의 법칙을 받아들인다는 뜻이며, 시선을 한계 너머에 둔다는 뜻이다. 이쯤 되면, 실존주의 철학자 폴 루이 란트스베르흐가 했던 "죽음의 수용이 죽음을 변화시킨다"라는 말을 이해할 수 있을 것이다.[33]

오레종 수도원장은 자신의 책에 《죽음… 그 이후는?》이란 제목을 붙였다. 죽음이 우리에게 제기하는 문제는 실제로 '그 이후'이다. 늙어가는 사람이 모든 살아 있는 생명체처럼 뒤를 돌아보지 않고 계속 앞을 바라보고 싶다면 피할 수 없는 근본적인 질문이다. 괴테는 "나라면 로렌초 데 메디치에게, 다른 삶을 기대하지 않는 사람은 이미 죽은 사람이라고 말할 것이다"라고 말하지 않았던가.[34] 또 프랑스 시인 장 레퀴르는 "죽음의 불안은 잠드는 불안이 아니라, 잠을 깨지 못할지도 모른다는 불안이다"라고 말했다.[35] 이 문제에 관련해서 복음의 계시는 분명하고 단호하다. 부활은 우리에게 약속된 것이고, 예수 그리스도의 부활이 그 증거이다. 사도 바울은 이렇게 확신하며, 의심하는 사람들에게 이렇게 소리쳤다. "그리스도께서 살아나지 않으셨다면, 우리의 선포도 헛되고, 여러분의 믿음도 헛될 것입니다."(고전 15:14)

필리프 H. 메누 교수도 "그리스도를 믿는 사람들에게 죽음은 더 이상 저주나 형벌이 아니다. 죽음은 부활을 위해 반드시 먼저 있어야 하는 사건이다"라고 말했다.[36] 이런 맥락에서 메누 교수는 죽음을 '성장의 위기'로 정의한 장 다니엘루 추기경을 인용했다. 새로운 삶이 우리에게 선포되고, 새로운 삶이 우리를 기다린다. 하지만 우리는 다른 사람과 하나님과 진정으로 교감할 때 이 땅에서도 그 새로운 삶을 부분적으로 경험할 수 있었다. 제한된 존재로서 이 땅에서 살아가는 내내 우리를 괴롭히는 욕망에 부응하는 충만한 삶은 가능하다. 하지만 그 충만한 삶이란 게 대체 어떤 삶일까? 우리는 충만한 삶을 살고 있다고 정직하게 말할 수 있을까?

이 문제에 대한 독자들이 질문이 빗발치자, 오레종 수도원 장은 두 번째 책을 서둘러 써야만 할 정도였다. 그래서 이번에 는 저명한 언론인 브뤼노 라그랑주와 함께 썼다.[37] 그 책이 바로 《다른 곳에 존재한다…》였다. 다른 곳에 다른 것이 있다는 것은 인간이 예부터 직관적으로 알았던 것이다. 우리가 갇혀 지내는 이 보이는 세계와는 다른 것을 끊임없이 탐구했고, 극단적으로 복잡하게 보이지만 앞으로도 열정적으로 탐구하는 걸 멈추지 않을 것이다. 그러나 직관과 지식 사이에는 모든 시인을 괴롭히는 간극이 있다. 물론 평범한 사람들도 그 다른 것을 무척 순진하게 머릿속으로 꾸준히 상상해보았다.

그 형상, 혹은 원형은 집단 무의식에 새겨져 있다. 집단 무의식은 모든 인간의 마음속에 깊이 자리 잡은 공통된 흔적들을 가리킨다. 우리는 환자들의 꿈에서 그 흔적들을 다시 찾아낸다. 실제로 나는 약간의 차이만 있는 똑같은 이야기를 자주 들었다. 꿈꾸는 사람은 신기하게도 정방형의 방으로 옮겨 간다. 융이 완전함을 상징하는 것으로 '신비한 영적 체험'이라 일컬었던 것이다.[38] 그 방에서, 꿈꾸는 사람은 자신과 똑같이 긴 흰

옷을 입고 정확히 반원형으로 서 있는 합창단과 하나가 된다. 그는 합창단 내에서 자신의 자리를 예부터 알고 있었다는 것처럼 찾아간다. 합창단원들을 잘 알지 못하지만 그는 조금도 이방인이나 방문객, 즉 익명의 존재라는 느낌을 받지 않는다. 그는 진정으로 합창단의 일원이 되고, 천상의 멜로디를 배운 적이 없는데도 그들과 함께 한목소리로 노래한다. 지휘자는 존재하지도 않고 필요하지 않은 듯하다.

물론 이 모든 것은 상징에 불과하다. 성가가 아름답기 그지없더라도 내세에서 영원히 노래하는 가능성은 대부분의 사람들에게 그다지 매력적으로 와 닿지 않는다. 독실한 신자라도 크게 다르지는 않을 것이다. 예컨대 내 어머니의 할머니는 무척 활동적이어서, 영원히 쉬면 지루할까 두렵다며 하늘나라에도 일거리가 있으면 좋겠다고 말할 정도였다. 우리 마음속에 새겨진 이런 원형이 상징하는 것은 완전함과 기쁨, 공동체와 조화, 순수한 열정 그리고 평화이다.

비극적인 외적인 상황은 말할 것도 없고, 수십 년 동안 괴롭히던 심적 고통에서 조금씩 치료되던 환자를 예로 들어보자. 그녀의 꿈은 진료실에서 시작하고, 진료실의 외과의사는 그녀의 마음을 온통 사로잡는다. 외과의사는 역동적인 사람, 과학과 그 과학을 마음대로 주무르는 매력적인 사람을 상징한다. 얼마 후, 그녀는 폐허로 변한 거대한 성에 있게 된다. 그녀는 수많은 계단을 열심히 오르내리고 어둑한 복도를 따라 걷는다.

그녀는 뭔가를 애타게 찾지만, 그것이 무엇인지 모른다. 그것을 찾지 못하자 그녀는 점점 불안해진다. 꿈의 이 부분은 그녀가 심리치료를 받는 이유인 자아발견이 어렵다는 걸 상징한다.

그런데 갑자기 꿈은 합창단의 신비한 찬송으로 끝난다. 내가 이 꿈을 선택한 이유는, 그녀의 짤막한 한마디에 내가 충격을 받았기 때문이다. 그녀는 흰옷을 입고 합창단과 함께 목청껏 노래하는 순간, 무거운 짐에서 벗어난 느낌이었다고 말했다. 그 짐이 그녀의 어깨에서 떨어져나간 느낌이었다고! 물론 질병의 짐이었을 것이다. 또 모든 회한, 모든 헛된 욕심, 모든 유혹에서 비롯된 짐이기도 했다. 그러나 용기있는 사람이나 강인한 사람이나, 모든 사람을 무겁게 짓누르는 삶의 짐이기도 했다. 많은 노인이 이런 짐에서 벗어나고 싶어 한다. 프랑수아 모리아크의 표현을 빌리면, 많은 노인이 "죽음이라는 마지막 은총"을 받기를 원한다.**39**

그렇다, 죽고 나서 이 땅의 무거운 짐을 덜어낸 완전히 새로운 삶을 찾는 것은 인간의 마음에서 지워낼 수 없는 열망이다. 이 땅에서 특권을 누리는 사람들도 예외는 아니다. 내가 앞에서 제시한 원형이 순진무구한 이유는 우리 머리로는 그 다른 삶이 어떤 것인지 상상해낼 수 없다는 증거이다. 요컨대 우리는 직접 오감으로 경험하고 머리로 추론하는 현재의 세상과 완전히 다른 세상을 상상해내지 못한다. 오레종 수도원장도 부활을 믿어야 한다고 주장했지만, 문제를 오히려 모호하게 할지도 모른다고 염려하며, 많은 사람이 시적인 영혼과 신실한 의도로 상상했던 천국과 지옥의 모습을 묘사하는 걸 경계했다.

우리는 내세에 대해 무엇을 알고 있을까?

부활 후의 삶은 어떤 것일까? 사실상 우리는 그에 대해 아무것도 모른다. 섣불리 이러쿵저러쿵 말하는 것보다 모른다고 인정하는 게 더 낫다. 어쩌면 모르고 있는 게 더 나을 수도 있다. 오레종 신부는 탄생과 죽음을 하나로 결합하며 "어머니의 배 속에서 꼬박 열 달을 채운 아기가 세상에 나와 눈을 떠 보게 되는 것보다 더 많이 아는 게 아니다"라고 말했다.[40] 또 다른 책에서는 이렇게 말했다. "나는 태어나기 전에 변화무쌍한 상황, 하지만 의식적인 존재로 있는 지금의 나에 필적할 만한 의미를 지닌 상황에 있었다. 다른 것을 보고 싶어 하지만, 그것이 무엇인지 조금도 알 수 없는 상황인 것은 내가 태어나기 전이나 지금이나 똑같다."[41]

그렇다, 우리는 부활 후의 삶에 대해 전혀 모른다. 하지만 알고 싶은 마음은 굴뚝같다. 사도 바울도 똑같은 심정을 이렇게 표현했다. "그러나 '죽은 사람이 어떻게 살아나며, 그들은 어떤 몸으로 옵니까?' 하고 묻는 사람이 있을 것입니다. 어리석은 사람이여! 그대가 뿌리는 씨는 죽지 않고서는 살아나지 못합니다. 그리고 그대가 뿌리는 것은 장차 생겨날 몸 그 자체가 아닙니다. 밀이든지 그 밖에 어떤 곡식이든지, 다만 씨앗을 뿌리는 것입니다. 그러나 하나님께서는, 원하시는 대로, 그 씨앗에 몸을 주시고, 그 하나하나의 씨앗에 각기 고유한 몸을 주십니다. … 죽은 사람들의 부활도 이와 같습니다. 썩을 것으로 심는데, 썩지 않을 것으로 살아납니다. 비천한 것으로 심는데, 영광스러운 것으로 살아납니다. 약한 것으로 심는데, 강한 것으로 살아납니다. 자연적인 몸으로 심는데, 신령한 몸으로 살아납니다. 자연적인 몸이 있으면, 신령한 몸도 있습니다"(고전 15:35-44).

사도 바울은 다른 편지에서도 썩지 않는 신령하고 영광스러운 몸에 대해 말한다(빌 3:21). 물론 사도 바울이 말하는 몸은 해부학자가 다루는 몸이 아니다. 그런데도 이처럼 몸이란 단어를 반복해서 사용하는 이유는 분명하다. 복음이 약속한 부활은 개인의 부활, 진정한 인간의 부활이란 뜻이 담겨 있다. 내가 누군가를 '뼈와 살'로 만났다고 말하면, 그를 개인적으로 만났고, 그가 어떤 사람인지 확인했다고 인정하는 것이다. 따라서 부활한 세상에서는 이런 개인적인 정체성이 되찾아진다고 추측해볼 수 있다.

플라톤은 영혼이 몸에서 빠져나와 순수한 이상의 세계로 되돌아간다며 영혼불멸을 주장했다. 하지만 성경의 가르침에 따르면, 영혼불멸설은 타당하지 않은 듯하다. 또 개개인이 각자의 정체성을 상실하고 무한의 세계로 들어간다고 생각하는 동양 사상들도 성경과는 거리가 멀다. 나는 내세의 삶이 어떤 모습인지 전혀 모르지만, 육체가 없는 추상적인 세계, 순전히 익명의 생각과 정신만이 유령처럼 존재하는 세계가 아니라는 것만은 알고 있다. 또 내가 여전히 개인적인 정체성을 유지할 것이기 때문에 그곳에 가면 내가 어렸을 때 사별해 거의 모르고 지낸 부모를 다시 만나게 되리라는 것도 알고 있다. 또한 이 땅에서 맺은 인간관계가 진정한 관계라면 하늘나라에서 계속 이어질 거라고 확신한다.

예수 그리스도의 부활

우리 믿음의 유일한 근거이고, 이 막연한 문제를 유일하게 밝혀주는 빛인 예수 그리스도의 역사적인 부활 이야기에서 이 모든 것이 분명히 확인된다. 성경에서 언급된 다른 부활들, 예컨대 엘리야가 되살려낸 아이(왕상 17:22), 야이로의 딸(눅 8:55), 나사로(요 11:44)의 부활은 다루지 않을 생각이다. 그들의 부활은 이 땅에서 일시적으로 되살아난 것이지, 완전히 다른 삶으로의 부활로 여겨지지 않기 때문이다. 이런 부활들에 담긴 의도는 하나님의 전능함과 영광을 더욱 빛내기 위한 것이다. 심지어 예수 자신도 말했듯이, 예수의 부활도 마찬가지이다. 병원에 비유해서 말하면, 소생술이 의학의 위력을 증명하는 것과 비슷하다.

여하튼 예수 그리스도의 부활은 다른 부활들과 완전히 다르다. 제자들이 절망에 싸여 있던 다락방을 예수는 몸소 찾아갔다(요 20:19). 그러나 "모든 문이 닫힌" 다락방에 불쑥 나타난 것으로 판단하건대 예수는 이미 지상의 존재가 아니었다. 따라서 제자들은 예수를 금세 알아보지 못했다. 그 후의 이야기들도 이런 착각들로 가득하다. 예컨대 막달라 마리아는 예수를 '동산지기'로 착각해서, 예수가 그녀의 이름을 부른 후에야 예수를 알아보았다. 엠마오로 가던 순례자들은 예수와 한참 동안 얘기를 나누었지만, 낯익은 행동을 보고서야 예수를 알아보았다(눅 24:13-35). 그들은 예수를 일찍 알아보지 못한 것에 놀라지만, 예수는 곧바로 신비롭게 사라졌다. 그 후, 디베랴 호숫가에서도 예수가 가장 아꼈던 제자들이던 베드로와 요한도 예수를 금세 알아보지 못했다(요 21장).

따라서 예수 그리스도의 부활은 우리 마음에서 어려움을 해소해준 만큼이나 논리적 사고에는 어려움을 제기한다. 우리의 지적 능력은 우리 본성에 의해 조건화되기 때문에 한계를 넘어서지 못한다. 제자들의 눈도 그랬지만 인간의 눈은 이 세상에 속하지 않는 존재를 알아보지 못한다. 이제부터라도 정신의 계몽이 필요하다. 그러나 누가 뭐라 해도 정신은 육체의 구체적인 존재를 통해 확신을 얻는다. 예수는 자신을 알아보게 하려고 몸으로 보여주었다. 그 몸은 닫힌 문도 통과할 정도로 신비로운 몸이었다. 또 예수는 손과 발을 보여주며 "바로 나다. … 유령은 살과 뼈가 없지만, 너희가 보다시피, 나는 살과 뼈가 있다"(눅 24:39)라고 말했다. 또 제자들에게 확신을 주려고 그들 앞에서 식사를 했다. 그야말로 육신을 통한 행위였다. 나중에는 도마에게 자기 손의 못 자국에 손가락을 넣어보라고도 말했다(요 20:27).

인간은 몸으로 존재가 확인된다는 이 위대한 진리를 이보다 더 분명하게 보여줄 수 있을까? 우리 얼굴이든 우리 시선이든, 우리가 미소 짓는 방법이든 우리 몸짓이든, 또 우리 발걸음이든 우리 목소리이든 간에 남들에게 우리를 알아보게 하는 것은 우리 몸이다. 신원 확인에서 지문 이외에 다른 증거를 인정하지 않는 법률가들은 잘 알고 있는 사실이다. 하지만 부활한 예수의 몸은 의사가 해부실에서 연구하는 몸과 완전히 달랐다. 부활한 예수의 몸은 신분 확인을 위한 기능만을 지녔다. 부활한 예수는 그 몸으로 다른 사람에게 말을 걸었다. 따라서 부활한 예수가 몸으로 자신을 남들에게 알아보게 했다는 점에서만 그 몸은 부활의 증거가 된다. 부활의 물질적이고 과학적인 증거는 없다.

그러나 비물질적이지만 상당히 과학적인 증거가 있다. 심리학과 사회학이 과학이란 이름을 얻은 이후로 이제는 과학이 물질만을 다루는 학문은 아니기 때문이다. 게다가 이제는 물리학자들도 물질이 무엇인지 명확히 정의하지 못하는 경우가 많다. 이 증거는 오레종 수도원장이 제시하면서 역설한 것이며,[42] '그리스도적 사실fait chrétien'이라 칭했다. 그리스도교는 인간의 역사에 "죽음에 대해 완전히 새롭고 특별한 비전"을 제시해주었다. 바로 그리스도인들의 개별적인 경험으로, 제자들의 개인적인 변화가 대표적인 예이다. 제자들은 예수가 부활했다고 확신한 순간부터, 그런 변화로 인해 불굴의 희망을 전하는 메신저가 되지 않았던가.

신학자는 교리를 출발점으로 삼고, 의사는 경험으로 시작한다. 따라서 많은 사람이 신학(교리)과 의학(경험)은 대립되는 것이라 생각한다. 특히 신학자는 경험 신학이 천계론의 남용을 부추길 수 있다고 생각하기 때문에 교리와 경험의 차별성을 강조한다. 실제로 그런 경우가 적지 않다는 걸 나도 인정한다. 이런 이유에서, 나는 둘의 방식을 대립시키는 것보다 결합하는 게 중요하다고 생각한다. 내가 이렇게 확신하는 이유는 경험과 교리가 정확히 일치하기 때문이다. 사도 바울의 경우가 그 증거이다. 사도 바울이 확신을 갖고 예수 그리스도의 부활을 전한 이유는, 부활한 예수를 그가 다마스커스로 가는 길에 만났기 때문이다. 바울은 자신의 설교를 뒷받침하는 확실한 논거로서 분명히 그렇게 말했다(고후 12:2).

따라서 경험과 교리는 대립되는 게 아니라, 일치하는 것이다. 하지만 둘 사이에는 일종의 순서가 있다. 경험이 교리보다 우월한 것은 아니지만 먼저 있어야 한다. 예컨대 나는 예수 그리스도와 만남을 경험한 후에 성경책을 펴고, 내 경험이 하나님의 계시에 부합되는지 확인한다. 나는 부활을 믿지만, 죽음이 다가올 때에야 내 안전은 부활이란 교리를 믿는 데 있는 게 아니라 예수 그리스도와 나를 이어주는 내밀한 관계에 있다는 걸 깨닫는다. 나 혼자 외롭게 죽음을 대면하는 게 아니라, 이미 죽음에 맞서 싸워 이긴 예수와 함께 있다는 걸 알게 된다.

오래종 수도원장처럼 나는 의사이다. 따라서 내 생각은 교리보다 경험에서 비롯된 것이다. 물론 신학적 논쟁이 무척 중요하지만, 결정적인 최종 결론을 내려주지 못하는 신학적 논쟁으로 이 책을 끝낼 수는 없다. 경험은 사람들을 뭉치게 하는 반면에 교리는 사람들을 구분한다는 점에 교리의 문제점이 있다. "나는 부활을 믿는다"라고 말한다면, 이 책을 읽는 독자 중에서 부활을 믿지 않는 사람들은 나와 구분된다고 생각하지 않겠는가. 그들은 나를 그리스도인의 진영에 놓을 것이고, 그들은 다른 진영에 속한다고 생각할 것이다. 하지만 엄격히 말하면, 그런 진영의 구분은 없다. 운명이 비슷하기 때문에 연대하는 사람들만 있을 뿐이다. 우리는 태어나서 성장하고 늙어 죽는다. 그 과정에서 우리는 많은 의문을 자신에게 제기하고, 슬픔과 즐거움을 경험하며, 실수를 저지르고 다시 일어서며, 의심하고 희망을 품는다.

그런데 우리 모두를 위해 이 땅에 내려왔던 예수 그리스도가 있다. 그리스도는 모든 인류를 포용하며 똑같은 사랑으로 감싸주지만, 행복한 사람보다 불행한 사람, 건강한 사람보다 고통받는 사람, 행동과 믿음을 자랑하는 사람보다 겸손한 사람을 더 배려할 거라고 분명히 말했고, 우리 모두를 위해 죽었다가 부활했으며, 또 요한복음에서 말하듯이 우리가 있을 곳을 마련하려고 우리보다 앞서 하늘나라에 올라갔다(요 14:2). 사람들이 예수 그리스도를 만나고 알아보는 경우가 있다. 이런 만남은 어떤 연령에서나 가능하지만, 전혀 기대하지 않았던 순간에 일어나는 경우가 대부분이다. 따라서 이런 만남을 경험한 사람은 잠들어 있던 믿음을 일깨우게 되고, 이런 믿음은 폐쇄적인 교리에 대한 믿음이 아니라 예수 그리스도 개인에 대한 애착과 믿음이다.

나는 예수와의 이런 개인적인 관계 덕분에, 나처럼 여전히 확신을 갖지 못하는 사람들을 충분히 이해하고, 삶의 과정에서 제기된 수많은 의문이 대답되지 않는 걸 받아들일 수 있다. 욥은 자신의 삶을 뒤엎어버린 얼토당토않은 불행에 어떤 대답도 얻지 못했다. 그러나 욥은 하나님과 개인적으로 만나는 경험을 했다(욥 42:5). 나는 이 책에서 누군가의 의문에 대답할 의도는 조금도 없다. 지금까지 그랬듯이, 대답하려고 애쓰기보다는 앞으로도 들으려고 애쓸 것이다. 대답은 인간의 입에서 나오는 게 아니라 하나님으로부터 오는 것이니까.

얼마 전에 나는 한 미국인에게 무척 감동적인 편지를 받았다. 그녀는 15년 전에 남편과 사별했다며, 남편의 죽음은 그녀에게 재앙이었다고 말했다. 땅이 그녀의 발밑에서 푹 꺼진 기분이었다. 그녀에게 더 이상의 삶은 의미가 없었다. 그런데 어느 날, 그녀는 자신이 하나님에게 필요하다는 걸 깨달았다. 그녀가 하나님의 일을 돕는 도구가 될 수 있다는 걸 깨달았다며 "하나님은 이제 내 삶을 지탱해주는 지지대이며 방패입니다. 하나님은 내가 살아 있는 이유입니다"라고 했다.

하나님은 우리가 희망을 품을 수 있는 이유이기도 하다. 루이 앙리 세비요트 박사는 "구세주 예수에 대한 믿음이 굳건하던 한 노파가 기억난다. 뇌출혈을 일으켜 회복될 가능성이 없다는 걸 알게 된 그녀는 입버릇처럼 '마침내 … 곧 알게 되겠지요'라고 말했다"[43]며 "자신의 바람대로 부활절 아침에 숨을 거둔 그녀를 지켜보았던 사람들이 이제는 알게 되기를 애타게 기다린다"고 썼다.

나도 최근에 한 환자를 방문했다가 똑같은 말─'곧 알게 되겠지요'─을 들었다. 내가 옛날에 돌보던 환자로 이제는 아흔 살을 넘겨 집에서 거의 두문불출하는 노파였다. 그녀가 나에게 보고 싶다는 편지를 보냈다. 그날의 만남은 우리 둘이 완전히 영적으로 교감하는 경이로운 만남이었다. 우리는 죽음에 대해 얘기를 나누었다. 그전까지 내가 알기에 그녀는 걱정이 많고 조심스러운 사람이었지만, 그날은 무척 차분하고 편안해 보였다. 그녀는 "계속 살고 싶은 마음도 있고, 죽을 준비도 돼 있어요. 결국, 곧 알게 되겠지요"라고 말했다. 다음 날, 그녀는 우리 만남을 연장한 것처럼 나에게 다시 편지를 보냈다. 그 편지에서 그녀는 이렇게 말했다. "하늘나라에 올라가서 그리스도께서 하나님 은총의 비밀에 대해 말씀하시는 걸 들으면 정말 행복할 것 같아요."

아름다운 노년을 위하여

고등학교를 함께 다녔던 많은 친구가 은퇴를 시작했다. 나는 번역가라는 이유로 은퇴 시기를 내 뜻에 따라 조절할 수 있지만, 변호사나 의사가 아닌 대부분의 직장인은 정년이란 사회적 제도에 의해 은퇴를 강요받는다. 친구들을 통해서도 내 또래가 은퇴할 연령대에 들어섰다는 걸 느끼지만, 어느덧 성인이 되어 외국에서 일하는 아들 녀석이 간혹 보내는 이메일에도 언제나 '건강'과 '행복'이란 단어가 빠지지 않는 걸 보면 나도 나이가 들었음을 깨닫게 된다.

　베이비붐 세대가 은퇴를 시작했다. 치료하는 것보다 예방하는 것이 더 낫다는 말처럼, 이미 은퇴를 시작한 사람들에게는 때늦은 얘기가 될 수 있겠지만, 아직도 사회활동을 하는 사람들에게는 은퇴 후의 삶을 지금만큼이나 보람차게 보내기 위해서는 어떻게 해야 할까? 은퇴 후에도 넉넉하게 보낼 수 있는 돈만 있으면 된다는 생각은 크게 잘못된 생각이다. 은퇴 후의 삶에서 가장 커다란 문제는 어쩌면 너무도 여유로운 시간이다. 그 남아도는 시간을 어떻게 보내야 할까? 또 은퇴는 곧 노년의 시작이며, 노년의 시작은 죽음이 멀지 않았음을 뜻한다. 아름다운 노년이란 무엇이고, 죽음은 어떻게 준비해야 할까?

처음에는 내과의사로, 그 후에는 정신의학자로 활동한 폴 투르니에는 이런 질문들에 차근차근 대답한다. 투르니에는 만 일흔두 살에 이 책을 썼다. 투르니에의 글이 설득력 있게 들리는 건 개인적인 경험을 바탕으로 하기 때문이다. 개인적인 경험이기 때문에 보편성이 없는 것은 아니다. 사회학적 조사 결과를 어김없이 인용해서, 그 결과에 딱 들어맞는 개인적인 경험을 제시한다. 또한 투르니에는 솔직하다. 그 자신이 의사로서, 또 저자로서 복받은 삶을 살고 있다는 걸 인정하면서 그렇지 못한 은퇴자와 노인의 관점에서 은퇴와 노년에 접근한다.

돈의 많고 적음을 떠나 은퇴 후의 삶을 어떻게 하면 알차고 보람 있게 보낼 수 있을까? 투르니에는 여가활동을 강조한다. 금전적 여유가 있을 때 기부하겠다는 생각이 잘못된 것처럼, 은퇴 후에 시간적 여유가 있으면 여가활동을 시작하겠다는 생각도 큰 잘못이다. 여가활동에 대한 생각의 범위를 넓혀야 한다. 여가의 사전적 의미처럼 시간적 여유가 있을 때 행하는 활동만이 여가활동이 아니다. 시간적 여유보다 마음의 여유가 있으면, 직업활동 이외의 모든 것이 여가활동으로 승화될 수 있다. 이런 식으로 여가를 잘 활용하여 은퇴 후의 삶을 제2의 이력으로 발전시켜가자는 게 투르니에의 제안이다.

앞에서 말했듯이 은퇴는 노년의 시작일 수 있다. 아름다운 노년을 위한 조건은 과거를 잊는 데 있다. 가정에서는 가장으로서, 직장에서는 관리자로서 명령하고 지시하는 권위적인 태도를 내려놓는 것이다. 다시 말하면, 자신의 말을 앞세우지 않고 상대의 말을 귀담아들어주는 자세가 필요하다. 우리는 흔히 세대갈등을 말한다. 앞 세대가 젊은 세대의 말을 들어주며 그들의 아픔에 공감하지 않고, 자신들의 생각을 젊은 세대에게 강요하기 때문에 세대갈등이 생기는 게 아닐까? 왜 활기차고 기회도 많은 젊은 세대가 늙은 세대를 이해해주지 않느냐고 반문해서는 안 된다. 이런 반발은 문제 해결에 조금도 도움이 되지 않는다. 앞 세대가 많은 시간을 살았던 만큼, 많은 경험을 바탕으로 마음의 문을 열고 젊은 세대를 먼저 포용하려 한다면 젊은 세대도 반응을 보이지 않겠는가. 결국 아름다운 노년은 기득권을 내려놓는 데 있다.

죽음의 문제에 대한 논의는 무척 흥미롭게 전개된다. 투르니에는 독실한 그리스도인이지만, 그리스도를 믿지 않는 사람을 감싸 안으며 죽음과 죽음의 두려움이라는 문제에 접근한다. 특히 6장에서 집중적으로 다루어진 믿음과 죽음의 문제는 어떤 철학책보다 설득력 있게 읽힌다.

책을 번역할 때마다 거의 언제나 새로운 것을 배우고 깨닫는다. 이런 점에서 어느덧 은퇴와 노년을 생각해야 할 나이에 접어든 지금, 이 책을 번역하게 된 것은 나에게 개인적으로 큰 행운이었다.

충주에서

강주헌

주

1. 일과 여가

1 Paul Paillat, *Sociologie de la vieillesse*, Presses Universitaires de France, Paris, 1968.

2 Henri Bour, "L'homme et le vieillissement," *Vieillesse et longévité dans la société de demain*, Presses Universitaires de France, Paris, 1968.

3 Alfred Sauvy, "Le vieillissement démographique," *Revue interna -tionale des sciences sociales*, Vol.XV, No.3, Unesco, Paris, 1963.

4 Paul Paillat, 앞의 책.

5 J. Cipra, *Etude des conditions de vie des retraités de la Caisse interprofessionnelles paritaire des Alpes*, 1965.

6 Joffre Dumazedier and Aline Ripert, "Troisième âge et loisirs," *Revue internationale des sciences sociales*, Vol.XV, No.3, 1963.

7 Joffre Dumazedier and Aline Ripert, 앞의 책.

8 Joffre Dumazedier, *Vers une civilisation du loisir*, Le Seuil, Paris, 1962.

9 Denis de Rougemont, *L'aventure occidentale de l'homme*, Albin Michel, Paris, 1957.

10 Denis de Rougemont, 앞의 책.

11 Aline Ripert, "Quelques problèmes américains," *Esprit,* Juin, 1959.

12 Denis de Rougemont, 앞의 책.

13 같은 책.

14 Denis de Rougemont, *Penser avec les mains*, Albin Michel, Paris, 1936.

15 Denis de Rougemont, *L'aventure occidentale de l'homme*, Albin Michel, Paris, 1957.

16 같은 책.

17 Adolf Portmann, "Mensch und Natur," *Die Bedrohung unserer Zeit*, Bâle, Friedrich Reinhardt.

18 Montaigne, *Œuvres complètes*, Bibliothèque de la Pléiade, Paris, n.r.f.

19 Sigmund Freud, "Jenseits des Lustprinzip," *Gesammelte Werke*, Imago, London, 1940-1968.

20 Roland Cahen-Salabelle, "La psychothérapie dans la deuxième moitié de la vie d'après C. G. Jung," *Semaine Médicale des Hôpitaux*, Paris, 1950. 5. 26.

21 C. G. Jung, *Psychologie de l'inconscient*, Librairie de l'Université, Genève, 1950.

22 C. G. Jung, 앞의 책.

23 C. G. Jung, *Problème de l'âme moderne*, Bucher-Castel, Paris, 1961.

24 C. G. Jung, 앞의 책.

25 C. G. Jung, *L'énergétique psychique*, Librairie de l'Université, Genève, 1956.

26 C. G. Jung, *Problème de l'âme moderne*.

27 C. G. Jung, *La guérison psychologique*, Librairie de l'Université, Genève, 1953.

28 C. G. Jung, *Psychologie de l'inconscient*.

29 C. G. Jung, *Problème de l'âme moderne*.

30 Robert Hugonot, "Gériatrie et gérontologie grenobloises," *Grenoble medico-chirurgical*, Vol.VI, 1968.

31 Michel Philibert, "Le Centre de préparation à la retraite," *Du Grenoble olympique au Grenoble social*, Grenoble, Office pour les personnes âgées.

32 Patrick Lecomte, *Une expérience de gérontologie sociale: le Centre de préparation à la retraite de Grenoble*, Institut d'Etudes politiques.

33 Jean Lacroix, "Initiation philosophique," *L'echec*, Presses Universitaires de France, Paris, 1965.

34 Jacqueline Baron, "Interview de Mme Lèon Zitrone," *La Suisse*, Genève, 1969. 11. 20.

35 Paul Ricoeur, *De l'interprétation. Essai sur Freud*, Le Seuil, Paris, 1956. 《해석에 대하여》, 인간사랑, 2013.

36 Aline Ripert, "Quelques problemes americains," *Esprit*, Paris, 1959. 6.

37 Arthur Jores & H. G. Puchta, "Der Pensionierungstod," München-

Berlin, Medizinische Klinik, No.25, 1959. 6. 19, p.1158.

38 Jean-Marie Domenach, "Loisir et travail," *Esprit*, No.spéc, 1959. 6.

39 Max Weber, Pizzorno의 글 "Accumulation, liosirs et rapports de classe"에서 인용.

40 Alessandro Pizzorno, "Accumulation, liosirs et rapports de classe," *Esprit*, 1959. 6.

41 André Gros, *Vieillesse et longévité dans la société de demain*, Presses Universitaires de France, Paris, 1965.

42 Aline Ripert, "Le Loisir," *Esprit*, 1963. 5.

43 Joffre Dumazedier, *Vers une civilisation du loisir*, Le Seuil, Paris, 1962.

44 J. M. Domenach, 앞의 글.

45 Georges Gusdorf, *La découverte de sol*, Presses Universitaires de France, Paris, 1948.

46 *Guidepost*, New York I, N. Y., 1963. 3.

47 J. M. Domenach, 앞의 글.

48 Joffre Dumazedier, 앞의 책.

49 J. M. Domenach, 앞의 글.

50 Alessandro Pizzorno, 앞의 글.

51 Paul Tournier, *L'homme et son lieu*, Delachaux et Nestlé, Neuchâtel et Paris, 1966. 《인간의 자리》, NUN, 2012.

2. 더 인간적인 사회를 위하여

1 Arthur Jores & H. G. Puchta, 앞의 책.

2 Henri Bour, 앞의 책.

3 Paul Miraillet, "L'évolution psychologique du vieillard bien adapté," *La vieillesse, problème d'aujourd'hui*, Groupe Lyonnais d'Etudes Medicales, SPES, Paris, 1961.

4 Jean-Louis Villa, "L'hygiène mentale du vieillissement," *Médecine et Hygiène*, Geneva, 1966.

5 G. Gaillard, "Les vieux dans l'histoire et dans l'évolution sociale," *La vieillesse, problème d'aujourd'hui*, Groupe Lyonnais d'Etudes

Medicales, SPES, Paris 1961.

6 Patrick Lecomte, *Une éxperience de gérontologie sociale: le Centre de préparation à la retraite de Grenoble*, Institut d'Etudes politiques.

7 Michèle Aumont, "Vieillissement et vieillesse dans leur signification et leurs implications," *Vieillesse et longévité dans la société de demain*, Presses Universitaires de France, Paris, 1965.

8 Paul Ricoeur, "Vraie et fausse angoisse," *L'angoisse du temps présent et les devoirs de l'esprit*, Editions de La Baconnière, Neuchâtel, 1954.

9 Herbert Marcuse, *L'homme unidimensionnel*, Ed. de Minuit, Paris, 1968. 《일차원적 인간》, 한마음사, 2009.

10 Louis Armand & Michel Drancourt, *Plaidoyer pour l'avenir*, Calman-Lévy, Paris, 1961.

11 Henri Mentha, "Usage et valeur du temps," *Session internationale de médecine de la personne*, 1952, 미발간.

12 Paul Tournier, *Ministerium Medici*, No.3, Assen NL Royal Vangorcum, 1962.

13 Paul Tournier, "Dynamique de la guérison," *Dynamique de la guérison*, Delachaux et Niestlé, Neuchâtel et Paris, 1967.

14 Alphonse Maeder, *De la psychanalyse à la psychothérapie appellative*, Payot, Paris, 1970.

15 Theo Bovet, "Santé et vie spirituelle," *4ᵉ Congrès médico-social protestant de langue française, Strasbourg, 1957. 5*, Strasbourg, Oberlin, Paris, 1953.

16 Helmut Schelsky, *Sociologie comparée de la famille contemporaine*, Colloques internationaux, Centre national de la recherche scientifique, Paris, 1955.

17 C. G. Jung, *Psychologie de l'inconscient*.

18 *Rencontres Internationale de Genève 1969:* La liberté et l'ordre sociale, La Baconnière, Neuchâtel, 1969.

19 Herbert Marcuse, *L'homme unidimensionnel*.

20 Joffre Dumazedier and Aline Ripert, "Troisième âge et loisirs," *Revue internationale des sciences sociales*, Vol.XV, No.3, 1963.

21 Paul Balvet, "Problèmes de vie du psychiatre," *Présences*, No.87, 2ᵉ trimestre, 1964, Draveil.

22 Jean-Jacques Rousseau, *Emile, ou De l'éducation*, Œuvres complètes, Paris, Blibliothèque de la Pleiade, Vol.IV, n.r.f. 《에밀》, 한 길사, 2003.

23 Paul Tournier, *L'homme et son lieu.*

24 Jean-Jacques Rousseau, *Les Confessions & Rêveries d'un promeneur solitaire*, Œuvres complètes, Paris, Blibliothèque de la Pleiade, Vol.I, n.r.f. 《고백록 1, 2》, 나남출판, 2012; 《고독한 산책자의 몽상》, 한길사, 2007.

25 Jean-Jacques Rousseau, 앞의 책.

26 Emmy Roux, "Pensons à eux...," *Le Messager social*, Genève, 1970. 10-11.

27 Simone de Beauvoir, *La vieillesse*, Essai, Gallimard, Paris, 1970. 《노 년》, 책세상, 2002.

28 Ménie Grégoire, "L'amour de toute une vie," *Esprit*, Paris, 1963. 5.

29 Michel Philibert, "Le rôle et l'image du vieillard dans notre société," *Esprit*, Paris, 1963. 5.

30 *La Revue Française de Gérontologie* 70, Paris, 64 av. Parmentier, XIe.

31 Michel Philibert, *L'échelles des âges*, Le Seuil, Paris, 1968.

32 Alfred Sauvy, *La montée des jeunes,* Calmann-Lévy, Paris, 1959.

33 Kurd Vogelsang, *Gedanken über die Zeit der Pensionierung*, 미출간.

34 Jacques Leclercq, *Joie de vieillir*, Ed. Universitaires, Paris, 1968.

35 Paul Miraillet, 앞의 책.

36 Andre Berge, "Les grand-parents," *La vieillesse, problème d'aujourd'hui*, SPES, Paris, 1961.

37 Paul Tournier, "A Dialogue between Doctor and Patient," *The III International Congress of Christian Physicians, Oslo, 1969*, Universitetsforlaget, Olso, 1969.

38 Eric Berne, *Des jeux et des hommes*, Stock, Paris, 1966.

39 Paul Morand, *Discours de Réception à l'Académie Française*, 1969. 3. 20.

40 Simone de Beauvoir, 앞의 책.

41 Louis Tournier, *Les Enfantines*, Jeheber, Genève, 1895.

42 Louis Tournier, *Lea Chants de la Jeunesse: le rouet*, Cherbuliez, Genève, 1888.

3. 노인의 운명

1 Henri Bour, 앞의 책.

2 Paul Tournier, "La mise à la retraite sur le plan personnel et familial. Journées d'étude de Lausanne," Zurich, *Revue de médecine préventive*, Vol.16, fasc. I, 1971. 1/2.

3 Théo Bovet, *L'art de trouver du temps*, Oberlin, Strasbourg, 1955.

4 Karlfried von Dürckheim, *Pratique de la voie intérieure. Le quotidien comme exercice*, Le Courrier du Livre, Paris, 1968.

5 Eric Martin, "Hygiène générale du vieillissement. Journées d'étude de Lausanne, oct. 1970," *Revue de Médecine préventive*, No.spéc., Vol.16, fasc.I, Zurich.

6 André Gros, 앞의 책.

7 J. M. Arnion, "La société et la vieillards," *La vieillesse, problème d'aujourd'hui*, Spes, Paris, 1961.

8 Suzanne G. Meyer, "Trois millions de veuves," *Esprit*, 1963. 5.

9 Roger Mehl, *Le vieillissement et la mort*, Presses Universitaires de France, Paris, 1962.

10 Mlle Magnin, "Les Rcssourccs et le logement du vieillard," *La vieillesse, problème d'aujourd'hui*, Spes, Paris, 1961.

11 *Congrès International de Gérontologie*, 6차, Copenhague, 1963. 8. 11-16, Bâle, Documenta Geigy.

12 M. Philibert, "Le Centre de Préparation à la retraite," 앞의 책.

13 Dorothy Cole Wedderburn, "Les aspects économiques du vieillissement," *Revue internationale des sciences sociales*, Vol.XV, No.3, Unesco, Paris, 1963.

14 Hans Thomae, "Vieillissement et problèmes d'adaptation," *Revue internationale des sciences sociales*, Unesco, No.3, 1963.

15 Paul Miraillet, 앞의 책.

16 J. M. Arnion, 앞의 책.

17 Suzanne G. Meyer, "Trois millions de veuves," *Esprit*, 1963. 5.

18 Jean Daric, "Vieillissement de la population et prolongation de la vie active," *Rapport du Haut-Comité Consultatif de la Population et de la Famille sur la Population française*, La Documentation française, Paris, 1955.

19 André Gros, 앞의 책.

20 J. M. Arnion, 앞의 책.

21 Dorothy Cole Wedderburn, 앞의 책.

22 J. M. Arnion, 앞의 책.

23 Mario Roger, "L'âge de la retraite. Table ronde," "Vieillesse et vieillissement," *Esprit*, 1963. 5.

24 Hervé Conte, *Retraites pour tous*, Néret, Paris.

25 Caisse Nationale de Retraite des Ouvriers du Bâtiment et des Travaux Publics, *Réalités du 3ᵉ âge*, Dunod, Paris, 1968.

26 Suzanne G. Meyer, "Trois millions de veuves," *Esprit*, 1963. 5.

27 André Gros, 앞의 책.

28 P. B. Schneider, *L'hygiène mentale de la vieillesse*, Cartel romand d'hygiène sociale et morale, Lausanne, 1959-1960.

29 Jean-Pierre Baujat, *Comment se préparer à la retraite*, Entreprise Moderne d'Editions, Paris, 1963.

30 Marcel Jouhandeau, *Réflexions sur la vieillesse et la mort*, Grasser, Paris, 1956.

31 Joffre Dumazedier and Aline Ripert, "Troisième âge et loisirs," 앞의 책.

32 Simone de Beauvoir, 앞의 책.

33 Dorothy C. Wedderburn, 앞의 책.

34 J. M. Arnion, 앞의 책.

35 J. Cipra, *Etude des conditions de vie des retraités de la Caisse interprofessionnelle paritaire des Alpes*, 1965.

36 J. M. Arnion, 앞의 책.

37 J. M. Arnion, 앞의 책.

38 G. Gaillard, "Les vieux dans l'histoire et dans l'évolution sociale," 앞의 책.

39 Michel Philibert, "Le rôle et l'image du vieillard dans notre société," 앞의 책.

40 André Gros, 앞의 책.

41 Paul Balvet, "Psychiatrie des vieillards," *Esprit*, 1963. 5.

42 Caisse Nationale de Retraite des Ouvriers du Bâtiment et des Travaux Publics, 앞의 책.

43 J. Cipra, 앞의 책.

44 Michèle Aumont, 앞의 책.

45 Simone de Beauvoir, 앞의 책.

46 Caisse Nationale de Retraite des Ouvriers du Bâtiment et des Travaux Publics, 앞의 책.

47 R. P. Corvez, O.P., "Spiritualité de la vieillesse," *La vielllesse, problème d'aujourd'hui.*

48 Karlfried von Dürckheim, *Le sen de la vieillesse*, Tr. polycopiée.

49 Léopold Rosenmayr and Eva Köckeis, "Essai d'une théorie sociologique de Ia vieillesse et de la famille," *Revue des sciences sociales*, Unesco, Paris, Vol.XV, No.3, 1963.

50 Caisse Nationale de Retraite des Ouvriers du Bâtiment et des Travaux Publics, 앞의 책.

51 Jean Dublineau, "Psychologie du vieillissement chez l'homme," *La vieillesse, problème d'aujourd'hui.*

52 Louis-Henry Sebillote, "Regards sur la mort," *Présences*, No.103, 2e Term, 1968, F-91 Draveil.

53 Paul Miraillet, 앞의 책.

54 Paul Ricoeur, "Vraie et fausse angoisse," 앞의 책.

55 Caisse Nationale de Retraite des Ouvriers du Bâtiment et des Travaux Publics, 앞의 책.

56 Georges Gusdorf, *La Parole*, Presses Universitaires de France, Paris, 1953.

57 Paul Plattner, *Glücklichere Ehen*, Huber, Berne, 1971.

58 Jacques Leclercq, *Joie de vieillir.*

59 René Biot, "Le vieillissement du couple," *La vieillesse, problème d'aujourd'hui*, Spec, Paris, 1961.

60 Karl Jaspers, Jeanne Hersch, *L'angoisse du temps présent et les devoirs de l'esprit*, Editions de La Baconnière, Neuchâtel, 1954에서 인용.

61 Simone de Beauvoir, 앞의 책.

62 Paul & Jacqueline Chauchard, *Vieillir à deux*, Editions Universitaires, Paris, 1967.

63 Rosenmayr & Kœckeis, 앞의 책.

64 Caisse Nationale de Retraite des Ouvriers du Bâtiment et des Travaux Publics, 앞의 책; Arthur Jores & H. G. Puchta, 앞의 책.

65 Elaine Cumming, "Nouvelles réflexions sur la théorie du désengagement," *Revue internationale des sciences sociales*, Unesco, Paris, Vol.XV, No.3, 1963.

66 Joffre Dumazedier and Aline Ripert, "Troisième âge et loisirs," *Revue internationale des sciences sociales*, Vol.XV, No.3, 1963.

67 Mlle P. Magnin, "Le logement des personnes Âgées," *Esprit*, Paris, 1963. 5.

68 Paul Miraillet, 앞의 책.

69 M. Philibert, "L'essor de la gérontologie sociale aux Etats-Unis," *Esprit*, 1963. 5.

70 Caisse Nationale de Retraite des Ouvriers du Bâtiment et des Travaux Publics, 앞의 책.

71 Robert Hugonot, "L'Institut d'esthétique des personnes âgées," *Du Grenoble olympique au Grenoble social*, Grenoble, Office pour les personnes âgées.

72 Robert Hugonot, "Gériatrie et gérontologie grenobloises," *Grenoble médico-chirurgicai*, Vol.VI, No.spéc, 1968.

73 Patrick Lecomte, *Une éxperience de gérontologie sociale: le Centre de préparation à la retraite de Grenoble*, Grenoble, Office pour les personnes âgées.

74 Simone de Beauvoir, 앞의 책.

75 Paul Miraillet, 앞의 책.

76 Simone de Beauvoir, 앞의 책.

77 Paul Miraillet, 앞의 책.

78 R. Gentis, "Les travailleurs de 45 à 65 ans," *La vieillesse, probléme d'aujourd'hui*, Paris, Spec, 1961.

79 J. Cipra, 앞의 책.

80 Walter Weideli, "Ne déracinez pas les vieillards, c'est un crime!," 원탁회의, Zurich, *Construire*, 1971. 5. 26.

81 Robert Hugonot, "Le vieillard dans la cité," *Du Grenoble olympique au Grenoble social*, Grenoble, Office pour les personnes âgées.

82 Paul Miraillet, 앞의 책.

83 Suzanne Pacaud & M. O. Lahalle, "Attitudes, comportements, opinions des personnes âgées dans le cadre de la famille moderne," *Monographies françaises de Psychologie*, Centre National de la

Recherche Scientifique, No.16, Paris.

84 Rosenmayr & Köckeis, 앞의 책.

85 Peter Townsend, "Faut-it renoncer aux maisons de retraite?," *Revue internationale des sciences sociales*, Vol.XV, No.3, 1963.

86 Caisse Nationale de Retraite des Ouvriers du Bâtiment et des Travaux Publics, 앞의 책.

87 같은 책.

88 같은 책.

89 P. Miraillet, 앞의 책.

90 Paul Balvet, "Psychiatrie des vieillards," *Esprit*, 1963. 5.

91 Jean-Louis Villa, "L'hygiène mentale du vieillissement," *Médecine et Hygiène*, Genève, 1966.

92 Christian Müller, *Manuel de géronto-psychiatrie*, Masson, Paris, 1969.

93 J. M. Domenach, "Loisir et travail," 앞의 책.

94 Paul Miraillet, 앞의 책.

95 Jean-Louis Villa, 앞의 책.

96 Anne Denard-Toulet, "Prévention gérontologique," 앞의 책.

97 G. Daniel, *Les vocations du 3ᵉ âge dans le monde moderne-un médecin vous parle*, Spes, Paris, 1969.

98 N. Ignatiev & G. Ossipov, "Le communisme et le problème des loisirs," *Esprit*, 1959. 6.

99 Inge Pabel, "l'Intégration des personnes âgées dans notre société," *Frankfurter Rundschau*, 1971. 3. 27.

100 Marcelle Auclair, *Vers une vieillesse heureuse*, Le Seuil, Paris, 1971.

101 Anne Dupuy, *Le réflexe de vengeance chez l'enfant*, Editions du Mont Blanc, Genève, 1970.

102 Jacques Sarano. *Homme et sciences de l'homme*, L'Epi, Paris, 1968.

4. 제2의 삶 혹은 제2의 이력

1 Hubert Beuve-Méry, "Sur la retraite de M.," *Le Monde*, Paris, 1969. 12. 24.

2 Paul Lafargue, *Le droit à la paresse*, Paris, 1883. 《게으를 수 있는 권리》, 새물결, 2005.

3 Paul Ricoeur, "Vraie et fausse angoisse," 앞의 책.

4 Maurice Roch, *Dialogues cliniques*, Payot, Lausanne, 1953.

5 Alessandro Pizzorno, 앞의 글.

6 David Riesman, "Work and Leisure in post-industrial Society," *Mass Leisure*, The Free Press, Glencoe, 1959.

7 Simone de Beauvoir, 앞의 책.

8 Joffre Dumazedier, *Vers une civilisation du loisir*.

9 C. G. Jung, *L'énergétique psychique*.

10 André Sarradon, *Pathologie de l'insatisfaction*, 1957. 마르세유학회, 미발표.

11 Raymond Cartier, "En feuilletant ses vingt ans, Paris-Match raconte votre époque," *Paris-Match*, No.1036, Paris, 1969. 3. 15.

12 Simone de Beauvoir, 앞의 책.

13 Pierre Arents, "Loisirs et Education permanente," *Esprit*, Paris, No.spéc, 1959. 6.

14 Jean Daric, 앞의 책.

15 J. M. Arnion, 앞의 책.

16 Walter B. Pitkin, "La vie commece à 40 ans," Vischer, *La vieillesse*, Flammarion, Paris에서 인용.

17 Jean Daric, 앞의 책.

18 J. M. Arnion, 앞의 책.

19 Jean Daric, 앞의 책.

20 Roger Mehl, 앞의 책.

21 Jean-Pierre Baujat, 앞의 책.

22 Paul Miraillet, 앞의 책.

23 Gilles Lambert, "Ce n'est pas une question d'âge," *Constellation*, No.55, 1952. 11.

24 Klaus Thomas, *Zehn Jahre Ärztliche Lebensmüdenbetreuung*, Die Berliner Aeztekammer.

25 Inge Pabel, 앞의 책.

26 Pierre Arents, 앞의 책.

27 André Gros, 앞의 책.

28 Georges Guéron, "Vieillesse et société," *Vieillesse et longévité dans* *la société de demain,* 앞의 책.

29 Arthur Jores & H. G. Puchta, 앞의 책.

30 Anne Denard-Toulet, "Prévention gérontologique," *Esprit,* No.spéc, 1963. 5.

31 Paul Miraillet, 앞의 책.

32 Arthur Jores & H. G. Puchta, 앞의 책.

33 Viktor E. Frankl, "La logothérapie et son emploi clinique," *Wiener Medizinische Wochenschrift,* No.117, 1967. 이 책을 쓰는 동안에 출간된 *La psychothérapie et son image de l'homme* (Resma, Paris, 1970)도 참조할 것.

34 Arthur Jores, *Erfülltes und unerfülltes Leben,* Wege zum Menschen, Göttingen, 1968. 8.

35 Walter Weideli, "Table ronde sur les problèmes de la retraite," *Construire,* Zurich, 1971. 6. 9.

36 Arthur Jores, 앞의 책.

37 Arthur Jores, "Der Mensch und seine Krankheit," *Grundlagen einer antropologischen Medizin,* Klett, Stuttgart, 1956.

38 Arthur Jores, *Um eine Medizin von morgen,* H. Huber, Berne, 1969.

39 Arthur Jores, *Vom Sinn der Krankheit,* Im Selbstverlag des Universitat Hamburg, 1950.

40 Viktor von Weizsäcker, *Grundfragen medizinischer Anthropologie,* Furche Verlag, Tübingen.

41 Alphonse Maeder, "Zur geschichtlichen Entwickiung der prospektivfinalen Konzeption," *Dialog mit dem Menschen, eine Festschrift für Wilhelm Bitter,* Ernst Klett, Stuttgart.

42 Karlfried von Dürckheim, "Religious Experience Beyond Religions," *Modern Trends in World Religions,* The Open Court Publishing Company, 1959.

43 Heinrich Huebschmann, "Psyche und Tuberkulose," *Deutsche Medizlnische Wochenschrift,* 1951. 5. 4.

5. 수용에 대하여

1 Arthur Jores & H. G. Puchta, 앞의 책.

2 Arthur Jores, *Erfülltes und unerfülltes Leben*.

3 Nicolas Mikhailovitch Amossov, *J'opère à cœur ouvert*, Casterman, Paris, 1968.

4 Ménie Grégoire, 앞의 책.

5 Jacques Leclercq, 앞의 책.

6 Roger Mehl, 앞의 책.

7 Paul-Louis Landsberg, *Essai sur l'expérience de la mort, Problème moral du suicide*, Le Seuil, Paris, 1951.

8 Paul Ricoeur, "Vraie et fausse angoisse," 앞의 책.

9 Max Scheler, *Mort et survie*, Aubier, Paris. 1952.

10 Van der Horst, *6ᵉ Congrès de gérontologie*, Copenhagen, 1963. 8, Documenta Geigy, Bâle.

11 Paul Chauchard의 글. Roger Mehl의 앞의 책에서 인용.

12 René Schaerer, "Le philosophe moderne en face de la mort," *L'homme face à la mort*, Delachaux & Niestlé, Paris, 1952.

13 Albert Camus, *L'Homme révolté*, Gallimard, Paris, 1942. 《반항하는 인간》, 책세상, 2003.

14 Caisse Nationale de Retraite des Ouvriers du Bâtiment et des Travaux Publics, 앞의 책.

15 Paul Ricoeur, *De l'interprétation. Essai sur Freud*, Le Seuil, Paris, 1956.

16 Michel Crozier, "Employés et petits fonctionnaires parisiens," *Esprit*, 1959. 6.

17 Simone de Beauvoir, 앞의 책.

18 Simone de Beauvoir, 앞의 책.

19 Caisse Nationale de Retraite, 앞의 책.

20 Rudolf Affemann, "Aggressivität als tiefenpsychologisches, soziologisches und theologisches Phänomen," 22차 국제인격의학회, Stuttgart-Hohenheim, 1970. 1971년에 잡지 *Epoca*에 네덜란드어로 번역되어 출간.

21 Simone de Beauvoir, 앞의 책.

22 Marcel Jouhandeau, *Réflexions sur la vieillesse et la mort*, Grasser,

Paris, 1956.

23 André Gide, *Journals*. Simone de Beauvoir의 앞의 책에서 인용.

24 Caisse Nationale de Retraite des Ouvriers du Bâtiment et des Travaux Publics, 앞의 책.

25 Karlfried von Dürckheim, *Le sens de la vleilless.*

26 Simone de Beauvoir, 앞의 책.

27 Éric Martin, "Hygiène générale du vieillessement. Journées d'étude du Lausanne, oct. 1970," *Revue de Médecine preventive*, No.spéc, 16, Zurich.

28 Jacques Leclercq, 앞의 책.

29 François Mauriac, "La victoire sur l'angoisse," *L'angoisse du temps présent et les devoirs de l'esprit*, Rencontre internationale de Genève.

30 Eugène Minkowski, *Vers une cosmologie. Fragments philosophiques*, Aubier-Montaigne, Paris, 1936.

31 Albert Camus, *Le Mythe de Sisyphe*, Gallimard, Paris, 1942. 《시지프 신화》, 책세상, 1997.

32 Adolf Portmann, *Um eine basale Anthropologie*, Erlenbach-Zurich, 1955.

33 Ménie Grégoire, "L'amour de toute une vie," *Esprit*, Paris, 1963. 5.

34 Vladimir Jankélévitch, *La mort*, Flammarion, Paris. 1966.

35 René Bazin의 글. Francois Mauriac의 앞의 책에서 인용.

36 Jean Delay, "Leçon inaugurale," *La Semaine des Hôpitaux*, Paris, 1947. 10. 14.

37 Jean Dublineau, "Psychologie du vieillissement chez l'homme," *La vieillesse, problème d'aujourd'hui*, Groupe Lyonnais d'Etudes Medicales, SPES, Paris, 1961.

38 Karlfried von Dürckheim, 앞의 책.

39 Karlfried von Dürckheim, 앞의 책.

40 Bertrand de Jouvenel, *Arcadie, essais sur le mieux-vivre*, S.E.D.E.I.S, Paris, 1968.

41 Jean-Marie Domenach, "Description d'un monde nouveau," *Bulletin du Centre Protestant d'étude*, Genève, 1965. 6.

42 Roger Schütz, *Violence des pacifiques*, Les presses de Taizé, 1968.

43 Suzanne Picaud & M. O. Lahalle, "Attitudes, comportements, opinions des personnes âgées dans le cadre de la famille moderne,"

Monographies françaises de Psychologie, Centre National de la Recherche Scientifique, No.16, Paris.

44 René Bazin의 글. Francois Mauriac의 앞의 책에서 인용.

45 Nicolas Mikhailovitch Amossov, 앞의 책.

46 Éliane Levy-Valensi & Claude Veil, "Les loisirs et la fatigue," *Esprit*, 1959. 6.

47 Patrick Lecomte, *Une expérience de gérontologie sociale: le Centre de préparation à la retraite de Grenoble*, Institut d'Etudes politiques.

48 Jacques Leclercq, 앞의 책.

49 Éliane Levy-Valensi & Claude Veil, 앞의 책.

50 Karlfried von Dürckheim, *Le sens de la vieillesse*, 등사물 번역.

51 C. G. Jung, "Zur Empirie des Individuationsprozesses," *Eranos. Jahrbuch*, Rhein-Verlag, Zurich, 1934.

52 C. G. Jung, 앞의 책.

53 Karlfried von Dürckheim, *Le Vide, éxperience spirituelle en Occident et en Orient*, Hermès 6, Paris, Minard.

54 Karlfried von Dürckheim, *Le sens de la vieillesse.*

6. 믿음

1 Roger Mehl, 앞의 책.

2 Georges Gusdorf, *Dialogue avec le médecin*, Labor et Fides, Genève, 1962.

3 Rudolf Affemann, 앞의 책.

4 Simone de Beauvoir, 앞의 책.

5 Karlfried von Dürckheim, *Le sens de la vieillesse.*

6 Georges Bernanos, *Dialogue des Carmélites*, Le Seuil, Paris, 1955.

7 Roger Mehl, 앞의 책.

8 Paolo Rovasio, "Le conflit religieux chez les mourants," *Présences*, No.76, 3ᵉ trim. 1961, F-91 Draveil.

9 René Ducret, "Réponse Dr Rovasio," *Présences*, No.76. 1961.

10 K. R. Eissler, "Le psychiatre et le mourant," *Présences*, No.76에서 Sebillotte 박사가 인용.

11 Henri Frédéric Amiel, *Fragments d'un journal intime*, Delamain & Boutelleau, Paris, 1927.

12 Roger Mehl, 앞의 책.

13 Jules Vuillemin, *Essai sur la signification de la mort*, Paris, PUF, 1948.

14 Martin Heidegger, *Sein und Zeit*, Tübingen, Niemeyer, 1957-1961. 《존재와 시간》, 까치글방, 1998.

15 René Schaerer, "Le philosophe moderne en face de la mort," *L'homme face à la mort*, Delachaux & Niestlé, Paris, 1952.

16 Jacques Leclercq, 앞의 책.

17 Roger Mehl, 앞의 책.

18 Mircea Eliade, "Le psychiatre et le mourant," *Presences*, No.76, 앞의 책.

19 René Schaerer, 앞의 책.

20 Jean-Paul Sartre, *L'être et le néant*, Gallimard, Paris, 1943.

21 Roger Mehl, 앞의 책.

22 Paul-Louis Landsberg, 앞의 책.

23 Roger Mehl, 앞의 책.

24 Marie Fargues, *La paix de l'automne*, Mame, Tours, 1969.

25 David Kurzen, *Das Alter in der Bibel*, 미발간, 저자에게 복사본 구입; CH-8635 Dürnten-Zurich, Switzerland.

26 Charly Guyot, "Les poètes de la mort dans les lettres françaises," *L'homme face à la mort*, Delachaux et Nestlé, Neuchâtel et Paris, 1952.

27 Jacques Leclercq, 앞의 책.

28 Max Scheler, *Mort et survie*, Aubier, Paris. 1952.

29 Paul Ricoeur, "Vraie et fausse angoisse," *L'angoisse du temps présent et les devoirs de l'esprit*, Editions de La Baconnière, Neuchâtel, 1954

30 Marc Oraison, *La mort...et puis après?*, Le Signe-Fayard, Paris, 1967.

31 Marc Oraison, *Le célibat*, Editions du Centurion, Paris, 1966.

32 Paul Tournier, *L'aventure de la vie*, Delachaux et Nestlé, Neuchâtel et Paris, 1963. 《모험으로 사는 인생》, IVP, 1989.

33 Paul-Louis Landsberg, *Essai sur l'experience de la mort*.

34 Max Scheler, 앞의 책.

35 Jean Lescure, "Intervention dans le débat sur l'angoisse," *L'angoisse* *du temps présent et les devoirs de l'esprit*, Rencontres internationales de Genève, 1953.

36 Philippe H. Menoud, "La signification chrétienne de la mort," *L'homme face à la mort*, Delachaux & Niestlé, Paris, 1952.

37 Bruno Lagrange & Marc Oraison, "Ailleurs existe...," *La Résurrection*, Fayard, Paris, 1969.

38 C. G. Jung. *Psychologie et Religion*, Buchet-Chastel, Paris, 1960. 《심리학과 종교》, 창, 2010.

39 Jacques Leclercq, 앞의 책.

40 Bruno Lagrange & Marc Oraison, 앞의 책.

41 Marc Oraison, 앞의 책.

42 Marc Oraison, 앞의 책.

43 Louis-Henry Sébillote, 앞의 책.